卫聚贤传

WEI JU XIAN ZHUAN

董大中 著

山西出版传媒集团
三晋出版社

自　　序

决定给卫聚贤先生写这本评传碰到的第一件事，是如何给他一个科学的定性、定位。以前写过《史学名宿卫聚贤》的小册子，又在一位学者《史学奇人卫聚贤》之后写了《也说奇人卫聚贤》的小文章。“名宿”、“奇人”能不能概括卫先生所做的贡献和他的地位、影响呢？细细想来，仍觉不够。最后选定了“大家”这个词。是“大家”，考古大家。卫聚贤在古史、古文字学、古代中外文化交流史等诸方面做出许多成就，都离不开考古，称他为“考古大家”，我以为是比较确切的。

有许多“大师”级学者，学有专长，在其特定领域堪称权威，可是，哪有像卫聚贤这样把拳脚伸展到好多个领域的人呢？人们颁给卫聚贤的头衔有许多，诸如历史学家、考古学家、古文字学家、中外交流史家、钱币学家、古器物学家、博物学家等等，足以说明他涉猎范围之广。已知卫聚贤写有各种著作一百种左右，一千几百万字，在同一个领域——即使像古史研究这样一个大领域——没有超过十种的，它们分散在十多个门类里。他的某些研究或许深度不够，但涉及范围之广，是很少有人能够与之比较的。在《史学名宿卫聚贤》中，我以一棵大树形容，私意尚能肖之。

卫聚贤是一位开拓型、创业型学者。他不喜欢在某一个地方长期蹲下去,更不喜欢就同一个题目反复申说,而是走到哪里就在那里开辟出一块研究的领域,他不断地开拓,开拓出一片绿地,然后转移到别的地方。他是中国田野考古开创期的参加者之一。他写出晋商研究的第一本著作,他最早对中国的考古学史做了研究,他的《中国考古学史》和《中国考古小史》,是这方面开山之作。他是吴越文化和巴蜀文化的开拓者、倡议者,后来良渚文化的发掘,四川三星堆文化的发掘,要说源头,都应该追溯到卫聚贤那里去。他还参加了西北文化等地域文化的搜集和开发。他首倡的汉字字源研究,在中国汉字研究史上是一个重要事件。其《文字学》和《咬文嚼字》两本书,开了近年谈文说字著作的先河。在香港,他着重研究中外文化交流史,他的《中国人发现美洲》、《中国人发现澳洲》等著作,搜集资料之丰富,论述之精,对后人的研究有极大影响。他在七十五岁时,跟人合作,自制木船,验证中国古人渡海到美洲是否真有可能。他在台湾的考古活动和著述,对台湾考古学的发展不乏推进和拓宽。在学术观点上,他的首倡之说更是不胜枚举。虽然个别说法不一定确切,但至少可以引起人们的深入思考,有助于探求真理。他不是"述"者,他喜好开创、创造,他是新学说的创立者。读有关论述,说卫"第一个提出"、"最早提出"等等字眼很多。在研究方法上,他也有创造,他把统计学方法用于考古,同时写出《历史统计学》和《中国统计学史》,对这一方法做了专门探讨。陈寅恪先生评价王国维的成就,说王"尤在能开拓学术之区宇,补前修所未逮"。这两位大家都是卫聚贤在清华研究院时的导师,而王对卫聚贤的影响尤大。卫聚贤继承了王国维先生的开拓精神。

我称卫聚贤为一位考古大家,还因为卫聚贤是纯粹从学术上立足的。有的“大师”级学者,或者因为最早使用了某种方法而驰名,或者因其政治立场跟主流意识和权力保持一致甚至是其一个成员而受到推崇,或者还有别的政治方面的考量,像郭沫若,便是在鲁迅逝世以后被进步势力当作中国文化界领袖人物的,即高长虹所说“鸡头上的花冠”。胡适的成就是卫聚贤无法企及的。但必须看到,胡适的许多学术活动,跟政治、跟社会人生紧密结合在一起,胡适的贡献主要在中国制度文化的发展和变迁上。卫聚贤的学术活动是远离政治或说远离制度文化的,他的贡献是发展了我国的工具文化。卫聚贤排除了一切外来因素,他是仅仅靠学术而为人称道。卫聚贤生活在学术中,学术是他的生命。跟政治上的疏离,既是他的学术操守,也给他的命运带来了不利的影响。我们现在才来谈论这个人,才把他的著作出版,这是最主要的一个原因。

二十世纪三十年代末,卫聚贤在中央银行工作,有记者访问。说:“鲁先生(引者按,指鲁智深,卫聚贤之号也)是个著作等身的学者,然而外貌像商人;他是山西人,然而创办‘吴越史地研究会’,考江浙两省的古;他研究的是‘国故’,然而思想却很‘普罗’;他的外貌很粗鲁,然而文章很精细;他是古史考古专家,然而是商业学校出身;他是个学者、著作家,然而在银行界服务。”他就是这样复杂。郭沫若给卫聚贤编的姓名联说:“大东家,大方家,法天法地,师古师今,难得一楼新宝贝;卫夫子,卫娘子,聚民聚财,贤劳贤德,真成双料活神仙。”从一个方面概括了卫聚贤多方面的成就。

对献身学术事业的人说,名利于他,是身外之物,卫聚贤就是这样。但学术不会抹杀他。当时人们敬重他,是因为他处在开辟道路的地位;后来的学者们在回顾各种专业学术史时缅怀他,感念他,是因为他的数不尽的“首创之功”,他已经跟那些专业史化为一体。我写这本书,不完全因为乡谊,而是出于学术本身的需要。二十年前,我写高长虹,有人以

“发掘地下人物”相称，现在写卫聚贤，何尝不是如此？

必须说明，由于多年来对卫聚贤的冷落，我最感缺乏的是资料。卫聚贤的许多生平资料没有留下来。特别是一九五一年出走香港以后，大陆对他的活动知之甚少。在台湾出版的卫先生著作，大都不能看到。这是我多年迟迟不能动手的主要原因。现在我已八十岁，不能再拖下去了。也因为后期资料缺乏，这本书在叙述上呈现明显的不平衡，一九五一年以后的叙述，只有两章的篇幅，而且着重说了几本书，未涉及生平事迹和对当地历史文化的考察，挂一漏万。这是没有办法的事。再一个难点，是笔者对卫聚贤所从事的那些领域可说是门外汉，说起来难免隔靴搔痒。

不过，对卫聚贤这位学术巨人说，要说够，这也够了。卫聚贤前半生所做，他在大陆的各项活动，足够说明他的成就，他在台港的学术活动，只是使他的枝叶更繁，不会影响到人们对他的评价，不能影响到他的光辉。想及此，这本书虽然不够完整，我也感到欣慰，觉得对得起这位乡贤了。

本书在事实的叙述和评述上如有不妥，请指正。

2014 年 5 月 27 日开笔之日

目　次

第一章　逆境中成长

第一节　在家庭受磨炼

卫聚贤先生能成为一位学术巨人,先天的条件不能忽视,但这个先天条件又不是我们可以条分缕析的,因此只能把它抛开,而着重说他的后天情形,即客观条件。

坦白地说,卫聚贤的骨血不是来自"卫"家,他的亲生父亲姓安。卫聚贤以"韦大发痴"名义写的《鲁智深传》——鲁智深者,卫聚贤用以自况也,不过是说此人外表粗鲁,而内中精细。在距他写此文(一九四〇年)的七十年前,也就是一八七〇年前后,"X族乱于陕甘,一部分围困住甘肃庆阳县苏家嘴的堡子,堡子内的老百姓因食粮已尽,开门出降,都被杀死,留下几个十几岁的小孩子,给他们作些工役。其中有一个姓苏的,兄弟五人,他是最小的一个……"过了几年:

> 生活既安定,年纪也大了,就找起对偶来,但是当地女子绝少,因而一群人到环县边境未遭过回乱的地方去找,苏某找到了一个牧牛羊的女子,回到苏家嘴居住,生了三男三女。因她是大脚走路走得来,故在西峰镇北街开了一座店,兼为人磨

面，将其长女春梅许配西峰镇西街安某。安某亦小本商人，兄弟三人，父去世母尚在，结婚后生一男孩，因其亲戚中秀才，取名考娃，至一八九九年正月三十日申时又生一子，其时亲戚又有一人中秀才，取名双考，此即鲁智深是也。

鲁智深命甚不佳，生了不久，其父死去，继遭饥年，饿死人甚多，其二叔父自杀，三叔父逃出，只留鲁智深的祖母、母亲及兄四人，无以为生。适有山西万泉县北吴村吴某，以得到本族遗产，致遭村人引诱入赌，一夜将家产输完，乃逃至甘肃庆阳县西峰镇魁盛林杂货商号为伙友，因其勤俭过人，积了些钱加入股本，后兼经理。在西峰镇先娶一妻，生了一女孩后自杀。继娶又自杀。闻苏春梅寡居，央人议婚，苏姓亲友反对，因卫某性情不好，但她因年老的婆婆及幼子无以糊口，只得允婚，议定以次子作为卫氏后；婚后其三叔父归将婚钱用完，祖母饿死，其兄无依，亦归卫氏……

卫聚贤就是这样成了我万泉县东乡北吴村一个小小的村民。

在动手写这本书之前两个月，二〇一四年四月上旬，笔者应同乡几位年轻人之约，一起回故乡考察，并且到了卫聚贤的那个村子——北吴村，见到了卫聚贤家族的一些人。这是笔者第二次到北吴村考察。一年前偕老伴曾来一次。笔者的一个侄媳妇是卫聚贤的本家人，她的父亲见过卫聚贤，他向我们讲了卫聚贤一些事。这次来，见到了村委会主任（或支部书记），他也是卫氏家族的。他指给我们看了卫聚贤旧居的方位，那里已没有什么建筑物了。后来到野外，他指给我们看了一九三〇年前后卫聚贤在附近田野考古临时居住的土窑洞，那窑洞已破败不堪，不能再供遮蔽风雨之用了。这次最大的收获，是得到一本新印成的《北吴卫氏族谱》。据《族谱》，北吴卫氏始祖永德公是元末明初，从河南南阳迁来谋生的，迄今六百多年，繁衍到二十三代。卫聚贤为始祖永德公十八世孙。生不逢时，更不逢地，时和地对他都是不公平的。

卫聚贤五岁那年，来到现在的故乡万泉县北吴村。北吴村在孤山东麓，距山脚不远，地势是西高东低。他家的小巷口竖立着两株古槐，人们叫它“槐树道”，土话念“槐卜套”（当地“树”念“卜”，“道”念“套”）。巷（当地“巷”念“夯”）口跟槐树之间有小土台和石墩，是人们坐在一起胡谝乱扯的地方，也是小孩子玩儿的地方。农闲而不寒冷的夜间，邻人多坐在这些石墩和土台上谈天。有的人一面吸烟一面讲故事，小孩子一面玩一面听讲故事。有时小孩把玩具丢掉，在黑暗之下看不见，那些大人们就来帮忙。他把烟斗向下，用嘴将烟管轻吹，烟斗中冒出火星，把地面照亮，前后左右移动，小孩子丢掉的玩具就看到了。那烟管里的火星一闪一闪，给这黑乌乌的夜晚增加了一抹亮色，在小孩子看来，有无穷的美妙。除了这一块乐园外，这个地方就没有给卫聚贤留下什么好记忆了。

卫聚贤七岁入私塾，念了八年书，到十五岁时，才读了《三字经》、《弟子规》《百家姓》《论语》《大学》《中庸》和《孟子》，《诗经》读到第一册。在我的印象里——是我读卫聚贤的著作所形成的印象——具有非凡的记忆力，简直可以把他的大脑当作一部高性能的计算机看待，存储的信息无穷无尽，但他本人却说幼年的他“记忆力太差，是以生书总是背不过，常被殴责，连在家庭被打，及失业，至今为三恶梦之一”。十五岁，卫聚贤离开山西，回到甘肃庆阳县，在继父开的商铺里帮助记账。那虽是一个平常的商铺，可是业务来往并不见少，他每天要写四五十页的流水账。到晚上，仍不得消闲，还要存钱过账。对一个十几岁的孩子说，这样的劳役和精神负担是沉重的。卫聚贤说，他的舅父、表弟都是大个子，而他，虽然不能说长得矮小，却不能跟那些亲属相比，系由生活重担所压造成。

卫聚贤说到“在家庭被打”。对此，由其子、著名钱币学家卫月望所作《卫聚贤传略》有具体叙述：“十八岁再返故里万泉北吴村，他本想留在家乡上学，但他的继父不仅不答应，而且以断绝经济接济相威胁。卫聚贤多次请求，并遭到打骂，时常被锁在西屋，不给饭吃。卫聚贤生母哀悯其子，常常背着继父偷偷送饭给他，他愤不受嗟来之食，竟破门而出，只身孤影逃出家门去求学；继父大怒，称其为‘逆子’。”

这种事，在今天来说，属于“隐私”，人们多不愿谈及。从情理推测，卫聚贤受到家庭虐待，是必然的，不奇怪的。原因就在于他不是这个家族的亲骨血。

这样的一种童年生活，如何使他成为一位学术巨人呢？

卫月望所记，值得注意的不在如何受虐待，而在于对虐待的态度。人生有顺境有逆境，顺境当然很好，逆境不可避免。就人的成长而言，对一般人，可能顺境有利于成长，而对特殊人说，倒是逆境更有利于成长。对逆境，有两种策略。一种是逆来顺受，一种是逆势而为。逆来顺受者大都不会有作为，这种人以后碰到挫折，往往会屈服下来，投降于压迫势力。卫聚贤“愤不受嗟来之食，竟破门而出，只身孤影逃出家门去求学”是他对待逆境的态度和做法。支持这种精神的，首先是一种积极上进的毅力和勇气。人都说“人人生而平等”，这个平等，包括自我价值在内。人的自我价值能实现多少，全靠个人开发，而其先决条件是是否有积极上进的毅力和勇气。卫聚贤具有积极上进的坚强意志，逆境不仅没有磨掉他的锐气，反而给了他极大的反作用力。

不言而喻，这种“愤不受嗟来之食，竟破门而出，只身孤影逃出家门去求学”的精神，表现了他对自己人格的尊重。

再者，这种精神又是一个人能够完全控制自己的表现。人对自己的生活习惯、人生志向有没有自制能力，能不能做到一朝立意就付诸实践，是检验一个人会不会做出大事业的一个重要标准。像戒烟这类小事，有些人就是无法做到，今日戒烟，明天恢复。这样的人很难成就大事业。相反，有人做了某些事，且已形成习惯，即使不能算错，也想把它纠正过来，在做出决定之后，能够坚决贯彻自己的主张，从不改变，更不后悔，这样的人是会有出息的人。卫聚贤就是这样一个人。

从《鲁智深传》所写卫聚贤年轻时的求学经历看，他上过多种学校，从事过许多工作，在一个地方几乎没有超过半年的。如说“十八岁回到山西入了万泉县的第一高级小学校。次年入太原警察教练所，六个月后，以仍无出路，回到万泉在原班上课，毕业后考入山西省立第二师范学校……在万泉第二高级小学校为教员半年，考入山西省立商业专门学校。”这样不断地改变求学环境，乍一看，有点“见异思迁”的样子。为什么这样？是因为不满。“不满是向上的车轮”——这话大约是鲁迅说的，我也用一下。因不满而别求生路，是真正有志者争取尽快实现自己人生价值的表现。当然，在一个学校读下来，不等于找不到出路。个人有个人的志愿，有个人的追求，不可一概而论。

卫聚贤“愤不受嗟来之食，竟破门而出，只身孤影逃出家门去求学”的做法，是否有违中国人的孝道呢？对孝，必须辩证地看，不能做机械化的理解。就年幼者说，对长辈行孝是无条件的，是立身之本，是一切行为中必须首先做到的。但是就父子关系双方面说，子孝应该跟父慈结合起来，正如养和孝不能分割一样。父对儿子严格要求，是完全正确的，严格要求不是不慈。当父不慈的时候，年幼者不能有不孝之举，但可以按照个性行事，消极抵制，提出谏诤，都无不可。孔子说过“三年无改于父之道，可谓孝矣”的话，但孔子又明确指出，父辈有错，儿子可以提出。《孝经》十八章，有一章专门谈“谏诤”，做出“父有争子，则身不陷于不义”的论断。《女二十四孝》有三分之一故事是以谏诤为主要内容的。可见“孝”不是无原则地对父辈什么做法也要服从。从已知卫聚贤的幼年经历看，卫聚贤没有不孝之举，唯一的不“规”(《弟子规》的“规”)之处，是“只身孤影逃出家门去求学”，即不辞而别，这是他在受到不慈情况下表现出的一种桀骜不驯。

另一件事说明，卫聚贤对继父是很孝顺的。一九四六年春天，我听说南吴村南门外新立了一通碑，是卫聚贤的，那也是我第一次听说卫聚贤的名字，从此一直记在心里。我们几个小孩子一起去看了，高高的，顶端是像毛笔一样的尖状形。这种形式的纪念碑，我故乡从未有过，是个新奇事儿。我过去总以为那碑是给卫聚贤立的，多年前写《史学名宿卫聚贤》，就那样写了。近日得卫聚贤族人、我的学友卫茂轩见告，那碑三十年代就有了，是卫聚贤给他继父立的，顶端如我所说，碑身并非砖砌而是青石刻制，四棱柱形，下边是两层正方形的石座，四面没有碑文，而是分别刻着“卫世隆”和“卫朝佐”的名字，“卫朝佐”可能是卫世隆的字，村人都不知道。卫世隆没有显赫的经历，年轻时是逃离故乡的，卫聚贤能给继父卫世隆立碑，可见其孝心隆重。

第二节　汤因比的“爬山”理论

艰苦的生存环境，诸事的不顺，是否在印证着汤因比的论断？

万泉县于一九五四年跟西邻的荣河县合并，称万荣县。万荣现属运城市。运城市位于黄河三角洲，跟黄河以西的陕西、黄河以南的河南相邻地区，就是古代的冀州，是真正的古中原，按照传统说法，是中华民族的发祥地。万荣西有黄河，北有西去的汾河，汾河在本县注入黄河，又组成一个小小的三角洲。古人把河之南称阴，河之北称阳，万荣因为在汾河之南，古称汾阴，从战国后期到三国，都叫汾阴。现在的万荣跟古汾阴大致相当。县境东西长而南北窄，状若蝙蝠。在运城地区，万荣县地势最高，是在一块台地上，向北向南，都要下大坡。万荣县气候干燥，常年不雨，我们通称"旱塬"。多种古书有"绵上之山"的说法，"绵上"应该即指这块旱塬。

万荣县有两座大山，都在原万泉境内，即县之东部。一座是孤山。孤山，又名孤峰山，亦名方山，因跟所有的山系都不相连，基本呈正方形，从四个方向看去，大体相同。孤山主峰一千四百多米。有民谣："华山高，华山高，华山不及孤山腰。"北吴村位于孤山脚下，在东麓。孤山之东，有稷王山，稷王山位于万荣、闻喜、稷山和运城盐湖区交界处。两山之间，相距约二十里，主峰东西对峙。笔者的故乡小淮村位于两山之间，到两山山脚，都是十里左右。

卫聚贤的故乡北吴村一带，自然环境有好的方面，也有不好的方面。好的方面，是位置适宜，自古就是人类生息之地。一九三一年，卫聚贤在距北吴村不远的荆村进行考古发掘，遗址中发现地穴二十余处，还有人骨，人头骨跟现在不同，说明其时代久远；我曾说过，如果保存下来，也许会跟"北京人"一样驰名。荆村在北吴村以北，两处地理位置相仿，若论起日照，北吴村似更有利一些。所以这个地方是适宜人居的。卫聚贤在考古发掘报告中说："万泉县城东临一大沟，沟两旁及其南尽为其遗址，计北自西解村起，经芦邑村、北里村、万泉县城、涧薛村、南涧村、荆村、黄家峪、北吴村、南吴村、袁家庄、南北长约二十五里，西东宽约五里，遗址连续不断。”

不好的方面，是缺水。民国七年重修《万泉县志》云：“《旧志》：县止数井，民多取汲涧水。近城村落亦然。远乡井少者，不能与诸泉相近，则凿陂池储雨雪，或远汲他处，动逾一二十里。盖地以穿井为艰，深者八九十丈，浅亦五六十丈，且穿一井，所费不赀，是以井少而人苦。自穆公穿井，王公凿池，乡间又多穿窖井以蓄水……”

卫聚贤一九三一年作《戏剧中角色——净丑生旦——的起源》，叙在故乡万泉县考察经过，说到万泉缺水情形。在其“万泉县水深为全山西冠，其气候因甚干燥”一节说：“万泉是唐武德三年从汾阴等县分出来的，现在万泉境内共有泉九处，最大之泉如柏林庙的双泉可容一千人饮水，是万泉命名，不因泉多而得，系由‘凿地万尺，而不及泉’（见拙著《万学杂志》）所来。俗话说：‘丁樊冯村出了名，油杜村千尺还有零’，是说万泉县丁樊村□（引者按，此字当为和）冯村井深已出名了，而与万泉相连的油杜村井深一千有余尺。我村（北吴村）井深三百余尺，井绳一个人携不动，须有二个人抬。峨眉坡下的猗氏安邑人常嘲笑万泉人不洗脸，说是万泉没水，人不洗脸，洗脸时，家人均在阶下排立，家长站在阶上口含水向阶下人脸上喷去，阶下人用手巾以拭，就算完事。其话虽不确实，但万泉的水深气候干燥由此可知。”（据《说文月刊》第607页）这样的故事，在万荣县是人人皆知、人人会说的。那已不是秘密，万荣人常互相以此取笑。卫聚贤提到“峨眉坡”，正是前文说到的“向北向南，都要下大坡”的坡。

这一带的自然环境，总括一句话是，人们的生活用品不是像打鱼、摘香蕉那样唾手可得，而是需要付出艰辛的劳动。

卫聚贤所生活于其中的万泉县北吴村一带，既是一个适于人居的地方，又是一个给人带来挑战，经受锻炼的地方。

卫聚贤在十八岁以前,有段时间生活在甘肃庆阳县。我没有见到他对那个地区自然环境的描写，想来跟他描写过的万泉县北吴村一带相差不多。从地理坐标看,那个地方纬度更高一些,距离古中原更远一些,在古代,处于文明与蛮荒之间。文明虽然不由环境决定,但可以说明,那里的环境不会比属于古中原的万荣一带更好。卫聚贤的父亲把他送回万泉读书,至少说明万泉在甘肃庆阳以上。这样的环境无疑给人们带来了挑战。人们要应付干旱,就得艰苦奋斗,就得磨炼出一种百折不挠的精神,就得学会省吃俭用,精打细算。《禹贡》说到当地民情:“土厚水深,地瘠民贫,邑称最焉。”民国初年版《万泉县志》:“其地民勤俗俭,井深路僻。”《山西通志》:“人民质朴,俗尚节俭,男务耕耘,女勤纺绩,不作商贾,好祀鬼神。”当地民情风俗,是环境长期陶冶的结果。就卫聚贤言,还有家庭环境的深刻影响。他在《鲁智深传》的《家境困难》一节说:

> 鲁智深的家庭原着鲁智深经商，不过能兼读书不妨碍经商,在高级小学校毕了业,在当时目高级小学校毕业与旧日秀才相当,想借此撑掌门面。后来鲁智深到山西万泉读书,不能兼营商业,是以就不供给学费。鲁智深入警察教练所,是要想条出路,结果没有打得通。仍回原校读书,但欠了灶房的饭费,故毕业后即在西解村小学校为教员,将旧债偿还了一部分,贪图第二师范每月有两元津贴,方敢考入,后被开除,乃在万泉三高为教员,一面还债,一面积了些路费考入太原商专,鲁智深的母亲暗中补助一点，以至商专读书四年，每年约用八十元,前几年往来八百余里路程,是负衣服包裹步行,后来买了一辆脚踏车,行走较便。
>
> 鲁智深在商校读书的次年,其父病故,鲁智深的哥哥也不

愿每年用去七八十元学费，鲁智深从事借贷，有无息的，有一二分息的，也有三四分息的，由息上加息，积年累月，数目可观，直至二十五年鲁智深奉中央银行令赴山西调查票号时，始将旧债出息的都偿还了，还有些无息的因是友谊的关系，尚未偿还，不过常常问心不安，但是以朋友不在面前来催讨，故有余钱就作文化事业，把还钱的事就忘记了。

卫聚贤接着写他由此形成的生活习惯：

在学校读书常穿学校的制服，以遮盖破旧的衣服，吃饭在冬天利用校炉自作，春夏秋吃的最便宜的吃饭，是以现在鲁智深在银行中工作，月薪二百余元，亦算不少，而在他人看来，吃无好吃，穿未好穿，住也没好住，不知把钱作什么？因鲁智深吃的多素菜而且要生的，每次只有二三菜，肉有时吃些牛羊肉，猪和鱼则不大吃，有人以为他太俭朴了，鲁智深说“生活简单了，可以使脑筋简单；脑筋简单了，对事业学问要认真负责。若是吃饭菜的样子太多，调和的味太重，使脑筋复杂，多方顾虑；平时为滑头，遇难则想两方面吊膀子。现在这个大自然时代，要那脑筋简单的，如云嫁鸡从鸡，嫁狗从狗，生为某家人，死为某家鬼，不宜朝三暮四的在那里美其名曰转变”。

鲁智深因用纸的困难，不能练习字，是以字写得很小很细。有人开玩笑说“人大而字小，人胖而字瘦，两不相乘”。这正是因为穷的缘故。现在写信固不在乎几张信纸，但很少写过两张信纸的信。

对卫聚贤而言,艰苦的生活环境使他形成了独特的生活习惯,是表面现象。隐藏在这个表面现象背后的,是他在艰苦环境里的不屈的性格和勇于跟环境拼搏的精神。在人和环境之间,他是高大的,是进攻的。他以大无畏的精神迎接了环境的挑战,并战而胜之。

第三节 “万荣人”的性格基因

读《鲁智深传》,隐约感到,这真是一个“万荣人”。像前边说的卫聚贤“愤不受嗟来之食,竟破门而出,只身孤影逃出家门去求学”的精神,就具有“万荣人”的性格特点。省吃俭用,“吃无好吃,穿未好穿,住也没好住”,“吃的多素菜而且要生的”,等等,也都是当地人的生活习惯。《鲁智深传》还写到卫聚贤急公好义,用自己的钱为公事打官司(详下)等等,都有着“万荣人”的豪爽和倔强劲儿。

最近回故乡考察,在跟朋友说笑之间,听到一个说法:世界上有三种人,一是犹太人,一是温州人,一是万荣人。这是一个“万荣笑话”。笑话的背后蕴藏着智慧和幽默。把万荣人跟犹太人以及温州人并列在一起,乍一听,似乎有点滑稽,是人们根本想不到的。当时听说,人们就都笑了。

既是笑话,就从笑话说起。在全国非物质文化遗产保护名单中,万荣共有三项,其中之一是“万荣笑话”。“万荣笑话”系由古“七十二挣”变来。“挣”是当地土话,那个字究竟怎么写,个人有个人看法,几乎没有完全一致的。按照过去的理解，指人既愚蠢又倔强，愚蠢到连最基本的是非都分不清楚，倔强到顶到南墙不回头。愚蠢和倔强，属于两种不同类型的性格特征，现在把它们撮合在一起，给人以贬低其人的第三义。在过去长时期里，说某人“挣”，或说某人“有挣气”，就是说这个人不通世故，傻到不正常状态，倔到不合理程度。这不仅是嘲笑，而且简直是侮辱，是对对方人格的侵犯。现在称“万荣笑话”，其实它的“原产地”在荣河，说荣河某村村外有一石碑，石匠的名字刻在碑的中间，而那地主却成了石匠的子孙，是“挣”的确证，所谓“七十二挣，立碑为证”是也。总之，跟万泉无关，不仅无关，而且万泉人对荣河人的“挣”历来是鄙夷的。万泉人和荣河人常闹矛盾，一闹起来，万泉人就骂对方“挣”，对方再有理，也变成无理。一九五四年夏天两县合并，在县上开会，领导人讲话，“宣布一条纪律，以后万泉人谁也不许叫荣河人‘挣’，谁叫，就把你关起来。”当时，我就在台下，亲自听了那条不会见于法律规定的法令。可见这个“挣”是多么要不得的东西。就在那次会后不久，我离开了故乡。一九五八年以后，本村人董应南在他主办的文学刊物上发表文章，重新解释“七十二挣”，把“挣气”加在地主老爷身上，说愚蠢到不分是非、倔强到不讲道理的都是地主老爷，而农民是机智、幽默、勇敢的。这使“挣”的内涵发生了质的变化，由对“荣河人”的挖苦变成对地主老爷的嘲讽。以后逐渐发展到对“挣”做全新的认识和解说。两县合并以后，原来一方的精神财产，也为包括原万泉人在内的全县人所继承。现在，“万荣笑话”已成了聪敏、机智、乐观、开朗等等美好人性的代名词，成了智慧比赛的大舞台，万荣人也以编写——即创作——万荣笑话为莫大的荣耀，人人都在编笑话，人人都会讲笑话。

说万荣人聪明、机智，可以说基本符合事实。在运城市十几个县的干部队伍中，万荣人总是占有较大的份额，有时占到五分之一，六分之一。即在山西省级干部中，也常常碰到万荣人。在外地，同样如此。万荣青年在并联合会有会员六千多人，这只是在并青年的一小部分，我周围的万荣青年，就没有一个人跟这个联合会发生关系。只是前不久几个年轻人想在董永孝文化开发上做些事找上门来，才知道有这么个组织。

说万荣人倔强，有不达目的决不罢休的劲儿，也确实有这种情况。卫聚贤所作《鲁智深传》，在不经意之间，把万荣人的这种性格特点写出来了。至于愚蠢，显然不能再加到万荣人身上。愚蠢跟机智、聪明是对立的，在某个地区，人们总体说既是机智、聪明的，就不能认为愚蠢。应该这样说，任何地方都会出现蠢人。像荣河某村那个有钱人因为虐待石匠，被石匠玩弄了一下，倒很可能真实发生过，并且做了人们创作"七十二挣"的源头，"七十二挣"则明显是人们编造的。可以这样设想，当这个可笑的立碑的故事发生以后，人们在茶余饭后，互相启发，做讲故事比赛，以乐观开朗的性格取笑人生，游戏人生，有人把它归纳起来，于是有了"七十二挣"。从源泉上说，"七十二挣"不是愚蠢的表现，反而是聪敏、机智的表现。一九五八年人们把"七十二挣"加在有钱人身上，说不定正中要害。"七十二挣"是荣河人最早创作的，现在推广到全县人都来创作，是一个重大发展。大约从九十年代开始，它传播很快，弄得举国上下，人人皆知。"万荣笑话"申报全国性"人类口头和非物质文化遗产"，很快得到批准，说明它影响深远。贬义早已不存，而是成了智力比拼的象征。

《鲁智深传》说到卫聚贤在研究学问上有一股倔强劲儿。"鲁智深对于研究学问的态度是很坚强的，很少说骑墙滑头的话。在北平失了业，有一个同学警告他：'你如果以后作文，说的不奇怪与大家相同，敢保你在学术上有饭吃。'鲁智深问道：'大家是谁？是非以何作标准！现在人研究的问题，古人都注意过了，何必要现在人再重复说一句；大家既已说过，又何必再要我说第三次？’鲁智深明知学术界上成了主管的人说一声是，大家都喊声‘是’；主管的人说一声‘不是’，大家就喊一声‘不是’，在这种条件下才有饭吃。鲁智深的个性太强，终不屈服，是以终无饭吃，终得离开北平，终被摈于学术以外。就是现在主编《说文月刊》也有人嫉妒而加以种种压迫，详见《说文月刊》七期第六页的《疑难》。”这种倔强劲儿正是万荣人的特点。

卫聚贤的身上，还有蒙古人的性格基因。他在《我的“胡说”》中引《左传·僖公二十三年》“男女同族，其生不蕃”，“同姓不婚，惧不殖也”两句，说明“两千六百年前，中国人已经知道血统远生下孩子聪明”的道理，接着说：

> 我的外族家在西峰镇以东四十里苏家嘴，回人占陕甘杀汉人最多，同治八年我的外祖父年约十二三岁，回人未杀而使之放马遛马，回人失败时，他们十余小孩藏在草中而脱。
>
> 庆阳地既荒，蒙人南下而为牧地，当我外祖父十六七岁时，蒙人有兄妹二人到接近苏家嘴地区放牧，我外祖父攻其妹虏以为妻。我外祖母共生十五胎，成人者七，四女三男，我母亲是其长女。
>
> 我是衔有蒙古人的血统。
>
> 我的外祖父、舅父、表弟，身体均高大强健，我也受其遗传，使我身体可以支持我的幻想，而产生了很多“胡说八道”。

蒙古人强悍，有一股“野气”。山西、陕西、甘肃地处南北交汇地带，对异族血统历来能够大度吸纳，不会拒斥。蒙古人的强悍跟万荣人的倔强结合起来，再加上聪明，成了卫聚贤性格基因的主要构成因子。

第二章　智者　勇者　强者

第一节　热心公益

前面引文中，卫聚贤说到他的幻想。虽然没有明确说这种幻想是什么，但从他一生轨迹看，还是很有幻想的，而且很小就有了幻想。他的幻想就是做一个有作为的人，做一番大事业，做一个对中国和社会有大作用的人，而不是过平庸的人生，不是像野草一样，任人践踏。青年时代的卫聚贤，呈现出的就是这么一个反叛者的形象。

前引卫聚贤一九三一年作《戏剧中角色——净丑生旦——的起源》，说到万泉缺水情形。这里仍说缺水。

万泉缺水，雨水尤少，十年九旱。人们吃水，大都来自旱井。旱井也有用尽的时候，所以各村差不多都有水池。民国七年重修《万泉县志》引《旧志》说"县止数井……远乡井少者，不能与诸泉相近，则凿陂池储雨雪……"所说"陂池"，即是水池，那是公有的，平时供牲畜饮用，在干旱缺水时，就主要供人饮用了。我们村的水池，是分开的，一个供人饮用，一个杂用。有些村子，连旱井也没有，常年饮水，都取自池塘。像下边要写到的阎景村，饮用水就全部来自一口大池。那村子有一户大商人，姓李，其所居人称李家大院，现已辟为旅游景点，下边详叙。一九四七年解放以后，万泉、荣河、猗氏等几个县的中学合并为汾南中学，一九四八年十月迁址于此，由太岳区领导，后改为阎景中学，我即是这个中学肄业的。当时学校近两千名学生，加上全村数千人的饮水，全靠村南一口大池。

且说卫聚贤所在北吴村的池，年久失修，不仅淤泥甚多，而且池底泄漏严重，蓄水常有干涸之虞，亟须修理。由于工程浩大，花费甚多，无人敢于负责。卫聚贤二十岁那年(1918)，主动挑起了这个担子。“经了三四月之久，方修理完竣。村中旧有势力的人，见而生忌，时加咒骂与破坏，甚至离间家庭，使鲁智深不是加以鞭楚，或是禁不得食，或是赶出门去……”不消说，这次带头修池，是卫聚贤显示他领袖角色的一件大事。这时“村人已分为两派，不多事的好人多赞成鲁智深，但不敢出来主张公道，一派则附势与鲁智深为难。但在村中管理粮簿的人，总是他们二三人，名曰公举，实为私受，多将自己的粮分割在他人的名下，鲁智深争管理了一次，将旧弊揭开，才将反对的打倒，自后鲁智深成无形的村长了。”

《鲁智深传》接着写到在柏林庙办学：

> 万泉孤山东有柏林庙，由北吴村等八个村子管理。这庙原为介子推祠改为汾阴后土祠，于每年清明及六月二十三日县知事必去降香，庙有楼名南轩，知县常座(坐)此楼观戏，中门从楼下过，迎神赛会的神驾也从中门过，神驾过时楼上人要避开。在清末时有一知县未回避，被乡人辱骂，知县未理。于是大胆到民国六年因巡警在楼未下被打，而公安局长借此乱抓各村的人，罚了数百两银。各村管庙的社首会议时，以从前敢骂知县、现在打巡警，就有了祸，有的说县上学堂的学生敢打巡

警，此庙设一学堂，巡警来时打他一顿，好报此仇。不意此种闲谈，被一社首赵素汉以有机可乘，即聘其亲戚董某为教员，不遂，董某亦一绅士，将此庙存款报告县署被提去了，各村人多不满社首所为，于是各村另举一学董办理设学校事。时鲁智深在太原警察教练所，闻讯极赞成此事，回县后即帮助各学董办理。

社首虽名选举，因庙在山上距各村路远，少有人应此职，各村由一二人包办。山上柏树成林，每年出售千元数百元不等，除迎神唱戏外，多入社首私囊，每年账簿借口向神表白，在神前焚毁。社首以有学董办学校，他们无法染指，扬言洋学堂不信神，立了学堂就搬除神像，村人迷信，信以为真，出而捣乱，县署成全其事，学校已开学，学生有四五十人，而社首中之一吴某与万泉大绅李道行为亲戚，攒动此人，借势毁了此校。

李道行为晋南首富，又为留学生省议员，在县上横行一切，他与河东道尹马某为友，马某在晋南杀了革命志士甚多，人目为刽子手。听了李道行的话，着社首上告到道署，将学董叫去，为首的数人，每人打数百板子，送交安邑县欲置之死地，由万泉安邑猗氏数县村长保出，罚款了事，学校也下令取消。鲁智深经此打击，乡人见了都呼他为二鬼子，其实鲁智深并未信教。

带头办学，虽然中途受阻，未能成功，但卫聚贤热心公事，人们也都愿意跟从他，是很清楚的。他已成了领袖群伦的角色。文中说到柏林庙："这庙原为介子推祠改为汾阴后土祠……"有不确处，本书以后会说到。

卫聚贤不仅热心公益事业，而且有一颗侠义心肠，急公好义，为众人之事能两肋插刀。《鲁智深传》写道：

> 万泉在外有旅京(北京)同乡会,旅省同乡会,旅运旅绛学友会等,组织了个万泉学友会为总会,举鲁智深为会长。在民国六年时陕匪扰晋攻破万泉县城,财务机关人员将公款侵占,其中有公债票于事后出售被人查出,捕获一人,供出保管人刘寅甫等。县署对此事不大追究,由万泉学友会控告,县署乃判决着赔偿公款四千余元。彼等不服上诉山西高等法院第二分院,推事受贿,判决无罪,学友会乃在北京司法部将该推事告的撤换了,但不能不上诉三审。而上诉的讼费等因绅士从中捣乱,县上不给公款。时保晋公司的万泉公股的股票失遗多年,利息无人去领,由学友会补票领利款四百八十余元,作上诉费用等。当判决时革命军北伐,北平的判决作为无效,后南京的最高法院亦宣判无罪,而县绅反向县署控讨保晋公司利息四百八十余元,不得已由鲁智深私人垫还此款。

这还不算。事后,由卫聚贤任会长的学友会,为了使人们了解详情,出版了一份《万学杂志》,将各机关的预算、决算及各种有关于地方上收税章程与纳粮手续等事,不惟详加记载,而且详为解释,共印一千册,各村长、学董及教员等人手一册。又编印了一个简本,印了三千册,分送给各高级小学校。这都用卫聚贤私人的款子。卫聚贤说:“人民对地方上有了常识,绅士就不容易欺骗。”另一方面,他这样做,引起那些人忌恨,必欲置卫聚贤于死地而后快。于是,在民国十六年,绅士们捏报卫聚贤在周家庄演讲抗税,跟警察局长说好欲加逮捕,县署主慎重,行文到各区调杳,区署以“事出有因,查无实据”呈报,有人透露消息,卫聚贤从容筹

得路费，离开县里，前往省城。（这里说“民国十六年”，恐有误，当在此之前数年）

文中写到“在民国六年时陕匪扰晋攻破万泉县城”事，这件事在万泉人民生活中确实产生了很大的影响。所说“陕匪扰晋”，指郭坚滋扰山西。郭坚，陕西蒲城县人，一九一六年任西安警备司令。陕西督军陈树藩为了排除异己，鼓动郭坚攻打山西，想借阎锡山之手将郭除掉。本年五月间，郭率三个团约二千余人，从临晋（今临猗西部）和荣河（今万荣西部）渡河入晋，控制今运城十数县。万泉县遭殃惨重。那真是一股土匪，所到之处，烧杀抢掠，无恶不作。我们小时候，老人们常用两句话教训小孩子，或说吓唬小孩子。一句是“像光绪三年”或“民国十八年”，那是两次大旱，弄到人吃人、犬吃犬的地步，老人们这样说，是要你珍惜每一粒粮食，每一个铜板，不可浪费。再一句话是“看，郭坚来了”。小孩子听说“郭坚来了”，连哭都不敢哭了，可见其怕人。

那一带地方迷信鬼神占卜。卫聚贤说：“我家乡村南有一土地庙，系用木刻成上尖下圆平底，中劈为二的两半个，在中劈的平面处，一写一个‘上’字，一写一个‘下’字。在神前问卜，掷此两木于地，均俯均仰者不算，一俯一仰才算，看仰者为‘上’就是吉，仰者为‘下’就是‘凶’。”（《文字学》第 39 页）卫聚贤不信这一套。他有时也玩这种占卜游戏，不过玩玩而已，从不相信，也劝村民们不要相信。

第二节　挑战权威

卫聚贤在小学读书时，学过一篇古文《管蔡论》。老师讲课说，管叔和蔡叔，还有他的父亲、母亲、哥哥、弟弟都是圣人，不应该把他们说成坏蛋。这有点反潮流精神。卫聚贤从中知道，世间原来有一种翻案文章。从此，他也写起翻案文章来。几乎他做的每一篇文章都跟前人的说法不同。老师喜欢这种文章，卫聚贤每有这种文章，那位先生用心批改后，都把它“贴堂”。贴堂，当地话，公布于学校显著地方之谓也，目的是让人们欣赏。

在中学读了一年，五四运动爆发，聚贤是班代表。北京爱国学生运动提出的一个口号是抵制日货，各地纷纷响应。开会时，他知道商人的艰苦，主张和缓，但有十位代表积极主张烧毁日货。卫聚贤被派到各县跟商会订约，不得再买进日货。下学年开学时，校长奉督军兼省长阎锡山的命令，把十位同学开除。同学们推卫聚贤赴省请求收回成命，卫聚贤欣然答应。两年前聚贤在太原警察教练所学习六个月，对太原是熟悉的，这也许是同学们推举他赴省的原因之一。但他没有完成任务，反因为“久假不归，理应开除”了事。

卫聚贤常常代表他们北吴村的村长出席县上的会议。当时县上人们的地域观念很强，有势力者把持权力要道，而势力弱小者就受欺压。散会后，西北乡的村长都在县机关吃饭，而东南乡的乡长却是自带干粮,坐在街头啃干饭。卫聚贤属于东南乡弱小者群体,他对这种现象非常反感,就组织村长联合会,依靠集体的力量表示他们的不满和反抗。后来在学校读书,他又组织各种校友会。

前边说到李道行。现在把此人做个介绍。阎景村李家,祖籍陕西韩城相里堡,后因灾荒逃难到万泉县薛店村,明代迁至阎景村。自十二代"廷"字辈的李廷槐起,很快发家。李家奉行仁义之道,每逢灾年,总要以自家之力,赈济灾民,广做善事,历代相传不废,被称为"李善人"。我们在此读书时,就只知道"李善人",不知其真姓名。十三代"文"字辈,十四代"敬"字辈,都有朝廷封赠。这是李家的一面,另一面,是在有意或无意中形成的李家势力在各个方面的渗透和扩张。李道行为十五代,字子用,李敬修之子,生于一八八〇年。一九〇六年考入山西大学西学预科,一九〇七年由山西省政府派遣,留学英国,一九一四年毕业于格拉斯哥皇家实业专门大学纺织科,后回国,一九一九年当选为山西省议会第二届议员,一九二二年连任。同年,山西省政府成立参事会,李被选为省参事会参事员。李娶英国女子麦氏为妻。一个故事说,李道行偕妻子回到家中后,妻子见到公公,就用英国人的礼节上前亲吻,把公公气病了一场。这个故事在我们读书时是人人皆知的。

《鲁智深传》中写到卫聚贤跟李家势力的斗争:

万泉县在几十年来都是阎景村李家的势力,后来畅联晋虽独树一支,但东南两乡不惟在县内地方上的公务人员无一个,就在东乡的第二高小,在南乡的三高的校长均(为)西乡人,大一点村庄的小学教员也是西北乡人,在县的权利不能享,而摊派款项则东南乡独重,鲁智深就住在这被压迫的东南乡,因柏林庙设立学校事失败,以地域论减除李家的势力,以老少派分化李家的党羽，虽终达到目的，但也费了些气力。

第三高小校长及教员都(是)西乡人，以对于侵吞校款控告县署，县署虽查出属实，但因彼方势大，持为两可，适县中演戏，万泉学友会开会，三高校长借观戏为名，率领学生到县包围会场，时会场在一高不好打进去，乃由学生联名向县署控告鲁智深，派了两个学生为代表，当面送呈文给县长，余生在署前示威。时学生已有地域观念，代表二人将控鲁智深的呈文换为控校长的呈文当面送上，县长看了不信，差人到署前去看有学生示威，要求速办，县长就立批扯(撤)换，代表二人出告同学说事办妥了，大家快回，学生各自回家。及公事出来，校长召集学生也来不及，只得交卸。第二高小靠近北乡有畅家为助，也未费大力把校长换了。

卫聚贤在担任学友会会长的几年里，常常到各村去，如逢演戏、集会等等场合，总要登台演讲。在村中讲演，大半是批评村长不好，到村长开联合会时，大半讲绅士不好，在绅士聚会时，又讲县长或公务员不好。因此，全县闻名。一天，卫聚贤去西乡路过丁樊村，在小店前休息，听附近十余人议论李道行。有人说到李道行的不端，卫聚贤说："你们何不告他闹他？"那些人说："除非县东卫聚贤，谁敢惹他？"他问："那人有什么本领敢惹大绅？"那些人说："卫聚贤很厉害，大绅和他的党羽都害怕。"卫聚贤站起来，走到那伙人身边说："我就是卫聚贤，你们看有何可怕？"那些人瞪视着他，表示不大相信。他掏出名片给那些人看，众人围上来，问县上长短，闹个不休。这就可见卫聚贤在万泉县普通民众中的影响之大了。

民国初年，乡绅的势力不可轻视。乡绅有两种，一种是虽富而不骄，反而能够体恤穷乡亲的苦处、难处,能帮助时随时给予帮助。一种是恃强凌弱,成为恶霸、地头蛇。他们发挥作用也有两条途径,一条是正规的,一条是非正规甚至非法的。一条是人们自愿信服,一条是靠权威、打手,把自己的意志强加于人。就李道行而言,根据我们小时候的了解,应该属于前一种。那时李家一伙的人员占据着万泉县的重要岗位,不一定由李道行等有意把持所造成,把它归之于李道行的淫威,不一定符合实际。主要是一些人拉着李家的大旗行事,责任由李家担负;再就是由于李家及其亲属、友好文化水平高于一般人家,占据各种职位的自然也多,在他人看来,就成了一股势力。值得我们注意和肯定的,是卫聚贤敢于向大人物、向权威挑战的精神。从某种程度上说,这是人性解放的需要,是实行乡村自治的一个不可缺少的环节。

卫聚贤离开万泉以后,他的朋友继续着他的精神,跟一些绅士的不义之举进行斗争,所以县上常起纠纷。二十世纪二十年代,人们都说运城地区有三个县的官不好当,其中就有万泉。到卫聚贤在学问上取得杰出成就的三十年代,他在一次回乡时,专门在县上请了八九桌客,大家一笑泯恩仇,过去的一切争斗,一笔勾销。

第三节　乡村自治

中国自古是一个人情社会,人们习惯于服从圣贤,服从权威,服从“治人者”——各级官长。同时,中国人的人性意识不强,没有人与人之间互相平等、人应该独立自主的观念。以此之故,虽然“自治”一类概念早就出现在中国人口头,如《三国志·魏志·毛玠传》就有“太祖叹曰:‘用人如此,使天下人自治,吾复何为哉!’”的说法,但是实际上,自治在中国人心上,从来不占据些许地位。从鸦片战争以来,随着西方现代人性观念的输入,人们开始有了人性的自觉。先在先进知识分子中酝酿、讨论,然后逐步泅散开来。光绪年间,康有为、梁启超等人分别提出了一些有关乡村自治的建议。如康有为在给光绪皇帝的一份奏折中建议各县设立民政局,专事地方自治事务。梁启超也提出了“秉西法,重乡权”和建立“地方自治政体”的主张。根据康梁等人的建议,清廷于一九〇八年颁布了一个有详细规定的乡村《自治章程》,不过并没有真正施行。到民国肇建,随着“共和”之声高扬和孙中山三民主义的宣传贯彻,乡村自治开始进入人们的政治生活。孙中山强调,世界的潮流是由神权到君权、由君权到民权的发展、流变,现在流到了民权,必须发扬人们的自治精神。孙中山还写有《民权初步》《地方自治开始实行法》等文章。民国初年的乡村自治运动是在孙中山三民主义思想影响下和指导下开展起来的。它是普及现代人性意识和民主意识的一项有意义的活动。

卫聚贤是在中国实行乡村自治的一个先锋战士。《清华学校研究院同学录》收有他的照片,下边有一段话云:“卫君年十五经商于甘肃,十八入高级小学校,肄业时,即着手下级自治。及历过中学,十四年于山西商专卒业,莅京入师大史地研究科。十五年考入本校研究院。而于下级自治之进行,始终未怠。以先从村县建设方面着手,至今成效颇著。每语人云:自信下级自治,在中国有扩充之必要及可能。然以求学,似为余事耳……”这段系作者自述。作者突出了这一点,说明他的重视。

在卫聚贤的意识上,实行自治为第一要务,而个人的学习,“似为余事耳”,从中可见他把乡村自治置于何等重要的地位。其实,前边所述卫聚贤的许多活动,大都属于乡村自治。即以编辑出版《万学杂志》的目的在于普及各种税法知识而言,就跟农民对自治的需要有关。阎锡山从任山西督军兼省长以来,征税可说千方百计,“无微不至”,弄得人们受尽坎坷,有时无所适从。据从一九一八年到抗战前为阎锡山实际执行稽征苛捐杂税的赵作哲回忆,彼时除国税拨省用部分以外,仅省地方税捐即有畜税、商税、厘金、统税、屠宰税、猪羊小肠税、邮寄包裹税、皮毛税、木料税、碱税、蛋黄蛋白税、斗捐、棉花税、卷烟吸户捐、契税、营业税等十七个税种,每种都有详细规定。如牲畜交易,包括马、牛、驴、骡、猪、羊等,每次按卖价抽2%征税,有时还要多一些。再如屠宰税,屠牛、宰猪、杀羊税各不同。(《山西文史资料》总第6辑《抗战以前山西的税务税则》)这都是跟普通老百姓直接相关的,老百姓如不知道,往往会吃大亏,甚至被征税人员糊弄。卫聚贤把地方上收税办法和纳粮手续详加解释,既是普及新知,也是“普法”教育,更是实行自治的具体行动,其意义是多方面的。

卫聚贤担任学友会会长时,常常借各校学生举行会试、会操、演练、听讲或其他观摩活动之机,向优胜者颁发奖品、纪念品等等,他在一些奖品上刻着四句口号,也是万泉县目前应该急办的四件事:一,男孩不要念四书;二,女孩不要缠脚;三,组织村长联合会;四,练习保卫团。这都可看作乡村自治的方式。

民国初年的乡村自治,大都以乡绅为主施行。有的地方,是乡绅跟政权合伙进行。卫聚贤既不是当时推广乡村自治主要力量的乡绅,也不是宗族势力的代表,更不在权力运作体系之中,他是纯粹以个人身份从事这一工作的。他也似乎并没有什么指导思想,对有关自治的中外各种学说亦未必涉猎过。他主要根据个人对“乡村自治”的理解去做。读卫聚贤的一些自述,有时感到卫聚贤似乎管事太多,本来不是自己的职责,他也管。然而他就是这样一个“好管闲事”的人。独特的身份决定了他搞的乡村自治,深深烙着他个人的印记,带有“草根”风味。以个人之力,在乡村推行自治,这样的精神,在出身贫穷的知识分子中,是不多见的。

能够为老百姓做好事的人,人们会记住他。能够跟群众打成一片的先觉,人们会奉他为领袖。卫聚贤就是这样的人。

从青年时代看,卫聚贤应是一个政治人物,不会走上做学问的道路。可是事实恰恰相反,走出故乡的那一片天地,他忽然对做学问感到了兴趣,后来成为一个大学者。卫聚贤属于这样的人:他对什么都感兴趣,他做什么都会做出成就,只要他选择了那项事业。他是一个无论做什么都会做出大成就的那种人。他是全才,不是专才。他触类旁通,一学就会,一点就通,多数属于自学成才。他在做学问上,不断转身,不断开拓出新的天地。固然天赋条件重要,但是对卫聚贤说,热爱事业,把全身心投入到事业中去,做什么爱什么,做什么学什么,做什么通什么,才是他成功的首要条件。

第三章　商校读书

第一节 “蓬头垢面读诗书”

一九二一年初，卫聚贤考入山西省立商业专科学校。贤“性近工业”,先考工专,以当过学生代表而不收,改考商专。“其时不论考入何校,非有中学毕业文凭不可,乃借了安邑县卫怀彬的中学文凭”,才得考入,遂改号为怀彬。巧的是,那个人也姓卫,于是有了两个卫怀彬,原来的卫怀彬默默无闻,用名顶替的卫怀彬却做出了成就。

太原商业专科学校,初名中等实业学堂,创办于一九〇七年。一九一二年六月改名太原商业专门学校,另设工业学校。由于学生不多,教学不景气,一九一四年三月,商校跟山西公立政法专门学校(原名山西政法学堂)合并,校长冀贡泉,校址在太原新南门街上官巷西口,即今省公安厅所在地。一九一七年一月,商校从法校分出,恢复原来独立地位,校址设在新满城,即今新城街,校长为河津人严敬斋。分银行、会计、税务和工商管理等科,共六个班,学生二百余人。校方为学生提供实习场所,学校旁边设立实践银行,不久后停办。在学校担任教职的,有簿记教员卢子明(安邑人,留学日本)、经济学教员刘志南(湖南人)、统计教员张录堂(安邑人)、英语教员张友生、德语教员柴仓山、日语教员白某某,以及韩业芳等。那时太原各专门学校的学生，大都学非所用，毕业后找不到工作，因此学生大都不认真学习，只不过混文凭而已。商校学生亦如此。课堂不听讲，宿舍睡大觉，还有吸大烟、料面和打麻将的。这是就一般而言。对个别学生说，这是个难得的学习机会，他们不会放过。卫聚贤便是抓住时机如饥似渴学习的一个。

《鲁智深传》写道："山西分为晋南、晋北两派，常有些意见发生，尤其是在学生中最为显著。商专校学生有一部分势力的是教育厅长马骏的亲戚，专与鲁智深的一部分人作对，形成两个团体。因晋南学生少，鲁智深失败了，是以在与商校为邻的省立图书馆看书作解闷。"——当然是在课余时间。

"与商校为邻的省立图书馆"就是当今的山西省图书馆。山西省图书馆初名"山西省教育图书博物馆"，一九一九年十月九日正式开馆，总理兰承荣，副总理有著名画家柯璜等人，馆址在太原文庙。以后使用过"山西公立图书馆（附设博物馆）"、"山西省立民众教育馆"、"太原博物馆"等名称。太原文庙跟"新满城"相邻，或者说，文庙背后不远是"新满城"，从"新满城"走到文庙，不过几分钟路程，来往方便，对求知若渴者说，真是天赐良机。对卫聚贤"以在与商校为邻的省立图书馆看书作解闷"，我们就更容易理解了。

"山西省教育图书博物馆"成立以后，山西著名才女石评梅的父亲石铭是其中一个部门的负责人，而他手下的工作人员便是后来大名鼎鼎的狂飙社盟主高长虹。高长虹走进这个"山西省教育图书博物馆"的时间，是一九二一年的年初，跟卫聚贤考入商校几乎在同一个时候。高长虹当时的职责是文书，他跟石铭同室同桌办公，两人也成为亲密无间的忘年交，时常一起出外喝酒，石铭还选他做自己的东床佳婿，只是后来没有成功。那时来图书馆看书的人不多，像卫聚贤这样经常到"省图"

看书的人尤少。高长虹本人，也是嗜书如命的人。可以想象，那个时候，笔者所着重研究的这两个人很有可能相识，即使不很相熟，以他们的性情看，也许会在阅览处碰面，谈话，切磋学问。可惜，这两人早已不在人世，他们当年的活动没有人能够提供证明，我们只好发一声深深的慨叹了。

卫聚贤在商校读书，经济拮据，生活困顿，只能省吃俭用，“蓬头垢面而读诗书”。不久父亲病故，兄考娃不愿意负担学费，使他雪上加霜，每年七八十元的学费，只能靠借贷而来。每赴食堂就餐，必拣最便宜饭菜，写作不敢多用纸张，因而写的字极小，人称“人大而字小”。又称“卫道法师”，本人以“卫大法师”自况。

在商校读书四年，他几次回家，开头步行，从太原到万泉，约有四五百里，没有五天六天，是很难走到的。后来，由太原到河东的汽车路修成，他买了一辆自行车，大大缩短了行走的时间。

在《山西票号史》的《序》里，卫聚贤说到他在商校读书时的情景：“余在山西商业专门学校读书时，曾听韩业芳和严慎修讲过山西票号故事，但其时票号事业已失败，余以为这是历史上的陈迹，因余时尚未研究经济史，故未注意及此。后各省友人闲谈中，以余为山西人，而又研究历史，也曾研究经济史，故尝以山西票号之故事为问。尤其是顾炎武发明票号一节，人多乐道之，而与余所闻为雷履泰所发明者异。但孰为票号发明者，则未暇究。”

这里说到严慎修。严慎修(1878—1945)就是前边提到的商校校长严敬斋，敬斋为字。他是辛亥革命的积极参加者。从民初到抗战以前，在国内民众教育界，严慎修是很有名的一个人物，曾跟梁漱溟、晏阳初等人在山东邹平筹办“乡村书店”，印行他们的《乡村建设自治》等书，并成立了“平民教育会”。著作很多，大都为儿童读物和有关地方自治的，有

《儿童识字养性歌》《处世格言》《地方自治要鉴》等书，编有《薛文清公文选》。薛文清，即薛瑄，明代大学问家，是河东学派的创始人。前边说严敬斋为河津人。那是当时的行政区划。前些年万荣县的行政区划有所改变，西南部一些乡镇划给临猗，另从北边的河津和稷山划来一些乡镇，严慎修和他编过文集的薛瑄现在都成了万荣人。万荣县的方志学家、作家解放写有一本《万荣史话》，其中写到严慎修即严敬斋：

……这个村(引者按，指里望乡上井村)还出过一个"洋举人"，姓严名慎修，字敬斋，早年留学日本，曾参加过孙中山领导的革命活动。民国建立后，他联络本村的前清秀才严振海、曾任过永济知县的王国杰等，发起剪辫子、放天足、搬神像活动，而后又积极兴办新式学校。他先后担任过河东革命党人李岐山举办的"军政分府"经济要员、山西大学教授、山西商业专门学校校长、省议会副议长和省教育检察官，又和梁漱溟等人推行"乡村自治建设运动"。七七卢沟桥事变后，他感到上海立足困难，旋即返回家乡，不想此时家乡已沦入日寇之手。他激于民族义愤，不顾花甲之龄，毅然奋起，召集里望、上井等村的有威望之士，商讨抗日大计，以村为单位，成立了抗日自卫组织，他们把西明埝庙的赛神会官款，全部买了枪支弹药。一次，一股日军闯入上井，村人考虑到他的抗日名声较大，劝他逃走，他坚持在家不动。几个日军和汉奸闯入他家，他指着汉奸大骂其"民族败类"。那几个日寇要将他扔入火坑，他就用日语骂日寇。日军见他精通日语，始知他非一般人物，就一面将此事禀报驻河津的日军司令小林，一面命令自卫队交出枪支弹药，并威胁说如不交枪支，就要血洗上井村。为了全村人民的安全，严慎修毅然到河津面见小林，小林念他是早稻田大学同学之谊，不让日军胡乱行事，村民才免了一场灾难。

——大众文艺出版社，2002年2月，第157—158页

由这样的人执掌的学校，风气应该是良好的，让人信赖的。

文中说到主持河东"军政分府"的李岐山，那是著名作家、翻译家、批评家李健吾的父亲，他在河东地区的辛亥革命中发挥了重要作用。

卫聚贤在商校读书，他后来却并没有在税务、工商管理以及会计等部门工作，也没有成为一个工业家、商业家，在银行工作所搞的也不是一般的银行业务，而是从事研究，这都可说学非所用。但是另外一方面也要看到，正是在商校读书的几年，为卫聚贤后来从事历史研究打下了坚实的基础。首先，在商校读书使他对史地知识产生了浓厚的兴趣，因此他后来离开了本专业，而是选择了历史。其次，在商校读书使他成了一位打算盘的高手，以后他把这个长处用在历史研究上，产生了一门新的学科，叫"历史统计学"。凡有心之士，无论学什么，都不会成为无用之物，他都会给它派上用场，都会让它为自己的事业服务。卫聚贤在商校四年，没有白过。

卫聚贤历史研究的发轫之作《一得录》，乃是在商校读书时的结晶。

第二节　《一得录》的写作

卫聚贤在小学读书时，历史、地理、数学、理化、图画、手工都是一百分，而国文、唱歌、体操则仅及格。这激发了他对历史的喜爱。到了商校以后，对“商业史”一门课程独感兴趣，听得入门。可是又嫌太简，便到图书馆寻找这一类的书，以做补充和加深。商业史上说到齐太公的“九府环皮”，又说到张骞到大夏看见蜀布邛竹杖。在读《史记·齐世家》齐桓公西伐大夏的记载时，他以对此发生了疑问，这两个“大夏”是否同一个？于是写了《齐桓公西伐大夏考》，证明是一个。研究学问，从发生疑问起，有了疑问，才会产生研究的题目。读书不应该以被动地接受前人的说法为满足，应该是在接受前人给出的知识时，运用头脑，融会贯通，发现疑问，由自己加以解决。卫聚贤这种读书法是正确的。

之后又作《介子推隐地考》，论证介子推的隐地不在现属晋中的介休县绵山，而是万泉县的孤山和介山。再作《汾水西流南流问题》，“以解释太原盆地的昭余祁，灵石南关与汾阳西的山道开凿”。再加上《中国人种的由来》，共四篇文章，合约将近五万字，印为一本书，便是《一得录》。这是卫聚贤最初的著作。用《一得录》做书名，显示了他的谦虚和谨慎。

对《汾水西流南流问题》，卫聚贤后来有比较详细的叙述。收入《古史研究》第三集的《虞夏》说：

余在山西商业专门学校读书时，由太原至河东的汽车路方修成,余骑脚踏车回家,在灵石县南四十余里,汾水由东向西处,适有自北而南的一条大水,与汾水成丁字形。在此交流处,汾水北岸有一小村,其村建筑于石壁上,观其石壁所露的自然层,是与汾水南岸的山,当日相连接的。再观此西有一水为汾水的正道,现在汾水由东来似为支流。是知此村南当日系一山岭,不知何时凿成孔道(此处南岸北岸相距十余丈,北岸高约十丈),使汾水由此孔道南流的。再由此村沿汾水道向东北行,看见两岸的山,山上的小水道,在距现在汾水底处十丈以上的,都向着东北,至河底处方向西南。是以知当日在此村的东北,其水向东北流,故汾水两岸山上水道向东北,后此村南石壁被凿开之水向南流，故汾水两岸山上下层的水道转其方向向西南流。

灵石县南四十以北的水,都向北流,当系流入太原的大水湖昭余祁中。而昭余祁不能受此南北东西的大水,当有一个出水口,使之流出,而向阳斜即为昭余祁水的出口。我将这个问题于民国十三年在我的《一得录》中有《汾水西流南流的问题》一文曾讨论过。

二十一年四月我和山西国民师范学生旅行晋祠，顺便我探访战国时的晋阳城,至王郭村初级小学校,与其地人谈及智伯以晋水灌晋阳事,他们说他们本地有两句传说,是:

“灵王打开灵石口,

方才救了太原人。”

我问他们“灵王”是谁,他们回答不上来。“灵石口”当是我所说的灵石县南四十余里的一个村庄的石壁。“灵王”当为赵武灵王。

以下，卫聚贤举了三个证据，说明“汾水由灵石南下系赵武灵王所凿”，又论证“夏民族在太原曾治过水”，太原盆地原来是一个大水湖，“这个水湖以至战国中年还是很大的，名昭余祁，魏襄王时所作的《周书·职方氏》中列为并州泽薮，与荆州的云梦（洞庭湖）并列，可知昭余祁之大了。”

这段话，卫聚贤在《中国史编义》中亦说过。

此文的主旨，更在想引起读者注意，他能在学术研究上做出如许成就，跟他有一双慧眼有很大关系。这段话说了两件事实，一件发生在卫聚贤在商校读书的时候，一件发生在民国二十一年他跟国民师范一些学生到晋祠附近的王郭村进行考察的时候。主要在第一次。一般说，人们经过一个地方，不会对水流方向感兴趣，觉得本来就是那么一回事，你接受下来就行，管那么多干什么，更不会把它作为一个题目，追问它为什么是这样而不是那样，做出自己的结论。卫聚贤不同。他骑车从那个村子经过，看到石壁的人工凿痕，看到水流方向的变异，就把两者综合起来，进行思考，并有了初步的结论。古书的引证，只是求解开凿水道的时间，并不是开凿水道之有无。说到这里，笔者只能再次说，卫聚贤是一个有心人。

文中说，途径王郭村，在该村初级小学校与人谈及智伯以晋水灌晋阳事。战国时的晋阳城，系董安于于周敬王二十三年（前 497）奉赵鞅之命开始修筑，跟其助手尹铎很快建成。周定王十一年（前 458）赵鞅病故，赵襄子立。这时晋之大权落入手下大官之一智伯手中。智伯造反，联合韩、魏二家围困晋阳一年而不能得手，采纳臣下建议，引晋水灌城。见到这种情景，韩、魏两家忽有唇亡齿寒之感，始知上当，恰巧赵氏派人联络，最后三家合伙，决堤泄水，将智伯消灭。他们谈论的就是这回事。

《介子推隐地考》是这本书里的第二篇。介子推，春秋时著名义士，晋国人。曾追随晋公子重耳（晋献公之子，继位后为晋文公）出亡国外十九年，困难时割股奉公。重耳返国继位，赏赐跟随流亡者，独漏掉介子推。介子推按照母亲的嘱咐隐居绵上之山。后晋文公经人提醒，想到了介子推，派人寻找，要给予赏赐，介子推坚决拒绝。晋国军队用火焚山，逼介子推出来，介子推跟母亲抱在一起，被焚而死。寒食节的习俗和清明节由此而来。卫聚贤说："我看《左传》时，认为介子推的隐地在万泉县，而有的书上说在界休县，两地相去约六百里，我就作了一篇《介子推隐地考》，附带地考汉武帝的汾阴后土祠在万泉县柏林庙附近。"（《我的"胡说"》）

民国七年重修《万泉县志》第八卷《流寓》篇："周，介子推，晋人，文公赏从亡者，推不言禄，禄亦弗及。遂与其母偕隐而死。文公以绵上为之田，曰'以志吾过'，且旌善人。"《祠祀》篇："介子祠二，一在介山，一在孤山东南隅，今祠废，碑文剥落。"《山川（孤山庙宇附）》篇："介山，在县东十五里。相传介子推隐此，上有介推祠。"下有编者按："《府志》云：《汉书·地理志》：'汾阴介山在南。'《汉武纪》：'祠后土用事介山。'《水经注》：'介山高十余里，山上有神庙。庙侧有灵泉，祈祭之日，周而不耗，世亦谓之子推祠。'扬雄《河东赋》曰：'灵舆安步周流，容与以览于介山。嗟文公而愍推兮，勤大禹于龙门。'《山西通志》云：'详郦氏之言，当以今之孤山为介山是。道元谓庙侧有灵泉。而宋邓《忠臣记》：孤山之东南有祠曰风伯雨师，右有泉二，源在山之上下，则虽数百年已远，尚与道元合。'元毛铎《风伯雨师庙记》谓：汉建武九年，光武登台祀。'此铎之记得诸邑人所传者，足证非妄。今县东南十五里，半山有柏林庙，上祀风伯雨师，而论者遂误为子推祠。正东十五里，土峰高耸，俗名神疙瘩凸，上祀药王,旁有子推祠,规模隘小,其为近世所立可知。且孤介同义,土人以南为孤山,东南为介山。诸家(以)又号绵山,与介推绵山聚二字相同,遂启后人疑误之端……”

卫聚贤文章开头说:“介子推之隐地,或云在介休,或云在万泉,而介休之说甚强;余以彼时之事实考之,于情理则应在万泉。兹将其事实列左……”以下为引证,从《左传》《楚辞》一直到《荆楚岁时记》,引证二十种以上,“此外如桓谭《新论》、汝南《先贤传》皆言子推之事”。这是把几乎所有文献记载全部罗列出来,不以个人意见为取舍标准。以下就情、理两方面,继续引证。概括而言,他说了几个意思。

第一个意思,介子推传说是临晋人,姓王名光。临晋即今猗氏县的西部,北与万荣相接。晋国都城在曲沃(卫聚贤当时认为在绛县),万荣东北方向。从临晋到晋国国都,万泉是必经之地,他对那一带是熟悉的。从临晋到晋国国都相距不过百里之遥,来往方便。卫聚贤说:“按上列各书,就介子推之事实考之,当渡河见咎犯之要文公,已有隐居之心;既有隐居之心,处处留心可隐之地;按秦军围令狐,令狐在今猗氏县西北,其地距万泉县之介山不过二三十里,子推必注意于此;若为介休县之绵山,安知其山可隐?”“若为介休县之绵山,非途次所经,安知其山可隐……”这是从熟悉环境说。

第二个意思,子推既是临晋人,“文公外出十九年,子推从之,其母必家居以待其子,及文公自秦归,路过临晋,子推当偕其母入都以待仕,及文公之禄不及子推,子推乃与其母偕隐耳。按晋都距万泉不过一百二三十里(引者按,实际只百里左右),去介休四百余里,其母年迈,必不堪行如此长途,况子推与其母偕隐者逃也,介休非一日可能至,文公何使人追之,而不能及也。”“况晋都之周围,西北有吕梁山,东北有霍山,东南有王屋、析城山,西南有终条山,南有稷山、介山,舍近不隐,远去介休，非其理也。”这是从隐地远近说。说到这里，我做个补充。晋国都城现已勘察明白，并已将遗址发掘出来，前不久刚刚建成晋都博物馆，其地在曲沃县曲村乡北赵村外。巧得很，笔者叔祖父就在那个村子落户，是民国初年我祖父在那一带教书把他带去的。六十年代，已近六十岁的叔祖父常常回万泉老家，他骑自行车，一天一个来回，非常方便。

第三个意思，介休绵山不可能发生烧死介子推母子之事。“绵山按《介休县志》云，东接沁源，南辖灵石，是其山绵延数百里也。文颖曰：介山高三十里，周七十里；《史记》云：‘环而封之。’其七十里可环也，数百里不可环也。”在这里，笔者又有个补充，并带点儿辩证。说“高三十里”者为孤山，不是介山，介山高不过一里，远望，只是一个土岭。周长也不到七十里，最多二三里。古书上常有把介山跟孤山混为一谈的，卫聚贤也没有把它截然分开。要把介子推母子烧死，有一个先决条件，是山上遍植树木，没有空隙。三年前的清明时节，我应炎黄文化研究会之约，到绵山参加第五届中国清明寒食文化节活动，只见那山上到处是空地，仅供人开会的一个山洼（相连者为“云峰寺尘不到小院”）足可藏数百人，山上林木也不多。即使孤山，同样是童山秃岭，到处可以避火。只有介山，那是一烧起来便无法躲避的。

第四个意思，介休绵山为外国之地，介子推不会离开他的祖国，跑到“外国”，晋国军队也不可能被派到“外国”去搜寻自己的“逃犯”。卫聚贤说：“况绵山东接沁源，沁源在彼时尚属赤狄，文公初立，其国未强，非能以兵力而出于赤狄者也。”

在文章的后半，卫聚贤引用大量文献，探讨了人们误把介休绵山当作介子推隐居地的原因。文中指出，把介休绵山当作介子推隐地，跟曲解“绵上之山”有关。“文公闻其入绵上山中，非如绵山中也。”又说：“介休”之名跟介子推无关，……当战国之时，介休为赵魏之界也，秦因赵魏之界休于此，故置界休县。至晋时方改为介休。”另外还说到万泉县有关介子推的民俗。总之，此文资料丰富，论证有力，是一篇好文章。

卫聚贤文章最后说：“介子推之隐地，既在万泉，而万泉孤山之上，何无子推之祠？曰：孤山之上柏林庙是也。《水经注》不云乎，介山上有庙，庙侧有灵泉，祈祭之日，周而不耗，世亦谓之子推祠。《荆楚岁时记》云：去冬节一百五日，即有疾风甚雨，谓之寒食禁火，后人不察，遂于其庙祀风伯雨师，因其周围多柏，故曰柏林庙，其实介子推之祠也。”对这个说法，笔者不完全同意。在笔者看来，孤山和介山都是介子推的隐地，前引旧《县志·祠祀》篇“介子祠二，一在介山，一在孤山东南隅，今祠废，碑文剥落。”《山川（孤山庙宇附）》篇：“介山，在县东十五里。相传介子推隐此，上有介推祠。”即为明证。但介子推最后殉难之地，却在介山，介山也是介子推的主要隐地，是可以肯定的。

笔者对介山是很熟悉的，自小就知道那是介子推的隐居地。介山为一土岭，不高，周围仅二三华里，山上遍植树木，晋国军人用火逼介子推出山，而介子推誓不面君，在这里被烧死是极可能的；这里没有石头，遍植树木，一旦起火，无可逃遁。介休的绵山不可能被火烧死，孤山也不大可能。不仅因为绵山太大，而且巨石嶙峋，荒山秃岭，人在山上，到处可以躲藏，何至傻到看见火来，不去逃避，偏往火中去钻？介山在晋国范围之内，距离晋国国都百里左右，何况他早已熟悉，来此避难，其情其理，都说得过去。屈原《九章·惜往日》：“介子忠而立枯兮，文君寤而追求。封介山而为之禁兮，报大德之优游。”即写此事。此山原无名，《史记》《淮南子》等说“绵上之山”，绵上即前说旱塬之意，或如卫聚贤说“即峨眉岭上”之意。《史记》：“文公环绵上山中而封之，以为介推田，号曰介山，”，这就是介山的来历。山下有村庄，名怀介庄（董永墓在怀介庄行政村之下窑），为怀念介子推之意。介子推祠通称介山庙，正殿前有舞台，大门东侧亦有舞台,可以并台唱戏。山上还有药王庙、土地庙、娘娘庙等建筑。据扬雄《河东赋》,汉文帝曾到介山祭奠子推,“嗟文公而悯推兮,勤大禹于龙门”。山上建筑年代均无可考。民国初年,县立第二高级小学设立于此,笔者父亲在此读书二年。柏林庙和介山庙均于抗战初期被日寇烧毁。日本投降后不到三个月,附近村民即筹款重建介山庙,笔者和一同伴曾受村上派遣,前往送食油给工人,当时正在塑像。惜新建介山庙,二十世纪五十年代毁坏。

卫聚贤没有分辨山上植被情况,是一个疏忽。

《一得录》是写历史的。历史是卫聚贤学术研究的根,二十年代初卫聚贤到商校读书,为他学问大厦奠下了这个基础。《鲁智深传》接前引:“因作《齐桓西伐大夏》,对于中国古代的边界发生疑问,而作《春秋图考》,有石印地图二十一张,铅印考释四五万字。”水道用绿色,古地名用红色,今地名用黑色,系石印套印。这是他另一个重要成果。

第四章　梁启超、王国维的高足

第一节　清华研究院来了个商人

卫聚贤在商校读书四年，一九二五年初毕业，赴北京，想考北京师范大学研究所，可惜那里有个规定，不收外校学生。他考入新闻大学，同时在北师大旁听。这样子过了将近一年，一九二六年暑期，清华学校（一九二八年南京国民政府成立后改为国立清华大学）国学研究院招生，卫聚贤的机会来到了。

清华国学研究院从成立到结束，似昙花一现，但在中国学术发展史上的贡献堪称辉煌。蓝文徵在《清华大学国学研究院始末》中说：

> 当五四新潮后，提倡科学的呼声，响彻云霄；同时整理国故，也被世人所重视。梁任公先生于民十及十一两年，应北京、天津、济南、南京、上海各大学及教育团体的邀请，连续讲演中国文化学术，不下二百次（见《梁任公学术讲演集》及丁文江撰《梁任公年谱长编》），学子景从，风气大开。十一年秋，北京大学成立研究所国学门，为我国大学设置研究所的嚆矢。国学门主任沈兼士敦请王静安先生为指导教授，王先生不克北上，遂

聘为函授导师，书笺往返，诸研究生受益很多（见王德毅撰《王国维年谱》244 页至 259 页）。此后数年间，北京国立八校，因经费拮据，弦歌时辍，惟清华学校，经费独立，基础深厚，实大有可为。校长曹云祥先生，于十三年秋，即计划改制，设大学各学系及国学研究院，留美预备班办至十八年结束，立得外交部批准（时清华隶属外交部）及美国驻华公使的赞助（时各国使节皆未升格，美公使为清华董事），遂开始筹备。曹校长想把研究院办好，特请胡适之设计，胡氏略仿昔日书院及英国大学制，为研究院绘一蓝图，其特点，如置导师数人（不称教授），常川住院，主讲国学重要科目，指导研究生专题研究，并共同治院；置特别讲师，讲授专门学科。后来研究院的规章，大致即本此蓝图。曹校长敦请胡氏为导师，胡氏很谦虚地说："非第一流学者，不配作研究院的导师，我实在不敢当，你最好去请梁任公、王静安、章太炎三位大师，方能把研究院办好。"十四年春，曹校长敦请梁任公、王静安、章太炎、赵元任四先生为导师，李济之先生为特别讲师。梁、王、赵、李四先生先后应聘，惟章氏不肯就。四月十七日，王静安先生到校，居清华园西院，校方恳请王先生主持院务，王先生坚辞，院中遂设办公厅，聘吴雨僧（宓）教授为主任。时院务草创，凡购置图书及招考研究生诸事，均请示王先生而后定（赵万里编《王静安先生年谱》）。八月赵元任先生、李济之先生均到校，九月八日梁任公先生到校，居清华园北院。新考取的研究生，寻亦陆续来院注册。二十八日，研究院开学……（夏晓红、吴令华编《清华同学与学术薪传》，三联书店，2009 年 7 月版，第 387—388 页）

清华研究院所在地风景幽美，学校图书丰富，经费充足，藏修息游，极其舒适。研究生可在图书馆借书二十册，不足，可以向北海图书馆、北大图书馆借，并可以向学校提出，申请购买，这给学生创造了极其优越的学习条件。当时同学们都以“南海圣人再传弟子，大清皇帝同学少年”戏称。卫聚贤可真成了名副其实的“南海圣人再传弟子，大清皇帝同学少年”了。

卫聚贤属于第二期，这年，他二十八岁。前引蓝文徵文章说：“十五年夏第二次招生时，报考的人数更多，遂比第一届多录取几名。院中规定，学生研究一年须缴论文一篇，经导师核可，即准予毕业，毕业证书，是由清华校长及全体导师署名盖章。”（第389页）查《清华研究院同学录》中《民国十五年研究院同学》名单，共二十七人，有王力、吴金鼎、侯堮、姜亮夫、陆侃如、冯国瑞、杨鸿烈、戴家祥、卫聚贤、谢国祯等。上一届同学有方壮猷、杜钢百、吴其昌、高亨、周传儒、徐中舒、姚名达、程憬、刘盼遂等。下一届同学有朱芳圃、陈守寔、储皖峰、刘节、蒋天枢等。再下一届有蓝文徵、罗根泽等。

当时梁启超开设的课程有《中国文化史》《儒家哲学》《中国历史研究法》《历史研究法补编》《古书真伪及其年代》等。王国维主讲《仪礼》《说文举例》等课。

今人夏晓红为《清华同学与学术薪传》所作《缘起》说：“设立研究院，本为清华从留美预备学校向大学转制的一个重要举措。而唯一的‘国学门’，自一九二五年九月首批研究生入学，到一九二九年六月底结束，短短四年间，总共培养了四届七十名学生（据孙敦恒《清华国学研究院纪事》，以毕业计）。而最令人称奇的是，其中多有日后在各学科领域中声名卓著的大家。按照个中人蓝文徵的总结，除去早逝者，留学英、法、日本的有十一人；‘散在各院任教的，约五十余人；留学诸人于抗战前，也均返国任教。抗战期中，同学在各大学任教务长、训导长、院长、研究所主任及文、史两系主任的，约有十七八人，被誉为好教授的，为数更多。'"作者以高增德主编的《中国现代社会科学家大辞典》统计，共有二十七人入选，其中历史学有周传儒、方壮猷、谢国桢、刘节、陈守寔、卫聚贤、蓝文徵。其他学科有吴其昌、徐中舒、戴家祥、杜钢百、高亨、姚名达、王力、姜亮夫、刘盼遂、陆侃如、罗根泽等。姜亮夫所记他入学考试情形或为当时普遍情形：

过了几天，清华教务处通知我去面试。到约定日期我到了清华。任公先生亲自接见，问我："松坡先生是你什么人？"我说："是我父亲的上司，我父亲曾在松坡先生底下做事。"他又说："廖季平先生是不是你老师？"我说："是的。"他问还有哪些老师，我就约略地说一下，他都晓得，他说："这些先生都很好，你为什么不在成都高师读下去？"我回答说，成都高师我已经毕业了。他说："好，我就让你补考吧！"接着就给我出了题目《试述蜀学》，当即我就写了二三千字的文章交上去了。任公先生一边看一边微微地笑着，有时点点头。看完了，他说："姜寅清，你这篇文章说明你在四川读书时是个用功的人，许多四川老先生的书你都认真读的，文章写得也有趣味，教你写文章的是哪位先生？"我说："是林山腴先生。"他说："不怪，他是诗人，他的文章也写得很好。"这时是上午十时多，他叫我休息一下，到十一点多，有人来领我去厨房吃饭，饭后休息一下就接着考王静安先生的课。静安先生在里面担任的是"小学"，他出的题目都是"小学"的题目。在这之前，太炎先生的《章氏丛书》我曾反复精读，有一些心得，所以静安先生问我的许多问题，我都没有答错,但都是一家之言。静安先生看了我的卷子之后,便说:"你可是章太炎先生的学生?" 我说:"不是, 我是四川来的。"他说:"四川来的,怎么说的都是章太炎先生的话呢?"我说,因为假期要升学,所以我突击看了一部《章氏丛书》。"《章氏丛书》你看得懂吗?"我说:"只有一二篇我看不懂,别的还可以看得懂。"王先生连声说:"好的,好的,你等一会儿。"他的办公室和任公先生的办公室只隔一道板壁,中间有一道门相通,他就告诉他的助手赵万里先生说:"你去跟任公先生讲, 姜亮夫这个学生我看可以取。"赵先生向任公先生转告了王先生的意见,任公先生不表态,只说:"对不起,现在考完了,你回去听消息。"隔了两天,清华果然有电话到我住的会馆,通知我把行李带去,但笔、墨也要准备好,并说还要考一次,这一次都考及格你就可以住下来了,我暗暗高兴。按规定时间到清华参加复试。考什么呢?考普通常识。这个普通常识给我作难了。例如有一道是"写出十八罗汉的名字",能写几个写几个,我十八罗汉名字一个也写不出。还有按规定要写出二十几个地名,结果我只能写出十六个来,别的我写不出来,因为有些地名是内蒙古的,有些是新疆的,有些是西藏的,写不出来了。所以史地的考试看来是失败了。除此以外,还要考一些汉语言学和哲学思想史之类的东西。汉语言学我考得大概是九十分,哲学我在成都高师倒是好好地读过(如西洋哲学史、中国哲学史),所以我哲学问题也答得很好。于是他们就商量了:佛学的知识我答不出来,其他的考生也只能答出一点点,没有人答完全的,地理同其他考生程度差不多,语言学和哲学考得不错,对哲学系统认识很清楚……王、梁二位先生研究后,就问我行李在哪里?

我回答在门口。他们立刻拿起电话告诉门房:“你们把刚才进来的姜某人行李送到静斋第一号寝室里边去。”然后转过来对我说:“你取了,你算录取了!”任公先生又说:“你这次录取只好说你运气好,因为我们正取生中有二名不来,已经到美国去了,所以拿你备取生第一名递取的。”我想不管是正取生,备取生,只要能进清华,我就可以在清华拼命读书了。

——《清华同学与学术薪传》第 392—394 页

跟其他人比较,卫聚贤的学历差了一些,他有些出身草根的样子。报考的论文题目是《春秋战国时代之经济》,大约像姜亮夫补考时梁启超出的《试述蜀学》一样。他将论文寄给梁启超,意在请教高明。梁读后,大为赞赏,挥笔评曰:“颇有新见。”遂破格录取。卫聚贤是否有过像姜亮夫那样的口试经历,没有资料可资利用,且作为罢论。

入学以后,卫聚贤选择的研究题目是《中国古代商业史》,归王国维指导。王国维看了题目,问:“你根据一些什么材料?”

卫答:“《左传》《国语》《国策》及先秦各书。”

王国维说:“《左传》就有问题的。如系左丘明作,他是孔子时代人,材料尚可用。如为刘歆作,时代很晚,材料就不能用。”

卫反问:“还有人说是刘歆作的吗?”

王国维说:“你不知吗?你去考一考。”

卫聚贤喜欢做翻案文章。他在初期的研究中,总要罗列各家学说,逐条批驳,然后说出自己的观点。这在《一得录》中可以看出。王国维说:“你只管说你自己的,何必去管别人呢?”卫回答:“不把别人的学说驳倒,我自己的就站不起来。”王国维说:“只要你自己的说对了,相比之下,别人不驳自倒。”卫聚贤接受了王国维老师的这一教导,以后写论著，就很少罗列他人观点，只是将自己的意见写出，也很少作批评他人的文章。

卫聚贤晚年在《我的“胡说”》的回顾文章中说：

我向图书馆借《左传》，他说：“都被你们同学借走了。只有商务出版的一部《白文左传》，是没有‘注解’的书。”我占了这个便宜。如有注解的话，就得跟着前人走，成为“人云亦云”，没有新见解——胡说八道。

我把《左传》看了几回，看不出它是在什么时代为何人所作。但是我在商业学校学过统计，我有统计观念和常识。看《左传》为何前面是一页记数年的事，中后期成为数年一页？

我借了一个“算盘”，先把《春秋》每五年的字数相加，列了一个统计图。分为四期：第一期低，第二期平，第三期高，第四期平。

我推求其原因，照道理初期时间古，材料少，应当低平，愈到后来应该愈高，何以第四期不高而平呢？

我是知道《春秋》为孔子作，其第四期的高点在孔子死前九十年，孔子活了七十三岁，在他作《春秋》时有些人尚未死，有些人他的子孙尚在当权，其材料不容易搜集或不敢多搜集，是以第四期低。

《春秋》记载多寡的原因既求出，我用“已知数推求未知数”的方法，也把《左传》每五年的记载加在一起，作了如上的图表。它也是第一期低，第二期平，第三期高，第四期平。《春秋》统计的结果，其高点在其作者死前九十年；那么，由《左传》的高点向后九十年，就是《左传》作的日期。

统计的结果,《左传》的高点后九十年为周威烈王元年。再看《左传》上多预言,凡是在周威烈王元年以前的都应了,周威烈王六年以后的都没有应。就断定《左传》的作期在周威烈王元年。

我又用统计方法,将《春秋》《左传》《国语》所记各国的字数作百分比,《春秋》自然以鲁国占的篇幅为第一,而在鲁国周围的山国,如滕、薛、邹、莒都占百分之二或三,但秦、楚、吴大国占的并不太多。《左传》是以晋国占第一(鲁国占的虽多,但多"解经"语,系刘歆后加的,不是史料)。秦比吴、越为多。《国语》有《越语》而无吴语。足以证明:《春秋》的作地近越而远秦,《左传》的作地近秦而远吴。

我又将《春秋》以后《左传》所记的材料统计,而卫占第一,它在叙述文中对卫国的先公不加"卫"字而直称"先君",这是卫国人所作。

当我把《〈左传〉年代》一部分作成时,王静安先生因为他的大儿子死,他到上海料理去了,我就请梁任公先生看。他说:"你认为《左传》是谁作?"我说:"是卜子夏。"他说:"你去查清楚了再拿来。"

我又以《左传》中袒护鲁国季氏、晋国魏氏。以其《左传》中表现作者特长于文学、军事、占卜及诗,这只有子夏有此长技,乃断为子夏作。

梁任公先生看了,在燕京大学演讲时就大捧我这篇论文(他的讲演词收在《历史研究法续编》)。

——《清华同学与学术薪传》第300—301页

梁启超在燕京大学的讲演，国学研究院的同学都去听了。在听讲回来的路上，有人对卫聚贤说："我们在休课后熄灯前，到各同学房中逛，看见你拿着算盘打，我们私下议论，今年招生为什么招到一位商人，在那里算账？不知你是用算盘打数字作统计！"

招到了一位商人！这确实是一件新鲜事。卫聚贤从不掩盖他是经商出身。他有经商的历史，他把经商的特长、行事方式带到了学术研究之中。第一，商人都比较精明，而且是现实主义者，他们不会只做一种生意，总是不断挖掘新的货源，想出新的门道。像卫聚贤能够不断开拓新领域，发现新课题，就跟这种商人心态有密切关系。有些人选择了一个专业或一门学问之后，终生都滚在那个领域里，可称为"毕生不出门，皓首穷一经"，卫聚贤跟这种人是不同的。第二，商人都有强烈的数字概念，他们生活在数字世界，计数是他们的特长。像他这样能够把打算盘用在历史学研究上，确实具有商人的特点，是人们不会想到的。他把用"已知数推求未知数"的方法用在对古书"作期"和"作者"等的研究上，得出了崭新的结论。他摒弃了过去历史研究陈陈相因的传统方法，令人耳目一新。

在清华研究院的一年，是卫聚贤成果丰硕的一年。散木在介绍卫聚贤一生功业的文章中说："研究院有《国学论丛》季刊，由梁启超主编，为国际著名刊物，多收研究院导师和毕业学生论文。其中卫的论文《〈左传〉之研究》亦曾得国际汉学人士关注，并给予好评。《清华周刊》也刊有他的《晋文公生年考》等。卫还与同学成立有'述学社'，这个团体是为反对国学研究中'顽固的信古态度'和'浅薄的媚古态度'而成立的，它宣称'宁可冒着"离经叛道"的罪名却不敢随随便便的信古；宁可拆下"学贯中西"的招牌却不愿随随便便的媚古'，这是他们在整理国故和西学东渐浪头上一种健全的姿态。'述学社'出版《国学月报》，先后刊有卫的

《晋惠公卒年考》《万泉卫氏考》《春秋的研究》《释家补正》《〈金縢〉辨伪》等论文。在该刊的'社员著述一览'中标有卫的《春秋地图》和《一得录》，而'社员著述出版预告'则有他毕业论文的《左传研究》，那是由商务印书馆出版的，《春秋的研究》是由'朴社'出版的，加上其前写成的《国语的研究》，这三个研究后来又合为《古史研究》，由上海新月书店出版，此书在中国史学界影响颇显。"

蓝文徵在前引《清华大学国学研究院始末》一段话后说："研究生愿继续研究者，仍可留院，每研究一年即毕业一次，研究年数并无限制，同学中研究二年者为最多，三年者次之，四年及一年者为最少。"(《清华同学与学术传统》第389页)卫聚贤在研究院只念一年，他是在院研究年限"最少"的学生之一。想来，在卫聚贤的思想上，念一年，掌握到导师教给的研究方法和做学问的门径就可以了，没有必要"留"下去。

第二节 《古史研究》的写作和统计方法的运用

《鲁智深传》说："到了清华研究院后，由信古而变为疑古，不过是不作笼统的疑，而是将每一书的作期(即作书的时代)，作地(作书人的地方)，作者，辨伪(有无后人加进去的)。在清华先作《左传研究》，毕业论文为《春秋研究》，在兴贤大学作了《国语研究》，此三篇先在新月出版为《古史研究》，在商务加了《穆天子传》一篇，为《古史研究》第一集。在南京古物保存所作了《山海经》《穆天子传》《〈禹贡〉研究》三篇，为商务的

《古史研究》第二集，但刚印好一·二八毁于火，后将《穆天子传》列入第一集，《禹贡》一篇以至最近从上海友声旅行团图书馆借出原本《古史研究》第二集抄出，加以修正，在《说文月刊》第七期中发表了，合为《古史研究》第二集，分为上下二册。”

卫聚贤的《古史研究》是一部影响较大的著作。如上所述，第一集写于清华时期。

冯沅君为《古史研究》所作《序》说：“《古史研究》共分三部分：《春秋研究》《左传研究》《国语研究》。这是卫聚贤年来钻研古史的心得。这部书多发前人所未发，而卫聚贤自信为最精彩的部分，当推《国语》的作期，《左传》的作者两段考证。卫聚贤考定古籍的方法是很精审的，例如关于《国语》作期的考定，除了用《左传》《管子》诸书作文体上史迹上的考证外，又比较《国语》各篇的文体和所记事实的性质；关于《左传》作者的考定，则就书中所表现著者的学识环境等加以推断，而尤其特异的，便是多用统计图表……”

上节卫聚贤说了他用打算盘的方法研究《左传》的经过。且以“卫聚贤自信为最精彩的部分”之一的对《左传》的作者的考证为例。

在这节开头，作者先揭出他的结论——《左传》的著者不是左丘明，而是孔子弟子卜子夏，然后层层论述。谈“著者的本能和环境”甚多，范围广泛。他以著者应有的“本能和环境”为标准，论证左丘明诸多的不合，论证子夏的诸多相符。比较之后，说：“总观上列，著者系文学家，子夏亦系文学家；著者系军事家，子夏亦系军事家；著者长于《易》，子夏亦长于《易》；著者长于《诗》，子夏亦长于《诗》；是著者的本能，子夏得而有了。著者续《春秋》至孔子卒，与孔子有关，而子夏与孔子系师徒之关；著者对鲁季氏为袒，而子夏为莒父宰，季氏必于为力；著者曾到过楚，子夏亦从孔子到楚；著者袒晋魏，而子夏设教于西河为魏文侯师；《国语》多取材于《左传》，当与其纂者左丘明的子孙有关，而《国语》竟引子夏与孔子并列；著者的所在地在晋，而子夏设教于西河居晋，亦系卫人；是著者的环境，子夏得而有了。具有著者本能及环境条件的，孔门中独一子夏。子夏既隶孔门，故著《左传》续《春秋》至孔子卒，并对于孔子及孔门诸子无贬词，局外人当不至此。是著《左传》的不是子夏是谁？”

在对左丘明和子夏二人的“本能和环境”做了比较以后，作者又对子夏与《春秋》的关系（说子夏参与孔子作《春秋》，子夏接受《春秋》，子夏研究《春秋》，子夏传授《春秋》，子夏著《春秋》——即《左传》），子夏著《左传》失名的原因（分远因和近因，远因是派别不同而受到排挤，近因是司马迁、刘歆“把左字看得太重因而弄错”）等做了考证。所说近因，实际上指司马迁和刘歆把《左传》的著作权归于左丘明，是个“失误”，论述详尽。结语曰：“司马迁刘歆以左氏《春秋》内读经至孔子卒，对于孔子及孔门无贬词，这书当与孔子发生关系；又见《论语》有孔子称赞左丘明的话，此书名《左氏春秋》，当系左姓人的作品，不管左丘明是复姓单姓，总有一个左字，糊里糊涂安在左丘明身上。自从他二人弄错以后，再没人敢翻这个陈案，成了冒名顶替，子夏实在冤枉。”此前，作者指出：“据《史记》的‘左丘失明’一语看来，左丘系复姓而单名明。《元和姓纂》‘齐国临淄县有左丘。’是复姓左丘有其族了。左丘明既是姓左丘，其书应名为《左丘春秋》，与那复姓的《公羊春秋》《穀梁春秋》同例，而何能与那单姓的《吕氏春秋》同例，名叫《左氏春秋》哩！”“太史公对此忽略过去，他在《年表》和《自序》上的记载是矛盾的。是以说《年表》所载‘左丘明……成《左氏春秋》，是太史公的所误。”

论述中，每一项，即使很小，都由论题、证据和论断三段构成，如“著者与鲁季氏的关系”，证据有三，一引《昭·二十五年》“政在季氏三世矣，鲁君丧政四公矣！”二引《襄·五年》“君子是以知季文子之（忠于）公（室）

也,‘相三君矣,而无私积,可不谓忠乎!’”三引《哀·三年》“季孙有疾,命正棠(常)曰:‘无死,南孺子之于男也,则以告而立之;女也则肥也可。’季孙卒,康子即位。既葬,康子在朝,南氏生男,正常载以如朝,告曰:‘夫子有遗言,命其圉臣曰:南氏生男,则以告于君与大夫而立之。’今生也(矣)男矣(也),敢告。遂奔卫。康子请退。公使共刘视之,则或杀之矣。乃讨之,召正常,正常不反。《杜注》‘《传》备言季氏家事。’”据此论断说:“季氏逐君,于理不常,而著者反袒季氏。且于哀公三年备言季氏的家事。是知著者与鲁季氏有关系了。”

卫聚贤在清华研究院的上期同学徐中枢也写有《〈左传〉的作者及其成书年代》,他也认为,《左传》的作者不是左丘明,左丘明只是传者,《左传》在魏国写出,成书约在公元前三七五年至前三五一年之间,作者可能是子夏的一传弟子。即跟卫聚贤的说法相近似。

再以《春秋研究》为例。《春秋研究》分“作期”、“作者”、“组织和内容”、“影响和版本”四个部分。在“作期”部分,作者一开始列《“于”“於”用作介词统计表》,做出结论:“据上统计甲骨、金文、《书》《诗》《春秋》,春秋以前的作品都无用‘於’字作介词的。《左传》《国语》《论语》《孟子》《庄子》,春秋以后的作品都有用‘於’字作介词的。这个观察不是全靠着现有的书本,金器上文字在春秋前无用‘於’字作介词的,战国的器上已有了。可知《春秋》的作期在春秋时代的,即在《左传》《国语》《论语》《孟子》《庄子》以前的。”以下做了《“又”字用在数目中统计表》等几个统计表,最后下结语:“据上《‘于’‘於’用作介词统计表》、《‘又’字用于数目中统计表》,观察的结果,《春秋》一书,是战国以前的作品。”

在作者部分,先作了《诸侯卒表》,认定“《春秋》是鲁国人的作品无疑了”;又作《春秋异文表》,分《音同表》(两个)、《形同表》等,认定“孔子作《春秋》用的是普通官话”、“《公》《穀》的前辈从西河子夏处把《春秋》

抄录，到齐鲁改成本国的方言”，最后说：“据上所列将《春秋》的作者三点疑问已解决了，是以孟子庄子说《春秋》是孔子作的，此说较为可靠。”《孟子·滕文公下》：“世衰道微，邪说暴行有作，臣弑其君者有之，子弑其父者有之。孔子惧，作《春秋》。”汉代董仲舒、司马迁等也认为《春秋》为孔子作。唐代刘知几曾对此发生怀疑。卫聚贤的考证证实了孟子等人的说法。

卫认为，《左传》和《国语》是完全不同的两种书，《左传》推崇的是“博物家”，《国语》推崇的是“知礼者”。

说到“《国语》的作期”，卫聚贤首先指出，最早记载左丘作《国语》的是司马迁和刘歆，“司马迁的话是矛盾的，刘歆的话是有作用的，他两人的均不可作正确的史料”。在认定“左丘明不是《国语》的作者”后，提出“则《国语》的作期就有了问题了。”以下，卫聚贤用“比较明显法”、“记载异同法”、“布局异同法”、“文体异同法”、“逞显本能法”、“文法变迁法”、“本身考定法”七种方法，根据大量的统计资料，做出结论：

> 总结以上研究作期的结果，
>
> （一）《周语》、《楚语》系西元前四三一年，一个人的作品。
>
> （二）《齐语》、《吴语》系西元前三（八）一年后三八四年前，一个人的作品。
>
> （三）《鲁语》、《晋语》系西元前三八四年后三三六年前，一个人的作品。
>
> （四）《越语》上系西元前三八（□）年后更后，一个人的作品。
>
> （五）《郑语》系西元前三一四年以后，一个人的作品。
>
> （六）《越语》下系西元前三一四年后更后，一个人的作品。

《国语》全部八国二十一篇，系六国人在六个时间辑录而成的。

最早提出用统计方法做历史研究的，是导师梁启超。梁启超于一九二二年十一月十日在南京东南大学史地学会做了《历史统计学》的讲演，当即在《晨报副镌》和《时事新报》的《学灯》专刊发表。梁说："历史统计学，是用统计学的法则，拿数目字来整理史料推论史迹……严格的说，应该名为'史学上之统计的研究法'。因贪省便，姑用今名。但我们确信他是研究历史一种好方法，而且在中国史学界尤为相宜。"又说："用统计方法治史，也许是中国人最初发明。《史记》的《表》是模仿那'旁行斜上'的《周谱》。《周谱》这部书今虽失传，想来该是西纪前三四百年人做的。后来历代正史都有表，给我们留下种种好资料和好方法。"他说："我多年想做一张表，将二十四史里头的人物分类：学者、文学家、政治家、军人、大盗等等，每人看他本传第一句'某某地方人也'，因此研究某个时代多产某种人，某个地方多产某种人。我这计划曾经好几次和我的朋友丁文江谈起，他很赞成。后来他说，先且不必分类，只要把正史上有传的人的籍贯列下来再说。他自己便干起来了。"梁启超说他"曾经好几次和我的朋友丁文江谈起"。在前边引用"历史统计学，是用统计学的法则，拿数目字来整理史料推论史迹"一句之后删去的文字是"这个名称，是我和我几位朋友杜撰的。""几位朋友"当中，自有丁文江在内。在这个讲演之前三年，第一次世界大战后，梁启超以巴黎和会特使名义赴法国考察，同行者有蒋百里、刘子楷、丁文江、张君劢、徐新六等，一九一八年底出发，至一九二〇年一月下旬返回，历时一年有余。相信这个时期，他们就已经谈到用统计的方法研究历史的问题。梁先生讲演中说"他自己便干起来了"，指丁文江所作《历史人物与地理的关系》一文，在《科学》第八卷第二号发表。丁文江把《二十四史》中有列传的人物称为历史人物，做了多个统计表，有《历史人物分布表》《明代科甲表》《唐史外族列传表》等，并各做了比较。还有朱君毅发表《中国历代名人年寿之统计研究》，亦用统计方法，亦在卫聚贤之前几年。

把统计的方法用于历史研究，卫聚贤是在实践上取得较大成就的一位。

《鲁智深传》说："引书不注出处的已落伍了，而将材料一条一条地排列着，现在还时髦，而将这些材料装入表格中的，已属难能可贵，若将他化成数目字，排为统计表作成统计图，在鲁智深以前很少人用过。固然是鲁智深商校毕业学过统计，而他人即使会统计也不应用，因画一张表或一个图，费材料太多，有作这个表或图的材料把它排列起来，多出十倍以上，就可显出他的材料丰富。"这是说，运用统计方法，不完全在于上过商校学过统计，而是有一个对运用这种方法的认识问题。一般人即使会用也不用，而卫聚贤是宁可不"将材料一条一条地排列着"，也要用这种方法，是在他看来，用这种方法，好处多多。主要是一目了然，再就是精确可靠。

卫聚贤运用统计方法既熟练又有创新。清华研究院的同学们把爱打算盘的卫聚贤说成商人，反而说明了那些人的迟钝和思想守旧。

六月，卫聚贤作完《春秋研究》和《左传研究》，以此二篇论文毕业。这个时候，清华国学研究院创办了《国学论丛》，商务印书馆出版。卫聚贤的《左传研究》在《国学论丛》创刊号发表。（附带说明，卫聚贤这三篇文章，有时加"的"字，如《春秋的研究》《左传的研究》《国语的研究》，有时不加"的"，本书为求统一起见，除引用原文外，一概不加"的"字）

后来，他把《春秋研究》《左传研究》和《国语研究》三篇文章编为《古史研究》第一集，先后由新月书店、中华书局和商务印书馆三家出版社出版。新月版和中华书局版，书名由蔡元培题签，有冯沅君所作《叙》。商务印书馆无他人序，作者的《自序》也是新写的。商务版《自序》说：

> 考察过去的事实，依次序而来，应当先读上古史。但我们中国的上古史，有两点难读处：(一)后人伪造及改窜，失去了本来的面目，使人读了莫名其妙，求不出所以进化的程序；(二)处于伪造及改窜后二千年情形之下，不信任所以进化的程序。是以第一步先从古籍上整理着手，保存本来的面目；第二步因书本上的材料是不够用的，又要从考古学上着手，使有实物可资证明；第三步古物遗迹不能尽数遗留下来，再要从社会学人类学上着手，得知古人活动的情状。我目下正从事于第一步整理古籍的工作，同时并注意于考古(现服务于南京古物保存所且从事发掘)。
>
> 古籍的整理，应从较后者推上去。但战国时代史料很缺乏，是以暂缓整理，春秋时代有《春秋》《左传》《国语》三书，就差强人意了。但《春秋》被后人误解，史料就混乱了；《左传》若是刘歆伪造，史料当不可靠，《国语》若是割的剩余，史料的价值便不同。是以这三部书不得不下整理的工作。每书的整理，应分作期，作地，作者，辨伪四层手续。《春秋》整理的结果，证明它与旧说的春秋末年鲁人孔子所作同；其中无大伪的，不过被后人附会误解了。《左传》整理的结果，证明它系周威烈王元年以后，二十三年以前，卜子夏在晋地作的，其中有许多系西汉人窜入。《国语》整理的结果，证明它系周考王十年后，周赧王初年前，楚人左人郢(？)和他的子孙在六个时期陆续辑成的。《越语下》一篇系西汉末年人作的。

这段话既是这部《古史研究》的主旨及其意义的自我表白,也向我们展示了作者治学的心路历程。他所说的三步工作,构成其一生最基本的人生轨迹。卫聚贤的一生,是廓清中国历史迷雾的一生,是还原中国历史真实面目的一生。

第三节　痛别导师王国维

清华研究院的修业期限是一年。卫聚贤于一九二六年夏入学,到一九二七年夏,就要毕业了。就在这个时候发生了一件令中国学术界悲痛不已的事件,便是卫他最敬爱的导师之一王国维投湖自尽。

卫聚贤的文章,特别是古史研究方面的文章,引用王国维很多。他的许多论点,是对王国维论点的发挥;他的某些论点,是以王国维的论述为根据的。读卫聚贤的文章,你可以深切感到,王国维是他敬爱的导师,他继承了王国维的学术精神和研究方法。王国维是很讲究研究方法的,卫聚贤也是这样,他二人在研究方法上,都有创造性的贡献。王国维提出的"二重证据法",更是卫聚贤信守不移的方法,他对一些历史问题发生怀疑,就往往出在前人在研究方法上的欠缺。

王国维投湖自尽,由什么原因造成,是一个说不完道不清的题目,至今仍有不同意见提出来。这个问题不在本书论述范围之内,也无暇顾及。我们只记述事实,而且偏重在跟卫聚贤有关的情节上。

但是时局不能不谈。这年四五月间,北伐胜利向北推进,北京知识分子人心惶惶。五月十一日,梁启超《与顺儿书》谈及时局问题时提到了对共产党的恐惧:“北京局面现在当可苟安,但隐忧四伏,最多也不过保持年把命运罢了。将来破绽的导火线,发自何方,现在尚看不出。举国中无一可以戡定大难之人,真是不了。多数人尤其是南方的知识阶级,颇希望我负此责任,我自审亦一无把握,所以不敢挑起担子……再过两礼拜,我便离开学校,仍到北戴河去,你们来信寄天津或北戴河便得。”(《梁启超家书》,中国青年出版社,2009年8月,第167页)三十一日信,即使今天读来,也能感受到其中掩抑不住的恐慌:“本拟从容到暑假时乃离校,这两天北方局势骤变,昨今两日连接城里电话,催促急行,乃仓皇而遁,可笑之至。好在校阅成绩恰已完工,本年学课总算全始全终,良心上十分过得去。今日一面点检行李,因许多要紧书籍拟带往津,下午急急带着老白鼻往坟上看一趟……整夜不睡,点着蜡结束校中功课及其他杂事,明日入城,后日早车往津……津租界或尚勉强可住,出去数日看情形如何,再定行止。不得已或避地日本,大约不消如此。我本身无特别危险,只要地方安宁,便可匿迹销声,安住若干时日。北京却险极,恐二叔也要逃难。”

此时,卫聚贤拟回山西省亲,他向王国维告别。王国维问:“何处可以避难?”卫答:“山西省可以,阎锡山又善变,国内几次大变动,他都避免过了!”王国维问:“我去了生活费如何维持?”卫答:“我们几位朋友,办了一间兴贤大学,王先生在那里教书,月薪只能给一百元,居住在山西省风景区晋祠,距学校三十里,洋车两点钟可拉得到,那里,学校的校长有洋房可住,每月来校上课一次。”王国维说:“我的书不够。”卫说:“山西省图书馆有书,私人也有藏书,都可以借。”(据《王先生的死因,我知道一些》,载《追忆王国维》,第300—301页)兴贤大学是一九二四年卫先生跟朋友合办的一所私立大学,一九二九年跟另一所私立大学山右大学合并为并州大学。此时，卫聚贤担任兴贤大学副学监。

王国维儿子王东明在《先父王公国维自沉前后》中说："先父生活一向有规律，每日上午，如无预先之其他约会，必步行到公事房办公，学生大都到那里请益，下午则在家中书房研读或撰稿，毫无不正常现象。稍早，先父曾告先母说：'梁启超约我赴日暂避，尚未作考虑。'由此可知当时学术教育界人士及一般民众，对革命军的事了解太少，再加上舆论宣传说共产党要嫁祸于革命军，使北洋政府治下之人民，惴惴不安。家父饱经忧患，正承受着子丧友绝之痛，再难面对任何打击……"（《王国维之死》，广东教育出版社，1999年6月，第185页）

据王国维的好友金梁（息侯）《王忠悫公殉节记》，"公殉节前三日，余访之校舍。公平居静默，是日忧愤异常时，既以世变日亟，事不可为，又念津园可虑，切陈左右请迁移竟不为代达，愤激几泣下。余转慰之。谈次忽及颐和园，谓今日干净土唯此一湾水耳。盖死志已决于三日前矣。"（《王国维之死》，第29页）

快要放假了，师生离别在即，同学们提出举办一次告别宴会，由姚名达负责组织。姚名达首先去问工字厅的日程安排，得知只有五月二十九日晚、六月九日晚和六月一日的中午有空闲时间。大家商量，觉得五月二十九日早一点，六月九日晚一点，还是六月一日比较好。于是决定在这天举行。时间到了，大家都早早来到工字厅。共四桌。卫聚贤跟王国维导师同桌。据姚名达回忆，宴会期间，师生间不拘形迹，欢笑声洋溢在整个工字厅中，唯王国维导师所在的那一桌寂然无声，姚名达心下微有疑惑："不知先生之有所感而不乐欤？抑是席同学适皆不善辞令欤？"《哀余断忆》，见《追忆王国维》，第80页）柏生在"先生殁后四月又三日"所作《记王静安先生自沉事始末》中另有说法："五月二日（引者按，此处为旧历）午，同学公宴诸导师，为临别之会。座中先生为吾侪言蒙古杂事甚畅。其雍容淡雅之态，感人甚深。私念先生年未及衰，治学之意兴甚豪，自后受教之日长，今虽小别，同学或有感时叹息，戚戚焉若大患之将临者，而某初未尝有寥落失意之思也。”这可能是由于接触多寡不同而感受不同，或者观察时间不同而看到不同情景之故罢。

前据姚名达回忆，宴会期间，师生间不拘形迹，欢笑声洋溢在整个工字厅中，《清华同学与学术薪传》几个人提供了同一个故事：在一片声“研究院，来一个”的呼喊中，吴其昌出来了，唱郑板桥《道情词》十首，每首都以“老”字开头，有“老渔翁，一钓竿……”“老书生，白屋中……”这时有人上了他一个“吴其老”的尊号，闹得人们大笑不止。这反衬了王国维所在那一桌的冷落。

宴会将要结束时，梁启超起身致辞，历述国学研究院诸位同学所取得的优异成绩，满意地说：“吾院苟继续努力，必成国学重镇无疑。”接着说：“党军已到郑州，我要赶到天津去，以后我们几时见面，就很难说了！”另据刘大希《一代畸人王静安》所记，梁启超的话是：“刚才接到电话，张子良兵败，北京快有变化，我马上要到天津去。”梁启超说完，大家都大惊失色。王国维想起了前几天的话题，于是问卫聚贤：“山西怎样？”卫答：“山西很好。”

六月二日（旧历五月初三），上午十一点多，陆侃如来找卫聚贤，一同去王国维办公室去看先生，请王国维为他题签。他们一同去了，办公室内，可以看到王国维吸烟时留下的烟雾还没有散尽，在办公室中袅袅地飘着。他们认为王国维可能去厕所了，等了好久还不见他的回来，此时已是午饭时间，他们离开办公室去吃午饭。午饭毕，王国维的家中打电话到办公室，问王国维怎么还没有回到家中去吃饭？这时，人们才着急起来，赵万里立即问门口的人是否见到了王国维，有一个黄包车夫说：“王先生坐车往西走了。”赵万里立刻又向西追去，卫聚贤也一同赶去。到了颐和园的门口后，颐和园的门房说："一位老人跳湖自杀。"赵、卫二人进去，见到王国维的尸体已经放在了湖边的亭子下。一位扫亭子的人说："这位老人，在石船上坐了许久，吸纸烟不停，到湖边，走来走去，我扫地没有留意，听见扑通一声，不见了人。我跑到湖边，见他跳下水去，我也跳下去，抱他上来，已经死了。"水深不过二尺，但王国维扑下去时，是头先入了水，以致口、鼻都被泥土所塞，虽然园丁很快将王国维救了上来，但因为他不懂急救术，王国维还是窒息而亡，此时王穿在里面的衣服还没有湿。卫聚贤听说，号啕大哭。

柏生在《记王静安先生自沉事始末》中记研究院办公处侯厚培告他们几个人的话："先生今早八时即到校，命院中听差往其私第取诸君成绩稿本，且共谈下学期招生事，甚久。言下，欲借洋二元，予即与以五元钞票一，即出办公室。至下午二时许，其家中遣人问先生何以未归，予即询之听差，据云：'先生上午命雇洋车一辆，不知何往，车为校中挂号第三十五。'于是予即至校门口问车夫辈'三十五号车何往'，皆曰'赴颐和园，迄今未返'。予即乘自行车往探。时其三世兄贞明已于校门口探得先生下落，先予赴颐和园，于途中遇三十五号车夫，得悉先生已投昆明湖自尽。贞明闻该车夫云：'上午十点钟许，先生命拉颐和园。及门，给洋五毫，命在园外候。直至下午三点钟后，尚未出。门者问何故留此不去，予答云尚有一老先生在园，是以不敢去也。门者询以年貌居址，云此人现已投湖死。即引予入视，属实，并速予返校报告。而于此遇君。'贞明闻讯，即乘该车驰往省视。时已打捞上岸，停鱼藻轩中。据园丁云：'先生约上午十点钟左右进园，初在石舫前兀坐久之，复步入鱼藻轩，吸纸烟。旋即闻投湖声，及得救，其间不及二分钟，而气已厌。死时里衣犹未湿也。'……"（《王国维之死》，第 33—34 页）即前后至少有两拨人来颐和园。所记王国维投湖经过，大体相同。

据柏生《记王静安先生自沉事始末》,这以后是组织治丧委员会,发布讣告,到颐和园为先生入殓。在入殓过程中,等候检察官检验。其间,从王先生口袋得遗书一通,封面书曰:“送西院十八号王贞明先生收。”其遗命云:“五十之年,只欠一死。经此世变,义无再辱。我死后,当草草棺殓,即行藁葬于清华茔地。汝等不能南归,亦可暂于城内居住。汝兄亦不必奔丧,固道路不通,渠又不曾出门故也。书籍可托陈吴二先生处理。家人自有人料理,必不至不能南归。我虽无财产分文遗汝等,然苟能谨慎勤俭,必亦不至饿死也。五月初二日,父字。”

这一切,卫聚贤自然会参加到底的。导师走了,他该是何等悲痛!何等伤心!当导师徘徊在死神面前的时候,卫聚贤两次说到他和朋友办的太原兴贤大学,恳请王先生到太原去避难,并说这是安全可靠的一处避难地,而且可以在兴贤大学教书,有报酬可得。可惜,导师匆匆做出了离世的决定,使卫聚贤的满腔希望未能实现。他沉浸在痛失导师的悲伤中。

安葬了导师,卫聚贤在清华国学研究院作《春秋的研究》和《左传之研究》,以此两篇论文毕业。这时,另一件不幸的事发生了。卫聚贤接到急电,母亲病重。他急忙回家,到家不久,母亲也走了。

第五章　故乡考古

第一节　柏林庙一带的地上和地下

清华国学研究院甫成立，梁启超、王国维、章太炎、赵元任四人被聘为导师，李济为特别讲师。后章未应聘，人们加上陈寅恪，有称四大导师的，有称五大导师的。其中李济，又名李济之，湖北钟祥人，一八九六年生。一九一八年清华毕业后留学美国，一九二三年获哈佛研究院人类学博士学位，是我国考古人类学一代宗师。后来李济到台湾。李济逝世以后，著名考古学家张光直称李济为"人类学派的古史学家"，说李"在中国古史的研究上是一个学派的开山祖师。这个学派也许可以叫它做'兼容并包派'或是'多学科并进派'，但还是以'人类学派'的称呼最为简单明瞭。"（李济《中国文明的开始》，江苏教育出版社，2005 年 8 月，序文第 2 页）

叶公超在为李济《中国文明的开始》所作《序》中说："在一九三一年前后那一段中国科学由播种而开始结果的日子里，他和一群具有国际声誉的科学家，如丁文江、傅斯年、安特生、德日进、步达生等共同提倡科学的研究工作。这一群科学家的努力，得到两个值得中国学术界骄傲的成就：其一为北京人的发现，另一就是安阳殷墟的发掘工作。后者就是在济之先生领导下进行的。罗杰斯教授说,安阳殷墟遗址的发现,其重要性可与施利曼对特洛伊城的发现互相争辉、互相媲美。现在看来,实非过誉之辞。安阳发掘的成就使中国信而可征的历史拓展了一千多年,并且把历史期间的史料和先史时代的地下材料作了强有力的链环。”(同上,第2—3页)

李济搞田野考古,自然不是从安阳殷墟发掘开始。一九二六年,清华研究院跟美国弗里尔美术馆合作,李济邀请袁复礼共同对山西境内汾河流域进行考古调查,并着重发掘了夏县西阴村仰韶文化遗址。这是第一次由中国学者主持的田野考古。当卫聚贤迈入清华研究院的时候,李济正在夏县西阴村进行考古发掘。李济于十月归来,带回一大批古物,撰写了《西阴村史前遗存》的发掘报告。戴家祥在《人生和学术》一文中说:

> 李济后去山西工作,一次回校带回考古资料四十九箱。在欢迎会上,李济老师首先说明,选择山西为工作对象的动机是因为《史记》上讲道:“尧都平阳,舜都蒲坂,禹都安邑。”第二天我特地向王先生请教,山西夏县究竟是不是禹都。王先生说:“那是搞错的。我国古帝都都在东方。太皞之虚在陈,大庭氏之库在鲁,黄帝邑于涿鹿之阿,少皞与颛顼之虚皆在鲁、卫,帝喾居亳……尧号陶唐氏而冢在定陶之阳,舜号有虞氏,而子孙封于梁国之虞县,孟子称舜生卒之地皆在东夷。”王先生又认为:“禹之都邑虽无考,然自太康以后以迄于桀,其都邑及地名之见于经典者率在东土,与商人错处河济盖数百岁。”
>
> 李济带来的考古实物中还有半个蚕茧。有同学说,我不相信年代那么久,还是这样白;有的说如是新石器时期遗物,究

竟用什么工具割它？王静安先生说，那时候未始没有金属工具；同时提到加拿大明义士的话，说牛骨、龟骨是用耗子牙齿刻的。李老师拿出一块石英一样的石片，说这种石头也可以刻。静安先生还主张“找一个有历史根据的地方进行发掘，一层层掘下去，看它的文化堆积。”这是和王先生提倡“双重证据法”以历代文献结合考古实物是一致的。

——《清华同学与学术薪传》第242页

王国维有关禹都不在山西，我国古帝都都在东方，笔者是不同意的，后当论及。

在那个时候，有计划、有目的地发掘出古代的各种文化遗存，那是轰动人心的大新闻，会引起人们的好奇和惊叹。卫聚贤看了那些陶片，觉得眼熟，似在什么地方见过。从清华研究院毕业，回到故乡才知道，原来故乡就建在石器时代的遗址上。此事激发了他考古发掘的兴趣。安葬了母亲以后，他开始了最初的文物勘察和发掘。有时就住在野外，到处踏勘。

《鲁智深传》曰：“清华大学研究院毕业论文作完，接家中电报，以母病重速归。至家不久，母病故了。葬后鲁智深到太原，欲仍到北平继续读书。时阎锡山与张学良战，路被隔断，乃在与友人合办的兴贤大学中为副学监，月薪二十元，住了半年，绕道南京赴北平……”这是一九二七年后半年到一九二八初的事。一九二八年春天，卫聚贤由薛笃弼介绍，“在大学院任科员”，于是赴上海。于职务工作之外，修改《春秋研究》，改好后，稿寄北京，在清华研究院同学陆侃如主编的《国学月报》第六期发表。七月初，赴北平。《鲁智深传》：“北伐到北平，大学院派往接收学术文化机关，大学院改为教育部后，兼教育部编审，审查历史教科书……”

大学院是南京国民政府设立的一个行政部门,负责教育。一九二七年四月,李石曾等提出设立中央研究院的建议,随后由李石曾、蔡元培等共同起草《中央研究院组织法》,成立筹备处。一九二八年六月九日中央研究院第一次院务会议在上海举行,宣告中国近代第一个国立科研机构中央研究院正式成立,设立物理、化学、工程、地质、天文、气象、历史语言等十四个研究所,蔡元培为院长。以后大学院改为教育部。

薛笃弼,字子良,山西运城人,生于一八九〇年。在太原省立法政专门学校读书时,跟傅作义等一起在河东参加辛亥革命,从法政学校毕业后担任河东地方审判庭推事,继任平阳府地方审判庭庭长。后去日本留学,回国后一直追随冯玉祥。在北京政府期间,先后担任司法部次长、崇文门税务监督和京兆尹。后在南京政府先后担任内政部、卫生部和水利部部长等职务。薛笃弼介绍卫聚贤到大学院担任科员,当是初到南京政府时。

在路过洛阳期间,卫聚贤看到了当今盗墓贼普遍使用的"洛阳铲",领略了它的用法。《中国考古学史·余论》中说:"事毕返晋,路过洛阳,目睹其事,返京始设法禁止其事。"其事,指有组织的发掘古墓盗掘古物的活动。"……用铁铲曲为多半圆洞形,置长木柄,在地上隔五尺凿一洞,因持铲凿地,土钻入铲中,用手将土取出,看土为活土死土,所谓死土即天然的地层,活土是地层混乱,地层混乱由于曾掘地埋人,将土翻过所致。遇见活土,凿能容身的大洞而下,十九必得古物。地主亦为股份之一,故各地不种农产物,专为从事发掘。每一处发掘,有数十百人,卖小食的亦随之而至,俨然如边地的集会。"

一九二九年五月,卫聚贤在大学院为他的《古史研究》作了《自序》以后,调到南京古物保存所工作。

这是一个新的工作岗位。这个岗位更适合卫聚贤的兴趣和爱好,也为他的考古发掘带来了更大的方便。卫聚贤对工作做了初步安排以后，六月十二日，首先制定了一份《汾阴后土祠遗址发掘计划》，列入所要进行的各项工作和所需要的费用。在其所作《汉汾阴后土祠遗址的发现》的报告中说，西杜村村西二里有土阜，北高，东西南三面皆低下，山西万泉方言以高阜名“疙瘩”。其遗址原为春秋时晋介子推祠，后为后土祠。现在柏林庙西南二里有袁家庄，在元明碑上书为原家庄、阎家庄，是原无定名，用“原”、“袁”、“阎”、“严”等字音，当为“绵下庄”的音转，延子疙瘩当为绵子疙瘩。

一九三〇年十月，卫聚贤以山西公立图书馆名义，和朋友聂光甫、董光忠来到故乡北吴村西柏林庙附近，进行考古发掘。柏林庙所在土岭，“上有十余亩一平地，在西东南三面阶段崖壁上露出瓦片甚多，‘长乐未央’等瓦皆俯拾即是。”据《中国考古小史》，他们搜集到的古物有：

铜器：有汉五铢钱、铜丝等。

铁器：有斤、刀、钗、钉、环等。

陶器：有罐、壶、盆、豆、瓮、釜、鬲、温壶等。一壶上腹部两旁有饕餮如虎头的花纹，一陶片上盖有一印，其文字不明瞭。

建筑物：砖甚薄，上有几何形及雷纹、花纹数种，有数块上有“千秋万岁”字。瓦桶甚大，上有绳印纹与燕都相似。又有扁瓦甚大，外凸面有绳纹，内凹面有即印各种方斜印纹。瓦当有“长乐未央”、“长生无极”、“宫宜子孙”字样，并有双螺旋单螺旋纹。

有一土灶，灶旁有骨箸一对，兽骨一部。又得有琉璃兽一个。

其发掘报告《汉汾阴后土祠遗址的发现》在《东方杂志》第二十六卷

第十九号发表。

二十年代前半期的中国大地，凡有古人生活过的地方，有心人从地头田埂走过，碰到汉唐时代的残砖烂瓦、各种陶瓷碎片，并不罕见。直到五十年代，我的故乡使用的砖瓦，依然有许多是古人留下来的，人们常常为那些砖瓦的规格不一（有的叫长砖，有的叫墁砖，有的叫条砖，还有接近四方形的砖）而发愁。一九五八年以后，大兴水利建设，所有的古建筑都拆除了，原有的建筑材料被搜罗一空，以后制定了统一的标准，加上农业生产上深耕化（农业社时期曾大力号召“深翻土地”）、机械化等等的推行，埋在地下的各种旧物，才渐渐远离人们的视线。卫聚贤开始搞文物考察和发掘的时代，正是现代人跟古人的生活方式难分难解的时候，他在故乡的土地上捡到许多刻着“千秋万岁”、“长乐未央”、“宫宜子孙”、“长生无极”等字句的汉砖，是不奇怪的。

在《文字学》中他说：“后来在我的村（北吴村）西发现了新石器时代遗址，其中有陶豆，即古人用的饭碗，其柄甚长，这和香港吃雪糕的杯子、西洋饮酒的杯子一样。那时人类住在地穴中，豆是倒放，将柄向上，人在太阳光下把眼珠放大了，突入地穴眼珠收缩不及，就看不见东西（碗），是以用手去摸。那时是一个人一个碗，你如来的迟了，别人把你的碗拿去了，是以你就摸不着碗杷，不能吃饭。我家乡还有两种遗俗，亦可补助上列的说明。一为在本年内生了婴儿或娶了太太，在次年正月的十五日以内，要买进与加入人口相等的碗（此时碗价就特别贵），否则不吉利。二为人死了，棺材抬出大门时，在棺材盖上要摔破一个碗。这就是添人添碗去人去碗的遗俗。”

说到这里，我觉得有必要对卫聚贤说到的地名做一番辨证。他制定的发掘计划和发掘报告，都把那个地方叫作“后土祠”，这是不够确切的。那个地方是风伯雨师庙，俗名柏林庙。其庙所在地是高岭，即昆仑台。卫聚贤称为燕子(阎子、延子)疙瘩;当地人叫“犿牛子蛋”,子蛋者,睾丸也,可以想见其情状。相传汉光武帝刘秀在跟王莽作战时,曾到此避难,留下许多故事;那里麻雀不叫,是光武皇帝禁止的。岭上遍植柏树,柏树皆纽向同一方向,人称纽纽柏。我小时候听到的传说是,有人在岭上发现一个聚宝盆,拿不动,就拣了一根柏树枝,插在聚宝盆上;为了容易识别,他特地把那柏树枝纽了一下。到他来取聚宝盆时,岭上所有柏树都成了纽纽柏,而且方向完全一致,使他分辨不清哪处是聚宝盆。其庙宇,始建年代无可考,据《万泉县志》,金泰和七年(1207),元至正二年(1309),先后重修。该庙主体建筑有正殿、献殿、山门、舞台等。庙之东北有娘娘庙,正殿亦五大间。昔日清明节,附近村民云集于此,迎神赛会,十分热闹。六月初六和六月三十,人们亦到此祭奠,并且那两天常常有雨,这是我小时候熟知的,六月三十日摊煎饼(当地称煎馍)吃,新媳妇由丈夫陪同走娘家,称“走麦罢”(罢,结束之意,麦子收割完毕,当地读如 Pa),所以它的主要功能在祈雨。

燕子疙瘩上之风伯雨师庙,自建起以来,名称没有变过,作用亦没有变过,都是祈雨。元大德十年(1306)前引毛铎作《重修风伯雨师庙》,强调了“汉之光武九年(33),光武亲幸登是台而祀之,因封之曰风伯雨师之祠,敕修其宇。泰和七年(1207 年)重修……”这是说,“风伯雨师”之名为汉光武帝刘秀所起。明成化五年(1469)刘谦作《风伯雨师灵应记》,说“万泉县南有风伯雨师祠,久著灵验……”明万历八年(1580)巡按御史房寰作《祭风伯雨师文》,崇祯十五年(1642)山西御史杨鹗作《告孤山为河东驱蝗赋》等,都是如此。

后土祠,史书记载清楚,在“汾阴脽丘”。脽,像人的臀部;也作土岭解,《水经注》六“汾水”:“汉书谓之汾阴脽。应劭曰:‘脽,丘类也。’”丘,当然也是土岭,“脽丘”二字连用。其址在黄河岸边,汾河入口处,跟柏林庙所在孤山东麓燕子疙瘩无关。据《文献通考》《通鉴纲目》等书，轩辕在此扫地为坛祀地，后尧、舜、夏、商、周继之岁举。战国时魏设都于脽上，《史记》称魏脽。汉文帝立庙，汉武帝扩为祠。祠内最有名的建筑物为秋风楼。汉武帝曾六次来此祭扫，并作有"秋风起兮白云飞……"的千古绝唱。卫聚贤在《中国考古学史?余论》中说到"汉时新垣平伪造古鼎埋藏汾阴"一段话——既说"元鼎四年六月于汾阴后土祠旁得鼎"，又说"汾城县有晋文公都城，因地震迁于曲沃，古物埋入地中，大水冲于汾水中，沿汾而下，至汾水入黄河处荣河县，陷入沙中，故荣河常出钟鼎"——即有后土祠在"汾水入黄河处荣河县"之意。此文中的后土祠均应改为柏林庙。

万泉县人也有纪念后土的祠庙，叫后土庙，不叫后土祠。民国七年重修《万泉县志》云："后土庙，在城西三里许，宋真宗景德三年（1006）建。"又有天禧四年（1020）裴瑾作《创建后土庙碑记》，说建在县城附近。文中有"本脽上后土之祠"的话，可见当时的万泉人都知道后土祠在荣河脽上。

卫聚贤说，他"在山西长子，榆次，汾阳"以及"陕西兴平和岐山，甘肃兰州，均发现彩陶"（《文字学》，第42页），可见他对故乡考古的重视了。

第二节 发掘荆村遗址：中国田野考古开创期的一页

前边说卫聚贤所制定的《发掘计划》和最后的《发掘报告》，把柏林庙当作“后土祠”是一个小疵，只是个地名不确的问题，其内容是完全确切的。

卫聚贤等人在柏林庙一带发掘停工后，用九天时间，在故乡北吴村西北方向、位于万泉县城东南三里的荆村地名瓦渣斜（斜，当地念 xia）的地方试掘，发现是一处新石器时代遗址。《鲁智深传》说：“……又试掘了新石器时代遗址，将古物一部分带到北平，师大研究院欲大事发掘，恐山西不准将古物运出，乃聘鲁智深为研究员，与山西省立图书馆订立合同，以在山西发掘得（的）古物，运到北平整理，一年以内运回山西陈列。山西恐师大不能践约，由鲁智深担保。”一九三一年四月，卫聚贤代表北平女子师范学院研究所，和代表美国福利尔艺术陈列馆的董光忠，再次来到万泉，进行正式发掘。

其发掘报告说：

> 万泉县城东临一大沟，沟两旁及其南尽为其遗址，计北自西解村起，经芦邑村、北里村、万泉县城、涧薛村、南涧村、荆村、黄家峪、北吴村、南吴村、袁家庄，南北长约二十五里，西东

宽约五里,遗址继续不断。万泉县东三十里稷王山麓南文村、古朵也有此址,过稷王山至闻喜县境,其遗址甚多。(引着按,稷王山,传说是后稷教民种庄稼之处,原有稷王庙,已毁)

在荆村瓦渣斜共发掘了七亩地，遗址中发现地穴二十余处,其穴如桃形平底,深五六尺至丈余不等,宽亦如此。有一穴深约丈五尺,宽约一丈,距底约三尺处有一隧道,通至地面,此隧道由五个阶段而成；其地势西南高东北下，故其隧道向东北;穴顶开口宽约三尺。又有一穴其隧道口尚有扶桩栽柱的遗迹。

炉灶共有三,均在一处,由地层观察,当日此灶设在地面,今已埋入土中约五尺;灶系用泥做成,分上中下三部,下部有一圆洞,洞口向东南,为通风口;中部为施柴(燃料)处,底有许多孔为泄灰通风用，旁的左右后三面高约一尺三寸厚约五寸的墙;墙上为上部,墙顶湾内悬空,为置鼎鬲处;在地穴中未发见灶,而此灶相连在地面上,似尚存共食遗迹。距灶东北约丈余,有用火烧过的硬土坑,深约五寸,宽约一尺,五尺见方。坑底血迹尚多,当系屠宰处。

遗物。石器:石斧、石镢、石锛、石凿、石铲、石刀、石钺、石镞等;石铲有一孔的,石刀有一孔二孔的,石镞有燧石的,有用花岗岩磨成各种形式的。又有石环、石球、石扣、石磨红颜料器具等。

骨器:骨锥、骨凿、骨针(有空甚细)、骨簪、骨镞、贝镞等。

粗陶器有鼎、鬲、甗、尊、罐、瓮、盆、洗、碗、盘、灯、纺织轮、球、环等,瓮有高约三尺的,有一种黑陶光泽甚强,下部为筐印纹,中部为刻纹,上部光滑,盖上刻有如植物叶形。陶器内面外面有刻纹的十余种。有一陶片刻成龟形,但缺其后腿的一部。陶上有用鸟头鸱头为耳及装饰的。环与球上有各种压纹及刺纹。埙五件,有一孔二孔三孔的,尚可吹响。

彩陶:为黑白红三色,黑色最多,白色次之,红色少见;黑色多涂于红底上。其花纹多点、线、三角形、鱼形、蝉形。蛇形的有二块。

有刻壁一块,系土壁上涂石灰一层,石灰上刻有花纹。(引者按,壁,照原字,不知是否有误)

骨:人骨有一穴中十余副,有一穴中二十余副,身首异处,且与鸟兽骨相杂,人头骨与现在不同。惜其费为美方出,董光忠受美方代表毕士博命,注重彩陶,将此人骨抛弃,带回五六幅(副),又有鸟兽骨鹿角多种,抛弃亦不少。

——《中国考古小史》,第58—60页

《虞夏》中说到女性崇拜时,有一段话可补以上所述之缺:"民国十九年,我在山西万泉县荆村瓦渣斜新石器时代遗址内,发掘出陶质褐色的男子生殖器一,横直经(径)约二粉(引者,疑为'分'之误)半,下部残缺,其残缺处,系由在泥质时横穿一孔,第一次所穿的孔,与尿道未正,第二次又另穿孔使正,现由穿孔处残断。其物穿孔,当系穿绳悬挂;而穿孔必使其正,当为崇拜所用。其物现存于山西省立图书馆。"(《古史研究》第三集,第169页)

《商周》说到地穴:"山西万泉县荆村瓦渣斜新石器时代遗址,我于十九及二十年发掘,发掘地七亩,共得三十余圆穴,除一二个圆穴旁有洞有阶台可升至地面为出入门衕外,余皆有深二丈宽一丈五尺的,无出入的门衕,其穴为小口平底,状如桃形,当系于向上的穴口置梯为上下的。又于三十个穴中得有人骨，而在一个穴中得人骨十余副，但皆身首异处，人骨与鸟兽骨杂堆在一处，当为杀人（俘虏）为食之证。”又说：“山西万泉县荆村瓦渣斜新石器时代遗址，发掘时共得地穴三十余，其中三四个穴有人骨，而一穴中有人骨十余副，此人骨即俘虏被杀而抛弃其中的。此穴之东约五丈处，有陶窑的遗址，而且这三十余穴，只有一两个有隧道可以出入，余皆只有小口的天井，而无入的隧道，其穴满置炭烬，可知无隧道的穴为圈俘虏的土牢，有隧道的穴，系守俘的住宅。俘囚在陶窑旁，其陶器系俘虏所作，而花纹当为所绘。”（《古史研究》第三集，第293—294页，第327页）

我所以要把从荆村遗址发掘出的古物和所见详细录出，一是向当今的读者展示新石器时代我们祖先的真实生活状态，二是想告诉人们，当年卫聚贤荆村考古具有重大的意义和价值。据卫聚贤说，当年发现的许多古物，都存放在“山西太原山西公立图书馆”，我不知道在事过八十年之后，这些甚为宝贵的古物还有多少留存下来，可供我们一睹。遗物中有乐器（埙），有各种图形和刻纹，说明当时的古人已有艺术活动；有纺织轮，说明中国人纺花织布的历史相当久远；有人骨，而且身首异处，说明这个人是被杀害的，那些在一处共同生活的人之间又存在着多么激烈的斗争。可惜这个人骨被抛弃了，如果保留下来，那不跟在周口店发现的“北京人”同样宝贵吗？“北京人”发现，还在其后。二〇〇二年四月清明节，我趁回家扫墓之机，到荆村访古，所见当地村民，竟无人知道此地曾为新石器遗址，我的心不禁感到悲凉。现在顺便提出一个想法：既然荆村附近古人类遗址很多，而且可能仍然保存着人骨，我们的考古学家们为什么不在这一块地方继续进行田野考察呢？可以预料，在这里发掘出“荆村人”，或“万泉人”、“万荣人”、“河东人”，不是没有可能的。

这次发掘成功以后，一九三三年三月，曾在太原举行展览，“其展览室分内外两间，均堆满古物，墙上贴有各种说明书与照片。卫怀彬君并亲自在场引导。计外间所陈各物，系由万泉县荆村瓦渣斜所掘得，均系五千年以前之粗细陶器，罐、瓶、锅、妇女耳环、簪及骨器等物。内间所陈，系在万泉县汉汾阴后土祠附近西杜村燕子疙瘩等处掘得者，各物多系二千年前之粗细陶器，以砖瓦等物为最多。瓦之大者，长约二三尺，宽亦一二尺，绘有八卦太极等图形，土质坚实，花样精致，名称繁多，多为世人所罕见。大小物件，约在万数以上。其中最为奇异者，则为陈列之陶器中有一男子生殖器，长约二三寸，龟头尿道等，宛然如生，据其标志所云：古代人最崇拜男人生殖器，故用陶器制成此物，陈列家中，以作祭品。"（吴国荣编《西杜村史志》）

据悉，一九六五年，山西省人民委员会确定荆村遗址为省级文物保护单位。这使卫聚贤的这一田野考古处女作得到法律的认可。我到荆村访古未能找见，可能由于所见到的都是年轻人吧。年轻人历史观念薄弱，根祖意识不强，是令人忧虑的。

卫聚贤不是考古专科出身，但他很快掌握了考古发掘的一整套知识和技能，成了我国早期田野考古的重要一员。以李济主持在夏县西阴村考古和安阳殷墟考古为标志，那几年现在被视为中国田野考古的开创期。这一时期有多人做出了他们的贡献。除李济而外，还有吴金鼎、董作宾、梁思永、郭宝钧、贾兰坡、尹达（刘燿）、徐炳昶、胡厚宣、夏鼐等。卫聚贤就站在这个队伍里。也许开头显得矮小，但很快他就成了一位考古大家。

第三节 发现元代戏曲舞台

卫聚贤在故乡考古期间,曾到附近村庄考察古建筑。他把研究的触角伸展到中国戏剧历史上,先后写了《戏剧中角色的起源》和《元代演戏的舞台》等文章,保存了一批十分可贵的资料。《元代演戏的舞台》说:"我于民国二十年曾将西景村的舞台,作一模型,运往北平,在师范大学研究院陈列。同时我有照片十余张,碑文拓片六张,由冯沅君女士借去,于民国二十一年发表于清华的《南晋》上,只有照片三,拓片未载,但照片及拓片均未索回。民国二十二年我到上海暨南大学授课,又将旧稿发表于《中国语文学丛刊》创刊号。"以下说到在四望村考察经过。当地有民谣:"张瓮庙,解店楼,四望村的台子拔了头。"我们小时候人人会念,是说这三处建筑在全县最有名。解店楼,即今万荣县城飞云楼,另两处建筑都毁于日寇的战火之下。

我到四望村后土庙内看演戏的舞台,其舞台的后面上层柱面刻有"大明正德……"的年号,舞台的台基正面,砖砌的中间含有约宽一尺长一尺五寸的一块花岗岩石,上刻的是:

"本村十弟兄相里记等各发乾心愿

舍己财自倍饭食许到武殿方元压

台石一百三十尺石狮子一对共使钱贰

两工成完备

计开花名于后　　　牛春牛得仪

牛成相里记张隆张景五张爱

相里表张洪牛山相里彪

正德十五年三月”

据上碑文,内有几个错字,乾当为虔,倍当为备,武当为舞,狮当为狮,武殿当为舞殿:就是说建筑这舞殿台基共用了十三丈石条。四望村现在张、牛、相里三姓仍有。

我到四望村考察,本想找到一个元代的舞台,因为我是受宋元戏曲的影响,当时虽未找到元代,有明代的也算是古的了。同我考察的有四望村一位老先生相里子美(相里是二字姓),他说西景村的戏台子是仿照我村(四望村)的台子作的。于是我就离开四望村向南走了二里,到西景村岱岳庙内一看,其舞台的形式和木材的腐朽均露出较四望村舞台为古的现象。

西景村岱岳庙系金大定二年建,其舞台系西历一三五四年所建,台基的正中间含宽约二尺五寸高约一尺的一块石板……

多亏卫聚贤记下了他考察的经过,使我们得以勾勒出当年四望台子的大体情形。四望村在我村(小淮村)南面五里地。那是跟我有密切关系的一个地方。一九四五年一月,日本投降前半年,我在那个村子的大姑家避难,被日本人抓去当苦力。那年我十岁,跟我一起避难的一个人被打得满身流血。一九五二年,我因病从中学退学,病好后,当了教员,先在我村西北面的乌苏完小教书,这年十月,调到四望完小任高级小学教师，前后两年，以后到了太原。当时的四望完小就在已毁的四望台子的正南面。学校建在下生寺内，下生寺原是纪念刘秀的，正殿之前矗立着极其高大古老的两棵柏树，当“刘秀走南阳”之时，这两棵古柏已经很粗，以至于刘秀要拴马，缰绳都够不到，他就用手在树身上捏了一个环状物，人称“拴马桩”。下生寺的南面有“阴阳池”——池的一边是清的，另一边是浊的，据说系刘秀饮马时，嫌水不干净，用鞭子攉了一下所致。东边小门外有“上马石”，石上有半寸深的脚印，也是有关刘秀的传说。当时的正殿改作教室，正殿的西边新盖了一座教室和一间教员室，我就住在那间教员室，面对的是西边那棵有拴马桩的柏树。这棵柏树上边有一虬枝，酷肖龙头，人称“龙柏”；原来龙嘴两边各有柏枝一根，相向长出，活像龙须，一九四九年有学生用瓦片打掉了。东边的一棵称为“凤柏”。这两株柏树，新中国成立初期就作为文物保存，照片送到北京。课余，我们几个教师常常到学校附近散步，不是到学校南门外的官道，便是到学校后边的广场。在学校后边，戏台的遗址到处是残砖烂瓦，一片破败景象。那是日本人的“杰作”。若不是卫聚贤写下他的见闻，我们真不知道，“四望村的台子”是什么样子。

一九三一年五月，卫聚贤再次回到故乡，对柏林庙南轩和万泉县城西二里桥上村后土庙戏台进行考察。他以其在故乡考察所见，列出当时舞台的名称共有七种，即舞亭（1020 年桥上村后土庙宋天禧四年碑阴）、舞停（1301 年柏林庙绕腰碑阴）、舞厅（1309 年柏林庙南轩，1354 年西景村岱岳庙台基石刻）、舞殿（1520 年四望村后土庙台基石刻，1701 年袁家庄关帝庙）、乐楼（1548 年柏林庙献殿碑）、舞楼（1708 年柏林庙献殿碑）、戏楼（1784 年桥上村后土庙廊下碑，1786 年袁家庄关帝庙碑）。名称多种多样，说明那是劳动人民的创造，而创造是一个长期过程。

卫聚贤文章最后说到舞台的保存。他是从自然条件着眼的，说当地雨水少，气候干燥，有利于古建筑的保存。可他没有想到，人为的破坏，较之自然灾害，不知要为害多么强烈，又使你无法预料，不能保护。这应该再次激起人们对侵略战争的义愤和反对。

从考古发掘的意义上说，卫聚贤发现元代戏台应该是浓重的一笔，后人不可轻忽。朱彦民在《"巴蜀文化"的首倡者》中写道："尤其值得一提的是，卫聚贤对戏曲文物的搜藏与研究向为学界重视。戏曲文物研究的序幕是二十世纪三十年代拉开的，对戏曲文物最早研究者，学界公认是发现元代戏台的卫聚贤。一九三一年八月清华大学《文学月刊》的扉页刊登了山西万泉县（今与荣河合并为万荣县）西景村岱岳庙舞厅，及舞厅基石拓本照片，照片下附的说明文字表现了一种惊喜：'此影及下三影系中央研究院卫聚贤今年在山西万泉县工作时间所摄，兹从赵万里处借印。此石刻丁元至正十四年。所谓舞厅，即戏台也。赵先生见告，卫先生谓万泉气候干燥，下影中的舞厅，当仍为元代建筑物。果尔，真今之鲁灵光矣。'作者把此元末至正十四年（1354）创建的戏台，比作东汉时仍然岿然独存的西汉鲁恭王的灵光殿，亦可见其珍视之至了。"

卫聚贤晚年写到《中国人发现美洲》有关烟草的一章，回想到故乡演戏的情况，说："我家乡的演戏，凡演出北国的故事，如《昭君和番》《四郎探母》《金沙滩》《三劈关》等，用丑角装饰的角色，手中都持有一根长烟管。有人说，京戏《关外大侠欧阳德》系反穿皮马褂，手持特制的粗而长的烟管。这都是以'关外'将烟管为代表。《元曲选》列元代剧本共六百一十九种，作者八十五人，可知元代剧本之多。我家乡的剧本，可能也有元人的作品。如在明季以后编成的话，那时中国遍地吸烟，以吸烟作为北国的代表，是要被人指责的。我家乡万泉县，有宋代元代的舞台好几座，可知元代在山西省南部戏剧盛行。"

第六章　吴越文化研究的开创者、奠基者

第一节　南京栖霞山的意外发现

一九二九年，卫聚贤跟几位朋友在故乡柏林庙一带搞了考古发掘以后，回到南京，开辟了另一个考古战场——他以南京古物保存所的名义，在南京明故宫外五龙桥东南侯家塘做考古发掘。

这一年——民国十八年——中国大旱，从北到南，涉及多个省份。位于长江之滨的南京，旱象亦属严重。居民吃水，多汲于池塘。池塘的水位在不断降低，取水人只得向下掘凿。南京明故宫外五龙桥南面，住着潘、陈二姓人家。他们在侯家塘向下掘凿时，发现了砖和木板等物。内政部次长樊象离到警官学校巡视，恰巧看见，回来报告了这一消息。卫聚贤得知，立即前往考察、发掘。这时是十月。

发掘所见：在距地面一丈五尺深处发现木板，厚约五寸，宽约七寸，长约一丈五尺至二丈不等，大多为楠木。纵横三层，下层用木柱连贯，木柱插入地中，其地用砖块、石灰、桐油、糯米汁泥等物混合而成，十分坚硬。木板上四个砖台，台方一丈，高约三尺，台与台距离五尺，空成一个十字形。台上有圆中空石础。木板及砖台上遗有木椽小木棍（建筑部件）甚多，木椽有被火焚的痕迹。木板西与台面齐有木柱四根一排，共十五排。明故宫在宋元时居城外，为燕雀湖，此遗址正在湖的西岸，显为水中所建楼阁。明初填燕雀湖为宫殿，此遗址划在明工部后面，故明工部已改建为工人俱乐部。遗物有铜器、瓷器等，有铜钱四十一枚，俱北宋物。瓷碗上多有记号，有墨书一“胡”字的，有写着“绣匠胡森用”，有一处书“永乐”，等等。还有木徽章二，正面中间刻“工部”二字，旁刻号码及领带人姓名。另有鸟兽骨甚多。(《中国考古小史》，第82—83页)

也是机缘凑巧。这时候，卫聚贤正在用全力修订即将出版的《古史研究》第二集。一九三〇年二月三日，他为《古史研究》第二集写了《自序》，说正在“修正《古史研究》第二集，在桌子上写的多了，身体觉得不受用，想作些考古的工作，把身体活动活动”，也就是调剂一下。卫聚贤当时身居南京。明故宫为近水楼台，在这里考古发掘既已开始，就不可停下。于是，把《古史研究》第二集的稿子交给出版社以后，这年三月，仍然以南京古物保存所名义，前往南京栖霞山车站西北五里的甘夏镇、张家库、刘家库发掘六朝墓，参加者有张凤、王庸、刘福泰。前后三个月，“早从南京往，晚归南京城，日以为常，有时住在栖霞山的栖霞寺内……”(《吴越考古汇志》)刘家库墓系试掘所得。甘夏镇墓看到时已塌陷；墓用砖建筑，如无轮的汽车形。张家库墓原塌陷一孔，其地当地人称为焦尾巴洞。《吴越考古汇志》说：他在焦尾巴洞“无意中发现了石器”：

三国时古墓，墓址在半山中，墓用砖砌成，长约一丈，宽约七尺，发掘时将墓四周的土掘开，掘的深了，工人因土向上翻不易，从墓前开一道，将土向山下翻省力，就在这墓前开道时发现了石器遗址。

当开此墓道深约二尺时，发现了土为灰色（原处土为红色），而且有木炭渣在内，知道这里曾为人类栖息过。再掘有红色含砂质的粗陶片及鼎腿出土。这种陶器以我的经验,在黄河流域只有新石器时代有;而且鼎腿长过一尺,是在未发明使用煤炭而用木柴作燃料时的现象。我就断定这是新石器时代遗址。

当时我将这个情形告诉帮助我发掘的张天方先生等,他们以江南曾未发现过石器,据《史记·吴世家·越世家》所载,江浙在石器时代尚无人类,都不相信我的话。但我很注意这件事,着工人翻土向上,放在墓的东面,细细地在土中检查,不意工人将一石掷上,视之为石器,将泥土洗去,锋刃露出,是一个很完整的石斧。

我将这石器遗址封闭,报告中央研究院院长蔡子民先生,他请地质学家李四光先生到遗址处考察,李四光先生也以江南不应有石器为词,这个问题没有解决。打电报到北平请中央研究院考古组主任李济之先生到来,他看了遗址后,以为太少,不足以证明。我就不得不再找,结果又找到了两处。

古物埋在土中,如何去找呢?除非遇到掘墓开路建筑飞机场营房、大事翻土的机会不可。我是仿效洛阳盗掘古物的方法,用长柄曲头铁铲,凿地为小圆洞,从曲头铲中带上来的土,看其土色与土中所含的陶片等。整整找了三个月,在甘夏巷西岗头上及土地庙旁,发现了两处。

焦尾巴洞、岗头、土地庙三处,共发现石器七件,系石斧三,石锛二,石锥一,石刀一。此外有陶片三百余片,陶片上印有几何形花纹,这些花纹共计有十四五种不同的形状。

——《说文月刊》第一卷合订本,第 364—365 页在江南找到了石器！而且不是一件，是七件！是在他人不相信包括李济这样的考古大家“以为太少，不足以证明”的情况下，卫聚贤宁是凭着一股毅力和韧劲，在三个月时间里，在发现三国古墓的地方，找到了石器时代人类活动的证据。这一发现的意义非同小可。

那个地方为什么叫“焦尾巴洞”？一天早上，在上班之前，工人们在茶馆中吃茶，有两位老头对骂，骂语中说到“焦尾巴”。卫聚贤以为跟他们工作有关，就问是怎么一回事，工人们解释：“相传古人有尾巴，人老了快要死时，尾巴尖就焦黄了。人就知道他要快死了，什么工作也不做了，睡在洞中等死。他们骂‘焦尾巴’是说这人快要死了。跟我们工作无关。”卫聚贤是有心人，他从这个骂语中得到一个知识：“焦尾巴”是远古人类生活的反映，是古人留下来的“很古的遗语”。他想到在他的故乡也有一些古人的遗语，比如农民在地里耕作，回家迟了，旁人就开玩笑说：“回吧！回的迟了摸不着碗杷。”在古代，每人只有一只碗，回家迟了，轮不到自己吃饭。这样细小的语言，他记下了，后来，做了研究语言和文字学的材料。

就这次发现，卫聚贤后来出版了《南京明故宫发掘报告》《历代建都南京的货币》等发掘报告和研究论著。

卫聚贤的报告还没有来得及作，离开了古物保存所。他担心这一发现被淹没，先作了一篇《吴越民族》的长文，不想由于观点新颖，稿子难以发表。他在《中国初次征服安南考序》中说：“……旧说劳(牢)不可破，故余《吴越民族》之稿，各处不愿发表，后在北平《进展月刊》发表。同学王庸云：法人阿卢梭于一九二三年著有《中国初次征服安南考》，后附《安南民族之由来》……阿卢梭在其文内引有王静安先生关于三十六郡考订的文字，故赠送王静安先生一册，其书流落于外，被王庸在书摊上看见书皮有‘王国维先生’字样，乃为购得，转借于余，其文为法文，能译者不多，去年至暨大，乃请江应梁马骏两先生合译，以应新亚细亚的篇幅。”（《古史研究》第三集，第93—94页）尽管王国维谈到相似的意见，人们也觉得太新，不敢相信，可见在学术上，守旧的思维是不易改变的，要创立新说，必须有一股大无畏的精神方可。

北平市党部办的《进展月刊》在发表卫聚贤这篇文章时加了编者按语：“卫聚贤先生是国内古史学家中最大胆而同时能善用科学方法的一人。在他很多有价值的贡献（如见于《古史研究》与其他著作），独以《吴越民族》给本刊发表，我们感佩之余，尤深荣幸。虽在卫先生自己，虚心地只认为提供学术界从没有人提供的一个假定；但编者以为他的指示，如果不是怀着民族自大的偏见，专家们应加以进一步的探讨的。”

卫聚贤在文章中论述，据《左传》《论语》等先秦古籍记载，人们普遍认为太伯为吴国之祖，吴为周民族。从情理上推测，太伯不能远奔吴地；从技能看，吴民族不是太伯后；就名字不避讳看，吴民族不是周民族。以此三点，卫聚贤认定，“吴民族不是中原南下的民族，而是本地土著未与中原同化的民族，故其风俗等，不与北方民族相同。”以下举大量事例，包括语言上的差异，说明风俗之异。那么，“吴民族不是中原民族，何以在春秋时已相传为周太伯的后？”卫聚贤也做了分析，给出了答案。

又据《史记·越世家》《吴越春秋》《越绝书》等，“越是夏禹的后，到了春秋末年允常勾践始兴。”对此说法，卫聚贤也给予否定。他说：“夏是北方民族，越是南方民族，两不相干。以越为夏后，由于越王勾践被吴王夫差败了，保守于会稽山上，时相传禹治水东南至会稽山，会稽山在越境内，故附会越为夏后。”所举两个民族差异，较之吴民族更多。又论述：“越民族除一部分被汉武帝徙于江淮间与汉民族同化外，其徙于他处者，尚有保存原状、其迹可寻的”有畲民、苗民和台湾番族等。

卫聚贤对吴越民族做了分别考证后，指出：“吴越民族不是中原民族，而与苗民及马来半岛、南洋群岛、台湾、北极爱斯基摩人、美洲印第安人为同族。”他并且从考古发现和民族调查两方面做了事实举证。在后来所作《史记·吴世家注》中肯定地说：“浙江杭县良渚发现的黑陶，上面刻的花纹甚精，而且陶器印有各种精细的几何形花纹，又良渚黑陶巵上刻字在甲骨文字之前。吴越人善于刻陶，而且为文字的发明者，故相传发明文字者为仓颉，仓为黑色，颉音近契，契为殷人始祖，契字训刻，故甲骨文先写后刻，是吴人到黄河流域受到夏人画陶（彩陶）的技术，故写，欲保存固有的技术，故又刻。是吴越在古代已有很高的文化，而且黄河流域的文化是殷人从江南带去的，非是黄河流域人到江南开辟文化的，故荆蛮人立太伯，并无其事。”

从这时起，卫聚贤认为，中华文明的起源可能是多个地点，或者也许，他现在所在的吴越一带，是中华文明的真正起源。卫是北方人，家在古中原，本来应该为自己的故乡感到骄傲。但他没有这样褊狭的“乡土观念”。他是位学者，他从事的是科学考古，追求的是科学真理。他只相信从地下发掘出来的宝贝，那是真正的活化石，是人类生长的“日记”。

卫聚贤没有想到，在他对中华文明起于中原说发生怀疑半个多世纪以后，中华文明多源说几乎成为中国历史学家、考古学家们的“共识”。前边提到世纪末举行的“夏商周断代工程”。这一工程的领导小组由国家有关机构领导人组成。领导小组聘任中国社会科学院历史研究所所长李学勤等四人为首席科学家，李学勤担任专家组组长，李学勤在中国历史学界、考古学界的地位是人们都知道的。李学勤在其《说先秦》中说：“近十几年来在中国，文明的起源也是学术界非常重视的题目，史学界和考古学界应用马克思主义历史观进行了认真的研究，发表了许多论作……”其中“邵望平关于《尚书·禹贡》的论文很令人发生兴趣。文章指出，公元前第三个千年期间，特别是其中、晚期，黄河、长江流域的史前文化发生了大的社会变革,进入考古学上的龙山时代。这个时代形成的龙山文化群体,是中国文明形成的基地。《禹贡》记述的九州,在很大程度上与当时的文化区系相对应,其内容之古老、真实,绝非后人凭想象所能杜撰。邵望平认为,中国古代文明以黄河、长江流域为基地,中原地区为中心,是多源的。过去考古学尚未取得足够材料去打破中国文明起源于中原的单元论,现在考古学已为文明起源的研究打下了新的基础,单元论的传统观点就被打破了。"(《李学勤说先秦》,上海科学技术文献出版社,2009 年 1 月,第 12—14 页)

由李学勤主编的《中国古代文明起源》第二章《起源多元》开头说:"以考古资料和古史传说时代相印证,中国文化起源的第二个历史阶段相当于华夏集团、东夷集团和苗蛮集团形成、繁荣的时期。以这三大集团为主干,中华原始先民在祖国大地上创造了多若繁星的氏族和丰富多彩的氏族文化。氏族文化是中华文明时代的源头。"(《中国古代文明起源》,上海科学技术文献出版社,2007 年 4 月版,第 59 页)

这个中华文明起于多源说,如果要追根溯源,卫聚贤是跑不了的。他所提供的便是三大集团之一的苗蛮集团。

第二节 连续几年的寻觅

一九三一年夏、秋,卫聚贤在北平失业。这跟在故乡搞考古发掘有关。卫月望在《卫聚贤传略》中说:"后师大却无故将其解聘,古物亦未发还山西,发掘报告书也未能发表(注:此批古物,据传当时路经太原时,即被山西当局扣留,现在的山西省博物馆尚陈列的有许多件,在其下标签上均写'万泉荆村瓦渣斜出土'。由于发掘报告未能发表,以致这一重要遗址的情况未能正式披露于世。"九月下旬至十月,祖母逝世,回家奔丧。卫零女士(卫聚贤长女,原名灵芝,一九一八年生,后参加革命)在《补遗卫聚贤先生生平史料》中说:"'九·一八事变'爆发,日军侵占东三省时,我父亲正回家埋葬祖母。那时我在万泉县城上小学,正当县上唱戏,父亲上台压住戏,大呼中国人要起来赶走日本鬼子。他愤怒批判日军的罪恶及蒋介石、张学良的不抵抗主义,使乡亲们心情为之振奋。"以后住在北平山西蒲州会馆,跟朋友讨论学术问题。(据卫月望文章)冬,应暨南大学之约,用二三个月,作《历史统计学讲义》成,寄至暨大。后毁于"一·二八"战火。

一九三二年二月,因"一·二八"事起,卫聚贤不得已回到山西,在山西十年建设委员会任委员,又在山西国民师范授课,想在山西大学和教育学院任课,均被拒绝。暑期回上海,始到暨南大学授课。《中国统计学史》中写道:"……至二十一年暑假后至暨南大学,而暨南大学的史学系与社会学系合并,改授为'史社统计学'……"(见《历史统计学》,第184页)这以后,卫聚贤的主要活动地点就在上海了。

卫聚贤在《中国初次征服安南考序》中说:"……旧说劳(牢)不可破,故余《吴越民族》之稿,各处不愿发表,后在北平《进展月刊》发表……"读了卫聚贤的这篇文章,多数人说,你这仅仅是个假定,要能够成立,尚有许多工作要做。历史学家吕思勉《与卫聚贤论吴越文化书》说:"吴越古代文化,传记可考者甚少也。然则遂无可考乎?曰:是亦不然。盖无可考者,其氏族部落若国家之行事,而有可考者,则其民间开花之迹也。且如冶铸之技,械器之所由利,耕作之所资,亦战斗之所赖也……此等物不必皆在地表；即在地表，亦必深山穷豁，大费搜寻；此则仍待勇于考古如公者，努力为之……”(《吴越文化论丛》，第363—364页)

有了发现，而实证材料仍嫌不足，怎么办？是半途而废，还是继续干下去？对有些人说，可能知难而退，把难题留给他人。对卫聚贤说，这不是他的性格。吕思勉的话等于鼓励和劝勉，激起了卫聚贤把这个工作搞下去的勇气和毅力。

他只有想方设法寻觅。寻什么？寻石头——古人用的石器。始石器、旧石器、新石器都可，只要能够寻到。

不过到再一次搞田野发掘，已在三年以后了。

从一九三二年暑期任暨南大学教授起，卫聚贤住在上海真如。一九三三年，又在持志学院授课，主讲《历史研究法》，在中国公学大学部文学系讲《应用统计学整理国学》等。教书之外，主要是写作。《虞夏》等文即写于此时。还有《〈尧典〉的研究》《〈皋陶谟〉的真伪考》《〈甘誓〉的真伪考》《荒古与盘古》等。一九三四年夏，离开暨南大学，任上海中国公学商学系主任，同时在持志学院、正始中学授课。

就在中国公学商学系任职的同时，即自一九三四年九月起，至次年五月，由南京中央大学教授朱希祖发起，以卫聚贤为主，滕固、罗香林、黄文弼、侯绍文、朱翮和裘善文等学者参加，对南京附近与丹阳六朝陵墓(共二十八处)陆续进行十四次调查，并简单测绘。调查结束，中央古物管理委员会正式出版《六朝陵墓调查报告》，包括报告与考订文章计七篇。

一九三五年年初，卫聚贤到审计部任科长，兼驻外稽察。

当年跟卫聚贤一起在栖霞山发掘三国古墓的张天方，不同意卫聚贤的观点，依然坚守传统的看法。一九三五年五月十二日，张天方应一位朋友之约，到常州附近的淹城游历，遇到跟栖霞山遗址中几何形花纹陶片相似者甚多,他把这个见闻告诉了卫聚贤,尽管他这个时候仍然认为那是汉或汉以前物,不会再早。谈话中,他说有个石球。听此消息,卫聚贤受到鼓舞,于是把工作安排了一下,五月十六日,便奔淹城而去了。当年十月二十六日,又去一次。

几年前,笔者得到一本名为《淹城遗址》的旅游小册子,开头说:"在常州的南郊,有一个神秘而又令人着迷的地方。它历史悠久,距今已有二千五百多年;它文化底蕴深厚,如迷宫般的形制和数以千计美轮美奂的出土文物,展示的仅仅是其神秘面纱下的一角;它风光旖旎,风景如画,巍峨的城墙,碧绿的河水,到处松柏苍郁,柳竹掩映,林木叠翠,一年四季鸟语花香,置身于此,犹如进入远离尘嚣的一个世外桃源……这就是著名的全国重点文物保护单位——淹城遗址。"

小册子特别写道:"淹城已经历了二千五百余个春秋, 尽管东汉以降对其不断有记述,但真正对淹城进行研究,只有近七十年的历史。一九三五年,卫聚贤、陈志良等考古学者首次对淹城进行了实地调查,确认淹城为一处古代居民的活动遗存,并发表了《淹城访古记》一文,使藏于深闺中的淹城重为世人所知,并引起了学术界的重视。二十世纪五十年代末和六十年代初,在内城河出土了三条独木舟和一批青铜器、几何印纹陶器,这批成组文物的出土,首次展示了淹城遗址独特的文化面貌和内涵,引起了社会和学术界的轰动,同时,这批重要文物的出土,还喻示着淹城本身的地位非同一般……"

卫聚贤和陈志良当时所看到的淹城的遗址,是无城墙的,但城墙的遗迹尚在。城分为子城、内城、外城三道,有两道水围绕。卫聚贤想,这当是隋末沈发兴所筑的城。他们第二次到淹城探访时,在淹城的子城遗址上,发现了几何形花纹破了一部分的一个陶器,可知沈发兴是据淹城遗址另建新城的。而且在内外城之间耸立着三个大土墩,跟《越绝书》所记相符。在淹人是由北而南还是由南而北的问题上,卫聚贤跟陈志良的看法不同,但都认为,他们采得的几何形花纹陶片图样应当公布,这种图样一向不为人所注意,乃由陈志良写了一篇《淹城访古记》。随后不久,在上海南市民众教育馆,假文庙大成殿举办金山淹城出土文物展,共展出千余件展品,参观者十分踊跃。上海市市长吴铁城亦前往参观。

淹城古物发现后,张天方也写了文章,发表在上海《时报》上,配了几何形花纹陶器拓片。《时报》主笔黄伯惠回故乡金山戚家墩勘查田地,在田中见陶片甚多,而花纹跟报上公布者相同,于是携带了几片,赠给张天方。张天方跟黄伯惠又去一次,带回一麻袋陶片,藏于他自家的楼上,秘不告人。这年九月,卫聚贤听到张天方秘藏古物的事,得与古物相见,要求跟张天方再访一次。

戚家墩在金山嘴西三里, 以明代御倭大将戚继光军队驻戍于此而得名。遗址在海塘内外都有。国民政府考试院副院长纽永建的花园就建在海塘边。钮永建在花园的南面新凿了一个池,由其地层断面看,层次分得很明白,上层所含砖块瓦片都是近代的,包括宋瓷。三尺以下为几何形花纹陶器层,竟然有五尺多厚。纽永建告诉来访者,他在开凿花园南池塘时,在地面下约一丈深处,发现一口古井,并说了古井情况。黄河流域凿井,在地面向下凿一个洞即可,在南方不行。南方地下水位浅,土是湿的软的,不用硬物固定,洞壁就会挤在一起。后来人们是用砖砌井壁,但戚家墩的古井是用陶器,像北方人蒸馒头所用笼圈一样,一个一个套上来的。这只能是在砖瓦发明之前才会有。显然,这口井是很古老的。这口古井,加上张先生得到的一个石器和大量几何形花纹陶片,他们断定这是新石器时代遗址。

金祖同同去戚家墩访古,他写了一篇《金山访古记》,以记其事。

这时候, 卫聚贤的工作单位又变了。他到中央银行经济研究处工作，任专员和协纂。中央银行的负责人是山西太谷人孔祥熙，卫聚贤可能利用了这个关系来到了中央银行。《鲁智深传》说："未几到中央银行经济研究处工作。公余做吴越史地研究会事，在江南发现了新石器时代古物。"

一九三六年二月二十九日，卫聚贤应苏州东吴大学之邀，到那里发表演讲。乘暇到苏州石湖游览，于磨盘山发现吴城，黄壁山发现越城。历两千四五百年，这些城的遗址仍然可见，城墙的遗址上露出了很多几何形花纹陶器。三月十日《时事新报》报道，"卫聚贤氏日昨应苏州的国学会及东吴大学讲演之余，往苏州西南十五里之石湖处游览。石湖北有大河名越来溪，河西有小山名磨盘山，高十余丈。城迹尚有，其中有很多如金山淹城所见的陶片。山下有海潮寺，寺周有六朝瓦当及瓦发现。越来溪之东有土阜名黄壁山，高起约二丈，其中亦有陶片，卫氏携至苏州，阅志书，始知磨盘山即吴城，黄壁山即越城，吴越战争时，夹河而设之营垒。海潮寺附近为梁天监时的秀峰寺。卫氏又与王佩净氏游苏州公园，在公园土山上得到很多古瓦片，因土系从一丈以下掘出翻上来的，阅志书知公园为吴王夫差之宫。其陶片除捐赠东吴大学及苏州中学外，带了一批返沪。其花纹有较金山奄城为精致，不久将有论文发表云。"(《中国考古学史》，第 257 页)过了将近一个月，三月二十一日，卫聚贤再到石湖，同行者有张乃骥、金祖同。除发现七子山为姑苏山外，他们在黄壁山得到鹿角一只，石斧一个，不过这个石斧的锋刃用秃了。由于石斧只有一个，他们没有拿出来当作证物，而是保存在张乃骥家中。卫聚贤忽然想起，九百年前，苏轼在他的诗文中曾经写过，他在当地看到过石斧。另外他们一行在苏州木渎的灵岩山下，找到了几何形花纹的陶器，不过不多。

一九三六年三月十三日《朝报》报道，"南京朝天宫，即古冶城遗址，前因故宫博物院在该处建筑古物保管仓库，已将冶山之南麓掘开一部分，当在地层中发现古代砖瓦及碎瓷陶片甚多。不意昨日仍在继续开掘之际，突于土中发现古墓一所，并古井一口。其时适有考古专家卫聚贤、顾蕉园两君正在该处参观，比即拾取该古墓之断砖一方，细加鉴定，经就该砖之花纹详加研究，认定该墓决系三国时代之人物。又该古井上尚存有井栏一个，惟并非石质，乃系一整个之陶制品，是以弥觉可贵。该项井栏亦经卫君鉴定结果，认为较古墓时代尤早，大约尚系吴越春秋时代之物云。该古墓古井自昨日发现后，比由监工人谕令停止挖掘，一面并报告故宫博物院当局。闻该院当局已决定于今晨八时，会同中央研究院派员前往开掘，俾一窥墓中之究竟。”

卫聚贤说：“朝天宫发现的古墓，为十字形，与在我山西万泉县荆村发掘的新石器时代遗址，距其地不远处，本地人掘得之汉墓，同为十字形，墓内棺材无有，而人骨尚存，有一个人手腕套一百余个五铢钱，陶器多种，陈列于旁。山西与朝天宫的十字墓，或者均为富人一夫三妻的合葬坟墓。至于朝天宫墓内已无骨骸，因为南方气候潮温(湿)，不易保存之故。又民国十九年我在栖霞山发掘的六朝墓中，亦无骨骸，而铁钉已朽腐不堪。至于墓内正中的井，系预防盗墓而设，犹如山西万泉一带，于土岭的沟壁中凿洞以避匪乱(传系明代的)，于洞内正路中下凿一井，使匪类不慎，坠入井中。此墓上距地面不过三尺，其墓顶必为弧形，就墓形言，弧形当高约二尺，墓地为斜坡形，雨雪冲刷，墓顶之砖易于露出，所以被人盗掘了。当时因井中之土已塞满，预防盗墓的功用已失，故其中古物都被盗去，只遗漏了二个陶器。墓砖花纹，我未全见，当日看到的，有三个时代的吴砖，晋砖，六朝砖，是杂用各砖筑成的，考其年代，当为六朝的末期。至于墓旁之井，与金山卫、戚家墩、河北易县燕下都的井相同，当系吴越古井，与十字形古墓无关。鄙意推测如此，不知京方考古诸君，以为如何？”

一九三六年四月十八日《时事新报》报道：“考古家卫聚贤、张叔训、金祖同等，顷在浙江平湖乍浦南关海岸上，发现越国古迹，其遗址所占面积甚广，以古陶片为多。此项陶片花纹除有与金山、常州、淹城古县之吴城、越城发现相同者外，中有多种花纹特异，为国内尚未发现者，实有重大之价值，卫君已请蔡孑民氏致函浙省保护其古迹，以便日后作大规模之发掘云。”

江南有石器，是可断定的，但是没有大量的石器出土，终不足以取信于人。没有办法，卫聚贤只得于星期六下午出去，星期一早上赶回来办公，利用星期天功夫，自己去找。这几乎成了他的生活方式，也成了习惯。当时南京正在大兴土木，他想乘翻地皮之机，希望有石器发现。于是他乘假期到南京一行，顺便到中央研究院看看。时立法院委员何遂在杭州古玩铺买到三个石箭头和三件有几何形花纹的完整陶器送到中央研究院陈列，被他看到了。中央研究院的友人说：“这石箭头，南方不会有的，恐古玩商人从北方带来，假充是南方出土的。”过了几天，卫聚贤跟朋友到杭州去，在古玩商店里果有石箭头等陈列待售，而且索价不高。卫说：“这些石器是洛阳出土的，你们收买来假充杭州出土，为的是多赚几个钱。是吧？”店主说：“确是杭州出的，是古荡建筑公墓掘出的。”卫向黄包车夫问了古荡的地址，直奔而去。

那时，卫聚贤有位朋友叫周泳先的住在西湖旁，卫聚贤路过请他一同到古荡去。古荡的公墓快要筑成了，卫聚贤将他在杭州买的两件石器取出给工人看，并问哪里有这东西出土，又说他是要买的，不是白要。工人知道可以卖钱，竞向土中去找，引工头大怒，出面干涉。工人们机智，想出几个办法，终使卫聚贤不用一个钟头就买到一大筐，共三十余件，以一元购得。下一个星期，卫又去，同行者有西湖博物馆馆长董聿茂、文化部主任胡行之以及几个职员，他们于公墓内试掘了三个坑，公墓外试掘了一个坑，共得到石器六件，陶片三块。由此得知，古荡是有石器的。

五月二十七日，《中央日报》记者就卫聚贤在古荡之新发现，访卫氏挚友陈志良，询以卫氏此项发现之经过。陈说：卫氏为国内有名之史地学者，於考古工作，尤研究有素。民国十九年在京古物保存所所长任内，于栖霞山发掘六朝墓时，曾发现新石器时代之遗物，并得到石器数件。但人多以江南向未发现过石器，而且栖霞山所发现之石器，其数量不多，难以置信江南之有石器。然卫氏则疑信参半，而钻研之心更坚。不久以前立法委员何遂在杭购到石镞三件，送到中央研究院研究，其时有疑其非在杭州所出土，系古玩商自北方购来贩卖者。事闻于卫氏，乃特于本月二十四日赴杭。复在古玩商场见有石镞及石铲各一，仅讨价三元，遂即购之。旋再从各方探询石器之来源，始知在距杭市十里之古荡出土，卫氏乃与友周泳先前往古荡考察。其地在老山之麓，为余杭公路必经之地，现正在进行建筑第一公墓，已将其山坡铲平，遥望为一片黄土。既近，乃沿麓而行，并绕公墓一周，无意中捡得与前在平湖、乍浦及江苏之淹城、金山、越城出土之吴越时代陶器上花纹相同之陶片多件。询之挖土之工人有无石器发现，据答在墓南挖土时常有所得，现在墓西极少发现，并谓有工人某，方拾得石器一件。嗣卫氏又在地上捡得残缺之陶片，并闻另一工人在土内掘得完整之石镞一，石戈一，及破残之石铲一，又有工人得石箭头一，遂共以法币三角之代价购得之。嗣另一工人携一粪箕至，满盛残整之石器共三十余件，卫复以法币一元易得。遂返寓所。卫氏因以职务所系，未及加以详尽之调查，当日夜车返沪。（据朱彦民文章，参加者有乐嗣炳、金祖同、董聿茂、胡行之、施晞更等人，发掘探方三个，共出土石器六件，连同采集品共十六件。该文将此事系在五月三十一日）

卫聚贤在上海《时事新报》发表在杭州古荡发现石器经过一文，并附有照片，引起慎微之的注意。慎微之是浙江湖州府归安县一百二十八庄、现属吴兴县的双潞乡人，此刻在沪江大学商学院任秘书。慎微之小时候在离村二里许的钱山漾滩上玩，拾得一个石箭头，但他不知道是石器，后来继续拾到过。一九三四年江南大旱，钱山漾水将涸，沿岸露出陶片石器甚多，他又拾到一些。拾得多了，他已知道这都是石器。从报上看到卫聚贤的文章后，就赶回家去大量搜集，共得到百余件，还有几何形花纹陶片，带到上海，也照了一个石器照片登在《申报》的一个副刊上。卫聚贤看到后，辗转结识此人，并帮助他分类、审定。

在卫聚贤跟西湖博物馆合作发掘古荡时，参与人之一的施昕更，是研究地质的，在审定所得的石器属于何种石质时，想起在他的家乡也看到过这种东西。第二天，他赶回故乡，果然搜集了石镰刀、石刀、石斧各一件，即《古荡试掘报告》中图第 32 至 34。一九三六年十一月，施昕更又到杭州去搜集，除大量石器外，还得到大批几何形花纹陶器破片。他在棋盘坟附近看见乡人从池子抽水灌地，池中水快抽干了，池岸旁露出陶片甚多，其中有黑陶一二片，当时未注意，后看了中央研究院《城子崖报告书》，他以杭县的黑陶当跟城子崖有关，故于十二月间两次探访，第一次得黑陶器百余件，第二次得到较完整的陶尊、陶鼎等物，并有刻纹及符号文字的发现。一九三七年三月，施昕更写出一篇《杭县第二区远古文化遗址试掘简报》，发表于《古代文化》和《吴越文化论丛》上。后来把这个地方称为良渚。这便是良渚文化的由来。考古学界把良渚文化遗址的发掘当作一百年来我国四十处重大考古发现之一。

在此前后，在福建厦门、武平等地，亦有人发现或发掘到石器、陶器等古物。林惠祥在台湾发现过石器，一九三一年在厦门拾到一个石斧。一九三七年五月，福建武平县立中学教导主任梁惠溥在武平县城南小山发现石斧、石箭头、石锛、石砺、石杵、石瑗、石凿及几何形花纹陶器，并有黑陶，陶器上有刻纹，但无彩陶。广东海丰且有外国神父发现石器。

卫聚贤在《浙江石器年代的讨论》中说："余于民国十九年在南京栖霞山发现石器后，即说江浙文化本亦甚古，虽遭各方反对，但既有初次的实物作为根据，便埋头去找，结果，经过六年之久，终于发现了石器。假使当日栖霞山发现石器后各方均承认为石器，即可引起大多数注意。江浙石器之大宗发现当不自去年始，但经当时人之反对，大多数以为专家既不认为是石器，有何价值之可言，故不注意。迨余于二十一年到暨南大学授课，于旅行之地时为留意。假使我自信力不强，江南石器当不会有这样大宗的发现罢？"

江浙——不止江浙——如此多的陶器、石器出土，使卫聚贤有足够理由提出他的观点。《鲁智深传》说："中国东南沿海，在春秋战国为吴越二国，据古书所载，吴国是周太伯开辟的，越国是夏少康的庶子开辟的，是东南文化不如中原古，而且在黄河流域有始石器、旧石器、新石器以及殷墟发现。东南上尚无发现春秋以前的古物，是以都不想在东南找远古的史料。民国十九年鲁智深在南京栖霞山发掘六朝墓，无意中发现了新石器时代遗址，但是参与发掘的人，都不信是石器。鲁智深又发现遗址两处，并有几何花纹陶片，是以作了一篇《吴越民族》，以吴越与南洋土人是一个民族，但未引起人注意。到了民国二十四年在常州的淹城，金山的戚家墩，苏州的石湖，都发现了，当时反对的人多而且甚。及至三十五年杭州古荡大批石器发现，而且继续的有湖州钱山漾，杭州良渚，福建武平，广东的海丰与香港，都有大批发现，才确定了江南有石器。而鲁智深以殷墟古物与东南古物多同，进一步认殷与吴越为同一民族，在吴越时文化已高，将这高度的文化带到黄河流域去。有吴越史地研究会出版的各书可参考。"

第三节　发起成立吴越史地研究会

从南京栖霞山的意外发现，到提出吴越文化的概念，再到发掘出多个石器遗址，卫聚贤做了不少工作，但是自觉仍不能决定江南石器的年代，深感有组织团体、推动共同研究的必要。《吴越文化论丛》附录的《吴越史地研究会成立的经过》说："江浙地域广大，而这种陶片遍地散布，热心研究江浙古文化的人，多有职业，难以分身到各地调查。因之拟成立吴越史地研究会，以便共同研究。"即发挥集体的力量和智慧，大家携起手来，共同把这个工作做好。吴越史地研究会就是在这样的背景下酝酿成立的。

一九三六年二月二十三日，中国古泉学会假上海功德林举行成立大会，吴稚晖、叶恭绰等人出席，卫聚贤也是参加者之一。他在《吴越考古汇志》中说，在这个成立大会上，"由吴稚晖先生、叶誉虎先生及我，发起组织吴越史地研究会，依《古泉学会简章》修改为《吴越史地研究会简章》，由在会诸人签名作为发起人，次日《晶报》即将此消息披露，后又将发起人扩大。为使社会人士注意起见，故迟至古荡、钱山漾大批石器发现，作为开会时陈列品，以资出席者观赏"，决定不急于举行成立大会。

这里对吴稚晖略作介绍，因为卫聚贤跟他有特殊关系，一九四五年吴稚晖过八十大寿，卫聚贤发布启事说"吴稚晖先生学术人格，海内共仰，本社拟特出吴稚晖先生八十岁庆祝纪念号"，请"海内大雅赐撰论文”。后来编出的纪念号为皇皇一大册,数十万字。

吴稚晖(1865—1953),原名朓,字稚晖,后改名敬恒,其字更为有名。江苏阳湖(今属武进县)人。“在民国历史上,吴稚晖算得上是一位国民党元老。他早年中举,满脑子忠君、维新;但忧愤于社稷之衰败,毅然投身民族民主革命,与孙中山结交甚深。民国初期,他倡导国音统一,不遗余力地加以推广普及;又力主青年勤工俭学留学外国,学习西方文化科学知识。在蒋介石统治中国的二十余年间,他竭力维护国民党法统,抵制国共合作,倍受蒋介石尊崇,一直活跃于政坛。他个性独特,倡言敢行,亦庄亦谐,又被人称为一代奇人。”吴稚晖又是位学者,《中国现代社会科学家大辞典》有传,称其为哲学家、思想家。在一九二三年的“科玄论战”中,吴作为“科学派”的代表之一,发表《一个新信仰的宇宙观及人生观》,影响颇大。一生著作丰富,大都收在《吴稚晖学术论著》中。吴稚晖又是著名无政府主义者,可称为中国无政府主义者的领袖。

还有叶誉虎(1891—1968),名恭绰,誉虎为字,是著名收藏家、词学家,政治家,曾长期在北京政府和国民政府任职,曾任北京国学馆馆长。抗战开始后避居香港,组织中国文化协进会等,新中国成立后,历任政务院文化委员会委员、中国文字改革委员会常委、中央文史馆副馆长、北京画院院长等职。

吴越史地研究会就是由卫聚贤跟这两位著名人物联合发起的。

据《东南日报》报道,同年六月二十七日,卫聚贤“为接洽吴越史地研究会分会之事,特到杭州,假西湖博物馆,开临时茶话会,到者有陈万里、孙象枢、卢炳晟、李冰若、陈捍人、周洁人、周泳先、董聿茂、胡行之等多人。首由卫聚贤氏报告发起吴越史地研究会之经过,并由博物馆陈列古荡出土石器多件,以资研究……至于杭州分会,须俟总会通过后,再行成立云。”

八月三十日，吴越史地研究会假上海八仙桥青年会雪赓堂举行成立大会，选举蔡元培为会长，吴稚晖、纽永建为副会长，卫聚贤为总干事。另选出评议四十四人，理事六十二人，其中常务理事十一人。

第二天，上海《申报》做如下报道：

> 文化界领袖蔡元培、于右任、吴稚晖、叶恭绰、卫聚贤等，发起组织之吴越史地研究会，昨日下午三时，假座八仙桥青年会，举行成立大会。到发起人蔡元培、叶恭绰、卫聚贤及京、沪、杭、镇、锡、嘉兴各地会员胡朴安、丁福保、谢瑞龄、郑洪年、杨恺龄、简又文、张乃骥等六十余人，由蔡元培主席，卫聚贤记录，当场通过简章，推定职员。该会为引起会员研究古物兴趣起见，并同时举行古物展览，沪上人士，适值星期休假，咸往参观，极为踊跃……
>
> 主席蔡元培致开会辞云，今日为吴越史地研究会举行成立会，同人等发起斯会宗旨，实缘自古荡、钱山漾、嘉兴、金山等处先后发现古代器物陶石器后，颇足供历史上参考价值，证明江浙两省，在五六千年以前，已有极高文化，当非如传说所云：在春秋时代，江浙尚为野蛮之区，现该项各物，遗留在江浙各地者，当必甚多，深望本会成立后，各地会员能继续多所发现，以供研究，借以明瞭历史演化，及先民生活之情况。
>
> ……
>
> 该会为扩大调查古物，特组织调查委员会，函聘各县教育局长为当然委员，并请各县中小学历史国文教员担任调查员。兹录其征求函云：敬启者，本会为研究江苏、浙江的古文化起见，乃成立吴越史地研究会，在江苏的南京、浙江的杭州、嘉

兴、余杭、湖州等处，发现了古代没有铜铁以前人类用石作工具的石器，并在江苏常州的奄城，苏州石湖旁的吴城越城，金山戚家墩的海滨，浙江平湖的乍浦，海盐的澉浦，及嘉兴等地，均发现与石器同时的陶器，这些陶器上，均有印成的几何形花纹。这种发现，对于吴越古代文化，关系甚巨。一般人目江浙在春秋时，尚为野蛮之区，自此次石器陶器发现，证明江浙在五六千年以前，已有很高的文化。现信江浙两省各地，这种石器陶器很多，特由本会决议，成立一调查委员会，函聘各县教育局局长为当然委员，并请各县的中小学历史国文教员，担任调查，为调查员，于课余饭后，散步于河边池畔小土山脚，细为检察，有无如后面印的那种石器和陶器，散布在地面，如果遇见，不论完整的与破碎的，捡拾起来，将发现的情形，石器的形状，陶器的花纹，详为函告，以便本会派员前往调查，如认为有发掘的必要，则由本会呈请中央古物保管委员会办理，对于发现人自有相当的嘉奖，为此特请先生担任调查，并将石器陶器样品，随函附上，请为查明，此致。通讯处上海外滩十五号中央银行卫聚贤转。

这样一种调查，跟近年我国搞的文物普查一样。我国近年搞的文物普查，系由政府组织实施，花费的人力物力都有保证。而当年卫聚贤所搞的调查，全由个人进行，是纯粹民间性的。

按照章程，“吴越史地研究会总会设在上海，应于江浙两省成立分会，以便在研究江浙古文化上，彼此互助”。首先成立的分会是嘉兴分会，于民国二十六年（1937）六月十八日成立。当时报道说：“嘉兴有志于研究吴越史地者，筹组吴越史地研究会嘉兴分会，兹于昨日下午，在中山厅成立，总会派总干事卫聚贤偕陈志良两君，于前晚来禾，卫君并携有古石器、骨器、陶器等六十余件来禾陈列，考古家张凤君(即张天方，嘉兴人)亦携带古物三十余，于昨日上午莅禾……”

前边说到卫聚贤发起江浙两省文物调查，完全是他个人的事，是由他个人出资的。其在《报告书》中强调：“吴越史地研究会系私人方面对于吴越古文化有兴趣的人，联合组织而成，从未受任何方面的津贴，一切用费均是我个人拿出来的……”这种精神，和其雄心之大，令人敬佩。

吴越史地研究会成立后不久，一九三九年四月，上海《文汇报》记者李丹以卫聚贤“是个著作等身的学者，然而外貌像商人；他是山西人，然而创办‘吴越史地研究会’，考江浙两省的古”等诸多不协调之事感到奇怪，前来采访。记者问：“你老先生是北方人，何以要考江南的古呢？”卫答：“江南有很古的古物，很悠久的历史，然而大家不注意，江南人不努力。江南有石器，我最先发现，考古是我性之所喜，故为江南人代劳。因为个人力量有限，所以办了‘吴越史地研究会’，集中人才来研究。现在固然不负众望，发现了几处有价值的遗迹、石器与黑陶，最古的文字，因此证明江浙文化之远古，如能继续努力，将来的成就，未可限量。可惜我个人的力量有限！”“个人力量有限”这句话他说了几遍，言下不胜唏嘘。

采访之后，记者深有感慨：“本来学问与文化，是种公器，个人如有先见之明，最多做个开山工作而已，必须国家社会，予以协助，才得成功。吴越史地研究会我们江浙人自己不能发扬光大，真觉惭愧。若能有钱者出钱，有力者出力，未尝不是良法，对文化、对社会，终有补益的。”

第四节　编辑出版《吴越文化论丛》等书

卫聚贤对吴越史地研究的痴迷，从他以个人之力要办的事情之多可以充分看到。在发起成立这个研究会之初，他就展开了多方面的工作。一是组织开展研究，二是编辑出版有关图书，三是在上海《时事新报》的副刊《学灯》上办一专刊，名《古代文化》，每周一期，每期约六千字。《古代文化》于一九三七年三月二十四日创刊，至同年八月十一日第二十一期，因八一三战事止，共出版二十一期。其《发刊辞》是卫聚贤作的。研究论文，既要自己写，又要组织朋友写。吕思勉著有《先秦史》，卫聚贤特地关照，加入江南考古的材料。该书先为光华大学讲义，在加入江南考古材料后，交由商务印书馆出版。这里着重说《吴越文化论丛》。

这是一本论文集。它跟发掘报告不同。发掘报告是对所见古物的如实描写，这本书则是根据古人已有的记载和新的发现，重新认识，发掘出它的文化底蕴和意义，把零散的甚至矛盾的或互不联系的知识系统化、科学化。

这本书共收入论文二十四篇，其中卫聚贤的八篇，占三分之一。有的文章曾在《古代文化》发表过。

这本书于一九三七年七月初版。那正是中日全面战争爆发之时。其《弁言》在比较了南方古器物上的花纹和文字跟北方同类器物上的花纹和文字的区别以后，认定南方为柔性，北方为刚性，说这种特色也反映在政治家的性格上："江浙古代柔性政治家——如越王勾践被吴所败，卧薪尝胆，十年生聚，十年教训，卒以报吴。黄河流域刚性政治家——如秦始皇等，胜则大胜，而败亦大败。"联系到现实，"当此非常时期，则宜师南方之强，以为准备。若至敌人侵略至最后关头，起而自卫，则应用北方之强，以便战斗。"又说："吴越史地研究会之所以成立，而有此《吴越文化论丛》之发行，全在认清民族性，而作渡此国难之准备。"《弁言》提到"国难"，提到"战斗"，提到"反侵略"，这就把编辑出版这本书跟抗战、跟民族解放联系起来了，是具有强烈时代气息和爱国主义精神的。

卫聚贤首篇文章《吴越释名》，从甲骨文、金文说起，阐明"吴越"二字的来历，用较多篇幅说到民俗。

《太伯之封在西吴》是一篇驳论，指出："北人之鄙视吴人，初则诬之以事实，如周太伯仲雍之奔吴，'吴人义之，从而归之者千余家'。继则鄙之以名称，如'荆蛮'，'蛮夷'。今者江苏为中国文化之区，'蛮'字之名早去；而尚认为太伯之后，非其宜也，故为辩之。"

《殷人自江浙迁徙于河南》开篇即提出论点："殷人都于河南安阳县小屯村，但殷人从何处到河南的？司马迁说是陕西，王静安先生说是自山东，傅斯年先生说是自东三省。余以为自江浙经山东至河北，南下至河南的。"以下举了大量事实论证，有"就殷人名衣言"、"就殷人断发文身黑齿雕题言"、"就铜器中所含锡的分量言"、"殷人始祖为黑色人种"、"就东阳地名言"、"就各地有历山言"、"就蒲姑商奄言"、"就殷人崇拜鸟为图腾言"、"就长柄兵器与几何形花纹言"、"就甲骨文昔字言" 十个方面，最后总结："据上诸证，殷人原在江浙，沿海北上，经山东至河北。其时黄河自天津入海，殷民族至黄河入海之处与夏民族接触，曾经发生战争，在夏民族立场看，有黄帝伐蚩尤之传说；在殷民族立场看，有上甲微伐有易之传说。结果夏民族败退黄河以北，殷民族沿河向西南至河南安阳建都。”

《中原民族之开发东北》和《中国古文化由东南传播于黄河流域》都是谈文化迁徙的，发源地都是位于东南的殷民族。前者以肃慎和朝鲜为例，从甲骨文中摘取近百个例子论述，后者以武器为例说明。

卫聚贤还有《纪念考古家袁康》《浙江石器年代的讨论》等文。《浙江石器年代的讨论》是一篇重要文章，它涉及学者应有的学术立场。《东南日报》的《学苑》专刊发表了三篇讨论浙江新石器的文章，《学苑》的编者加有按语，说：“自杭州、古荡、良渚发见石器以来，轰动全国耳目，卫聚贤氏至谓江南文化因此拉长了数千年。这对于研究古代文化的人们，应是极感兴味之一事。然而浙江出土的石器，果为历史上之所谓‘新石器’乎？浙江在新石器时代，果有人类居住的可能乎？这些问题，仍须待专家细密考察。本期特汇刊关于这方面的专文三篇，以供研究。文字立场，都是不务虚名以提高时代，也不依靠传统思想只作承袭的说法，是很值得注意的。”所说三篇文章，指胡行之的《浙江果有新石器时代文化乎》，刘之远的《石器的形成与地层之探讨》，王维黽的《浙江石器之兵器观》。卫聚贤的文章即由此而发。《绪论》部分说：

> 《学苑》编者云“文字立场，都不是务虚名以提高时代”，但我所以说浙江文化之古，是吾为“务虚名”而来？去年我在杭州古荡发现石器，倡为新石器之说，有人问我“北方文化之古，在传说方面，古代帝王多都于黄河流域；在实物方面，周口店有曙石器，河套有旧石器，仰韶等处有新石器，安阳有殷墟，其他如周代铜器，长安及洛阳出土均富，是北方文化之早，自不待论。若南方文化在传说方面，越以夏少康所封，吴以周太伯所至，最古不出于夏，何况浙江出土的铜器只有十几件，而这十

几件铜器最古也不能超过春秋时代,今江浙虽有石器发现,不过为新石器,最早与仰韶时代相当,何言江南文化古于北方,此说也许有用意罢?”我的回答是:第一,国人每多愿说个人本乡的文化古,别人的文化晚;我是山西人,似乎应说北方文化古的,我不是浙江人,何以说浙江的文化反而古呢?第二,我不在考古的机关工作,并非为借此作我工作的宣传。第三,我现在不在学校教授考古的课程,或借此作为教授的材料。第四,我做事机关的长官,不是江浙人,我并非借此以奉承。而所以如此说者,是事实胜于雄辩。因为在江浙所发现的石器,不能不使我断定江浙有新石器时代的遗址。在中央银行有些同乡取笑说:“北方文化古,你现在要说南方文化古,你真是北方的汉奸。”这虽是笑话,但可以代表国人一般的心理。如果南方文化不古,我又何尝如此说呢?

发现古物,对于古物及遗址的年代,如有文字书明年号者,可知其绝对的年代,如有文字或花纹,就其文字花纹的语气形式等,可以考知其相对的年代。故此,只能有推定的年代。推定的年代与其说得过晚,不如假定得早。例如安阳发现甲骨文字,罗振玉王静安先生就其出土地与甲骨文字的本身,考证出系殷代遗址,这不过是相对的年代——若要考定某块甲骨是殷代某帝王某年的遗物,则绝对的年代是很难以确定的。但是章太炎先生初则以甲骨文系古玩商人的伪造,后以中央研究院发掘得甚多,又说系宋朝人伪造埋入土中,假使我们听了章先生的话,以过去出版甲骨文字,均系古玩商人在安阳搜集的,当有伪造之嫌,我们不去参考,中央研究院也听了他的话,不去安阳发掘,殷墟遗址的情形不能明瞭,那么我们讲殷代的

> 历史，只有一篇《殷本纪》为根据了。古荡石器年代，原为推定并非相对，更说不到绝对的年代。

卫聚贤坚持他的看法。在《本论》部分，他驳斥了那些人的意见。如："胡先生以古荡石器为'周末'之物，按周公七百余年，西周二百余年，春秋二百余年，战国二百余年，是以西周为周初，春秋为周之中期，战国为周末。胡先生所谓'周末'，当指此石器为战国时物。按吴在春秋末年，南虏越王勾践，西攻楚入郢，北败齐与晋在黄池争长，试问吴尚用石器，以战胜用铜器之国，而称霸乎？必不如此……"这样的辩驳是有力的。对其他观点也做了类似的批驳。

应该再次强调，卫聚贤以北方人的资格，从考古发掘的事实出发，认定殷民族是从江浙向北迁移到河南安阳一带的，这种宽广的胸怀，正是学术研究应该坚持的立场，而不应该以个人的感情代替科学事实。卫聚贤这种精神非常难得。

但是从学术结论说，我以为这里有三个问题，必须把它分开来，不可混淆。这三个问题，也就是卫聚贤在吴越文化研究上的三个主要观点。第一个观点，吴越文化不是从中原迁来，而是一种自行发生发展的独立的文化；另一个观点，"殷与吴越为同一民族"，"殷人自江浙迁徙于河南"；第三个观点，中华文化源自吴越，而不是中原。经过半个以上世纪中国学者的共同努力，卫聚贤这三个观点都经受了检验。

第一个观点，可以说得到历史学界、考古学界一致的认同。

第二个观点，笔者孤陋寡闻，在我读过的史料中，尚未发现对卫聚贤这个观点完全否定的意见，但也似乎没有完全肯定和支持的，即卫这个观点依然是一种言之成理的观点，是许多观点中的一个。

至于第三个观点，就李学勤主编、由多人撰写的《中国古代文明起源》而言，既然它承认了“起源多元”，自然不可能再谈论中华文明究竟起于何处了。该书在《起源多元》部分，着重谈了《华夏源头：炎黄二帝》《东夷源头：太昊和少昊》《苗蛮寻根：三苗与祝融》。现在人们都把炎黄二帝当作中华民族的始祖，该书在《炎黄二帝》一节，虽然说“目前学者们的主流看法是炎帝族和黄帝族都源于西部黄土高原今陕西渭河流域”，但是又接着说“然而其他各方说也为我们提供了新的视角”，这是因为，“关于炎黄两族发祥地的说法如此之多，主要是由于古代文献所载本身就纷繁复杂，甚至互相矛盾。研究者所引资料来源不同，得出的结论自然也大相径庭。”说了半天，也还是模棱两可。书中第三部分谈论《氏族寻踪》，有《“新石器革命”》《中华农耕文化起源》《原始陶器、玉器、铜器》《原始聚落》《史前社会组织》等八个章节，读过之后，等于没有读过一样，仍然对中国古代文明起源形不成一个明晰的概念。在这样的情况下，卫聚贤的这个观点，也仍然是个既不能否定又无法肯定的假说。

不过，笔者还是赞成卫聚贤前引《东南日报·学苑》专刊编者话中“北方文化之古，在传说方面，古代帝王多都于黄河流域；在实物方面，周口店有曙石器，河套有旧石器，仰韶等处有新石器，安阳有殷墟，其他如周代铜器，长安及洛阳出土均富，是北方文化之早，自不待论。若南方文化在传说方面，越以夏少康所封，吴以周太伯所至，最古不出于夏，何况浙江出土的铜器只有十几件，而这十几件铜器最古也不能超过春秋时代，今江浙虽有石器发现，不过为新石器，最早与仰韶时代相当，何言江南文化古于北方”的质疑。那么，解决之道有没有，在哪里？我以为，解决之道，在改进研究方法。王国维的“二重证据法”已经不够用了，还必须加强民俗研究。在这点上，卫聚贤做过的一些工作可以给我们启示，这到下一节再说。

且说吴越史地研究会原来还想编《吴越古迹志》，从江苏、浙江、安徽、福建、广东、广西、云南、江西、湖南、贵州十个省的各《省志》《府志》《州志》《县志》中，将所有古迹、古墓等全部抄录下来，加以整理，然后根据古书记载，进行考证，以做确认，并从中推断何处有古物何以发现，作为下一步考古发掘的向导。这是一项大工程，需要投入大量的人力财力。仅查阅各种志书，就需要好多人。有看书的，有抄录的，有到各图书馆寻找志书的。卫聚贤每月有约二百元的工资收入，他想自家节衣缩食，尽可能都用在这些工作上。

另外，《楚辞研究》一书，也以吴越史地研究会的名义出版。这是一本合著，卫聚贤所作，即《屈原与刘安》一章。

卫聚贤有关吴越文化的论著，尚有《史记·吴世家注》《史记·越世家注》《中国东南沿海发现史前文化遗址的探讨》等文。

后来的考古发掘证明，卫聚贤关于吴越文化发源很早的论断是正确的。一九七三年，人们在浙江省余姚市一个名叫河姆渡的地方发现了一个新石器文化遗址，已经发掘完毕，并于一九九三年建成一座博物馆。这个遗址总面积约四万平方米，文化堆积厚度四米左右，叠压这四个文化层，年代约为公元前五千年到三千年。这个遗址具有浓郁的江南水乡地域特色。该遗址共出土生产工具、生活器具、原始艺术品等文物六千七百余件，还有丰富的栽培稻谷和大面积木建筑的遗迹，捕猎的野生动物和家养动物的骨骸、采集的植物果实及少量的墓葬等遗存。用骨、角、兽牙和玉石材料制成的艺术品上饰有鸟和太阳结合的图案，单独雕塑的鸟的形象也出土数件，这说明当地居民崇拜知时的鸟和照耀万物的太阳。遗址出土了八支木桨，这是目前所知世界上最早的水上交通工具。遗址出土文物还表明，这里的先民已开始纺纱织布，掌握髹漆和开凿水井等技术。这一切大大开阔了人们的视野，有力地支持了中华民族文化起源多元化的论点，见证了卫聚贤长江流域跟黄河流域一样都是中华民族远古文化的摇篮的论点。河姆渡遗址为二十世纪中国最重要的考古发现之一。

卫聚贤作为吴越文化的首倡者、开拓者和奠基者的历史地位,不容抹杀。

说他是开拓者,是因为在他之前,那一块领地还是一片草莱,还是一块处女地,是他,第一个拿起镰刀,披荆斩棘,大声呼吁,引来许多同道,由一个人变成了一群人。

说他是奠基者,是说此后吴越文化的基本观点,基本思路,他都已经做出来了,后来的发掘只不过证实了他的那些预言和假设,并没有明显的增加或改变。

不错,搞吴越文化研究的,不是卫聚贤一个人,而是一个团队。但这个团队,是由少到多,由一个人到多个人,最后都集合在他的旗帜下。

朱彦民在《巴蜀文化的倡导者》中称卫氏是"吴越文化研究的倡导者、先驱者",说他"积极推动吴越地区考古工作的开展和吴越文化的研究"。该文说:

> 对于江浙地区以及整个东南地区的史前文化,卫聚贤先生从考古发掘的石器等资料给予了高度的评价。由此也引起了学术界的一些争论,一些保守的学者囿于传统的吴越文化比较落后而否认江浙地区有石器文化。但是后来的良渚文化及河姆渡文化的考古发掘和深入研究表明,卫聚贤先生的判断是完全正确的,江南地区不仅有史前文化,而且这里的史前文化并不比中原地区程度为低。
>
> 卫聚贤先生曾在一本良渚文化发掘报告校后记中指出:"历史,单就有史以来书本子上的记载,是不够的,不得不就考

古所得的实物加以研究。尤其是江浙文化,在书本子上所记载的,只能远到春秋;再古在西周初年时,尚是蛮荒区域,是以考古上更得努力探索。”由这些考古发掘,卫聚贤先生认为“古代吴越自有其本位文化”这一结论已由后来的吴越地区考古发掘和研究所证实。

卫聚贤先生在其《吴越民族》一文认为:“夏是北方民族,越是南方民族,两不相干。”“南方各地发现古物,足以证明古代吴越已文物灿然,且从此种古物与北方发现者比较,则迥然不同,盖各有系统。”明确了吴越文化的独立性,夏民族和越族是分布在我国不同地域,有着不同的经济生活、不同的语言以及表现不同文化特征所形成的不同民族。越族不是夏族南迁遗民,而是主要由当地先住民发展形成的。

过去认为中华文明起源于中原地区或西北地区,逐渐向南传播。但是卫聚贤先生根据吴越地区的考古资料,写了一系列论文提出了全新的看法,认为中华文明发源于东南发展于西北、殷民族发源于吴越地区而迁徙到中原的说法。这些观点现在看来虽然未必正确,但矫枉过正,它对于纠正东南地区为荒蛮质地、文化落后的传统观念却有一定的启发作用。实际上,黄河流域和长江流域的古代文化之间是相互影响的关系,中原文明对边裔地区的辐射影响是人们经常谈论的话题,但长江流域的古代文化也是非常发达的,一些文化因素也常常在中原文化中找到影子。这是后来的中国境内考古发掘和研究所证实了的。

第五节　“二重证据法”外加民俗

在这里，我要附带说一下卫聚贤在古史研究上对研究方法的一个创造，一个贡献。这就是他对民俗资料的格外重视。

《吴越释名》一开篇，从甲骨文、金文着手，就其字形、字音、字义上，说吴字表现了当地人喜好吃鱼。“甲骨文金文上吴字，尤其是金文上的苏字，均像鱼形。”“吴字即鱼字”。“苏字与吴字似无关系，但吴国的姑苏台因建于姑苏山而(得)名；而姑苏山即句吴山，是吴字即苏字。”越字又如何？“越即钺字。为斧钺之钺。钺在黄河流域新石器时代遗址中尚未发现，在浙江境内，杭州的古荡，杭县的良渚，湖州的钱山漾，均有石钺发现，是钺为浙江古民族所发明。”“於越即虞越，亦即吴越（‘於’古读为‘乌’，为感叹词）。吴越原系一个民族，后越人发明钺而独立，故越有超越之义，言越人发明钺而武器超过吴人。”

《吴越考古汇志》有《新塍得石鱼，双桥遇古玉》一节：“民国二十六年六月十八日在嘉兴开了吴越史地研究会嘉区分会后，于十九日乘嘉区专员公署所备的汽船，到嘉兴西北的新塍镇，镇有许明农先生亦好古，家藏石鱼一条，据云是近日乡人掘地所得，鱼长约尺余，厚约五分，石锈甚多，知此石鱼甚古，脊有洞系穿绳处，以绳穿悬空，鱼头略向上，无击镐之迹，击时声亦不亮，推知此石鱼为吴国人古代崇拜图腾物，因吴字古文即鱼字。吴地尚有黑鱼神话，及不吃黑鱼的遗俗。余将此石鱼列为《吴越文化论丛》的封面图画，许明农先生有《石鱼考》，在《古代文化》第十五期上发表。”卫聚贤《吴越释名》一文有附记：“封面淡绿色的鱼，系在嘉兴县新塍镇发现的石鱼。钺系杭县良渚镇发现的石钺。钺为侧面形。是以鱼钺表示吴越。”

《殷人自江浙迁徙于河南》还说到殷人崇拜鸟图腾。《诗·商颂·玄鸟》：“天命玄鸟，降而生商。”《左传·昭公十七年》郯人说他们是以鸟纪官，“玄鸟氏，可分者也。”《诗·玄鸟·郑笺》：“玄鸟，燕也……春分玄鸟降。”卫聚贤说：“这是殷民族在浙江以鸟为图腾的。”“燕为候鸟，热则北来，冷则南徙，是燕原为热带的动物，因其身小轻便，故能北飞就食。殷人当原在热带，及北徙后看见故乡的鸟来了，故祀以为神。《殷墟书契前编》卷六第四十三页第三块有‘吉燕’，同书四十五页一块有‘贞惠燕’，同书四十四页五块有‘贞惠吉燕’，‘惠’即‘祀’。以燕名为‘吉燕’而为之‘惠’，完全是崇拜燕以燕作图腾的。”

图腾崇拜是民俗的最高形态。这是一个外来词语。最早有关图腾崇拜的理论，是苏格兰人种学家麦克伦南提出的，他在《动植物崇拜》中说，全人类在古代都经历过图腾崇拜。所谓图腾崇拜，指相信人与某一种图腾有亲缘关系，或相信一个群体与某一图腾有神秘关系，他们常常把那个图腾当作他们的祖先或神灵供奉。这种理论传入中国，是二十世纪初年的事。过去历史学家们很少使用这个词语，卫聚贤是率先使用这个词语和这种研究方法人中的一个，而且我们看到，他是相信这种理论的，在运用这个方法上，他已十分熟练，得心应手。

一九四〇年孔令毅为《说文月刊》第一卷合订本所作序中说到图腾制度在中国传播情形：“图腾制度在世界原始民族中，几乎并无例外的都有这现象，我们只要看南洋群岛、阿拉斯加、印第安、澳洲等处民俗学者多种的记载，就能明瞭一切，无待赘词。对于介绍图腾制度的书籍，在我国虽为数不多，但也渐为人所注意了。然而我国古代，是不是也曾有图腾社会的存在，则研究的人寥寥无几……国内学者除卫聚贤、郭沫若、胡光炜、李则纲诸先生外，对这一事赞成者恐不在多数，一般学人，或持怀疑态度，不欲形诸笔墨，或持反对态度，以为天下决无是理。譬如说禹化黄龙一语，这就是说明禹的图腾即为龙，但一般人却加以反对，以为禹是我国上古圣王，岂有我们的皇祖会不是人类，而为爬虫动物之理。这一种误解，实因他不曾明白什么是图腾的一事实来。所谓禹是龙，并不是说禹是爬虫，只是说禹的图腾属于龙，禹仍是个古代圣王，不曾降低了地位。有些人以为禹若是龙就一定不是人了，这是误解，是不合理的意见。因为人由类人猿进化，这是生物学上的事，禹的为龙这是民俗学上的事，二者绝不相侔，不能合为一谈。”

在卫聚贤有关吴越文化的研究中，运用民俗研究的事例还有很多。

如《殷人自江浙迁徙于河南》一文，用许多例句说了殷人“断发文身黑齿雕题”的民俗。《左传·哀公七年》：“子贡曰：‘太伯端委，以治周礼，仲雍嗣之，断发文身，羸以为饰，岂礼也哉，有由然也。’”《左传·昭公三十年》：“吴灭徐，徐子章禹断其发……以逆吴子。”《史记·吴世家》：“太伯仲雍二人，乃奔荆蛮，断发文身，示不可用。”《墨子·公孟》：“越王勾践剪发文身。”《山海经·大荒东经》：“有黑齿之国，帝俊生黑齿，姜姓黍食，使四鸟。”卫聚贤解释说：“按，帝俊即帝舜，舜为殷人之祖，而黑齿为舜之后，是殷人由吴越北上，故殷人与吴越间为断发文身黑齿雕题。”

对万泉故乡文化的研究，卫聚贤也利用了民俗资料。

前引其为商务印书馆《古史研究》第一集所作《自序》中说，考察过去的事实需有三步走，第一步是整理古籍，第二步是从考古上着手，发掘实物资料，第三步是从社会学人类学上寻找资料。他的这个思想也反映在《鲁智深传》：

研究考古的少有研究历史的,研究历史的亦少有研究考古的。鲁智深在他编的《中国考古学史》中说:“不懂考古学的发掘古物是毁坏古物,不懂社会学的发掘古物是埋没古物。”而且考古的人自以为得到密(秘)宝,不肯将材料发表,总要在他自己的研究文章中引用几个,着人都引用他的结论。鲁智深对于这种报告发生怀疑,故常亲自作古物的调查与发掘。鲁智深本是研究中国上古史的,对于考古是取材中的一种。人多以此认为鲁智深是考古家,可知中国的考古家是少而且杂。

民俗中保存了不少的古代材料, 不过在你如何解释和利用而已。鲁智深以江浙人吃鱼有许多讲究, 对墨鱼有许多神话,则以古代的吴是以鱼为图腾。以山西人家中福蛇,黄河中大王,则以夏人用龙作图腾。但是要将一书本上记载,二古物或文字的象形,三现存的民俗,三者对比相合而采用,不是只民俗一项而推断的。并且落后的民族一举一动,也映着古代社会的影子,是以鲁智深则采取莫尔根的《古代社会》,及《南荒民族》与西康、青海各民族的记载照相及实物,以至从电影中看到非洲土人南洋土人,哀斯基摩人印第安人的生活,均作参考。甚至听到一句“焦尾巴”,推知南京栖霞山焦尾巴洞附近有石器遗址。

卫聚贤在这里说“三步走”也好,书本上记载、古物或文字象形、加上现存的民俗“三者对比”也好,指的是古史研究中不可或缺的三种材料。这个思想,实际上发展了导师王国维的“二重证据法”。王国维的“二重证据法”,指文献记载和考古实物,他加上了“现存的民俗”。这就不是“二重证据法”,而是“三重证据法”,只是他没有明确提出这个概念。

巧的是，这第三个方面，即对“现存的民俗”的重视，是笔者十年前写作《董永新论》的主要研究方法，后来在《孝道在山西》的小册子中做了进一步的发挥。其中探讨了为什么说舜是河东人的原因，除了文献记载以外，以为民俗上的证据是最有力的。文内说：

以“淘井”而能“匿空旁出”说，这本身意味着至少有两个情况，一是现在井里无水，二是井下有孔道。这两种情况，在河东大部分地区是常见的，普遍的。《淮南子》载：“伯益佐舜，初作井，凿地而求水。”不确，已知我国最古老的井，是浙江余姚河姆渡新石器时代遗址的木构水井，那还是母系氏族社会，距今六七千年。在我国南方，地下水位浅，人们“凿地而求水”，是很自然的。这种井一般上下直径相差不多，井下也不可能有“匿空旁出”之处。只有在北方，人们靠积蓄雨水而饮——这种井，又称旱井，或水窖。它的口和颈小，而腹大，腹部有斜向的孔道，以便雨水流入。舜家里的井，是有孔道的，因此它不是地下水，而是蓄积的雨水。如此，“舜往浚井，格其出入，从掩，舜潜出”才成为可能。河东地区的井都是这种“旱井”，舜所“浚”之井，更只能是旱井。

另一例是方言词“姚婆”的产生。几年前，一家杂志就“yao婆”的写法和含义展开讨论，我写了一篇短文，介绍这个词的来历，原来跟舜有关。舜的继母叫壬女，凶狠、贪婪、残忍、不讲道理，集中体现了人性之恶。继母，或说后妈，在人类社会，并非个别现象。继母如何处理她跟嫡生儿女之间的关系，是家庭伦理的一个重要方面。舜的继母提供了一个极端的典型。我以为，那个“yao”不作“幺”，也不作“幼”，而是“姚”。舜是谥号，他本姓姚。《史记》张守节《正义》和裴骃《集解》几次说，舜“生于姚墟，故姓姚”，即他以生地为姓。他的父亲自然也姓姚。说“姚婆”，就是姚家的婆娘之意。“姚婆”是个贬义词，专指恶的后妈，是继母中人性最不好的一种。两位讨论者都说这个词只在古河东、现运城一带流行。我自己，很小的时候就常听女人们议论，所以是很熟悉的。方言词的产生，跟民俗的产生，在原因和机制上相近似。某个地方发生了一件大事，或出现了某个特殊人物或现象，人们常会由羡慕、崇拜而生模仿，由模仿而形成习惯，由习惯而积淀为“集体无意识”，民俗就是这样产生的。方言词则是人们用一个词概括所见到的现象或事物。方言词是构成方言的一个部分，但两者不是一回事。方言是跟普通话相对而言，就汉语说，主要表现在语音、语调和词缀上，而方言词却是对当地特殊事物或现象的语言描述。方言词的产生有强烈的地方性，地区性。某个方言词在哪里产生，说明事情发生在那里。既然“姚婆”这个方言词在河东产生，在河东流行，说明舜的一家生活在河东，舜是河东人。

民俗和方言词还有个特点，是在产生之后，有很强烈的稳固性和集体性，不是个别人可以随意改变得了的。它们属于人类“非物质文化遗产”，像活化石一样，烙印着千百年前人们的生存状态和地域特色。前边说到法国启蒙运动思想家伏尔泰，他也是研究人类风俗的开拓者。他在《风俗论》中，把风俗说成人类“内部的历史”，他认为历史学家的任务，是“尽可能地了解各民族的风俗和研究人类的精神”。以上所举二例，即是舜生活的活化石，它们确凿无疑地指出，舜是河东人，他的故乡在河东；这里的风土人情，这里的方言词，都跟舜的人生经历若合符节。一些书上说舜是南方某地人，但那里用的是地下水，只此一点，这个说法就不能成立，因为舜不能到这样的井里去“淘”，即是说，那里的风土人情跟舜的生活环境不符。

前边说到王国维有关古帝王的都城时说我有不同意见，即指此——民俗证明，舜是河东人。可惜王国维没有利用民俗资料，他如果有卫聚贤这样的研究方法，他对古帝王都城的认识肯定会有所不同。卫聚贤在《古史在西康》中说：“舜为苗民，余在《古史研究》上已说过了。舜姓姚，现在山西河东一带演旧戏，对于继母称为‘姚婆’，以舜的母亲为姚家的婆婆。而演戏时有特别表示出为继母者，即于头上用白布绕成一寸长一小角蹙在头上，此为（与）西康人及贵州的花苗相同。”

笔者论证董永是山西万荣县人最主要的根据，不是地方志中的记载，因为这是编写地方志的人可以不顾事实而写上去的，就连董永墓也是次要的，笔者根据的是民俗。第一个民俗是万荣人自古以来传说爱上董永的是家住田家窑的田仙姑娘，不是什么天上的仙女，董永故事传开以后，外地人不明真相，把田仙当作了天仙，这样两个青年男女的恋爱故事就成了一个神话故事，董永也成了《二十四孝》中唯一一个跟仙界打交道的人间孝子。第二个民俗是，在万荣县所在的古河东、今运城地区，流行着青年男女结婚必备合婚布的习俗，而这是由董永和田仙姑娘的恋爱故事演变形成的。万荣县流传的董永故事说，田仙姑娘心灵手巧，特别会织布，她织的布常作为贡品送到京城。田仙姑娘为跟董永生活在一起，给财主家织了很多布，才把董永救出。当他二人结婚时，田仙姑娘就自己织布，做他们婚衣的里子。附近农村的姑娘们把田仙看作她们的榜样，向田仙学习，结婚时竞相自己织布，自己做婚衣或婚衣的里子，这种做法流行开来，就成了习俗。“合婚布”的习俗就是这样形成的。这样的民俗不会出于个人的编造，它只能出现在董永生活的时代。第三个民俗，是万荣县董永生活过的一大片地区，从古以来，都在旧历二月初五那一天，在土地庙举行盛大纪念活动，传说是为土地爷撮合董永和田仙姑娘成婚而表示感谢和庆祝，二月初五是董、田二人结婚的日子，土地庙是结婚的地点。这个狂欢节流行了多少年，无法考证，现存土地庙康熙元年碑记记载就说，此庙建筑年代“已不可考”，可见时代相当久远了，笔者认为，这三个民俗是活化石，是真正的“非物质文化遗产”，具有无可撼动的证据力量。《二十四孝》中其他人都是真实的人物，惟董永，他的故事染上了神话色彩；揭穿真相，其实一点也不奇怪。

根据这两个事例，笔者提出应该建立一门新的学科，叫民俗考古学。

想到卫聚贤跟笔者在重视民俗上的不谋而合，笔者有一种亲切之感。

第六节　《中国考古小史》和《中国考古学史》

也许为了把这几年田野考古的实绩及时记录下来，卫聚贤于一九三一年，即在他苦苦寻觅江南石器遗物的过程中，得暇写了《中国考古小史》。过了五年，一九三六年，又写了《中国考古学史》。这两本书，是卫聚贤对中国考古历史的全面展开，具有开创意义，是这门学问的开山之作。

《中国考古小史》是应商务印书馆之约写的，编在《新中学文库》里，于一九三三年十二月初版。

李济为这本书作序，说："严格的考古学在我国虽是很近的一个发展，旧学中却有它很厚的根基。要没有宋人收集古器物的那种殷勤，清代小学的研究，就不会有那种朴实的贡献。甲骨文的发现，适在清代古文字学隆兴之后，两相衔接，中国一切旧学，因此就辟出来一个新的途径。由此而注意发掘及文字以外的考古资料，只是向前进一步的事，可谓一种应有的趋势。再加以自然科学的影响，现代化的考古学就应运而生了。"所谓现代化的考古学，就是以田野考古为主要手段的考古学。李济的序文，对我国现代考古学的诞生背景及其意义做了提纲挈领的论述，深中肯綮。

卫聚贤于一九三二年十月十日在李《序》后有个《附白》，说："本书系去年脱稿，商务印书馆已定约付印，嗣因增加材料，乃将原稿取回。这时我要到上海国立暨南大学授课，拟到后将稿交去，未即付邮。但不久沪上发生战事，我遂回太原。前日来沪……"这就是写出之后未能立即出版的原因。

本书由四个部分构成，第一、二部分分别编入阮元、梁启超、王国维三人文章和一位外国学者所作《中国之古生物学》的讲演，概述了现代田野发掘之前的中国考古。第三、四两部分，为卫聚贤所作，即《近代的发掘》和《外人在中国考古的成绩及纠纷》，而《近代的发掘》又为全书的主体。李济称这是一本有益的书，可"使读者一阅而知中国考古学的重要事实"。

作者在《自序》中比较了几种研究方法的不同："前人研究古物，可说是一种'金石学'，或'古器物学'。现代的考古，即西人所谓'锄头考古学'，注重在发掘。研究动物学的人，若是在《尔雅·释兽》上找材料，不如到博物院动物标本室去看；在动物标本室看死的动物，不如到深山旷野看活的动物，知道它生活的状况。考古学也是这样！看拓片照片，和在《释兽》上找材料一样；到古物保存所去看，和到动物标本室一样；若能到田野作发掘的工作，就和到了深山旷野中看动物，知道古物共存的现象，遗址的情形，由地层而观其时代。是发掘非常重要，故本书对此部分特为注意。"

第三部分记述近代的发掘，实际从周口店发掘开始。作者以古物的时代为序，分别叙述了"石器时代遗址"、"殷周"和"汉以后"十六个考古例证。卫聚贤自己所搞的荆村遗址发掘、后土祠考古和南京六朝墓、明故宫等的发掘都在其中。作者采纯客观态度，冷静地记载事实，不做评述。中国现代考古学起步不过几年的历史，卫聚贤就为它作传，可见其思想的敏锐。

作者在《自序》中论述了考古的目的，"非为夸扬古国之文明，亦非为崇拜古人之伟大，更非为仿古以作复兴之举。实欲明瞭前途应走之大道。"作者说："欲明瞭前途应走之大道，其法有三，一是历史的，一是环境的，一是本身的。而考古便是从历史上指示我们应走之大道。"这是古人"学以致用"思想的应用。因此他重在叙述"一事的如何产生？事实发展到如何程度？结果何在？影响如何？"等等。在《自序》中，作者把中国的考古分为四期，即"春秋战国为宝贵期，汉至唐为祥瑞期(除梁)，宋至近代为研究期(除元明)，现在为发掘期。"如果说《中国考古小史》是写"发掘期"的，那么《中国考古学史》就是写前三个时期的，它展现了我们祖先在将近三千年时间里的考古盛况。

《中国考古学史》是一部具有深沉思想内容的学术著作。全书分《绪论》《周至唐的古物与政治的关系》《东周至唐的考古学者》《宋至明的考古》《清至现在的考古》和《余论》六章，而内容不仅有考古情形及成就，还有对诸如“玩古与考古”、“考古的厄运”、“考古的幸运”一类问题的探究。作者在论述中，常常用到考证，务使所论有扎实的根据，来源清清楚楚。《绪论》从“古”字的演变说到考古的意义，特别指出，“考古所以成学，是要亲自发掘，以观其在地内保存的情形，并与其他物共存的关系，都要详细记录，并绘图照相。不是在古玩商店买到几件古物，陈列在家内，就算是考古，因古玩店的古物，何地出土不可知，即使知其出土地，而古物在地中情形如何，则不能明。故本书不注重考古而注重考古学。”这就把考古和玩古分清了界限，也把考古和考古学做了区分。在《余论》中，作者把毁坏和伪造当作古物的两种最主要的厄运，而给予坚决的抨击和指斥。

爱护和珍惜古物，在我国具有光荣的传统。在《周至唐的古物与政治的关系》一章，卫聚贤论述，我国古人不仅珍惜古物，而且常常把古物的出世当作祥瑞看待。鼎是权力和地位的象征，尤为人们重视。《战国策?秦策》：“司马错与张仪争论于秦惠王前，司马错欲伐蜀，张仪曰：‘不如伐韩……以临二周之郊，诛周主之罪，侵楚魏之地，周自知不救，九鼎宝器必出。据九鼎按图籍，挟天子以令天下，天下莫敢不听。”汉武帝时，在今万荣汾河三角洲得鼎，改元元鼎，《汉书·武帝纪》应劭注：“得宝鼎，故因是改元。”地改宝鼎县，宋大中祥符四年（1011）改宝鼎县为荣河县。

书中说到先秦考古学家韩非：“韩非自韩入秦是沿陇海路而西的，其处正是多古物之区，他看见古址出土的铜器或陶器而有雕琢或刻镂的花纹，他在周代以为这遗址是前代的，故说这雕刻的古物是殷人的。又看见别处土中有许多红底黑花的彩陶，他认为画的比刻的时代古，向前一个朝代说是禹的古物。但遗址中尚有未画未刻的粗陶，他认为这更古，再向前推，说是尧的古物。他说尧为某器，禹为某器，殷为某器，这话未必是,但他以器物的花纹有无及精细划分时代是很对的。况他说'墨染其外,而朱画其内',这确是新石器时代的红底黑花的彩陶,是他看见过新石器时代遗址是无疑的。他以彩陶为'祭器',是他的考古眼光已很正确。我在荆村的发掘,可证明其说不误。"韩非的"考古"尚处在我国历史上考古的草创阶段,卫聚贤这段论述,实事求是,具有科学精神。丰富的考古实践,使他所作"考古学史",自然具有科学性和可靠性。

卫聚贤以司马迁"余以为其人(张良)计魁梧奇伟,至见其图,状貌如妇人好女","吾适大梁梁虚,求问其所谓夷门,夷门者城之东地也",称赞道:"看图而校正其理想,访问而知其所以,是司马迁虽未据古物而依古迹,亦为考古之一道。"

资料丰富,是卫聚贤著作的特点,这本书亦不例外。说到清代考古人数和书籍之增加,引容媛的《金石书录目》,他有一大笔账目。然后分金、石、陶瓷、钱币、印玺、木简及绢纸,分别记述。

这本书的意义,首先是它作为一本学科史的科学价值,其次,这本书附录了许多考古事例。《中国考古学史》作于一九三六年夏。《自序》中说:"余前有《中国考古小史》之作,但略古而详今。今已出版五年,新事实发生不得不增补,而五年之中考古上并未突飞猛进,材料也增加不了许多。因而另有此《中国考古学史》之作。"所说"新发生"之"事实",作者在附录一,即《各地发现古物志》中有所罗列,详尽细致,有如编年史,其篇幅几跟《中国考古学史》相当,是那一时期中国考古成就的完整而忠实的记录。这本书跟《中国考古小史》可当作姊妹篇,结合来读,抗战以前我国考古情景历历在目。本书前边有关吴越考古的许多记述,即来自该书。

有学者说:"清华国学院毕业的卫聚贤作有两部考古学史——《中国考古小史》和《中国考古学史》。这两部书在学术史上的地位并不高,但却得以流传下来，主要是因为这是民国时期仅有的两部考古学史专著。前者详细记述了民国前期中国考古的情况，包括中国各个机构所做的大多数发掘，以及各个帝国主义国家的学者在中国的考古活动，详细记录了这些发现。另外还附有作者认为重要的考古论文、国民政府关于古物保存的法规，保存了很多珍贵资料。后者发挥了梁启超关于考古学的认识，对中国自周代以来的考古史作了系统的梳理，是作者刻意为之的一部学术著作，虽然与现代科学考古的观念不甚一致，但是由于受现代考古观念的影响，作者对考古学的认识显然比金石学大有突破，例如不但关注遗物，古人对古迹的调查研究也纳入了作者的视野。”（陈洪波：《二十世纪中国考古学史研究述评》，《中原文物》，2010年第6期）

卫聚贤著作近年在内地出版的，已有几种，笔者所见，是《中国考古学史》，由团结出版社出版，收入《民国珍本丛刊》。封面有简短的评语：“这本书成于现代意义的考古学在中国‘还在刚刚兴起的阶段’，它对于‘中国考古学史’的构建，具有开拓的意义。著名史学家李学勤先生认为中国考古学史的研究，还‘有待开展’，研究中国考古学史的‘论著不多’，这从另一方面反衬出卫氏此书的价值。卫氏毕业于清华大学研究院，长于考据、考古与文字学，是享誉全国及海外的著名历史学家与考古学家。”这几句话是中肯和公允的，是对卫聚贤其人其书的恰切评价。

第七章　“古史研究”种种

第一节 《古史研究》第二集

古史研究是卫聚贤的老本行,也是他最拿手的。

其《古史研究》共分三集。第一集前已论及。第二集遭遇不幸,就是刚刚印好,即被日本鬼子点起的"一·二八"战火毁掉。卫聚贤说:"在南京古物保存所作了《山海经》《穆天子传》《禹贡研究》三篇,为商务的《古史研究》第二集,但刚印好"一·二八"毁于火,后将《穆天子传》列入第一集,《禹贡》一篇以至最近从上海友声旅行团图书馆借出原本《古史研究》第二集抄出,加以修正,在《说文月刊》第七期中发表了,合为《古史研究》第二集,分为上下二册。"据《鲁智深传》,第二集又名《春秋战国时代东西文化沟通的探讨》。现将卫聚贤一九三〇年二月三日作《古史研究第二集自序》全文引录如下:

《古史研究第一集》付印后,到上海沪江大学访顾惕生先生,因为我与顾先生从前通过信,这第一次见面,他就把他近来研究的《穆天子传》稿本着我看,他在一旁口中叙述它的大概。我从前是很赞成他这种说法,后来渐渐变了态度,听了他的话后，不敢自信，于是返京展开《穆天子传》一看，发生了许多疑问，与顾先生通信讨论，及顾先生回到南京时，又当面去讨论，故将《穆天子传》暂告一段落。

由《穆天子传》研究的结果，知道中国人所以明白西北地理，由于根据中山人的西游记录。但《山海经》的地理范围也在中国以外，中国何以也知道它呢？看它是在《穆天子传》后，西北上的地理是采《穆天子传》的，而西南的地理已到印度，又看《世界史纲》上的几个印度婆罗门神像与《山海经》图相似，是以假定它是印度人的作品，方入手研究。时请教于欧阳竟无、汤锡予诸先生，从佛教上加以比较。

当我在大学院文化事业处第二科作统计的工作，看见各种统计的书首，多说中国统计发源于《夏禹》，以《禹贡》为根据。我就将《禹贡》作了一个统计，一方证明它作期很晚，一方证明它作地在雍州（秦）。后将此篇扩充为《禹贡考》，在广东《中大周刊》上发表。

《穆天子传》《山海经》《禹贡》都是地理一类的书，我把它合起来作为《古史研究第二集》。《山海经》因为推测它是受印度婆罗门教影响的，中国人多研究印度佛教不研究婆罗门教，恐这种假定难以证实，故先将初稿印了一千份，分送各处，希望达者指导及介绍印度婆罗门教的书籍，并欲引起人的反对，以求其反证。

《古史研究第二集》初稿印刷后，正如其预计。由同学王以中君介绍日人小川琢治的《支那地理学研究》，程仰之君介绍高南顺次郎及本村泰贤的《印度哲学宗教史》，陆侃如君将万湘澂君的《山海经的渊源》及《读卫聚贤山海经的研究》两稿交阅。又请教于汤锡予、胡小石、柳翼谋、缪赞虞诸先生，温子模、崔斗臣二君常为帮忙，陈焕章君将医药一栏分类，同事马君博、张元熹二君又为抄稿，受了各方的指示，将《古史研究第二集》初稿修正。

一天同学陆侃如君问我："你看万君的说法如何？"先是陆侃如君曾在中国公学《文学季刊》上，讨论《山海经》的作期，主张《山(海)经》为战国时作，余为司马迁以后的作品，万君主张《山海经》系西汉人的作品。于是我就说："依我的主观看来，你们都是反动的言论；不过'日近长安远'，各说各的吧！"

《古史研究第二集》修正稿，仍为《穆天子传》、《山海经》、《禹贡》三部分，《穆天子传》除在广东《中大周刊百期纪念号》发表外，又添了一点材料。《山海经》添的最多，《禹贡》较前加了四五倍。其主张与初稿同，不过说得详细一点，证据较多一点。这次发表，虽不能说把我的假定完全证实，所谓"庶几乎——不远矣"了。

《古史研究第三集》是什么？且慢。修正《古史研究第二集》，在桌子上写的多了，身体觉得不受用，想作些考古的工作，把身体活动活动，但也过了暑假再说。

毁于"一·二八"战火的《古史研究》第二集，正是有这篇序文的那一版。这篇序文能够保存下来，是因为它曾经在广东中山大学《语言历史周刊》发表，后来卫聚贤抄了一份刊载于《语文月刊》，我们才得以看到。

一九三四年十月，新版《古史研究》第二集出版。其《总序》说："《古史研究》第二集曾在商务出版，而毁于火；原为《山海经》《穆天子传》《禹贡》三篇，现除将《穆天子传》放在第一集、《禹贡》放在第三集外，兹另加入十五篇,其中有五篇系译自外人的。本集虽然讨论《山海经》《墨子》《扁鹊》以及神话等问题,要皆归于《先秦时代中印文化沟通的探讨》,故以此为《古史研究》第二集的另目。”

《〈山海经〉的研究》是这本书的首篇,占了全书几近一半的篇幅。卫聚贤在其《自序》中说:“原始人类,思想简单,以为一切自然现象均有神主宰,欲求解答这自然现象,於是造出须(许)多神话出来。中国也曾经过这个野蛮时代,而由野蛮时代遗留下这部《山海经》,原不足怪。”《自序》接着说:

> 《山海经》一书,旧说为夏禹时作,自甲骨文发见,其字多象形,文法甚简单,《山海经》决不能超过甲骨文以前。又它於数目中无“又”字,如“凡十九山,二千九百五十七里”(《西山经》),不是“凡十又九山……”与介词多一“以”字,为“自……以至於……”不是“自……至於……”并介词用“於”字不用“于”字,这都是战国中年文法特有的现象。但《王会》《庄子》《天问》《吕览》都采用它。是《山海经》为战国中年产品,确切无疑(《海内经·大荒经》除外)。
>
> 《山海经》虽不是战国中年的中原人将中国边地如燕、赵、秦、巴、楚、吴、樾尚存在野蛮人的神话写出来的,但按其中有吞象蛇九头蛇,五围大的禾,百仞高的木,十日并出杀死女丑的神,这都是很明显的为热带上环境所产物的,决非战国时黄河流域长江流域所能有。
>
> 《山海经》的产地,我共分为二十四条,每条列为四类:
>
> (一)《山海经》上的现象
>
> (二)中国的现象:战国中年以前的(中国固有的)

战国中年以后的(受《山海经》的)

(三)中国以外的现象

(四)《山海经》有此现象的由来

就各条将这四类考证的结果，中国在战国中年以前的神话，与北欧类似；战国中年以后(包括《山海经》《王会》《庄子》《天问》《吕氏》《春秋》《淮南子》）与印度巴比伦希腊埃及热带上神话同。战国中年以前中国与北欧神话类似，是由於都处在温带环境相同的缘故；而《山海经》何独出於中国环境以外与热带相同呢？并且《山海经》中的神名物名等及其现象有与印度古代四大佛陀中所记载的相同，因而断定《山海经》为印度婆罗门教徒到中国游历的记录。

这段话，可称为对该文的总结，其主要观点都已说明。

墨子研究是《古史研究》第二集的另一个重点。卫聚贤最早谈论墨子，是一九二九年初在《认识周报》发表的《墨子、老子是印度人的考证》。随后，卫聚贤为胡怀琛所作《墨子学辨》作了序文，《中山大学语言历史研究所周刊》同年第九卷九十七期发表。一九三五年，卫聚贤在商务印书馆出版《墨子小传》，说墨子“产生地究为印度或亚剌伯亦不易定”。同时认为墨子的弟子随巢子也是印度人，《山海经》可能是随巢子写的游记。

卫聚贤说他在学术上的第三提案，是有关墨子等几个历史人物的。《鲁智深传》说：

春秋战国时的文化受有外来的影响。文化本有独立起源与传播说两种。就传播说起，而分为民族迁徙期、商业交易期、遣使交涉与战争期。在前二期已有文化的接触,到了后一期始有正式的记载。故中国谈起中外交通,则自汉始。鲁智深因研究《穆天子传》,证明它是战国时中山国人西游的记录,中国人根据这种记录有了西北的地理知识。而《山海经》的记载则有(又)在中国疆域以外,同时它的神怪与文法均非中国所能有,而与热带尤其是印度多相同,故断为系印度人随巢子的游记。时胡怀琛研究佛经,并编辑儿童刊物,将古书上的故事与佛经上比较,多是相同,而《墨经》更怪,是以他以墨子为印度人。鲁智深很赞成此说。又从《墨子》文法与思想等加以考证,并加入老子、扁鹊,又译了外人关于这种论文的几篇,合为《古史研究》第二集,亦名为《春秋战国时代东西文化沟通的探讨》。

自大是人类所不免的,鲁智深等以墨子为印度人,大犯中国一般人的忌讳。而中国学术文化界的领袖是由机会得来的,但仍有学者的排头,有时也写几句平凡的文章,在他手下吃饭的人要捧他,不在他手下吃饭的人也不能作与他不同调的文章。鲁智深自有他的环境造成他的不同调的论调,他人就以墨子为印度人作口实,大加毁骂,但终以鲁智深的证据理论充实,无法驳倒,乃用消极的抵制,不许鲁智深在文化学术上工作,不许鲁智深在他主编或有关的杂志上发表文章,他们的文章中将鲁智深名字也不提,万不得已而引用鲁智深的文章,则写成“有人云”。甚至北平某大学的学生试卷教授给以零分,学生去质问,该教授云“因你的文章中引了鲁智深的一句话,并且标明鲁智深说的,故给零分,以儆效尤”,北平传为佳话。

据中国史书,墨子为战国时宋国人。卫聚贤把墨子说成印度人,主要根据墨子的长相、打扮、思想学说体系以及《墨子》书中文法的特点，概言之有四：第一，墨子皮肤为黑色，印度虽主要是雅利安人种，但地处热带，阳光照射强烈，人们在阳光曝晒之下，肤色容易变黑。这种肤色的人跟黄色人种的中原人不同。第二，印度一名摩罗，中国人称印度人为摩罗差，墨与摩同音。第三，墨子的形象"摩顶放踵"，跟印度光头赤足的僧侣形象相似。第四，墨子名翟，而翟跟"狄"通，"狄"者，外国人也，因此，墨翟就是墨狄。胡怀琛是这样论述的，卫聚贤基本上也是这样的看法。

在《〈山海经〉的研究》中，卫聚贤根据书中所写山川景物多为从印度到中国一路所见，以及称书为"经"、为"藏"等说法，推断此书为墨子的学生、印度人随巢子所作，随巢子把他从印度到中国一路所见记录下来，就成了《山海经》。这从侧面说明了墨子是印度人。

以上对墨翟几个特点的描述，着眼于外部形象比较多。还有人从学说的层次上，把墨翟的学说跟印度人的学说相比较。这人是卫聚贤所敬爱的清华研究院导师梁启超。梁启超说《墨经》跟印度的"因明学"暗合，墨子之学不像中原学说。近代佛教大师太虚法师亦说过，墨子的学说不属于佛教，而更像婆罗门教。墨子生活的年代，印度的佛教还没有传到东土，墨子学说跟印度古代的学说相通，说明他原来就不是中原人。这个分析佐证了墨子是印度人的说法。

一九八〇年，身处台湾的卫聚贤先后发表了《墨子为回教徒考》和《墨子与犹太教》两篇文章，前一篇文章比较长，分三次发表。这些文章，笔者未能读到，不知其内容如何。仅从题目看，不能说卫聚贤改变了墨子是印度人的原有观点，但至少可以看到，墨子跟诸子百家的其他家的区别是明显的。

卫聚贤有关"老子为云南人"的文章发表后，云南省就把"老子"作为云南的古人物之一。

《古史研究》第二集值得注意的还有一点，是它的研究思想和方法。一言以蔽之，是在学术研究上不能固守先人的观点，要有自己的创见。卫聚贤为胡怀琛《墨子学辨》所作序中说：“西洋人近来发明很多，日本自知他不能发明，于是努力伪造，也不失为强国。而我中国人，既不能发明，又不愿仿造，如一听西人发明火车，说是我们中国的诸葛亮曾发明木牛流马；一听西洋人发明飞机，说是我们中国的墨子，曾发明木鸢。不论木牛流马、木鸢有无其事，即使有其事，已否成为科学，又一问题。即使木牛流马、木鸢和现在的火车、飞机同一功效，但这是若干年前我们民族已享受的科学幸福，现在却没有了。在这‘既不出令，又不受命’的情形之下，要免除帝国主义的蹂躏，能吗？”这段话确实是需要认真反思的。我们民族文化心理上最缺少的，就是独创精神，就是拿出自己的意见和主张，说到任何事，几乎都说我们祖先早已有了。这是我们这个民族凡事不得前进的主要原因之一。卫聚贤对这种文化心理给予批评，从反面说明，他能够提出许多新观点，是跟这种民资习性相反的。

第二节 《古史研究》第三集

《古史研究》第三集，为商务印书馆一九三七年四月初版，收入的文章有《中国民族的来源》《荒古与盘古》《三皇与五帝》《虞夏》和《商周》。

《中国民族的来源》分《殷民族的来源》《夏为西北民族》《周民族的

来源》《赵秦楚民族的来源》《吴民族的来源》《匈奴与匈牙利》等几个部分。《殷民族的来源》跟前述《殷人自江浙迁徙于河南》等文观点基本相同，又增加了新的内容。在经过一段举例后，作者说："据上推论，殷人原在中国西南部，沿长江南岸东下，至镇江而止，自名其族为丫（原注：苗蛮吴越闽马来，古音均有 W。引者按，丫为注音符号），故于镇江附近遗留之国为吴，渡江沿海北上（那时江苏的江北全为海），经安徽至河南商丘而止，杨筠如云'商丘为他们的发祥地，是无可疑'（暨大《中国通史讲义》）。殷人由商丘向北发展至山东，王静安先生的《说自契至于成汤八迁》据《世本·居篇》云'契居蕃'，疑即《汉志》鲁国之蕃县……"不再详述，大抵根据王国维的论述。这一节最后说："殷人败于周，在山东的附于齐鲁，在河南的附于卫，而陈许独立于南，宋保殷余民于东。春秋末年吴越起兴，后吴败于越，越败于楚，汉之东越、闽越、南越次第同化，未同化的有山越，盛于三国六朝，至唐后而微。现在福建的畲民，滇桂的苗民，尚保存原始形态，未为同化。"

《夏为西北民族》主要根据王国维《西胡考》上下篇及《续考》，从人的形态、习俗、文法等方面论述了夏民族的民族特征及其跟西域人种的关系。"为甚么夏人的容貌类似高加索人呢？因夏人世与高加索人呼衍氏为亲，血统上有些混合，《史记·匈奴传》言'呼衍氏兰氏其后有须卜氏，此三姓其贵种也'，按《后汉书·窦固传》言于西历七十三年'击呼延王……追至蒲类海'，《西域传》言西历一百三十二年'北虏呼延王常辗转蒲类海、秦海之间'，又言于西历一百五十一年'出塞至蒲类海，呼延王闻而引去'。蒲类海即巴尔塔什湖南的小湖，呼延王世居其地，是呼延王为高加索种。"

《匈奴与匈牙利》一文，曾出版单行本，何震亚作《前言》，曰："匈奴为匈牙利之始祖，其间历史虽相隔数千年，但彼此间风俗、习惯、语言、容貌等等均有相同之处，足证其为同一血统之民族。当匈奴西迁之先，我国《汉书》《史记》及《隋书》均曾载及，惜语焉不详，致后世学者无从查考。震亚留匈有年，对此远处西欧之姊妹国，备常注意，此次返国，拟将两国之关系，著成专集，公诸国人之关心历史文化者，无如材料过多一时不易整理。兹值‘中匈文化协会’成立伊始，乃与卫聚贤先生将‘匈奴与匈牙利’之关系先刊印若干小册，以供会员诸君之参考。匆匆付印，遗漏之处，在所难免，阅者谅之。”书中本文之末，有卫聚贤附言：“此系单行小册，于二十四年三月二十九日因欲成立‘中匈文化协会’而发表，原系与何震亚共编，匈牙利材料由何供给，发表时何改为文言，故仍因之。”

据此可以看出，卫聚贤是忠实于王国维的学术思想的。在他的论述中，他引用最多的是王国维。

《荒古与盘古》从《太阳系的成立》说起，一直说到人类的出现和神话的产生。《三皇与五帝》以传说和历史记载为根据，梳理了几位传说中人物的生平和事迹。开头引《吕氏春秋·恃君览》中“昔太古尝无君矣（在未形成国家以前），其民聚生群处，知母而不知父，无亲戚兄弟夫妻男女之别，上下长幼之道，无进退揖让之礼，无衣服履带宫室畜绩之便，无器械舟车城郭险阻之备”，跟摩尔根所写其他民族之古代社会相同。本文结论是：“三皇五帝是太古与原始社会。三皇的天皇是后人推测太阳系的，地皇是地球的成立，人皇是人类出现。五帝的有巢氏为巢居时代，燧人氏是发明用火的时代，伏羲氏是游牧时代，神农氏是农业时代，黄帝有熊氏为新石器时代。”

《虞夏》和《商周》一部分根据传说，大部分根据甲骨文，自母系时代开始，对夏商两代的历史做了探讨。分《中国的母系时代》《中国的氏族社会》《尧舜禅让与禹治洪水的探讨》。《尧舜禅让与禹治洪水的探讨》

说：

顾颉刚先生近来不承认古有尧舜禹这三个人，因为尧舜在春秋以前的书上没有提到——自然《尧典·皋陶谟》除外——并且各书说尧舜的故事多不相同，断定尧舜为儒家托古的人物。洪水不是人力能治的，故依《说文》以禹为虫。

顾颉刚先生提出这个问题后，思想旧的人以为打破了他们的传统思想，极力反对，但举不出有力的反证；顾颉刚先生也不能再作进一步的研究；是以彼此均偃旗息鼓停战了。

我现在又要提出这一个问题从新研究，我以为尧摇繇陶为一字，为夏民族发明陶器者，尧为夏民族始祖；舜夋均喾俈夔为一字，是殷民族的始祖。夏民族曾治过洪水，禹为夏民族以龙作图腾，故将各地洪水的被治都加在禹身上。

尧舜离现在均约四五万年，他二人未见过面，他们的后人第一次接头在殷王亥时的。

正是在这里，卫聚贤把尧舜的时代拉长了，而且认定不存在禅让这回事。“中国古代的文化区域，当在汾水、渭水、洛水流域……夏民族最初占有汾水、渭水、洛水流域，因其地居中原，文化又高，故后人以正统视之，名曰唐尧。中间被殷民族占过一次，故曰虞舜。后被夏民族夺回，故曰夏禹。春秋时人以尧舜的故事，不知为夏殷两民族的消长，而以朝代的更替为解。战国时人以当时的战争为讨厌，将此朝代更替如汤武革命的（《史通·疑古》引《汲冢书》有舜放尧，禹放舜。《韩非子·说疑》有舜偪尧，禹偪舜之说）而改为禅让之说。”

《商周》一篇，考证了中国奴隶社会的形成、发展以至消亡的过程。

文中说:“中国的人类,是否经过奴隶社会,各家的意见不一致,有的以为中国没有经过这个阶段,有的以为有……我的划分,以殷代初期为奴隶社会前期,殷代末期为奴隶社会,西周为奴隶社会后期,东周以后为奴隶社会余尾。”文中说,直到清代,一些少数民族仍存在奴隶社会形态。

前引新版《古史研究》第二集《总序》说“将《穆天子传》放在第一集、《禹贡》放在第三集”,但在第三集中我们没有看到《禹贡》,在第一集也没有看到《穆天子传》。现在顺便把《禹贡》说一下。

《禹贡》是讨论同名中国这本古籍的,分《作期》《作地》《来源》和《作者》几个问题。《作期》的结论是:“……上说明《禹贡》作期在战国末年,西汉以前。其较确的时期为西元前三一六至二七一年之间,此与作地材料有关。”《作地》的结论:“以上四条均足证明《禹贡》系秦人作品”。《来源》有典籍,有亲历,有传闻,有不知。卫聚贤肯定《禹贡》为张仪所作,凡张仪到过的地方,即是《禹贡》上正确的记载,张仪没有到过的地方,即是《禹贡》上不正确的记载,张仪为秦宣传统一而作《禹贡》。文中有许多统计图表。

《中国统计学史》有一段说到《禹贡》:“《禹贡》是《书经》中的一篇,传为禹治水书,但它与《职方氏》比较,东北无医巫闾山,东南无会稽山,东北无并州,而西南有梁州,就近详远略的公律上说,是秦国人的作品。就田与赋言,雍州为上上田而列为中下赋,已是袒护雍州。并且秦在战国时有五条道路,向西戎有一条路,由咸阳至青海。向楚有两条路,一为自武关经襄阳由汉西至楚都;一为自汉中至四川,乘江而下至楚都。向东方各国也有两条路,都由咸阳经渭水北岸至黄河处,一南下沿陇海路而东;一由韩城渡河至山西,经山西的曲沃、翼城、上党出东阳关而东。《禹贡》上所有的山水地等,在这五条路附近的占三分之二,其余离开这五条路远的山水地等多为差误，如以汉水入海，长江入海为三，汶水列于青州而入于济，黄河下游为九河，碣石山在河水如海之右，均与事实不符。而西南有梁州，西北的河套一带，导山导水均未言及，这明是秦已灭巴蜀而未灭义渠的现象。当是张仪使各国游记，假名禹治水书，以宣传其统一后制郡县的政策。”

张仪为战国时期著名纵横家，他主张连横，跟苏秦的合纵相反，长期为秦国服务。《史记》：“张仪，魏人也”，实即万荣县人，在原荣河王显乡张仪村，村以名传。卫聚贤把《禹贡》的著作权属之于张仪，这个说法是比较新的，也是有道理的。

第三节　中国古史的年代

卫聚贤说，他在古史研究上有三提案，把古史年代拉长为三提案之第一。

《鲁智深传》曰：“鲁智深自研究社会史以来，对于中国社会演变的阶段，多以殷以前为原始社会，殷为氏族社会，殷以下至现为封建社会。但原始社会的时期比氏族社会长，氏族社会的时期比封建社会长，这是确定的事实。而以普通所定的历史年代而论，周初至现在为二千二百余年，殷代本身为四百余年，殷以前至周口店的猿人时代为四十万年；如此以论社会阶段，封建社会为二千年，氏族社会应在二千年以上，但为四百年，比封建社会短了四倍；而原始社会又为三十九万余年；原始社会固长，但也长不了这样多。故鲁智深根据了工具的演变，社会的演变，生活的演变，以至象犀的南迁，殷周的脱代，古书纪各朝年代的分歧，从新估定中国史的年代，以西周为一万年，西周初年至现在为一万二千年，殷初至现在为五万年。此文曾在《中山文化教育馆季刊》上发表过，但无人注意，鲁智深又加修改，发表于《说文月刊》第五六期合刊中。”

此文，指《中国古史的年代》，后附《三正考》。

二十世纪九十年代，中国历史学界有一项由国家负责实施的大工程，名为“夏商周断代工程”。在国务院领导下，从全国各大学和学术单位抽调近百位第一流历史学家、考古学家，组成强大的科研队伍，配以天文学、地质学等学科的专家以及碳 14 测定等科学手段，经过几年的分头研究、集中攻关、反复论证，于新世纪之初尘埃落定，做出了结论，认定夏代为公元前二〇七〇至公元前一六〇〇年，商代为公元前一六〇〇至公元前一〇四六年，西周为公元前一〇四六至公元前七七一年。在此情况下，读卫聚贤这篇文章，看到他所提出的假设跟实际所得的结论相差那么大，会不会觉得他是在发奇谈怪论，他的理论毫无价值呢？应该说，卫聚贤是认真的。

卫聚贤这个假设的得来，从文章本身来看，有内外两方面的原因。内方面的原因，是中国古书的记载，也就是传说。古史上有关一些传说人物的年代，有多种说法，从几万年到几十万年甚至更长时间的都有，固然有些显得荒诞不经，但不能完全置之不顾。即以夏商周三代而言，有的记载就跟“夏商周断代工程”所做的结论有明显的不同。如夏的年代，《韩非子·显学》：“虞夏二千余岁。”是夏为千余年。《左传·宣公三年》：“载祀六百”，是夏为六百年。《孟子·尽心》篇：“尧舜至于汤，五百有余岁”，是夏为五百余年。《孟子·离娄下》：“舜……文王……世之相候也，千有余岁”，是夏商各五百年……殷的年代，《史记·殷本纪·正义》引

《纪年》:“系盘庚徙殷,至纣之灭,七百七十三年”,再加上盘庚以前的年数,当在八百年以上。

比较起来,外方面的原因在卫聚贤思想上占据着更为重要的地位。他有广阔的胸怀,有世界眼光,不是局限在中国古书上,而是把它跟世界其他文明古国做比较。说到摩尔根的《古代社会》,卫聚贤说:“莫尔根在他所著的《古代社会》将社会分为野蛮时代,未开化时代,文明时代三期。他说:‘假定人类在地球上的生存期间为十万年,在十万年之中,至少六万年应归于野蛮时代’。人类在地球上的生存期间为四十万年,有爪哇人猿及北京人猿可证,莫尔根假定的十万年太少。我现在以始石器时代,渔猎时代,原始共产社会为野蛮时代,这个阶段共计二十七万年,莫尔根估计为六万年,以四倍之,为二十四万年,相差甚微。”又说:“根据工具演变的阶段,由已知最近一阶段的铁器年代,用级数三乘上去,结论似乎不差。”卫聚贤所说工具的演变,指始石器到旧石器新石器,再到铜器、铁器等等。工具的演变又跟气候的演变密切相关。卫聚贤有一个重要理论:“演变的阶段是级数的,即时间愈古其阶段愈长,时间愈晚其阶段愈短。”他把这个级数用三代之:“农业时代为三万年,用三倍法,游牧时代为九万年,距今为十二万年。伏羲为游牧时代,故《洞冥记》以伏羲距东汉一万年,列子以伏羲距东晋为三十万年,均认为游牧时代在很远的年代。”

对于其他几个文明古国,卫聚贤说:

地球上的古文明国,推巴比伦及埃及,但巴比伦前有苏马尔人为地球上最早的一个古文明国,学者推算其年代,距今约一万二千年。

苏马尔人的居地,在北纬三十五度,在底格里河及幼发拉底河流域,在其北有里海,西有地中海。

中国的黄河流域,也在北纬三十五度,有黄河及渭、汾、洛、济、漳等支流,在其东北有渤海,东有黄海。

中国与苏马尔人所处的气候相同,地理环境相同,何以苏马尔人于一万二千年时已有文化,中国以神话中的黄帝计,也不过距今四千六百余年,何以迟了六七千年?

埃及的文化,学者推算以为距今约八九千年。但以埃及文化较苏马尔人迟三四千年,因埃及在苏马尔南十度近于热带。印度与埃及同在北纬二十五度,何以印度的文化又较埃及迟二三千年。因埃及南有非阿比尼亚山脉,山阴气候凉;印度在喜马拉雅山南,山阳气候热,故印度的文化较埃及为迟。

殷墟甲骨文字尚多象形,巴比伦文字已成拼音,是巴比伦较殷墟为进步,即殷墟较巴比伦为早,与苏马尔人相当,在今一万三千年时代。

卫聚贤还以周口店发掘所见和他在万泉县荆村考古的实践经验作为证明。“周口店始石器遗址中有始石器甚多为猎兽用,而堆积的兽骨亦不少,其骨上有用石器刮打的痕迹,是始石器时代即渔猎时代。始石器时代距今四十万年,渔猎时代距今三十九万年,其数相同。”“万泉县东涧沟两岸的遗址,北自北里村北,南至荆村南,南北长约十里,东西宽约三里。新石器时代人类既系聚居,当为农业而非游牧,若游牧系迁徙无常,决不能有这样大的遗址。但荆村瓦渣斜发掘人类穴居的洞穴三十余所,其中有数洞有人骨,且一洞有人骨十余副,与兽骨堆在一起,并身首异处,知为当时有食人风俗,而为奴隶社会的初期。”

这都是具有唯物主义精神的。

“夏商周断代工程”已告结束,似乎证明了卫聚贤这篇文章中的假设不能成立。以笔者看来,下这个结论为时过早。卫聚贤此文中提出的许多事实,“夏商周断代工程”的结论并没有做出回答。比如他说,“按春秋二百四十二年中,记载日食三十七次”,但是有二十二次,在山东的鲁国是看不见的。“《春秋》上的日食,据天文推算,在鲁国只能看见三分之一;这当不是《春秋》原文无日食,后人推算出来加在《春秋》上的”,其所以出现这个问题,是鲁国的时间要长得多,远远不是那二百四十二年。据反映“夏商周断代工程”全貌的岳南著《考古中国》,这个“工程”只考察了几次天文记载,比如《竹书纪年》中“懿王元年天再旦于郑”,便认定这次天文现象发生在公元前八九九年四月二十一日早晨。“春秋二百四十二年中,记载日食三十七次”,只考证了部分记载,就做出结论,这怎么能使人信服呢?

采用最新科学技术手段所作的科学结论,如用碳 14 所作的测年,是不能否定的,但系于什么时代,却是另一个问题,两者之间没有必然的联系。本来在殷商后期,你把它系于前期,有何不可?

“夏商周断代工程”的结论最不能服人的是把商周许多王的年代漏掉了。据悉,这个工程以盘庚迁殷为界,把商代划分为前期和后期两个阶段,前期三百年(前 1600—前 1300),后期将近三百年(前 1300—前 1046),合计五百五十多年。这是根据三十一个王的在位时间推算出来的。这三十一个王——从成汤到殷纣——卫聚贤也写到了。他在文中说:“上依《殷本纪》所载,将甲骨文中的填上去。但依文例有左列殷代的先公而未列入《殷本纪》。”他从甲骨文中所见,共举了三十五个王,有兄丁、兄戊、兄巳、父甲、父乙、父庚等,这个数字已经比《殷本纪》所记三十一个王多出四个王了。又说:“是《殷本纪》据殷先公先王有功于后世的记载,其功小的未载,在甲骨文中找到三十五个,其无功不祀不载在甲骨文的尚不知若干？是不宜根据《殷本纪》的王公积世而推求殷代的年代。”即是说，《殷本纪》所记殷代三十一个王只是殷代所有王的不到一半。那么，另外三十五个王和“无功不祀不载在甲骨文的尚不知若干”的那些王的执政时间哪里去了？

在此文中，卫聚贤肯定了司马迁《史记》的作用，同时指出，《史记》中有不少脱漏，还有的是几种说法并存。有些“司马迁认为不可靠，故未列表”。“周代世系之有脱代，前人曾为言及。不过这问题，要强解作‘文王以前年代久远，周人无所记载，司马迁没有根据，故有脱代’也可。但从此表现出司马迁的记载不是完全可信，已有一点线索。”再就是后人解读的不当。在举了太子晋和单襄公有关西周世系的两个说法以后他接着说：“除由后稷至武王十五世，系周人传说外，其一由厉王以后数起，其二自幽王以后数起，而于康王以后厉王以前的中间一段均未言及，即‘上古至周厉王无年可记’，是西周世系本有脱代，在周人博学的太子晋及单襄公均不知而不言，在秦火以后的司马迁将脱代连接起来，就认为不误，实属可笑。”不知道“夏商周断代工程”的学者们，对这个“脱漏”如何解释。

卫聚贤在此文最后说：“我并不是以我是中国人而有封建思想，有意将中国史的年代拉长，以便与世界各文明国的年代相比。实因中国史的年代不拉长，一切演变的阶段是讲不通的。如研究社会史的人，以周初至现在为封建社会，殷为氏族社会，殷以前为原始共产社会，但以年代计，周初至现在为三千年，殷为五百年，何以封建社会为三千年，氏族社会总要比封建社会时期长，反而短了六倍？中国人类史有四十万年，原始共产社会就占了三十九万六千年又未免太长。”

《夏商周三代断代工程》的总负责人是李学勤。这是一个集体工程，结论不能由个人负责。就笔者看到的李学勤个人的言论，跟工程的结论就有不尽相同之处。其在《说先秦》中说:"中国古代文明的起源,是近年来学术界热心探究的一个重要课题。通过若干考古学的新发现,大家逐渐认识到,中国文明肇端的时代要比以往许多学者设想的早得多。众所周知,文字是古代文明的主要标志之一,中国文明既然兴起甚早,文字的出现当然不会像不少人讲的迟到商代。事实上,商代后期的甲骨文、金文已经是相当发达的文字系统,在其以前,文字显然有着很长的一段创造和进步的历程,只是由于时代古远,久已被人们忘记了。因此,对于上古文字和符号的探索,便成为文明起源研究的核心问题之一。"作者接着介绍了一九八一年出土于河南偃师二里头遗址一只小口尊上的一个刻画符号,并说,像这类符号,"近年发现尤多。有的符号类似仰韶、龙山的陶器符号,基本由直线构成;还有少数符号具有较复杂的结构,与后来的甲骨文、金文相近……"李学勤在《比较考古学随笔》说:"近年,由于考古工作的迅速发展,已经为探讨中国文字的起源提供了大量的新线索。一九六三年出版的《西安半坡》发掘报告,便初步指出仰韶文化陶器上的刻画符号可能与文字起源有关……一九八四到一九八七年,在河南舞阳县的贾湖遗址几座墓葬中,出土了三片刻有符号的龟甲和一件有符号的石器。符号的形状,和商代甲骨文很相似。遗址是相当裴李岗文化的,年代要早于公元前五千五百年。"另有人说,从舞阳贾湖发现的龟甲符号有几十个,人们已辨识出几个字。这说明,汉字的产生至少有七千五百年的历史。既然文字的产生是文明的标志,把夏商周三代的总年数"断"为三千多年,那么在那之前的一段"文明"属于哪个朝代?

卫聚贤提出的问题应该引起人们的思考。卫聚贤的文章也有不足之处。在笔者看来,在说到事物的普遍性的同时,还应该注意其特殊性。而卫聚贤是拿普遍性来解释事物的,对特殊性却有些忽略。比如中国封建社会长两千多年,自有其特殊原因在,不能完全按照三的级数计算。

三的级数是根据普遍情形概括出来的。如果能够顾及特殊性,对有些问题的认识或许有所不同。

卫聚贤说他在北京和南京期间是“疑古”的。从这个事例可以知道,他的“疑古”跟当时颇为盛行的以顾颉刚为代表的“疑古派”不同。“疑古派”以时代越远的传说反而是时代越近的人说的为根据,否定远古的几乎一切人物和历史传说,所以他把禹解释成一条虫。在顾颉刚看来,中国古史是“层累地造成的”。这话包含三个意思。“第一,时代愈后,传说的古史期愈长。第二,时代愈后,传说中的中心人物愈放愈大。第三,我们即不能知道某一件事的真确的状况,但可以知道某一件事在传说中的最早的状况。”卫聚贤不是“疑”事实的有无,而是对一些记载的准确性、可靠性发生怀疑,而这正是需要研究和探讨的。

第四节 卫聚贤的一些新奇学说

前边说到墨子的籍贯,那是一种新观点,类似这样的新其学说,在卫聚贤的古史研究中还可以看到一些。

一九三七年十二月,卫聚贤在上海写了《屈原与刘安》一文,考证《离骚》的作者,后来跟何天行的《楚词新考》、丁迪豪的《离骚的时代及其他》合为一书,名《楚辞研究》出版。从文章的题目可以看出,卫聚贤是否认屈原的存在的。文章开头有一段话概括了他的观点:“《离骚》的作者究竟是谁?故友丁迪豪,他以《封禅书》讲神仙事,多在东海,而《离骚》

中言神仙事,多在西方;以为是汉武帝通西域后西汉时人作。余当时疑为贾谊作。最近友人何天行,以《离骚》语句多袭《淮南子》的,而且两书用'长'字的多改为'脩'字,这是刘安避其父刘长之讳,断为淮南王作。余赞成其说,余以此篇为《楚辞研究》的代序。"卫聚贤文中首先说到,"皇舆"之说在秦始皇后,战国时人不应该用到。又说,"'日入崦嵫'是根据《淮南子》的","《淮南子》的'日入崦嵫',是对于《山海经》的误解。而《离骚》的'望崦嵫而勿迫',虽不能说是根据《淮南子》的,而是与《淮南子》对于《山海经》同一误解的人所作。刘安当是根据他自己的误解而如此。"又分析,《离骚》用夏正,跟战国时不符。还有其他证据。文中对刘安作《离骚》之可能做了分析,并以《汉书·淮南王传》有"使为《离骚传》,旦受诏,食时"为证。文中说:"《离骚》中充满了神仙思想,在屈原时是否能有此现象?因神仙思想在中国环境中不能产生,是由印度传入的。《庄子》初受印度的思潮,是以他只可托于梦中化为蝴蝶。况方术自海道传入,初在齐燕,何以远在楚地的屈原,其神仙思想有如此之深?假使《离骚》为屈原作不是刘安作,何以葛洪的《神仙传》弃屈原而录刘安?"

卫聚贤接着论述了这一作品流传经过。其意是:当年刘安上《离骚赋》时曾有奏折,在刘安自杀后,汉武帝"当将刘安所作的《离骚》,由'爱而秘之',交下,使人传抄,于公以世。但汉武帝未将当日刘安的奏折,以并发下,抄录的人只抄录《离骚》的原文,不知此文为何题目何人所作,司马相如以其文美丽华藻,名之曰'丽藻'。梁刘勰《新论正赏》云:'郢人为赋,托以灵均,举世而诵之;后知其非,皆缄口而捐之,此为未知文也……'"屈原之名实是贾谊伪造的,司马迁作《史记》,将《离骚》归在屈原名下,"司马相如死在刘安死后四五年,而司马迁之死,在刘安死后约三十年。灵均为刘安的字,司马相如既知,司马迁亦当知之。但司马迁死时,汉武帝尚在,刘安以罪自杀,司马迁不敢为刘安说话。又以自己有一肚子牢骚,无处发泄，乃借屈原之名，作《报任安书》云，‘屈原放逐，乃赋《离骚》……大抵圣贤发愤之所为作也。’在《屈原传》中，根据《战国策》楚怀王、襄王与秦战争，加在屈原身上作为主角，是完全为他自(己)说话的。”又说屈原之名，是由“冤屈”二字而来。“‘冤屈’太明显，于是……改‘冤屈’为‘屈原’。楚有屈姓而无原姓，故倒其名，将原屈改为屈原。”文章最后说：“自贾谊有意伪造，司马迁有意弄错后，二千年来，使刘安失去《离骚》的著作权，今日使为收回。”

对屈原是否实有其人持怀疑态度的，最早是廖平，接着是胡适。胡适于一九二二年作《读〈楚辞〉》，说：“屈原是谁？这个问题是没有人发问过的。我现在不但要问屈原是什么人，并且要问屈原这个人究竟有没有。”其原因，他举了几点。“第一，《史记》本来不很可靠，而屈原、贾生列传尤其不可靠。”“第二，传说的屈原，若真有其人，必不会生在秦汉以前。”胡适认为，屈原“是一个理想的忠臣，但这种忠臣在汉以前是不会发生的”，“后来汉朝的老学究把那时代的‘君臣大义’读到《楚辞》里去，就把屈原用作忠臣的代表，从此屈原就又成了一个伦理的箭垛了。”

对廖平和胡适的文章提出反驳的，是郭沫若。郭沫若说：“廖、胡两位，特别是胡适，对于《屈原传》所提出的问题，骤看都觉得很犀利，但仔细检查起来，却一项也不能成立。”他逐项做了驳斥。又说：“屈原不仅是存在，而且很幸运地连他的生卒年月日都是可考的。这要算是古人中仅有的一例。”他考定，屈原生于公元前二七八年，享寿六十二岁，后于五月五日端午节自沉汨罗江。郭沫若此文最早写于何时，笔者没有查到，卫聚贤文章中已经说到，可见在卫的那篇文章之前。笔者现在所引的这些话，出在《屈原研究》第一节《屈原身世及其作品》里，全文最后落款是一九四二年二月二十日，当是改定之日。对卫聚贤的论点，郭沫若没有提到。四十年代初，正是郭沫若跟卫聚贤在重庆大搞考古之时，他们是熟识的。因为郭沫若没有提到,我们也无从看到郭沫若是如何反驳卫聚贤的。

比起第一提案来,本节所说虽然同样显得“怪诞”,但至少还有持相同观点者,不像第一提案那么“势单力薄”,无人响应。

如何看待卫聚贤这些新奇学说?当时有人讽刺挖苦,甚至打击、抵制,这种情况不会消失。笔者以为,对这种学术问题,多一点宽容为好,应该容许所有言之成理的观点存在。以屈原生平说,现在唯一的根据是《史记》的《屈贾列传》。且不论此文真假,仅就考古方法而言,这是不够的。卫聚贤所尊敬的导师王国维提倡“二重证据法”,人所公认。没有别的证据,比如地下文物佐证,只有这一篇传记,缺乏必要的说服力。即使传说,也有多种版本。即以端午节的来历说,民间文学家都知道,有说是屈原的,有说是伍子胥的,还有纪念其他人的,不下六七种,并非屈原一个人。卫聚贤敢于发表异说,也许就是在“二重证据法”的指导之下,检验不够,才使他放开思想,另寻答案。对这种精神,不应当压制,相反,应该鼓励才是。这样一种精神,可以促进人们解放思想,大胆创新,可以促使人们深入下去,做进一步的研究。只有当所有的疑问都被排除以后所作的结论,才是最后定论。这有利于学术事业的发展,而不是相反。

从研究方法说,卫聚贤的方法基本上是科学的,这在前边已经提到。再如,他在《盘古的神话》的开头说:“中国历史的起源,旧日的观念,首述盘古,并以盘古为天地的开辟者;近年来顾颉刚以殷代以前无信史,编历史教科书第一课为殷代,即以中国历史,自殷代开始。盘古的神话作为正史是不适当的,而殷墟的发掘,固为金石并用,但铜器以前尚有石器时代,而石器又分为始石器旧石器新石器三期,始石器在中国周口店,旧石器在河套,新石器在辽宁、察、冀、晋、豫、甘、苏均发现,不能谓中国在石器时代尚无人类,而将中国的历史开首为殷,殷以前一字不提。顾颉刚不懂得考古学社会学，只在书本子上作些辩伪工作就算了，若以其方法应用于一切，则误。天地开辟及盘古传说的来源是什么？应作篇探讨的文字，前人信盘古真有其事其人为不当，而将盘古抛弃不问也不宜。”这段话表现了卫聚贤在对待神话和传说上的辩证态度。把殷商视作奴隶社会，也是值得注意的。中国有无奴隶社会，过去一直存在争议。否定奴隶社会存在的一派，大都以对方把马克思主义五种社会形态照搬到中国相指责。卫聚贤肯定奴隶社会的存在，并不是因为他学过马克思主义的历史唯物主义，而是因为他尊重历史事实。

但另一方面，笔者也想指出，卫聚贤有时候表现出一种唯心主义。像把墨子、老子乃至华佗都说成外国人，把《山海经》的作者也说成印度的随巢子，就不是从事实而来，而是凭一时想象。固然，《山海经》可能写到一部分印度的山河，但主要部分还是中国内地的。要看到，书中所写山河，并非全部经过作者勘察，有的根据眼见，有的则根据耳闻。要让作者全都亲身经历一番，那需要几十年甚至上百年的时间，对一个人说，是不可能的。唯心主义方法的掺入，使其一部分结论犹如空中楼阁，经不起推敲。

清华时期，是卫聚贤做古史研究的辉煌时期。他的研究古史，不完全在这一时期，以后还继续从事这一工作。他的三本《古史研究》，是具有沉重分量的古史研究之作。从清华毕业以后，卫聚贤转向了田野考古发掘，使他的历史研究走上了一个新的阶段，即实证研究阶段。

第五节 《十三经概论》

卫月望在《卫聚贤传略》中说："在北平被解聘失业之后，卫聚贤住在北平山西蒲州会馆中，经常和一些持历史唯物论观点的朋友聚会，研究探讨学术问题。因思想激进，受人排挤和嫉妒，找不到教书的地方，投稿也未能发表。待业期间采用唯物史观搜集了大量资料，结合摩尔根的《古代社会》等书，研究中国的社会发展历史，写成了《母系时代》、《奴隶社会》等篇，合编为《古史研究》第三辑出版（引者按，这个不确，见前）。后返回太原，在国民师范学校授课。一九三二年，卫氏被聘到上海暨南大学任教。用新的观点讲授《十三经概论》并出版了该书。"

一九三四年十月十日，卫聚贤在上海真如杨家桥福庄为《十三经概论》作序：

> 中国经学，自民国以来，时兴时废，究竟经学的价值安在？按《史记·秦本纪》载，秦穆公问由余曰："中国以《诗》、《书》礼》《乐》法度为政，然尚时乱。近戎夷无此，何以为治？"由余笑曰："此乃中国所以乱也……"秦穆公站在封建社会立场上，以封建社会不用《诗》《书》《礼》《乐》法度为政，不足以维持社会治安。由余站在氏族社会（由余的戎国尚为游牧社会）的立场上，

以氏族社会用《诗》《书》《礼》《乐》法度为政，适足以乱。秦穆公与由余所处的社会背景不同，于是各是其是，各非其非。

现在中国一般的青年，说经学根本没用。其实经学在中国的封建社会中，的确有它的价值，不应一笔抹杀。近有人提倡读经，各大学间有开《经学概论》一课的，但多聘老先生依旧法讲授，使青年听了莫名其妙。于是我将在持志学院所授的《中国经学史》改为《十三经概论》问世。

这是说，这本书原是卫聚贤在持志学院的讲稿，而非暨南大学。《序》的总精神是经学有用，但要看由什么人讲授。由用旧法去讲，当然没有用处。但若由现代学人用新方法新观点去讲，自然是有用的。这使笔者想到二十年代中后期有关经学有用没用的讨论。一九二五年十一月二日，教育总长章士钊召开教育部部务会议议决，小学自初小四年级起开始读经，每周一小时，至高校毕业止。在此之前，有名叫孙师郑者，著《读经救国论》。他写信给章士钊，说：“拙著《读经救国论》，与先生政见，乃多暗合！”章士钊回信说：“《读经救国论》略诵一过，取材甚为精当。比附说明，应有尽有。不图今世，犹见斯文。”两人的通信在章士钊主办的《甲寅》杂志上发表。章士钊以总长之权，用行政手法在小学生中推行读经，引起一片反对之声。鲁迅在教育部部务会议议决发表之后，作《十四年的“读经”》，给予讽刺。后有多人参加讨论。要求小学生读经跟在大学的课堂上讲授经学，不是同一回事，应该分清。经书，是中国传统文化的集中表现，两千多年来，在塑造中国人的心灵上，在提高中国人的文化素质上，在推动中国社会发展上，发挥过不小的作用。说读经可以救国，当然不对，但古人创造的文化成果，必须有人学习，有人研究，有人传承。在大学讲授经学，乃是将这一文化成果传承下去不可或缺的一个环节。小学生处在长身体、长知识的初期,需要学习的知识很多,而且学习其他方面的知识更为重要,还不是读经的时候,提倡小学生读经是不妥当的。

《鲁智深传》说到这个序言:

现实的环境对于学术影响为小,而时代的环境对于学术的影响则甚大。鲁智深在北平时,于友人家遇一老先生,友人介绍此老先生一生专研究《易经》,因而谈起。鲁智深说"《易》开首为'元亨利贞'四字,注以元者某亨者某利者某贞者某,四字分开解;但按《易经》中有小亨大亨,则'元亨'二字应为一名词;有利于某贞不利于某贞,则'利贞'二字为一名词,古人何以分开解?"那位老先生大怒,说"古人就不如你聪明,数千年来没有人这样说过,你有多大学问,就敢如此说!"鲁智深说:"自秦汉至今为封建社会,因为数千年来不能翻案;近来资本主义思想到了中国,以资本主义思想看封建社会的书,处处就发生疑问;况以唯物史观的眼光看封建社会的书,其疑更大。倘若早生一百年,此话当然不敢说,而且也就想不到这样说。"是以鲁智深在《十三经概论》的序文中,对于时代的环境有些理论的发挥。

所说"有些理论的发挥",就是指出了"时代的环境对于学术的影响则甚大"。在卫聚贤的笔下,"现实的环境"和"时代的环境"是不同的两个概念,前者所指比较具体,而后者所指则要大得多,他以封建社会和资本主义相比较而言。

卫聚贤这本《十三经概论》,乍一看,是对十三经基本知识的介绍,实际上重在对自己学术思想的阐发，是《古史研究》的继续。他教学，不是把已有的知识传授给学生，而是将他自己创造的知识，即把那些以前还不太明确的或由他人创造的知识代之以他自己形成的知识。前者属于教书匠式的教书，后者是把传授知识跟研究结合起来。

全书分《总论》和《分论》两个部分。在《总论》里，卫聚贤讲了《经字的溯源》《以经名书的由来》和《经的集团》三个问题。在《分论》里，分九个题目，对十三经分别做了详细的介绍。如《书》一节，又分为《书的篇目及来源》《各篇的作期及内容》《〈尚书〉的传授及派别》三大部分。他自己的研究成果，如在《古史研究》中已经阐发过的，全部灌注在这本书里。在《古史研究》中没有说到的，则在这本书里给予阐发。如《书》(按指《书经》)的第二部分《各篇的作期及内容》，开头说：“《伪古文尚书》系伪造，《古文尚书》已亡，兹就今文二十九篇，加以考证及说明。”

《虞夏书》是这一节的第一篇。先做《题解》：“《尧典》记尧舜的政治，《皋陶谟》记尧舜禹的言论，《禹贡》记禹治水时划分的九州，《甘誓》记启伐有扈的誓词。此四篇记虞夏时事，故为《虞夏书》。”接着用较大篇幅考证“尧舜禹的来源及禅让，以至洪水的故事”，最后才说此四篇的作期。前边说过，自图腾学说传入中国以后，卫聚贤是最早运用这一学说研究历史的学者中的一位。他现在就从夏民族一个部落的图腾说起，引用甲骨文。其中一段说到禅让：

> 尧舜禹为氏族社会时所崇拜的图腾，图腾由于崇拜而演变成神，神可以保护其族类而演变为其先祖，到了其族形成国家时，又演变为创基立国的先王，在《左传》中尚有部分遗迹是尧为唐国的君，舜为虞国的君，禹为夏国的君，各为独立，互不相关。《左传·昭公元年》“高辛氏……迁实沈于大夏……成王

灭唐而封太叔焉”,是唐由高辛时封,至周成王时亡,而尧未禅给舜的。《左传·昭公八年》“自幕至于瞽瞍无违命,舜重之以明德,实德于遂,遂世守之,及胡公不淫,故周赐之姓……”是虞自幕起,至春秋末年而亡于楚,舜上未受尧禅,下未禅给禹。

到了春秋时人君多被群小包围,仁君需用贤臣辅佐,而且其时各国吞并及投降,民族混合,于是唐国仁君的尧,而用虞国的仁君舜为臣,因此尧舜禹发生了君臣的关系。其时功利主义产生,以舜为尧臣,尧死了人民拥戴舜为天子,舜死了人民拥戴禹为天子,在《国语》及《孟子》尚存其说。其后求利心切,待不到尧舜之死而舜禹始继,是以有“尧老而舜摄也”的话,《孟子》及《尧典》已成此说。其后《汲冢书》及《韩非子》有舜偪尧禹偪舜之说。当儒家盛倡禅让美德,燕王哙与其相子之实行其事而败,道家因之有让则不受,生出许由洗耳,巢父牵牛的故事,是完全受时代的背影而产生了尧舜禹的。

以下将尧舜禹在各书的情形,依时代先后列一表。卫聚贤前已说到尧舜禅让是不存在的,此处论辩较为详细、清楚,具有一定说服力。

在《洪范》一节,对大禹治水一事的分析,既显示作者的睿智,又能给人启发。卫曰:“‘昔鲧陻洪水’。洪水的传说,在世界各地均有,这是第四冰川时期,人类受害最深,故口碑相传甚久。洪水之去,各地均找一个神或英雄为之治,在中国,古有共工、鲧、禹、女娲、开明五人。共工为长江中游的神话,《山海经》以共工降居江水;开明为四川神话,见于《华阳国志》及《蜀王本纪》;女娲即《旧约》中的夏娃,从西洋输入的,始见于《淮南子》;鲧为浙江的张大帝,即黑鱼精;禹为夏民族以二龙的图腾。夏民族居于黄河流域,故《诗经》内只有禹治水,春秋时晋通于吴,从东海中传入黑鱼鲧的治水神话，两种神话冲突，《左传》作调和说，以后来居上，鲧为禹父，治水未成，禹继其功。周居洛阳，北受鲧禹，南受共工的神话，又作调和，以后来居上，在《国语·周语》中，以共工治水未成，其从孙鲧治又未成，禹乃成其功。”卫聚贤据此做出结论：“《洪范》以‘鲧陻洪水’，系春秋中年晋通于吴以后的现象。”

《周礼》《仪礼》和《礼记》三经，卫聚贤是放在《礼》这个总题下谈的。三礼中，《礼记》过去人们谈论最多。在叙述了已知该书的成书经过以后，卫聚贤认定“《礼记》四十九篇，不是同一时代同一地方一个人做的”，他通过对《檀弓》和《曲礼》中“羹之有采者用梜”等句子的分析，下结论曰：“总之，《礼记》除《檀弓》为战国时作品外，余皆为西汉时物。”以对“羹之有采者用梜”的分析为例：“《曲礼》‘羹之有采者用梜’，郑玄注‘梜，犹箸也。’《左传》的‘染指而出’是尚用手抓食，汉冥灶上有刀有钗（两齿）有勺而无箸，《内则》‘子能食食，教以右手’，郑玄未注，是在汉时用箸已普遍了，郑玄不明用手意，故未注……”箸，是筷子。这是说，在汉代以前，人们尚不使用筷子，吃饭是用刀用钗用勺。郑玄对“教以右手”未注，是他使用筷子已经习惯了。

此书论各经，除原书流变及作者、作地和作期的考证外，还有重要的一项，是该门学问两千多年的发展、传承概况。于初学者，这是很需要的一门学问。如说：“三礼经典本身的学统本不相同，但自从郑玄兼注三礼以来，三礼之兼治的风习与礼学之综合的研究，遂为历代经学家所沿用。最初继郑玄的方法而为反郑学的运动的，是晋初王肃。肃曾撰《三礼解》，与郑立异。南北朝时，兼治三礼的学者更多；最著名的，有徐遵明、刘献之、沈重、李炫、熊安生、何佟之、王俭、何承天、崔灵恩、严植之、沈文阿、戚衮诸人，唐代孔颖达撰《礼记正义》，贾公彦撰《周礼义疏》及《仪礼义疏》，都以郑注为主，三礼学复定于一尊。宋代，朱熹撰《仪礼经传通解》,欲混同《仪礼》、《周礼》诸书,作礼学之综合的研究。陈详道撰《礼书》,晁公武《郡斋读书志》及陈振孙《直斋书录解题》都称其详博;然中多掊击郑学,盖完全宋学家的习气。清初治三礼的,有徐乾学、万斯大、毛奇龄、李光地、李光坡、方苞等,然或失之杂糅,或失之武断。及江永撰《礼经纲目》,秦蕙田撰《五礼通考》,始具备汉学家法。但三礼来源不同,综合研究,殊不易,所以这方面的成功作品仍不多见。"文末附《十三经注疏者一览表》简明扼要,对读者有用。

此书文字极为简练,内涵丰富,一字可当十字、百字用。如《金縢》一节:

> 武王有疾,周公欲以身代,书其事藏于金縢之柜。
>
> 一　避讳是东周时事,《金縢》中有"惟尔元孙某",避武王讳。
>
> 二　"秋大熟未获,天大雷电。以风,禾尽偃,大木斯拔……天乃雨反风,禾则尽起。二公命邦人,凡大木所偃,尽起而筑之,岁则大熟",是"五谷不分"的书生所作,完全没有农林的常识。
>
> 三　"公乃为诗以贻王,名之曰《鸱鸮》",按《豳风·鸱鸮》诗,不关周公事,况《孟子》引孔子说"为此诗者,岂知道乎?"若《金縢》有明文为周公作,孔子孟子不应出此言,是在孔孟时《金縢》尚未产生,乃系伏胜所作。

这段文仅二百字,但其内容是很多的。第一行,述其主旨。以下三条,分别考证作者。第一条以避讳产生时代肯定此文为东周以后人作。第二条以"五谷不分"为由,说它出于书生之手。第三条以文中提到《鸱鸮》诗和孔孟二人议论此诗，最后断定孔孟时此诗尚未产生，肯定“乃系伏胜所作”。前已说过，卫聚贤作有《金縢之研究》，从这二百字，可见《金縢之研究》概貌。

再如对《多士》的论断。“‘告尔多士，予惟时其迁居西尔……今予惟不尔杀，言尔攸居’，是周为农业社会，对于俘虏不惟不杀，而且给以土地使之作生产事业，为西周初年继殷人奴隶社会，殷人恐俘被杀，周乃大告其众。若在春秋时，亡国皆迁其人，已成习惯，用不着再三劝告。”据此，为此文下断语：“周迁殷俘虏于洛阳，告以安居事。”

这本书，材料丰富，新见多，跟一般教科书不同。

在这本书里，卫聚贤多次使用了统计学的方法，使其论说建立在坚实的事实基础上。如“《春秋》内部都记些甚么事，兹据《春秋提纲》的类列，列表于左。”最后总结说：“八百二十五类事中，侵伐朝聘会盟为六百二十六，占百分之七十五，可知《春秋》是一部政治史，不是文化史。”又说：“《春秋》共一万六千余字，其中鲁占百分之二十四余，齐占百分之十余，晋占百分之九余，楚占百分之四余，邾占百分之三余，莒占百分之二余，滕、薛、小邾均占百分之一余，秦越均不足百分之一。《春秋》中不惟鲁为第一，而且滕、薛、邾、莒的小国尚占百分之一以上，秦越大国尚不能及百分之一，可知《春秋》的作地距滕、薛、邾、莒近，距秦越远。这是近详远略的。”

在说到《尔雅》时，卫聚贤于考证之余，发了一段感慨，说：“中国为大平原，宜于农业，农业社会的人民富于‘仍旧贯’的保守性；加之中国内地河道不多，海岸线又不弯曲，近海岛屿不多，其岛屿上人民文化太落后，是以中国人无须‘远游’，而形成‘勿欲速’的静的态度。因之在学术上没有大的建设，如《公羊》《穀梁》之附会《春秋》，《十翼》之附会《易》，《诗序》之附会《诗》。不惟古人如此，今之研究古史者，一派以古人的书都是真的，类列其事而不加考证；一派以殷以前都是假的，历史开首从殷代起，殷以前一概不管；甚至有研究文字学的只凭《说文》，以甲骨文为伪物，这都是些贪懒图巧的工作。韩婴燕人，近于匈奴，其血统有夏民族成分，夏人古号为'长狄'，身体强健，又为游牧社会，其性好动，故能作此类集材料如《尔雅》的苦工作，而竟失其名。贪懒图巧者出名，埋头苦干者失名，吾谁怨！只好归罪于社会之环境使然！"卫聚贤说他好做"翻案文章"，把韩婴考作《尔雅》的作者，是其翻案文章之又一例。卫聚贤指出中国人的这种文化心理，确实是值得注意的。

此书于一九三五年五月，由开明书店初版发行。

第六节　其他古史论著

卫聚贤在暨南大学教书时，编写了《中国史》的讲义，后以《中国史编义》的名称印刷出版。一九三一年九月二十日所作《导言》说："我国现在的时代，是一个转变的时代。即是由专制政体转变为民主政体，农业社会转变为工业社会，铁器时代转变为钢器时代。这个转变，是各民族共同的情况，不过，欧洲自十八世纪就开始逐渐转变，我们中国在这数十年中要骤然转变过来；并且这个转变，不是我们中国自然到了成熟时期，乃是受了外来的逼迫，人民一切新的未有准备好，旧的又不愿突然抛弃；而且转变的又是这样快这样多，不特手忙脚乱，恐怕还要跌跤。"因此必须明白："（一）过去转变的阶段；（二）转变时民族所受的痛苦；

(三)转变时应预备的一切。”这几点是作者“特为注重”之处,也就构成了这本讲义的特点。这本书从“天地开辟及盘古”讲起,着重讲了先秦,到汉代以后,讲得极为简略,讲到南北朝为止。

《诗经》是中国第一部诗歌总集,一般讲中国古代文学史,都从《诗经》开始。《诗经》由风雅颂三部分构成,风是各国的民歌;共有十五国风,一百六十篇。过去根据《国风》各篇小序,大致确定为西周初期至春秋中期的作品。《豳风》共七篇,包括著名的《七月》在内。据《尚书·金縢》《左传·襄公二十九年》和《诗序》的解释,“证明《豳风》的时代,在西周初年;作的地方,在陕西渭水以北与甘肃交界处的豳;作者是武王的弟、成王的叔父周公旦。”卫聚贤对以上说法不完全信从,他曾作《金縢的研究》,论证季札观乐是毛公托子夏作《诗序》窜入《左传》的,《诗序》更不足论。为此,特作《豳风是战国中年西周武公时的诗》,对豳风的作期提出了新的见解。

卫聚贤仍用统计法,将《诗经》中三颂二雅十五国风中最长字数的篇目摘录出来,说“豳风不论在最多数及折中数,在《国风》中均占第一”。又根据诗中所写各类人(巫、奴隶、贵族、平民)的生活情形及其心态,推断“在同一时代同一地域,若以巫史与贵族及平民作诗比,则平民的诗当不及巫史与贵族的篇幅长。《鲁颂》《商颂》均列国之诗,而《鲁颂》《商颂》除《豳风》外,较任何国风的最多数平均数最少数为最大。”“依篇幅长短言,《豳风》较任何《国风》为晚,大约是战国时代作品,有的在春秋末年。”另外,从“七月流火”天文上决定,“从历法用夏正言”、“孟子见到豳风”好几个方面做了分析,认定“《豳风》不是西周的作品,也不是春秋时代作品,是战国中年的作品。”又说:“《豳风》作期在战国中年……“七月流火”若为西元前三四世纪现象,是《豳风》系西周武公时代作品。列在《国风》最后,因是后期作品,后来附加上去的。”

文中对《豳风》的作地也做了考证，认为“在河南洛阳一带”，而不是过去人们说的陕甘之间。

卫聚贤的清华研究院同学徐中舒曾作《豳风说》，亦不同意《诗序》的说法，说“《七月》所咏农桑非豳地所宜”，“《七月》诗以介眉寿及万寿无疆之辞非周初所有”，“春秋以前无公子公孙之称”，“‘七月流火’非周初天象”，而断定为春秋时之鲁诗。两人都对古人的成说提出了挑战。

《秦汉时发现甲骨文说》以河图洛书为最早发现的甲骨文，当时人们不知道是文字，便以河图洛书名之。在举了诸多“河图洛书”的事例后说：“以上所言河图洛书，有些神话在内，当不可尽信为事实。但是：一，中国大水甚多，何以只言河洛出图书，而不言江汉出图书？何洛在古出图书，与现在安阳出甲骨文的地点相近。二，言河图洛书的不是一书，当不偶然的，必有大宗发现过，汉魏的纬书各不约而同的这样讲。三，多言龟书上是有文字（《抱朴子·黄自》‘我命在我不在天，还丹成金亿万年’）这当不是以龟甲上花纹傅会成文字的。四，如《河图·玉版》以‘灵龟负书’，是‘丹甲青文’。按龟甲，原为白色，因入黄土或红土层中，浸久则成暗红色，正如‘丹甲’。而龟甲刻的文字，因刻为阴文，而且在文化层中（古代的灰尘及朽物与木炭混合，成为灰色的土层），将黑土含入刻文中，成为‘青文’。正是甲骨文刚出土的现象。”又举《说文·序》中的“马头人为长”一语，列出“长”字和“马”字的金、甲、篆、隶四种写法，说“马头人为长”的形象，“金文、篆书、隶书上找不到，在甲骨文上找到了，是汉人曾发现甲骨文，据以解释长字……许慎在《说文·叙》中云‘郡国亦往经于山川得鼎彝，其铭即前代之古文’，又在文字中引秦石刻有三处，是他根据金石文字解释长字。金石文字中没有‘马头人为长’，他以为这是‘野言’，不知他是中国的最古文字。”

一九三九年初，卫聚贤在上海作《五霸考》。首先对“霸”的含义做了考证。说“霸”的最初意义跟“半”相当。“霸字在甲骨文中没有,在金文中做历法用的专名词,如‘既生霸’与‘既死霸’。按殷人以一个月分为三旬,周人以一个月分为四周,即七日来复,以初二至初八为‘初吉’,初九至十五为‘既生霸’,十六至二十二日为‘既望’,二十三至二十九为‘既死霸’,初一日为‘朔’,三十日为‘晦’,十五日为‘望’。”“霸”的另一意义是“伯字的假借,如山西万泉县方言呼‘伯父’为‘爸爸’,是伯、霸古音同,故借霸为伯。”由此演变为“长”,“所谓为诸侯之长,并不是以年岁大或爵位高或资格老,在宴会时轮着他为主席或首席的意思。是开会时为盟主的。”引司马迁《史记·项羽本纪》中“项王自立为西楚霸王”,说:“时尚有共主义帝在,唯‘政由羽出,号为霸王’。是无共主的地位,而有共主的实权始得称霸。”以下用大量篇幅,历数历代有成就君主,计:“春秋以前霸者,有十六人;春秋时的霸者,有十九人;春秋以后霸者,有七人;合计为四十二人,若以五个人为一组,称为五霸,可分为八组半。而以赵岐《孟子注》的说法——齐桓公、晋文公、宋襄公、秦穆公、楚庄王——五人为五霸,其余的三十七人,均不是霸者,是惑于旧说而未加深考。”在《编后语》卫聚贤说:“《五霸考》一文,是从史料找出证据,证明五霸者,并不是一般旧说那样的肯定。”

《函皇父诸器考释》是一篇古器物考证文章。于右任藏有函皇父诸器拓本六大张,计九器。一为函皇父敦,盖及器均有铭文,共三十八字。一为函皇父鼎,有铭文三十七字。一为函皇父盘,有铭文三十九字。一为函叔□鼎,有铭文二十四字。一为季良鼎,有铭文五字。一为函交仲簋,有铭文八字。一为函皇父鼎,有铭文十七字。一为敦,无铭文。尚有一敦,系另坑出土,无铭文。原拓本上有郭沫若和马衡的题跋。卫聚贤以《诗经》中的《小雅·十月之交》和《大雅·常武》二诗解读这九件器物。最后得出结论,“以职官言,器铭之皇父与《诗·十月》之皇父似为一人。”“以地理言,器铭之皇父与《诗·十月、常武》之皇父似为一人。”又从音韵上考出,“这是阎(向)国的诸侯皇父为周卿士,嫁女于周,名为周阎,造此器作嫁妆用的”。前边已经论到,“《十月》的皇父为卿士,为周室的执政者。而《常武》的皇父为大师,又为掌乐的官。古官有专长而任专责,是以乐官不宜为卿士,即《十月》《常武》之皇父非一人。”据此,卫聚贤感到难于解释的是,把《常武》中的皇父说成乐官,跟诗中“整我六师”句不谐。这里可见其求实精神。

又作《范蠡事迹考》《史记·伍子胥传注》《史记·孙武传注》等。《范蠡事迹考》开头说:“中国古代的大经济家陶朱公,司马迁于《史记·货殖传》后附有范蠡传,已言之,但不甚详。余将古书中有关范蠡的事迹,均为搜集,分类叙述,排比而观,由其事迹,以睹其对于经济之理论与实践,而今亦有可取法处,故为考证。”这已说清本文的宗旨。作者涉及的史料近五十种,可谓详尽。本文只列出各种说法,而无个人看法,乃因其事甚明,读者可了然于胸。

还有一篇《傩》,涉及古代民俗文化。卫聚贤以流行在湘西麻阳一带人们“俗信霄神”为例,对古代这种民俗做了典型解剖。说麻阳人这种习俗跟“山西人信狐仙、甘肃人信猫嘴神类似,原属迷信,事无可取,但本‘我爱其礼’之义,又以麻阳居湘西群山中,保存古风为多,或者麻阳之傩,尚有古傩仪式之一部,故为之考。”文章详细记述了麻阳人崇信霄神的具体情形,论述不多。写湘西风情的文章还有《婚礼存古》《红苗见闻录》等文,表明卫聚贤曾在湘西作过考察,可惜从他的生平资料中找不到相关的记载,我们也只能付之阙如了。

一九四四年在《说文月刊》第五卷第三四期合刊发表的《周易研究》,是卫聚贤四十年代一篇重要的古史研究之作。《十三经概论》中对《周易》的论述,范围比较宽,现在这篇《研究》跟《古史研究》第一集所收三篇相仿，是考证《周易》这部古籍的作期、作地和作者姓名的，三万余字。

该文从他人对《周易》产生时代的一些新的观点说起，讲述他的看法，既补他人说法之所无，又纠他人说法之所偏。以作期说，当时出现了几种观点，有“断《周易》为西周初年作品”的（顾颉刚），有说《周易》“为东周初叶以及春秋时代的作品”的（张西堂）。徐世大认为：“其作者为晋国人，因被俘于易，假托文王，写成此书，以与本国通讯。周易二字之意义，为其求于易国，以救其出险。同时兼为分析人事，以卦为网，以爻为目。”徐先生肯定，“作者之姓名为中行明，亦即荀明，字光。此人虽不见于经传，其结局如何？略可揣测。”卫聚贤的观点，跟徐世大的观点相近，又不完全相同，即他认定《周易》“系鲁定公八年时作”。

为什么定在这一年？卫聚贤求证的过程就不说了，我这里着重谈一下他这篇文章的研究方法。

考察一些专有词语是怎样产生的，可以确定该事物或现象发生的时间或地域。卫聚贤以大有卦“九三”“公用享于天子”中“天子”为考察重点，在举了几个例句后，说：“是‘天子’之称为周以后事，故《周易》中有‘公用享于天子’，是《周易》为西周以后人作。”

如果说这种方法为人们所常用，那么，把考察重点放在物候学上，就是他这篇文章用得最多的一种手法了。

“民国二十五年大热时上海黄浦江中有五六尺长的鳄鱼出现，平日不在湖海中，便在大河之水底，遇大热而出，故在春秋时黄河流域亦有鳄鱼出现之可能。是以鲁昭公十七年时‘郑大水，龙斗于时门之外洧渊’，鲁昭公二十九年秋‘龙见于绛郊’。《周易》作于‘龙见于绛郊’后十年左右，而《周易》中之‘龙’，可能是因‘龙见于绛郊，魏献子问于蔡墨曰……’而起的。龙见于绛郊是件稀奇的事，当轰动一时。当道魏献子问于史官蔡墨。兼掌卜筮的史官蔡墨,讲了一大片(篇)古代龙的故事,晋人传为佳话,故作《周易》的即以此为超。‘飞龙’是蔡墨所言‘帝赐之乘龙’。鳄鱼腿短,行走迟□;‘乘龙’有何用?以龙常不见,推为飞去;忽见,以为飞来。‘飞龙’‘乘’了才有用,故《周易》第一卦中有‘飞龙在天’之语。”这段话从“龙斗于时门之外洧渊”和“龙见于绛郊”两句话和《周易》第一卦有“飞龙在天”之句推断《周易》产生的地方在“洧”水和“绛”所在地这一带。虽然话中用了“可能”这样不确定的字眼,但把一个个“可能”加起来,就很有论证的力量了。

“河川的渡法”、“西郊的密云”等节,近于习俗。以“西郊的密云”为例:“……俗语说‘天旱收山,雨涝收川’,以旱时山上集云常落些小雨,距山远的平原得不到雨,故天旱时山地比平川地收获好些。若雨多时,山地水都流去了,平川地水能积住,故平川地收获好。《周易》言‘密云不雨’,是其地距山在三十里以外,山头集的云雨刚下不到。而在距山五十里以外,以目力可看到,而且称为‘西郊’,当不太远。”“龙斗于时门之外洧渊”也好,“龙见于绛郊”也好,都属于气候和物象一类。类似的考证方法很多。《履霜坚冰至》等节也是从物象和气候着眼的。卫聚贤注重从物象和气候上寻找根据,可以说,他的眼界更宽了,这比以前所说“三箭齐发”有了发展。

卫聚贤说:“《周易》中一个故事有几种不同的解释,因而著作的时代亦随之而异。《周易》中所表现的故事,如果系《周易》作者有意义的采用,我们把它所引故事的所以然找出,则《周易》是甚么时代作的?在甚么地方作的?系何人何故作的?不难求出真像来!”“把它所引故事的所以然找出”,是卫聚贤指出的求解难题的一条重要途径,本文中多次用到。如“王用享于岐山”,卫聚贤说:“岐山有二,一在陕西,即西周在岐山下建都的岐山。一为山西的岐山,即《禹贡》冀州‘治梁及岐’的岐山。如果认为《周易》是周文王及周公作，自然这岐山要说在陕西境的岐山；认为晋人作，自然要说到是山西境内的岐山了。”那么，山西境内的岐山又在何处，他据《禹贡》中“治梁及岐”整段话：“冀州既载壶口，治梁及岐，既修太原，至于岳阳，覃怀底绩，至于衡漳。”对几个名词做了解释，这里所说的太原，实为“平阳府附近的太原”，而所说的岐山，“以音求之，即万泉县东，安邑县北，闻喜县西，稷山县南的稷王山。”稷王山又叫稷山，乃后稷教民稼穑之处。卫聚贤又对“岳阳”、“覃怀”、“衡漳”做了解释，最后说：“将《禹贡》上这一段路程说明了，是‘王享于岐山’为晋祭祀于稷山以祈丰年。”

前边说过，卫聚贤有从商经历，亦有商人头脑，而其特点，是对数字有特殊兴趣。这一点，也在本文的写作中表现出来。他在对《周易》的研究中发现一个秘密，是全书不用“五”这个数目字，同时全书“用‘无’不用‘無’”（请注意，这里的“无”不是“無”的简化，而是原本如此）。卫聚贤说：“全部《周易》中凡应用‘無’字的都应‘无’，全书无一个‘無’字。《左传·襄公》九年引用《周易》云‘随，元亨，利贞，无咎’，可知在《左传》时《周易》是用‘无’字的，不是后人以‘無’改‘无’……”其所以如此，是因为晋定公名“午”，根据是：“《左传·哀公》二年“晋午在难”，杜预注“午，晋定公名。”晋人避讳，因而不用数目字的“五”，也不用“无”。卫聚贤在论证这一点时，用了他惯用的历史统计法，把《周易》中的这两个字做了统计。

卫聚贤的结论是：

> 晋定公九年（即鲁定公六年）晋遣中行辰往鲜虞和邻，鲜虞国囚之，中行辰利用鲜虞国大祭于西山占卜，乃应用其卜筮之技术，在鲜虞国作《周易》一书。其目的以书传至晋国，向晋

> 求救,并向晋国报告鲜虞人的举动。因恐鲜虞人看出破绽,用双关语作为暗射。中行辰在鲜虞被囚三年,于晋定公十一年(即鲁定公八年)被释归国,将《周易》携至晋。但中行辰既劓其鼻又刖其足,成为残废,在其食邑休养,不久其兄中行寅叛晋出奔,中行辰不知所终。但其书已传至晋,其后八十余年卜商作《左传》,据《周易》而加入其书中,《国语》《晋语》亦采其书。因中行辰未至晋都,不久其族被逐,彼时晋国亦少知《周易》作者之姓名,故《周易》之作者姓名不传。

这里的每一句话,每一件事,文中都有详细的考证。

卫聚贤在《鲁智深传》里说过,他在北平时,在一位朋友家中遇到一位一生专门研究《易经》的老先生,谈起《易经》来,他提出一个问题,"《易》开首为'元亨利贞'四字,注以元者某亨者某利者某贞者某,四字分开解;但按《易经》中有小亨大亨,则'元亨'二字应为一名词;有利于某贞不利于某贞,则'利贞'二字为一名词,古人何以分开解?"这一问,把那位老先生惹恼了,怒气冲冲地说:"古人就不如你聪明?数千年来没有人这样说过,你有多大学问,就敢如此说?"在这篇《易经研究》里,卫聚贤没有说到"元亨"和"利贞"各为一个词,不是因为他没有这个想法,而是因为这个问题跟他在这篇文章中所要探讨的问题比起来,实在太小了,不便谈及。现在说到这件事,不过是想引起读者注意,其在读古书时,是有许多独到见解的。像见到"大亨小亨"就认定"元亨"是一个词,见到有利于某贞不利于某贞,就认定"利贞"是一个词,这样"小不点儿"的问题,一般人不会想到。这可见其之心细了。当然更重要的还在于,他确实有一个勇气,敢于说出"数千年来没有人这样说过"的话。

在上节所谈《十三经概论》里,卫聚贤说到《孝经》时有段话:"游牧社会是贱老,如《史记》的《匈奴》,《后汉书》的《乌桓》等,均言其‘贵壮贱老’。现在南洋群岛上尚有以其父母年老,乃使之上树,子女抱树摇动,其父母在树上立足不住而堕地,子女大喜,共杀其父母食之;若其父母未从树上堕下,仍引归于家,数年后再为试,至堕地食其肉而后已。农业社会是养老,是以有‘六十非肉不饱,七十非帛不煖,八十非人不煖’的‘养老’。资本主义社会,以自食其力,子女成人后自谋生活;父母之遗产,子女不争;父母若贫困,子女亦不赡养;中国现为资本主义社会初期,是以时闻家庭革命之声,故《孝经》一书现在似少人过问。”对这段话所说事实,笔者不同意他的解释,但佩服他常常会有他人想不到的想法产生出来。

敢于说出“数千年来没有人说过”的话,是卫聚贤在学术研究上的一贯作风和态度。

第七节 《历史统计学》和《中国统计学史》

自一九二二年梁启超做《历史统计学》的讲演以来,虽有丁文江作《历史人物与地理的关系》,朱君毅作《中国历代名人年寿之统计研究》,但跟从者不多。统计作为一种经济学方法,把它用到社会学研究上,人们可以理解,实施起来,也有其方便之处,但把它用在历史学研究上,显然就隔着一层。胡适等人喊着“用科学方法整理国故”,但是人们很少想到把统计当作科学方法之一种。所以,时间过去了好几年,除了卫聚贤坚持用统计方法研究历史以外，其他人在这方面的实践可以说几乎没有。而这也就给卫聚贤提供了一个极为难得的条件和机会，把他的实践经验上升为理论，写一本《历史统计学》的著作出来。

早在清华研究院时，卫聚贤就经常把头埋在打算盘之中，写《古史研究》第一集即用统计方法。在国民政府教育部工作时，上海中国公学大学部文学系请其演讲，他讲了《应用统计学整理国学》，演讲词发表于《东方杂志》第二十六卷第二十四号。一九三一年第二学期，暨南大学约他讲《历史统计学》，他费了几个月时间，写出《历史统计学讲义》，寄至暨大，因图表甚多，需要先行印刷，以免授课时没有讲义。不料日本人侵沪，讲稿焚毁于火。一九三三年，他在持志学院教书，主讲《历史研究法》，历史研究的方法有多种，统计方法为其一种，他将其他方法排除，重新编撰《历史统计学》，便是这部书的书稿。一九三四年夏，中国统计学社在上海举行年会，他将此书稿赠送几位朋友，大家都说好，于是由商务印书馆出版。卫聚贤写这本书的同时，写了《中国统计学史》，附于《历史统计学》一并出版。

卫聚贤说他这本《历史统计学》“不注重高深的方法统计，而注重一般使用的应用统计；而应用统计除将学理解释外，注重在练习；即是欲各位同学会作统计表及统计图，使用于欲所统计的事实上去。”这是这本书的主旨，也是这本书论述重点所在。

《历史统计学》共分五篇。首为《总论》，谈到统计学的起源及语源，统计的学派，统计学的定义，统计学的分类，统计学的功用。关于统计学的定义，据科特雷于一八六九年在海牙万国统计公会的报告，共有一百八十种。卫聚贤特别指出，“学问随时代而进步，科学的范围，不能无变更；范围变更，定义亦随之而易。”在他看来，“统计学乃是一种方法学及工具学。凡事物属于同类性质而在两件以上，可以类列比较的，均应施之以统计。将其事件统计,就其大量观察而求其现象,由其现象而推测其所以然。”在统计学的功用上,他说了三点,一是“化繁为简,使复杂的事物易于显明及比较”,二是“根据事实求得正确的见解”,三是“预测将来人事的变迁”。他特别指出,统计的方法“为研究社会科学的唯一利器”。应该说,这样的识见,是比较确切的。

另外四篇是《统计材料的搜集》和《统计谱的编制》《统计表的制造》《统计图的绘制》,举了许多例子,详尽而具体。把统计方法分为“统计谱”、“统计表”、“统计图”三种,具有首创意义。《鲁智深传》把这种方法跟时人使用的方法做了比较。“引书不注出处的已落伍了,而将材料一条一条地排列着,现在还时髦,而将这些材料装入表格中的,已属难能可贵,若将它化成数目字,排为统计表作成统计图,在鲁智深以前很少人用过。固然是鲁智深商校毕业学过统计, 而他人即使会统计也不应用,因画一个表或一个图,费材料太多,有作这个表或图的材料把它排列起来,多出十倍以上,就可显出他的材料丰富。”卫聚贤宁可显得他的材料不够丰富,也还是费很大工夫做成统计表或统计图,因为这些统计表或统计图自有其别种方法所不具备的好处。

盛俊为这本书所作《序》,说:“国人有一种通病,就是多靠理想,不顾事实。最与现代精神相反。欲救此病,当从治学方法入手。历史为中国的必修课目,今以统计方法来治史,矫正向来以文学治史,以人生哲学治史的流弊,不但我国历史的改造,利赖于此,就是从纠正人心改良社会着想,也是一服对症药剂。不过我还有点补充的意见,统计是以数字叙述事实的,而历史的事实,未必尽可用数字来表示,岂不是以统计方法来研究历史,终于受了限制,他的范围不能太广么？但是是仔细想来,却又不然:原来统计方法,就是科学方法。所谓科学方法,第一步当然是搜集事实,其次把所得事实分析归类,复次乃根据归类的事实,认识其原因与其特点,而得到合于论理的结论。凡是经过这些步骤的,可算合于科学方法,也就可算合于统计方法……进一步说,科学之为贵,不是徒然在其本身,而尤在其方法,因科学而得的知识,固大有造于吾人实际生活,然科学的社会价值,却不在此,而在其教人以不凭个人玄想的分析方法,在其教人以不杂个人偏见的论理结果。所以仅把调查研究所得的结果拿出来,不能作为科学看待,必须将观察分析综合比较之经过公表出来,觉其由假设而求得之结果,条理井然,证据确凿,方才是一件合于理论合于科学的工作。”又说,读了卫聚贤这本书,“觉得著者对于史料之如何搜集,如何观察,图表之如何编制,如何应用,多所发挥,较诸新会发端之论,更具体化,不但鸳鸯绣出,而且把金针度人了……著者对于历史学上这种贡献,不消说是很足令人敬佩的!”序中特别指出,“统计方法就是科学方法”,贯穿着科学精神。这样的评价,我以为是恰当的。

著名训诂学家胡朴安,是把统计学方法运用于训诂研究的一位学者。他作《训诂学史》,有《统计的训诂法》一节,述他的经验和体会。他统计了《论语》中“仁”、“利”和“命”等字及其各种不同含义出现的次数,他也为卫聚贤这本书作了序,说:“百有五见之仁,与五见之利,十有一见之命,同为夫子之罕言,设不用统计学方法,排比而思审之,何能解之确切如是?余又用统计学方法,解释《论语》中之君子,与《论语》中之成人,皆有相当之结论。此余所以主张用统计学方法治训诂也。历史皆过去之事实,尤宜统计,用统计学治之,所得之成绩,当更在训诂之上。卫聚贤聚贤,素治统计学,而又专治历史学,其所著《历史统计学》一书,虽一小册,而开研究历史者之一新途径。过去之历史,一一皆有统计,中国数千年文化递衍之迹,不难一览即得也。”

《中国统计学史》可视作《历史统计学》的姊妹篇,两书同一时间写作，一气呵成。

《中国统计学史》分为《导言》《中国发明统计的时期》《战国时统计的图表已发明》《汉代的统计表》《魏晋至唐的统计表》《宋至清的统计表》《中国的统计图》《西洋统计传入中国的情形》《用西洋统计方法研究中国历史》九章。多数章分节论述。

卫聚贤说：“旧日的金石学，不能算为考古学；旧日的图谱学，亦不能目为统计学；不过金石学近乎考古学，图谱学近乎统计学。中国在某一时期采用近于科学的图谱学及金石学，学术就发达；不采用近乎科学的方法研究学术，学术就不发达。”这是对经验的深刻总结，给人启迪，发人深省。又说：“中国人的保守观念传统思想非常的大，以为统计学乃是外来的，中国的国学用不着用外人的方法去研究。殊不知统计学是中国人的土产，中国的古人曾屡为用；现在将中国土产的图谱学略为改造为统计学，使之研究中国的国学，当较前人的成绩为佳。故作此《中国统计学史》一文，以为呼醒！”这都可见卫聚贤的创新精神。

卫聚贤把中国的统计学史划分为四个历史时期。即创始期——战国至东汉初年，谱牒已很发达；衰落期——魏至五代（晋及南朝宋梁除外），多反对用表格；兴盛期——宋至民国（明除外），统计图表的用法及原理多合乎现代；使用期——近数十年来政府有统计处之设，商科教育学系有统计科（课）程之列。以下，对各个时期做了具体的梳理和详细的论述。

书中说，“中国最早统计当为殷。安阳殷墟的发掘，其出土的甲骨文以（已）有‘登人’的记载……所谓‘登人’，当是古代以男女到了若干年龄在酋长前行成年礼（春秋时名为冠礼及笄礼），行礼时命名登记其人，以为国家的份子，享受国家的一切权利及义务。殷人与外人战争，当不令不成年的人也到阵上拼命，故依其登人而呼之使战。既为登人，当有登记的典册,是已发生统计的萌芽。”书中指出,有人以埃及造金字塔时已有统计,远在我国之前,卫聚贤表示了不同意见,说:“埃及在西元前三〇五〇年建筑金字塔时,已用统计,殊无根据,亦不可能。”

《战国时统计的图表已发明》一章,有事实,有理论。《事实》一节说到《禹贡》,已见前引。《理论》一节说到职方氏,引“职方氏掌天下之图,以掌天下之地,辨其邦国都鄙,四夷八蛮七闽九貉五戎六狄之人民,与其财用九谷六畜之数要,周知其利害,乃辨九州之国,使同贯利”,做结论说:“它的效用是‘周知其利害’,它的目的是‘使同贯利’。”说到管子,引“刚柔也,轻重也,大小也,虚实也,远近也,多少也,谓之计数。……不明于计数,而欲举大事,犹无舟楫而欲经于水险也……举事必成,不知计数不可。”议论道:“此文见于《管子·轻重篇》,……此篇当系战国时人作。它名此为‘计数’,是统计已用数目字。欧洲的统计在十八世纪中叶方用数目字,中国统计用数目字在战国时,较欧洲实早二千年。”

书中对司马迁《史记》的许多图表给予充分肯定:“《史记·三代世表·序》云:‘余读《牒记》,是司马迁曾见到《牒记》,《梁书·刘杳传》及《史通·表历》均云太史公《三代世表》是根据《周谱》的,而《三代世表》又云:‘于是以《五帝系牒》《尚书集世》,纪黄帝以来讫共和为《世表》’,是司马迁依《周谱》的表式,根据《五帝系牒》《尚书集世》二书的史料,作为《三代世表》的。”在分析了《十二诸侯年表》后说:“它分国别年别两项,遇元年则写其谥法或号,元年以下为数字,惟将大事作简明的记于年别的项目中。此表不惟知各国的大事,并可知各国的互相的年代。”

说到中国的统计图,又跟欧洲做了比较:“观欧洲由有用文字叙述的统计至发明用图表示的统计,其间不过一百二十余年,中国在西元前三一九年以《逸周书》作殉葬的魏襄王他父亲梁惠王,与孟子谈论政情,曾用统计比较其人口,是中国发明统计的时代以与欧洲例,当在战国亦有……编书的人不是办理统计的人，对统计专门的技术不长，故编入《逸周书》时改表改图而用文叙述。因其原系统计表，故改为文字，叙述时成为有条不紊；原当有图，故云《天下之图》。”

全书材料丰富，立论稳妥。

书中图表甚多，那是历史的记载，中国统计学史的实录。跟《历史统计学》比较，这本书材料更多，内容更翔实。《历史统计学》是对一门新学科的提倡和建构，《中国统计学史》是对一门专业史的勾勒。在二十世纪前半期虽有人写过专门史，但为中国统计学做史，却是从这本书开始的。这两本书都应视作首创。

书后附录了丁文江的《历史人物与地理的关系》，梁启超的《历史统计学》和朱君毅的《中国历代名人年寿之统计研究》三篇文章，使人们得以窥见这门学问的来龙去脉，同时也使得这两部著作找到了自己合适的地位。

第八章　在中央银行的日子里

第一节　调查晋商，写《山西票号史》

一九三三年四月六日，山西太谷人孔祥熙被任命为中央银行总裁。孔祥熙，字庸之，号子渊，一八八〇年生。聪明好学，长期在教会学校读书。一九〇一年赴美国留学，七年后毕业。民初到日本，跟革命先行者孙中山相识，并结为连襟。以后成为国民政府的要人，以善于理财著称。担任中央银行总裁半年以后，当年十月二十九日，任行政院副院长兼财政部长并仍兼中央银行总裁。卫聚贤就是在孔祥熙主政中央银行的情形下于一九三五年冬天来到中央银行，在该行经济研究处工作。

卫月望在《卫聚贤传略》中说："一九三四年，卫氏离开暨大，在上海中国公学任商学系主任，并同时在持志学院任教，讲授并出版了《中国财政史》和《中国商业史》，因此又受聘为监察院审计部科长兼驻外稽查，后又出版了《持志学院考古小史讲义》和《历史统计学》两书。一九三五年受聘到中央银行担任经济研究处专员和协纂之职……"

当时有记者李丹采访，写成《考古家鲁智深正在编辑〈字源〉》，在上海《文汇报》发表。说："凡是一个有学问，有修养的人，他们的行动和思想，终有些与众不同的地方；我见了鲁智深先生之后，益征（证）此说之可信。鲁先生是个著作等身的学者，然而外貌像商人；他是山西人，然而创办‘吴越史地研究会’，考江浙两省的古；他研究的是‘国故’，然而思想却很‘普罗’；他的外貌很粗鲁，然而文章很精细；他是古史考古专家，然而是商业学校出身；他是个学者，著作家，然而在银行界服务。”

明代是中国资本主义快速发展的一个时期。随着资本主义的发展，中国大地出现了一些商帮集团，有晋商，有徽商，还有广东帮、福建帮、陕西帮、宁波帮等等。晋商，最初南部为多，明万历刊本《晋录》记载："平阳泽潞豪商大贾甲天下，非数十万不称富"，蒲州商人范世逵"懋迁居积，起家巨万金"。进入清季，出于晋中平原几个县份的晋商，迅速崛起，成为晋商的主力。票号，是晋商创办的一种金融机构。系由原始汇兑制度发展起来的。卫聚贤在《中国货币演变述略》最后说到银行，实即山西的票号。作者说，宋代似已有汇兑的制度，即商人将货物运边地出售，由边地军政府出一收据，商人到首都取钱。"然而完备的银行则为山西的票号。"自诞生起，一直到民国初年现代银行出现，票号在中国经济发展中，在便利经商融资汇兑上，在清政府财政运转上，提供了极大的方便。李永福在《山西票号研究》一书中说："英国学者瓦格尔在《中国金融与银行》一书中，对山西票号赞誉有加，甚至断言世界上近代汇票和贴现办法，也都是‘山西票庄首先倡用的’。日本学者编辑的《支那经济全书》成书于一九〇七年，该书称山西票号为中国的国家银行，而各地钱庄则为地方银行。"外国学者这样说，是因为山西票号遍及全国，形成一个严密的金融网络。它所承担的汇兑业务，较之明末清初流行的标局解现，极大地降低了成本投入，缩短了资金流通的时间，是金融事业上一个独一无二的创造。虽然它的寿命不是很长，不久之后便被现代银行所取代，但是不可否认，它在促进中国社会发展上发挥了巨大的作用。

据李永福《山西票号研究》，"由徐珂编辑的《清稗类钞》其中的‘农商类'记载了山西票号的一些资料。西方人的研究始于外国传教士,英籍传教士艾约瑟于一九〇五年出版了《中国银行与物价》一书,西方人经由该书开始了解山西票号。”中国人对晋商特别是山西票号进行研究,现在所知,始于一九一七年。那一年,李宏龄石印出版了《同舟忠告》和《山西票商成败记》两本小册子,接着,韩业芳于一九二一年印行了《山西票庄皮行商务记》,严慎修于一九二三年铅印了《晋商盛衰记》。这期间,有人写了文章在有关的刊物上发表。

严慎修,前边已经说过,他字敬斋,原为河津,现属万荣县人,曾经当过山西众议院副议长。卫聚贤在山西商校读书的时候,严任商业专门学校校长。他的《晋商盛衰记》一书,第二编第一章为《汇票庄》,是谈票号的。专门研究票号的,始于韩业芳。韩业芳,字芸青,山西文水县人,任山西商业专门学校教授,是卫聚贤的老师。他油印出版的《调查山西票庄记》,分为《票庄创始缘由》《票庄之分布》《票庄组织之情形》《票庄分庄之情形》《票庄盛时之情况》《票庄现时之情况》六章。一九三六年,大德恒票庄经理、山西祁县大韩村人颉尊三,以其亲身经验,写了《山西票号之构造》,分别论述了山西票号的起源、兴盛概况、财东和经理如何合作、财东之责任与职权、经理之职权与义务以及票庄职业道德的灵魂——信义之表现。一九三七年,陈其田在商务印书馆出版了《山西票庄考略》。

以上著作大都过于简单、零碎,又流传不广。卫聚贤的《山西票号史》是在前人研究的基础上写的,既是以前研究的总结,也提出了许多新的课题和论点,指出了新的研究方向,具有承上启下的作用。

卫聚贤研究票号,有来自几个方面的动因。从远处说,既跟自己小时候经商有关,也因为他就读的专门学校是商业性质,更因为教授他商业知识的教师中,恰好有写出了《晋商盛衰记》的严慎修和专门研究过票号的韩业芳二人。老师开辟的事业，由学生接过来，把它完成，乃是后来者应尽的责任。

从近处说，是在他到中央银行工作后，“各省友人闲谈中，以余为山西人，而又研究历史，也曾研究经济史，故尝以山西票号之故事为问，尤其是顾炎武发明票号一节，而与余所闻为雷履泰所发明者异”。这无疑使他萌生了研究票号的兴趣。更为重要的原因，是受有使命，即中央银行总裁孔祥熙的派遣。“孔庸之先生之家也，其家人多有习票业者，咸丰时有孔宪仁先生为志成信之股东兼经理，对志成信业务曾大为扩充也。票号在昔时为最完善之金融机构，孔庸之先生承其家学，而应用于现今之财政，此抗战以来财政之所以有办法者即在此也！”

从个人说，卫聚贤早有编纂中国经济史的计划。他想组织十几个人参加，用五年时间写出《中国农业史》《中国工业史》《中国商业史》《中国铁业史》《中国经济思想史》《中国货币史》《中国财政史》等书。其中《中国财政史》《中国商业史》后来都写出来了，由中国公学出了线装油印本。《中国货币演变述略》最后说到银行，前边已有引用，不再赘述。

卫聚贤，无论从他历史学家的身份说，还是从他在中央银行工作的职责是进行经济研究说，抑还是从他跟中央银行总裁孔祥熙的个人关系说，即使没有那些远因，他都应该对票号甚至晋商这一商帮进行研究。可见，这几乎是必然的。

他在《山西票号史序》中写道：

二十五年奉命赴山西调查票号，所得材料甚多，略加整理，分期在中央银行经济研究处出版之《经济月报》中发表，目的是印成单行本若干，寄回山西太谷祁县平遥赠送曾在票号中工作过的人，以求校正其错误，补充其材料。结果因全面抗战，所得补充的材料甚少，于是编成《山西票号史》，分订为上下两册。

《山西票号史》两册，只有稿本，没有副本，跑警报时也要带上跑，怕轰炸了以后再编不起来了。又明知其中遗漏错误甚多，请教别人吧？也是因为只有原稿本一本，在此轰炸期间不放心。出版吧？又怕遗漏太多而不宜。是以迁延至今，现在才决定出版了。

原稿中照相及汇票等，需要做铜版锌版的，现在一概省略了。这是因为这仍是稿本，不过印上四千本，送对于票号有研究的人看过，加以校正与补充。纸型也多打一副，保存下来，待抗战胜利后，再版若干本，送到山西太谷祁县平遥去，以作我第二次调查山西票号之蓝本。

《编纂经过》中说：

当余调查票号时，未有对于票号有系统的书籍出版，以资参考，是以先从访问着手，对于票号的名称，成立及歇业的年月，资本数目，几年一账，普通每股每账开银若干两，最多开过若干两，股东某人，经理某人，系某县某村人，将此概况在商会召集的曾在票号为经理者询问，又到各股东家中去访问。

为证实各票号成立的时期，在太谷祁县平遥各地大庙中将碑文看过，有无票号的名称在上，但是由山西教育厅通令府十县所抄之碑文，多抄其序文，而将布施人未抄，是以查不出票号的名称。

票号的股东及经理已故的，因欲从其生卒年月上知道一点票号的事迹，乃至各家，阅其家谱。看其本(木)主，并搜集其墓志，亲在墓上抄其墓碑。又请其后人或其亲友代为作传。

票号中各种账簿，报告清册，往来信稿，以至汇票执照等，均为票号史中重要材料，乃为搜集。至于票号门首之招牌，多为拍照，印章多为盖过。房屋以及股东经理之住宅，大部分皆照过相。

这本书分历史、概况、组织、人事、业务五个部分，另外附录了前人出版的有关著述。

《序》中肯定了“山西金融之中心，确系太谷，其一县之势力可抵榆次、祁县、介休等数县，故独为一标”。

《序》中说：“票号的发明人，传说是顾炎武，经我的考证，顾炎武与傅山及戴廷栻为推翻清室做革命工作而创设标局。标局是代商人运现，票号是抵制标局运费之大而设的。”内文说：“标局初为保护行旅，继则代运现金，标局之所以成立，系解决商人所带现款之困难。而票号所以成立，系抵制标局转运现金运费之高昂。”即两者的目的和功用正好相反。这样，卫聚贤不仅排除了顾炎武创办票号之说，而且论证了恰恰是顾炎武等人所设标局，因“运费之大”而催生了票号；票号不仅跟顾炎武等人无关，而且是它的对立面。这是一个重大发现，廓清了票号产生的谜案。

卫聚贤把票号的创始人确定为日升昌的大柜雷履泰。原因有两个，都是传说。一说官军征四川，需用粮饷甚多，运输不便，适平遥日升昌颜料行在四川各地贩卖铜绿，要运京城，遂跟管军饷者商议，两相拨兑。另一说，山西商人在北京开干果店甚多，为减少运费，因日升昌颜料行有亲友，遂两下商量，写信到家，家中凭信，到平遥总号取款，各号结账，省得标局运费。开始限于亲朋,继则只要有人介绍,同乡亦可,于是成为风气。书中说:“相传发明票号者为雷履泰,但雷履泰生卒年月不可考,惟平遥县城内文庙道光二十四年碑,有‘雷履泰捐银四十两’,是票号之设立,总在道光年间。”道光皇帝在位三十年,从一八二一年到一八五〇年。雷履泰发明票号,当在他年轻时候。

卫聚贤这个发现,现在已为许多学者所接受。李永福在其所著《山西票号研究》中说到有关山西票号起源的几种说法,提到陈其田于一九三七年出版的《山西票庄考略》和卫聚贤这本书。说卫“一九三六年,奉孔氏之命,他特地返回故里,在平遥、祁县、太谷等县做详细的实地调查。在调查中,他一方面搜集到票号的许多合约、号规、红账、信稿及账册等文物资料,另一方面又组织票号遗老撰写回忆记叙性文稿,同时还抄录了一些相关人士的墓志铭等资料。以上资料,大部分用于一九四四年编著出版的《山西票号史》,少部分刊发在《中央银行月报》上。卫聚贤对山西票号‘起源说’的认同为:首家票号日升昌创办于道光四年(1824)。”以下,该书做了总体评价:

> 山西票号的总数即各地分号的详细数据,陈其田的《山西票庄考略》有明显的错误,原因在于把许多钱庄及南帮票号划归山西票号名下。山西票号衰败的原因,陈其田的观点仅为泛泛而谈,缺乏层次感。卫聚贤的《山西票号史》,史料翔实,但少有理性分析,尤其倾注了人文情怀。有关山西票号的操作系统,卫聚贤的叙述比较可靠。受时代限制,以上两书都未对山西票号的性质做深入探讨,尽管如此,两书的架构仍具有里程碑意义。

黄鉴晖在同名著作《山西票号史》第二章《山西票号的起源(1823年左右)》中说:“日升昌票号是历史上多数研究者和文献记载公认的第一家山西票号。日升昌前身是西裕成颜料庄，资本家是平遥达蒲村李氏……”又说:“雷履泰创办票号是有历史功绩的。后来他在平遥城内也置买下房产,平遥县绅商为了表彰他,在他七十岁寿辰时送给他一块木制金字大牌匾,中书‘拔乎其萃’四个大字,以志纪念。”

这位作者在考证“日升昌票号产生年代”时举了三条理由,认定在一八二三年前后。第一个理由系由西裕成颜料庄改为日升昌票号的时间推断,“日升昌票号产生只能在一八一九年以后，而不可能在一八一九年以前。”第二个理由,作者说,“票号从一家发展为几家,总要有几年的时间。因此,按一八二七年秋冬以后苏州出现大量会票流通的事实,把日升昌成立年代断为一八二三年前后，是比较符合事物发展过程的。”第三个理由,牵涉到雷履泰等人的生平和年龄,全文引用如下:

> 第三,日升昌票号经理人的年龄,也可佐证它成立于一八二三年前后是可信的。雷履泰是创办日升昌的总经理，毛鸿翙、程大佩是副总经理。他们三人创办票号,开辟了新的生财之道,为乡人所羡慕。于是,一些人就希望自己也能有像雷履泰等那样的儿子,借以发财耀祖。故平遥县流传着一首俗谚:“人养好儿子,只要有三人,大子雷履泰,次子毛鸿翙,三子无出息,也是程大佩。”这个俗谚,证明雷履泰等人创办票号是历史的真实。雷履泰的生卒年月没有发现完整记载。据零散资料看,他生于一七七〇年(乾隆三十五年),一八四四年(道光二十四年)健在,一八五三年(咸丰三年)日升昌总经理成了程清泮,说明他已去世,故我们把他的卒年假定为一八四九年(道

> 光二十九年)。这里,最重要的资料是一八四四年他还在世。由此得知,一八四四年雷履泰已经七十四岁了。他在一八二三年前后,是五十三岁左右的人,年过半百,阅历较深,经验丰富,改营票号是可能的。
>
> 毛鸿翙生于一七八七年(乾隆五十二年),卒于一八六五年(同治四年),终年七十八岁。在一八二三年,毛鸿翙只有三十五岁,能做日升昌第一副经理,说明他也是比较能干的。总之,由雷、毛二人年龄来看,在一八二三年前后创立日升昌,是完全可能的。

这位作者说“日升昌票号是历史上多数研究者和文献记载公认的第一家山西票号”,但没有说那些研究者是谁。书中引用了高叔康《山西票号的起源与成立年代》(载一九三六年《食货半月刊》),但都跟这个论断无关。书中引用了卫聚贤书的内容,但那是对那个俗谚的注释。书中说到雷履泰“一八四四年(道光二十四年)健在”,是根据“道光二十四年平遥县重修城隍庙碑刻雷履泰捐银四两”,而这一点,卫聚贤书中明确写到,只不过卫聚贤说的是文庙不是城隍庙,说雷履泰“捐银四十两”不是区区的四两——既然雷履泰是一个“拔乎其萃”的商人,又在平遥城内置买了房产,“平遥县重修城隍庙”,他“捐银四两”,似乎跟其身份不够相称,显得小气。雷履泰发明票号,在前有人说到,比如由严慎修主持编辑的《晋商盛衰记》,就把“山西票号鼻祖定为日升昌的创办者雷履泰,赞同该观点的还有陆国香和范椿年”但不能不说,卫聚贤的《山西票号史》的一个最主要论点,它的重要成就之一,是廓清了山西票号由顾炎武发明的迷雾,弄清了它的真正发明者为雷履泰,以及它是如何、大概什么时候产生的。卫聚贤这一“历史功绩”是无法否认的。

在中国金融事业的发展中,票号的出现有其必然性,也发挥了巨大的作用。但在世界金融业发展和我国现代工业发展的大背景下,它的局限性随之暴露,终因落后于时代而走上末路。卫聚贤分析说:“票号失败的原因,既已显著,自己应即改革,以适应环境,但票号自以为在金融界有根深蒂固的历史,是以在光绪二十九年北洋大臣袁世凯诸票号加入天津的官银号;光绪三十年,组织户部银行时,亦请票号加入股份,并由票号中人组织银行,票号均为回绝,后来户部银行改由浙江绸缎商筹办,此今日浙江人在金融界上有巨大势力之由来……银及人未参加到大清银行去,就是票号改成银行,也无大利可图,不过多延长几年,不至于辛亥一受打击,则倒闭随之而生了。”

卫聚贤是以现代金融文化去看待票号的产生和衰亡的。他总结的这一教训,值得晋商们好好思索。

本书的其他几个部分,都有深刻的论述。特别是他所提供的原始资料十分宝贵。卫聚贤说,他“搜集材料时,漫无目标,见到材料就搜集,及将这些材料运到上海从事整理,感觉到需要的未搜集到,不需要的搜集到一大批……”这是每一个从事开辟工作的人都可能碰到的,也是难以避免的。

孔令毂在为《说文月刊》第一卷合订本所作《序》中说到做学问的三种不同工作:“我以为我国学者近三十年来做学术工作,大约可分为几类:第一是迻译,是把外国的输到我国来,把古代的改变为近代型,这是一种努力。第二是整理,是把散在各书上的零碎材料订缀补纫为文,这又是一种努力。第三是研究,是把所得的材料咀嚼体察,于其中获得新意义,这更是一种努力。这三种工作都非常重要,也是互相为用无所轩轾。”又说,我们对于古史文字想以第一种为启示,致力于第三种工作,对于经济想作第二种工作,这是我们预定的方向。这本书应该属于第二种，即以整理为主，兼及研究。

卫聚贤这本《山西票号史》在晋商历史的研究上，在山西票号的研究上，都是划时代的著作。它是以前零碎的片断的研究的系统化，也为后人的研究打下了坚实的基础。它所附录的大量原始材料，已成为十分宝贵的第一手资料，今人的调查无法取代。近年山西学人在晋商的研究上取得丰硕的成果，应该是在卫聚贤这本书的基础上起步的，更使人感到它的可贵。

卫聚贤另有《山西票号之起源》一书，未曾见过，详情不得而知。

第二节　研究古钱

前边说到卫聚贤有一个编纂中国经济史的宏伟计划，其中有《中国货币史》。《中国财政史》《中国商业史》已经写出并出版了线装油印本。为写《中国货币史》，他做了不少准备工作，那就是搜集古钱，排比对勘。他在银行工作，银行就收藏着许多钱币，研究钱币有方便的条件；这也是他经济研究处的分内工作。

钱币，即货币，是社会经济发展、产生了交易行为以后的产物，充当交易双方的等价物。古希腊三大文化巨匠之一的亚里士多德在《伦理学》中说："一切用来交换的东西，必须是能够互相比较的。正是由于这个目的，货币才被引了进来，它被当作是中介物，因为它能够衡量一切东西。"马克思为货币下的定义是："作为价值尺度并因而以自身或通过代表作为流通手段来执行职能的商品，是货币。"所说"通过代表"，比如金、银等就是。货币不仅供流通使用，而且可以储藏，所以它也是一种贮藏手段，或叫储蓄手段。它是财富的象征。

交易大都是在市场上完成的。《诗经·卫风·氓》开头两句："氓之蚩蚩，抱布贸丝"，历来被当作中国古代市场热闹情景的生动写照。《诗经》是先秦的一部诗集，它所反映的时代公认为周代。但这不是中国古代市场产生的时代，更不是中国古代货币产生的时代，中国古代市场的产生比这早得多，货币的产生更早许多年。中国最早的货币是贝。卫聚贤生说："在新石器时代以前，人类尚未发明陶器，饮水时饮具就成了问题。于是找蚌壳作为盛水的器具。蚌壳大了拿不动，蚌壳小了要够一个人或二三个人一次饮足，则往来到河边取水，不胜其烦，于是相当于碗大的蚌壳为宜。碗大适用的蚌壳不容易找，故以此为贵。没有蚌壳地方的人是用别的东西来交换，蚌壳便变成货币了。陶器在新石器时代发明，盛水有器，蚌壳失了效用。但蚌壳因为作货币的时间太久了，不能一时抛弃不用，故找一种美观的贝为货币。"

随着铁器的使用，以后一些生产工具也起着货币的作用，如中国三千多年前的铲形币，就是由作为生产工具的铲形成的。

货币的形成是一个长期的过程。以铲形币说，最初由生活工具、生产工具等当作等价物交换使用，继而改进形状，工具的职能淡化、隐退，专事交易的功能扩大，到制造出一种专门用于交换而不做他用的物品，真正的货币才算形成。空首布是我国最早的铁器货币，即由农具演变而成。其首部中空，犹如铁铲上安插木柄的机关。空首布在河南洛阳一带大量出土，其上所刻字又跟甲骨文相似，说明它的产生至迟在殷商以后的春秋。

在形体上，货币必须具有几个共同的特点，首先是有明确的价值标准，一般要在货币本身显示出来。其次是便于携带、便于交换。再次是要有一定的审美价值，人们喜欢，而且不易仿造。现在所说货币，一般指这种东西。

大多数货币都在方寸之间，但它蕴含的信息量是很大的。小小的货币，是社会生产力发展的如实记载，是人类生活的百科全书，是社会经济状况和人们生活状况的晴雨表；货币上有各阶级、各类人物在它身上留下的投影。在中国，它是艺术的载体之一，从它精美的文字上可以欣赏到许多书法家的杰作；先秦货币还是除甲骨文和青铜器以外留有中国古文字的少有的一种实物凭证，比起许多文字学著作，更加直观，更加本真。收藏、研究古钱币，就是今人跟古人对话，是走进古人生活中听他们欢唱或者叹气，想象他们在集市上如何购物，如何跟货主讨价还价，从一些货币的急剧变化上，还可以看到宫廷斗争的蛛丝马迹。中国人收藏货币，研究货币，已有一千多年的历史。清代许多学问家，都在古钱研究上用过气力，当然还有许多专门研究古钱的，出现了许多钱学大家。

从学术研究的角度说，卫聚贤的古钱研究仅仅走了第一步，就是做了搜集资料、编辑目录等等的基础性工作，深入的细致的研究还没有真正展开。这里简单介绍卫聚贤在古钱研究上的工作。

一九三六年定稿的《中国考古学史》写到清到民初的考古，有关钱币的介绍毋宁看作卫聚贤对钱币知识的概括："古代是以物易物，时陶器尚未发明，以贝壳为饮具，故以贝为交易物。迨陶器发明，贝壳失其效用，但因习惯已久，故择贝中名贝子的，先穿其洞，断磨平其背以为货币。后用蚌或骨仿刻，用铜仿铸，而齿纹尚存。后用铜铸蚁鼻钱。新石器时代以石铲为农具，后为交换物，铜铲用时亦然，后用铜仿铜铲铸成布，后变为方足布尖足布圆足布。殷人用铜铸之刀名削，用以刻甲骨，周人用以刮削木简，秦汉时名为刀笔，士人用以交换，齐赵等地铸为货币名为刀。新石器时代已发明纺织，用石或陶为纺织轮，后用铜为之，妇女以之交换，名为环钱，因内外皆圆。至战国时，因环钱易转，互为摩擦，减轻其量，故为孔方，塞以木柱，以一百或五十为一铤……”这样的话，卫聚贤说过多次。同年，他作《中国最早的货币贝克》，是对同样意思的比较详尽的叙述。

一九四二年由中央银行经济研究处出版《古钱》，署名卫聚贤和丁福保编著。该书由三部分构成。属于卫聚贤的有《中国货币演变述略》和《古钱年号索引》两篇；《古泉学纲要》则是丁福保所作。《中国货币演变述略》是他一九四〇年五月二十六日在中央大学的演讲，由陶大镛记录。全文分十节，概括性很强，是《中国货币史》的雏形。《古钱年号索引》后来由桂林中央银行经济研究处出版过单行本。

丁福保，著名国学家、佛学家、医学家、藏书家、古钱学家，一八七四年（同治十三年）六月二十二日生于江苏无锡，字仲祜，号畴隐居士，一号济阳破衲。一生编著图书多种，涉及许多方面。先编《丁氏医学丛书》，收书数十种。一九一九年十月，阎锡山等人在太原创办山西中医改进研究会，聘请国内多位名家担任名誉理事，第一位就是丁福保。一九二一年丁福保出版《佛学大词典》，收词条三万个，共三百六十余万字，至今仍为人器重。又以“三十年之力”，编《说文解字诂林》和《诂林补遗》。曾祖父藏有大量古钱，其中精品千余枚，均购自北京。后丁福保自己“添买普通品六百余元，凡历代圜法之沿革，钱制之纷错，以及源流正变，真伪美恶，无不一一严为辨别，于是颇有古钱嗜好。”一九三五年出版《汇刻古泉丛书》影印本十五种，接着编辑《古钱大辞典》，不久出版。《古钱大辞典》著录的古钱除自藏的以外，收录了翁树培《古泉汇考》、刘喜海《泉苑精华》、鲍康《观泉阁泉拓》三书以及日人平尾聚泉所辑各种钱谱中的古钱拓本。近人方若、张乃骥藏钱的精拓，也收入在内。又聘南北古泉商数人，评估各钱时价，列于图旁，以解集泉者“无籍可考、市价不明”之不便。同时出版《古钱学纲要》等著作。丁福保发起成立中国古泉学会，一九三六年二月二十三日假上海功德林举行成立大会，被举为会长。吴稚晖为卫聚贤好友，丁福保《说文诂林补遗》十六册出版后，吴稚晖为作万字长序。举行成立大会，吴稚晖、叶恭绰等人出席，卫聚贤也是参加者之一；正是在这次会上，卫聚贤想到发起成立吴越史地研究会，并以《中国古泉学会章程》为蓝本，为“吴越史地研究会”制定了章程。卫聚贤到中央银行工作后，即跟吴稚晖相识。在《说文月刊》，卫聚贤先后发表了丁福保的《〈历代钱谱〉序》《说文假借考》等文。一九四二年，卫聚贤给丁福保写信，《谈江北汉墓出土的五铢钱》，此文笔者未找到，它是一篇研究性文章则无疑。“诂林”为丁福保斋名，全称“诂林精舍”，建于住宅之旁。丁福保于一九五二年病故。

一九四四年十二月，由重庆说文社出版了《古今货币》一书，于右任题签。该书共收七篇文章，第一篇《古今货币谈》，卫聚贤作。其余有《两宋的楮币》《甘肃发现金明时代之钞票》《民国以来之银圆》等。《古今货币谈》前已有引用。它简略地介绍了《贝与蚁鼻钱的演变》《铲与布的演变》《刀的演变》和《圜钱的演变》。

一九四六年，重庆说文社出版《古今货币的展览》，署名“卫聚贤著”，笔者未见过，其书影见于《收藏界·钱币》第六期封二。他在《古今货币》一书的《古今货币谈》的最后说：“古今货币于复兴节在重庆展览，以法币、铲币、刀、布、圜钱、银圆、铜圆、镍币以及明清民国以来已不行使之纸币，及现行之纸币，并有价证券，如公债、支票本票、汇票、承兑票、储蓄券等，都为陈列，除另有《古钱》一书外，搜集数篇关于古今货币论文，而本一世《古今货币》。我这一篇《古今货币谈》，不过目为《古今货币》的序而已。”从此文得知，卫聚贤写此文之时，一九四四年十月十日，重庆正举办古今货币展览。这本书显然是对这个展览的介绍，属于一般读物。

卫聚贤另有《中国之软币》一书，笔者亦未见到。

在卫聚贤笔下，古钱既是一种研究对象，又是一种重要的物证。在古墓发掘中，在对古文字的阐释中，他常常用古钱拓片，考定时代，论述变迁，使结论更其有力。

第三节　创办《说文月刊》

卫月望在《卫聚贤传略》中说：“在上海中央银行任职期间，由卫氏出资并担任总编辑出版了《说文月刊》，它是当时国内很少的文字、语言、历史和考古学术方面的刊物之一；他同时着手编纂《字源》，自费印有《薛仁贵征东考》等书多种……”

后来《说文月刊》第一卷合订本出版，卫聚贤和参与编辑事务的孔令毂分别作了《序》。他在《序》中说：“我本是一个好动的人，在八一三后集合了几个朋友作《字源》，目的是在解决中国识字问题，如何使中国文字容易认识？这个工作很繁难，结果找出了字根若干字。其书自印，没有这一笔印刷费，送到书局去，怕碰钉子回来。于是出了一种刊物，目的是在自我宣传，使《字源》得为一般大众所注意。”即是说，卫聚贤是为宣传《字源》创办这个刊物的。

《说文月刊》于一九四〇年七月问世。其《发刊词》说:“自八一三以来,海上关于研究学术的刊物都停办了,在这苦闷的空气中,各种学术研究,无处发表,以致没有讨论的机会,国学当然不能例外。”又说:“当此抗战建设时期,我因职务关系,不能到前线上去抗战,在公余作些学术的研究,也是建设之一。是以现在我用我私人名义,出版一种刊物,拟月出一册,暂以十万字以内为一期。”在说了刊物的主要内容以后,说:“长短不论,言文不拘,新旧兼收,正反对照,只要言之成理,持之有故,以研究讨论的态度,不是谩骂开玩笑的,均所欢迎。”二十年代,山西狂人、文学团体狂飙社盟主、诗人高长虹曾办过一个私人刊物,叫《长虹周刊》,出版二十多期。现在,这又是一个山西人办个人刊物——他称为“私人刊物”。

编辑出版《说文月刊》,是卫聚贤在八一三以后全力以赴的一项工作。《说文月刊》之后有学术团体“说文社”行世。《说文月刊》和“说文社”,跟卫聚贤,成了钱币的两面,很难把他们分开。也可以说,《说文月刊》和“说文社”,已成了卫聚贤的符号,人们一提到《说文月刊》或“说文社”,就会立即想到卫聚贤。

《说文月刊》内容涉及文字、训诂、语言、历史、考古、古钱和古代艺术等。因为偏重于文字学之研究,故以“说文”为其刊名。它可说是卫聚贤一手经营的。编纂《字源》是用他本人的钱,编辑出版这个刊物同样用卫氏的钱;他将《字源》的编纂费移作刊物的印刷费。刊物封面用《汉洗》,花纹是“鹿鱼”,取其谐音“禄余”,即用本人的薪俸之余,发行这个刊物。目的在研究学术,不在赚钱。该刊定价很低,也不向作者付酬。第一期出版后,反响较好,先后三次重印。第二期也曾重印。有人建议提高定价,卫聚贤没有同意。

该刊坚持学术自由,“不宜强人以从己,亦不宜抑己以附人”。卫聚贤认为,“学人提出的意见如果能成为讨论问题,讨论很久,结果这意见成立,则是解决了一个学术上的问题,不是解决了提出这问题的本人的一己问题;提出的问题,如果讨论了好久,不能成立,是这学术上问题尚待解决,并不是推翻提出问题人本人的一己问题。”即自问题提出,便已成为“公器”,不再属于个人。他说,“本刊提出问题供学者讨论外,其所表现,主张证据多而议论少,不问其结论是否正确,而反对泛泛的空论及颠之倒之的将几句老话说了又说。更反对将谄谀的文字及不相干的捧场的无聊信件登载上去……” 孔令穀在合订本序中说:“卫先生主张学术思想,应绝对自由,不应固执于己见,入主出奴,也不应坚壁清野,闭目不视。”卫聚贤这个学术思想,在刊物上明显地表现了出来。

卫聚贤说, 他在历史研究上提出过三个问题,“一为春秋战国时中国学术受有外来的影响,一为文化起于东南,一为中国汉高祖以前历史年代应拉长。”他说,“除第一外,其余都是在《说文月刊》继续讨论过的。又如中国的文字是有字根的,中国的古韵是可互相通转的,甲骨文在秦汉时已有发现,中国人在古代已移殖至美洲,中国古代是有图腾的”,这些问题,都在《说文月刊》上讨论过。有些,本书已经说过,有些,以后会说到。

《说文月刊》联系和团结了大后方的一大批文字、史学和考古学家。在第一卷十二期上发表论文的学者,除卫聚贤本人外,有郭沫若、马叙伦、胡朴安、孔令穀、金祖同、张世禄、陈志良、吕思勉、杨宽、胡道静、常任侠、赵景深、蔡凤圻、朱友白、丁福保、胡怀琛、殷尘、姜亮夫、黄肇平、陈公哲、张凤等五十余人,外国学者如瑞典著名汉学家高本汉等人,也有论文在这个刊物发表。以后还增加了许多著名学者,如金毓黻、陶大镛、傅斯年、杨树达、杨世骥、杨家骆等,外国学者也多了。它成了大后方历史学家、考古学家、文字学家很重要的中心。

刊物在运作中遇到很多困难。第一卷第九期尚未付印,中央银行调卫聚贤到重庆,他只得离开。经银行总裁同意,该刊作为中央银行经济研究处特种刊物之一,得以继续办下去,由陈志良负责编务,继续在上海出版。一九四一年十二月第三卷第六期出版后,一度停刊,一九四二年七月在重庆复刊,卷期续前。吴稚晖是卫聚贤的一位好友,一九四四年,吴八十大寿时,卫聚贤特地编了一个纪念特刊,一百多万字,成为整个第四卷。一九四七年十一月出至第五卷第六期停刊。前后八年。在国统区,那是物价飞涨的年代,一日三变,刊物当然办不下去。"卫大法师"在最后一期《编后语》中,先说了停刊的原因"并不是稿子不够,实因经济不足",接着沉痛地说:"在抗战期间一切国学刊物停止了,惟有《说文月刊》在撑门面,对国家对文化,也算尽了些义务。纵使这不能按期出版,我想读者也会原谅的!"《说文月刊》的停办,是国家的不幸,更是学界的不幸。

第四节　编辑《字源》

编辑《字源》是卫聚贤在中央银行工作期间所展开的一项大工程。人们已经知道,他是为宣传《字源》而创办《说文月刊》的。编辑《字源》是主,创办《说文月刊》系为编辑《字源》服务。

我国在五四新文化运动之前，已有国语运动开展，是从清末开始的。最先提出的口号是推广“大众语”和“大众语文”。黎锦熙于一九三四年出版的《国语运动史纲》中说:“四十年来,热心‘大众语文’的人,都想把这种工具由坏的改成好的,约有三种主张:一是汉字改良,主张尽量采定‘简体字’,至今还在研究讨论中。一是汉字改换,主张注音,终于制定了一套‘注音符号’,‘注国音可,注土音可,注于文字之旁可,单用而注出口中之语亦可’。三是汉字改革,主张另造一种拼音文字,终于制定了一套‘国语罗马字’。”

关于汉字的以上三事——改良、改换和改革——都在进行,而且都有实绩显示出来。第一件事改良,即简化汉字,国民政府教育部先于一九三二年公布《国音常用字汇》,习用的简体字大都收入在内。一九三五年八月二十一日公布《第一批简体字表》,共三百二十四个字,其中一半以上跟一九五六年公布的《汉字简化方案》完全相同,其余绝大部分相近似,如“国”字没有一点,“济”字多了一点。当时有个说明,“本表所列之简体字,为便俗易识,且适用于刊刻计,故多采宋元至今日习用之俗体……”一九五六年公布的汉字简化方案,也是从约定俗成而来,即先在民间流行,然后由政府规定为合法。个别字非约定俗成,而是根据已经制定的规则推导出来。第二件事改换,即制定《注音符号》,进行得最早。一九一二年民国政府在南京成立,随即迁到北京,当年七月十日,教育部即召集临时会议,八月七日通过《采用注音字母案》,一九一八年(民国七年)十一月二十三日,教育部正式公布注音字母,声母二十四,介母三,韵母十二,共三十九个字母。第三件事改革,即“另造一种拼音文字”,当时一致赞同“国语罗马字”,瞿秋白于一九三二年十二月完成了他的《新中国文草案》,是众多方案中比较重要、影响比较大的一种。不过这种“改革”并没有由政府进行,所以不久便偃旗息鼓。

卫聚贤所主持编辑的《字源》,跟以上所说三件事都不相同。它不是对汉字进行任何一种变革,而是寻找一种更简便有力的查阅方法。对第三种办法,即改用拼音文字,卫聚贤坚决反对。他把汉字称为“象意字”。他说:“象意字的好处,就纵的方面言,甲骨文金文篆书隶书虽与现在的楷书形状不同,但因楷书保存了一部分形象,由楷推隶,由隶认篆,由篆认识金文甲骨文,古代已死的文字,大部分是可以读的通的;若是中国自古至今就用拼音文字,也经过了几次变动,现在人对于甲骨文、金文当然一个也不认识了。就横的方面言,相距数千里的人,因彼此方言的不同,见了面言语不相通,但写起文字来,彼此之意可以完全了解;若用拼音文字,与我万泉县为邻的稷山闻喜人写的,我已有一部分看不懂,若是广东福建人写的,简直比读外国文还要难。”当时改用拼音文字之风很盛行了一阵,连鲁迅也积极卷入其中,连在太原这个闭塞落后的城市,报纸刊物上也出现了用瞿秋白的改革方案所拼写的拉丁化汉字,赵树理就在他发表《打倒汉奸》的原作时,在此文的后边,附录了一段用拉丁化拼写的文字，支持汉语拉丁化。卫聚贤是个有主见的人，他不随风倒，不跟大流，在拉丁化大潮汹涌澎湃面前，坚持在汉字查阅方法上寻找突破口，这种品质是很可贵的。

《说文月刊》从第一期开始连载卫聚贤的《〈字源〉的编纂计划》。说了他展开这一工作的动因："究竟中国的文字，用汉字？用拉丁化或是改良汉字？在我的脑子中常常想着。先是二十五年，我有个学生教民众识字，成年人有了理智，他对于文字就发生了问题。他们问教员，人字为什么写成'人'？写成'大'字，不是头身臂腿都全了吗？写成'人'把两条臂放到甚么地方去了？又人字为甚么读成'人'，不读成狗马牛呢？教员回答不出。他们来问我。我到各书局将各种民众识字的读物买来看过，对于这个问题，仍是没法解决。于是想要解决这样的难题，才有《字源》之编。"编这本书，重在溯"源"上，即为什么要这样写，这样念，为什么要读成这个音而不是那个音，等等。

卫聚贤的计划十分庞大。他说："中国的字书，过去分为三类。以形为主的，由《说文》以至《康熙字典》等。以音为主的，由《玉篇》以至《广韵》等。以义为主的，由《尔雅》以至《方言》等。这三类各有各的系统，没有方法把它们归纳在一起。是以《字源》也分为《字形》《字音》《字义》三篇。排印亦拟以三部独立，为三册，另印总检字一册，再另印一册新字。"以《字形》为例，是将一个字，用甲骨文、金文、篆文、隶书、草书、行书、别体，在这六个文体中，各择一个，依次写出，用锌板印，使人一看，就知道楷书的字体是由某种形态变来的。《字源》共收九千余字，但由于汉字十分之九为合体字，归纳的结果，为一千六百六十几个声母，再归纳，有四百四十几个总声母。字形的排列，既不根据字音字义，也不根据字形的如《说文》和《康熙字典》那样的部首，而是依类排列。从中可见卫聚贤这部书是很有创造性的。

卫聚贤编《字源》,最重要的一个成就,是发明了“字根”的学说。孔令穀在第一卷合订本《序》中说到卫聚贤等(孔先生亦在其中)所编《字源》的一个重大特色,也是卫聚贤所强调的,即:

> 字根说。我们相信我国文字,凡声的所在,即义的所在。先儒们深信着许说形声的话,以为形声字是以形为主,以声为附,有左形右声上形下声外形内声等等的区别。形声是以事为名,取譬相成,声是一种譬,形刚才是主,这一说法,几乎成为信论,绝无人加以怀疑。以后学人提出了“右声说”,以为声不只是取譬,它还含有意义,含有训解,如“曾”有意义,例,增,益也,层,重屋也,槽,巢也,矰,高也,义意都相通。于是取譬相成的话有些摇动。右声之说自较以声为譬的形声说为合理,但他们的说法,还是不够说明文字,因为声同义亦都同,是可以成立的。但这所谓义同,有许多地方是由汉晋大儒们以同声为训的原则注书才成立的,这些说法未必即是该字的原始的本解。我们提出的字根说,则是以文字从声之一形为主,以前所谓形的一旁为附,形附不足重轻,在古籍上有很多字连形也没有的(如祖古作且,雲古作云等,此类甚多)。形声为后出字,古代的文字,凡从声之一形,即为该字的主要部分。我们不承认声旁只以作譬,也不满意于声旁亦有义一语。我们是主张,“凡一字声之所出,即义之所在”,这是我们所主张的字根说。卫聚贤先生《字源》一书,即以此为出发,而收获了音韵都可通转的重要发见的。卫先生的音韵通转图与章太炎先生成均图不同。章氏的正转旁转是从声音原理出发,卫先生却从古今音的实际现象来,所以二者的结论似同,而其内容则各异。我们从字根说

> 出发，再进一步以求音的变演义的引申，则现有文字孰为古文孰为新字，孰为原谊，孰为演义，孰为元音，孰为变声，皆可于此探其消息。文字之学，或可异彩斑斓，发前人所未见，亦未可知。

这是说，字根说的提出，是卫聚贤一大发现，在文字学上具有重大意义。

如何使人更容易掌握汉字的规律这一问题，前人已做过努力。丁福保在《畴隐居士自述》中说："近十余年来，专致力于《说文诂林》一书，所费三万数千金，劳且糜矣。于右任曰：'《说文解字》为研究国学必备之书，自逊清乾嘉以来，关于《说文》之著作，不下一二百种，学者如欲检查一字，非遍检各书不可。而单文零义之散见于各家文集及笔记中者，一时尤难检阅。今丁君编辑《说文诂林》，合原书一千余卷，囊括有清一代许氏之学，汇为渊海。检一字而顷刻即得，得一字而各说咸备。凡古书中之所谓某为正字，某为借字，某为异文等，昔人穷老尽气而不得者，今费半小时即可得之。所以此书不仅集许学之大成，实亦治《说文》者最便利之捷径也'……"卫聚贤所编《字源》，跟丁福保所编《说文诂林》当然有很大不同。《说文诂林》是把有清一代有关《说文解字》之书编在一起，以便检阅。《字源》则是以字为单位，找出规律，另行编辑，而成另一种《说文》。

孔令穀为《说文月刊》第一卷合订本作《序》中说："统观清代学者对于文字之学，大概有一个共同的趋势，即笃守师说，重整理而少发明。他们的工作不能说没有独特的心得，但这些只是《尔雅》、《说文》篱围内的垦辟，篱围之外，则不曾表现过惊人的谈论。直到吴大澂、章太炎、王国维诸，才敢从金文古籀中探究文字消息，稍有独创之见。然章王诸家仍未能摆离许说，直探骊珠。我们于此想以前人未经致力的途径，加以研究，想以纯客观的态度，于文字学方面，建筑新园地。”

卫聚贤说到了他编《字源》的艰辛和他坚持不懈的毅力。他说：“本文之作是费了相当时间的。先将《广韵》编成索隐，将一字两见以上都抄出……根据总目，作了个《广韵通转表》，如由‘东’直通‘冬’，由‘冬’旁通‘脂’，由‘脂’转通‘沁’。根据《广韵通转表》，作了个《广韵通转图》，即是二百零六韵，都可以相通的。换一句话说，即二百零六种音都可读成一种音也，就是二万六千一百九十四字，可读成一个字的音，即是中国的任何一个字，读成任何一个音却都可以的。”卫聚贤提醒人们：“中国所有的字，在古代各个都可得通，那么原始人类对于一切的东西命成一个名字，何以有区别呢？这是中国历史的悠久，版图广大，空间与时间混乱发生的现象，原始人类对于各物的命名，是彼此分的（得）很清楚，到了后来成为文字，其读音虽不如现在之多，但是决不至可以各个互通的。”接着讲了“小孩的发音次序”，从中可见其研究之深入。

记者李丹在《考古家鲁智深》中写道：“笔者初见他的地点在法国公园，拿了皮包，捧了字典在用功。他的读字典，并不是不识字，是在统计中国文字之构造，归纳出个结果来，准备改良中国文字。‘我现在在编部字典，叫作《字源》，将同一字根的字，收集在一起，识了一个字根，譬如“子”字，凡从子得声的字音字形字义，都可以用最简单的方法，迎刃而解了。’不错，他现在集中精力在编辑《字源》，已经编了一年多，将来成功，一定浩大的。同时解决中国人识字问题，帮助定多。”

编出《广韵通转表》也是卫聚贤一大功绩。蔡凤圻在《从卫聚贤先生广韵通转表说到古韵的转变》中说：“这种全凭现实状况的整理结果，给我们一种确信韵部完全可通的观念，并且告诉我们在以前绝不可通的却有可通之道在，来启发我们去寻求新的通转的途径。”“字根说”的提出和《广韵通转表》的制订，是卫聚贤两大创造性成果，它的意义是编《字源》所不能包含的，应该说，它在汉语研究史上是不容忽视的一页。

另外，卫聚贤对许慎的“六书”也做了新的解释和发挥。

卫聚贤在清华研究院学习期间，即跟瑞典著名汉学家高本汉有过联系，高本汉的《左传真伪考》是他跟同学陆侃如合译的。他在编《字源》过程中，多次跟高本汉通信讨论。《字源》的《字音》部分初稿写出后，即寄高本汉一份请求批评，高本汉写信说：

聚贤先生台鉴：

赐函及赠书均已奉到，前以事出外，最近方返馆中，百务麕集，均待处理，致未得从早作复，歉仄无已，敬希海涵。尊编《字源》原稿，已经拜读，兹交邮奉还。在尊编《字源》之中，随处可见所搜集之材料极为丰富，排列上不仅极有系统，而且极有学者作风，是以此书用处极大。

惟阁下对“字”之处理方法，有一方面使鄙人不甚明瞭。例如阁下在几处所标出“声”之单元，但鄙人则绝不能由此字上寻出其音符。如“亡”字由“亠”得声，“立”字亦从“亠”得声是。此点火因台端所用以解释之名词，鄙人尚未明瞭耳。

承赠尊编《说文月刊》第一至第三各期，心感靡已。此种有价值之刊物，甚盼能继续长久刊行；当此贵国多事之秋，台端仍能从事于此种学术上的编印工作，不禁敬仰之至。此颂

台安

高本汉拜启

一九三九年五月二十九日，于瑞典首都东方博物馆。

卫聚贤受到高本汉的来信后,做了解释。

正如高本汉所说,当时的中国,正处在多事之秋,抗日战争即将进入相持阶段。卫聚贤写出《字音》篇后,复写四份,拟保存上海一份,香港一份,重庆一份,高本汉一份。他的想法是,万一存于中国的几份都被战火烧毁,则有高本汉的一份可用。所以他又把稿本寄给高本汉了。

卫聚贤说,他将先编一本《识字捷径》。他的想法是:“教成年人识字或作难民识字读本,我敢担保,有一百天的时间,他们可以认识四千字,以之写书信账簿普通是够用了。”他说:“但是话又说回来,《识字捷径》我固然在两三个月以内可以编成,但图画写字作铜版,连同印成书,没有两千元不可,那里有书局及慈善家可作这件事,赞助这部书出版呢?”这真是个大问题。像卫聚贤这样的人,只知道埋头工作,可要把研究成果贡献给社会,哪是容易的吗?孔方兄是挡在学者面前的拦路虎,没有孔方兄的支持,学者们即使有一腔为人民做好事、为国家做贡献的热血,也只能徒唤奈何。

第九章　开辟另一研究领域
——巴蜀文化

第一节　浴室中酝酿成立巴蜀史地研究会

现在得返回来说一九三九年。

卫聚贤说:“第二次大战起,我仍留在上海出版我编的《说文月刊》,汉奸以为我替政府在上海联络文化人。杨宽给我寄了一粒手枪子弹,书中夹一纸条,限我三天离开上海。我向法租界巡捕房报告,调查后认为严重,派了三个巡捕守卫保护,但每天要十元小账,我就给重庆总行打电报说:‘上海环境不宜,请调渝工作。’我就乘船绕香港、越南到云南……”

卫聚贤的长女卫零,在应同村人卫茂轩请求之下写了一篇回忆其父生平的文章。她在文中说:“我到延安后,父亲于一九三九年春从西安托人给我带来《资本论》一套三册(那时延安尚未出版此书),还有‘派克’钢笔、能坐在桌上的怀表和鱼干等食品。”她也说到有人寄子弹事,但说法不同。卫零说:“在此之前,父亲曾在上海自办的《说文学刊》上透露:‘我的女儿在延安,我的儿子在民族大学。’此信息被我们家惟一的一位房客获悉,这个房客是山东人,名叫黄素封,后投降日本,当了汉奸,他就给我父亲接连写了两封恐吓信,信中装着两颗子弹。父亲急忙一面将情况告诉我，一面向当时他所在的中央银行申请，不久他就从上海去了重庆。”

这里说卫聚贤“于一九三九年春”在西安托人带《资本论》等给在延安的卫零，这时他在西安做什么，是怎么样去的，笔者都不清楚，但把时间定在一九三九年，可能是比较确切的。

从下面说到的两篇文章看，一九三九年前半年，卫聚贤曾赴湘西麻阳县一带考察，所作《婚礼存古》和《红苗见闻录》记其事。这年八月底，卫聚贤奉中央银行之令，前往重庆，《说文月刊》亦迁往重庆。第一卷合订本《序》说：“……但是到了第八期已出版，第九期已排好时，中央银行调我到渝工作，同时沪上纸张及排工印工等都大涨，《说文月刊》有继续不下去之势。于是呈请中央银行总裁，将此刊物作为中央银行经济研究处特种刊物之一，才得继续出下去。但是中间隔了几个月未出，因而脱期很多。”

九月初，赴渝途中经越南。《华西大学博物馆参观记》说：“余去年由沪来渝，路过安南，在河内博物馆也参观过数次，购了些照片，并作成一篇《安南河内博物馆参观记》。其稿件随身带至贵阳，因汽车站被焚，我的三件行李，俱为灰烬，使《安南河内博物馆参观记》不能发表……”同时被焚的还有四大本的《吴越史料汇编》。

这样，赶到重庆，已是冬天了。

其实，祖国的西南，差不多十年以前，卫聚贤曾经来过，而且做过考古。一九三六年六月二十三日《朝报》发表记者的访问记。他说：“十九年春季，任昭通省立中学教席，于是利用这个机会，进行考古的工作。次年昭通奉教育厅命筹备省立民众教育馆，我负图书股的责任，就将梁堆有发掘的价值，在筹备会中提出，幸获通过。同年春夏之交，前去指导工人实行。经过两个星期，先后发见人马花鸟的浮雕石刻共有三件，有文字的石刻两件，余外，还有陶片花砖和无字的方石等百余件，当时县长汤氏认为都是汉代的古物。在个人的观察，审订这梁堆至晚是晋代的，因文字较多的那一来，我们嫌它是坏铜，每每不要。依次推想，这一类古物出土后被销毁的，实在已不知多少，多经考古家著录，而云南的古物，除孟璇及两爨三碑外，湮没无闻。当我要离乡前一月，西区洒渔河，又发见两个梁堆，我不避风寒不嫌路远的去考查。一个是石砌成的，颇与前次发掘的那一个相仿佛，没有文字和图画。一个是砖甃成的，甃得颇好，与农民所说无异。距石的那一个极近，其规模虽还相同，但是那砖上刻的各种花纹十分美观，有些还是刻成兽类的，为我从前所未见。内中可站立十余人。初发见就有二三十枚五铢钱，并有一个陶土鸡头，村童携来给我看，我遂向他收买。入城将此事告知李文林县长。李君一面命该地的农民负责保护，一面请我同鄢石愚君去照相。鄢君以事烦延期，我又为忙于长途旅行，到现在已将一年，后事如何，不得而知了。”

又说：“今年春季，我游成都时，见着少城公园陈列彭县出土汉延平年的花砖，恰好与昭通的一样，不过昭通尚未发见有文字的。考云南迤东这个地带，是汉时的朱提郡，当汉初通西南夷后，中国人自然就侵入其地。又考汉洗铸的地名，不是‘朱提’，便是‘堂狼’。‘堂狼’，即是‘朱提’产铜的一个山，因此认定这地并且有汉代的大铜矿工厂。可是区区能力，仅有考察，不能发掘，未免贻‘纸上谈兵’之讥，乃将这种意见呈请云南文化当局发掘，未蒙允诺。”

现在看来，卫聚贤时在大后方的中心四川。卫月望在《卫聚贤传略》中说：“抵渝之后，改任中央银行秘书处秘书之职……”

朱彦民在《“巴蜀文化”的首倡者——卫聚贤先生的历史考古学贡献》中说：“《说文月刊》在上海创刊之后，汉奸特务以为卫聚贤在替政府联络文化人，遂寄给卫聚贤手枪子弹以示恐吓。在不得已的情况下，卫聚贤在获得批准后，化装后乘船绕香港、越南到达云南，之后又到重庆，在担任上海中央银行秘书处书记的同时，继续主编《说文月刊》……当时的学术刊物非常之少，而办出名堂的更是寥寥无几。卫聚贤主编的《说文月刊》与顾颉刚主编的《文史杂志》、娄子匡主编的《风物志集刊》是当时少有的几个学术期刊。在国难当头、学术期刊相当缺乏的情况下，毁家纾难，以一个学人之独力而办此学术公益事业，为繁荣中国的学术事业做出了突出的贡献。”

到一个地方，首先从资料上接触这个地方，认识这个地方，是史地学家的习惯，对卫聚贤说，更是必备的功课。四川在秦代以前有两个大国，一为巴，在重庆，一为蜀，在成都。巴国的古史有《山海经》、《华阳国志》的《巴志》等书。其地靠近秦楚，故《左传》有片断记载。蜀国的古史，见于《尚书》《蜀王本纪》《蜀论》及《华阳国志》的《蜀志》。不过这些古史既不详尽，且多神话，因而在人们看来，巴蜀古代没有文化可言。卫聚贤着手写一篇《汉代的重庆》。

重庆有两个温泉。一为南温泉，一为北温泉。南温泉由南岸海棠溪往，乘车一个多钟头可到，有浴室，有旅馆，有饭馆。北温泉在北碚，由重庆北行，汽车需三个多钟头，但现在正修路，尚不通车。卫聚贤因有事，与友人中大教授程仰之、常任侠，北碚前辞典馆馆长杨家骆等，从北碚乘滑竿前往。温泉在半山。温泉管理主任名叫邓少琴，是个文物爱好者，藏四川的汉碑拓片和汉画甚多，卫聚贤此行就是来看汉碑拓片的。看毕之后，主人坚留，说有一古墓可挖，墓就在路基中。墓前石上刻“东对”二字，有唐人作风。几个人便把古墓挖开。这时天色向晚，一行人吃过饭后，便入温泉浴室。

此处温泉，有单人的小房间，有大浴室，卫聚贤等五人共入大浴室。水从西南喷入，温度与体温正合。水深三尺，大可十方丈。一友人能泳，一跃而入，如鱼得水，非常自如。卫聚贤是旱鸭子，因为水的浮力太大，足不敢举，举则头重脚轻，有倒插水中的可能，只得靠墙横行。此时，他突然生出一个感想，就问友人："鱼何以能直入水，蟹何以沿石横行？"友人说："不知道。"卫说："鱼无腿，可一跃一跃前进；蟹为八条腿，顺水或逆水直行，则腿被水冲断，故为横行，又为避免水的冲力，故沿石而进。本人不敢走池中间而只能沿墙横行，正跟蟹相同，是蟹的时代。"友人大笑。不久进至池中间，但两足仍不敢举起，踏地而行，两手在水面左拨右拍，友人亦如此，卫聚贤又有话了："我等进化了，由蟹而蛙，但是幼蛙，只生出两前腿，尾尚未脱，后腿亦未生出，故头浮出水面。杨秀琼善游泳，人称为'美人鱼'，实际应作'美人蛙'，因四肢尚未去掉。"友人又大笑。从这里可见卫聚贤机智和性格开朗的一面。

五人泳至一处，有人提议，成立一"中国西部史地学会"，有人说西部二字包括太大，仿吴越史地研究会成立一巴蜀史地研究会，都赞成，推卫起草，又谈起应请某某作发起人，某某作赞助人，分为几种门类，应用几个步骤，讨论得详而且尽。卫聚贤兴致勃勃。忽然想到，仍在水中，便说："在水中开会，除鱼蟹而外，人类算是第一次吧？"又引起一阵大笑。

当晚，几个人睡在一起，更是话声不断，所谈，都是做学问的方法和感想。你一言我一语，不觉到了深夜两点钟，于是就寝。

第二天继续发掘那个古墓。有人说："死人遇见你们这些考古学家，就倒霉了，不惟体无完肤，而且使他寸骨不存。"卫聚贤回答道："错矣。死人遇见考古学家是他的荣幸。死而葬于荒山，无声无臭，与草木同朽，他生前既不能流芳百世，又不能遗臭万年，借考之力，将其尸骨及殉葬物，连同墓的建筑，作成考古报告书，可以扬名远近，鬼而有灵，不亦乐乎？"友人大笑不止。

这个墓用石砌成，上用三块石头为盖。墓内尸骨无存，早已腐化。墓中共有器皿八件，以瓷质看，大约为唐宋时代物。无其他文字，只墓盖前石上刻“东对”二字，其意不明。

想起在北碚看博物馆，古物陈列室中，多西康物，本地物则仅有汉砖数方，上有花纹可贵。西康出土的铜壶上雕刻一蛙，可为殷人由川沿江而下之证。跟北碚前辞典馆馆长杨家骆等说起，都觉在巴蜀开展考古甚为必要，也很有前途。

这次北温泉之行，当在三月二十五日前后。四月八日，重庆多家报纸发表了《巴蜀史地研究会草章》，发起人为郭沫若、卫聚贤、沈尹默、马衡、金静庵、胡光炜、程憬、谬凤林、常任侠、杨家骆、邓少琴、商锡永、姜亮夫、杜纲百、蒙文通、卢作孚、陈青石等数十人。章程中规定，理事会由二十一人组成，由理事会选出常务理事七人主持日常会务，理事会聘请总干事一人，干事若干人，常川驻会，执行各项交办事宜。笔者未能看到举行成立大会消息，想来，卫聚贤担任这个研究会的总干事是不用怀疑的了。

从北温泉回来之后，三月二十八日，卫聚贤写完了他的《汉代的重庆》。这篇文章以史料为据，详细介绍了重庆的得名、民族构成、山川形胜、人文历史等，足可视作《重庆府志》的提纲或轮廓。如说重庆得名于宋代。“重庆是于宋孝宗淳熙十六年八月，即西历一一八九年，距今七百五十一年时，由恭州改的。因为宋光宗初封在恭州为恭王，于孝宗淳熙十六年二月即帝位，因于斯年八月改恭州为重庆府，他是以封为恭王就可以庆了，由恭王而即帝位，可谓为重庆了。”

关于巴人的种族，卫聚贤疑为属于苗民之一种，以巴人之善于歌舞证之：

《后汉书·南蛮传·西南夷传》云"阆中有渝水,其人多居水左右,天性劲勇,俗喜歌舞,高祖观之曰'此武王伐纣之歌也。'"按武王伐纣之歌,《华阳国志·巴志》云"周武王伐纣,实得巴蜀之师,著乎《尚书》。巴师勇锐,歌舞以凌殷人,前徒倒戈,故世称之曰'武王伐纣,前歌后舞也。'"按《尚书·牧誓》只言武王伐纣率庸、蜀、羌、髳、微、卢、彭、濮八国人,未有巴人。但《汉书·礼乐志》载郊祭乐有巴俞鼓员,颜师古注云"高祖初为汉王,得巴俞人,并矫捷善斗,与之定三秦灭楚,因存其武乐也。"又按《楚辞》载宋立(引者按,此字疑有误)文有"客有歌于郢中者,其始曰《下里巴》人,国中属而和者数千人。"是古代巴人善于歌舞,而目下苗民亦长于歌舞,而且是且歌且舞的。

殷本苗人,见于我《古史研究》第三集《中国民族之来源》。武王伐纣率有苗人,在阵前歌舞,于是前徒倒戈。此与汉高祖围楚霸王于垓下,因霸王所率者为楚人,而汉高祖以所率巴俞人作"四面楚歌",楚人亦以其同族不宜互残,因而楚霸王之部下瓦解。由此而论,巴人本为苗民之一种。

该文列秦汉魏晋时巴郡的人物,共计二百四十九人。接着说:"重庆江北的汉墓,或者在这二百四十九人有名的人物中,有一二人在内?况王咸、李权、罗尚、皮素死于巴郡是有明文的。"卫聚贤为了弄清汉墓中人物,特地从史籍上找出巴郡全部重要人物,这种功夫很难得。

其实,他留心西南文化,并不自这时起。朱彦民在《巴蜀文化的倡导者——卫聚贤先生的历史考古学贡献》中说:"一九三一年春夏之际,云南省筹备民众教育馆,卫氏因为回家探亲任昭通省立中学教席,被委任负教育馆图书股之责,遂在云南省昭通进行"梁堆"墓清理发掘,历时两个星期，发现了人马花鸟的浮雕石刻三件，有文字的石刻两件，陶片花砖和无字的方石百余件。此外卫氏还参观了附近另外的两个由村民盗掘的梁堆墓，一个用石头砌成，一个用砖砌成，花砖纹饰精美，并出土有五珠钱、陶质鸡头等文物。卫氏禀告当地政府，希望妥善保存。昭通梁堆墓葬，据卫氏判断至晚为晋代墓葬，并纠正了当地人梁堆是瑶民居舍、五铢钱是瑶钱的看法。当时中国考古发掘集中于黄河流域和西北地区，而西南地区只有民族学和地质学的调查。卫氏在云南昭通的实地考古发掘，实开西南地区考古学之先河。”

第二节　嘉陵江畔发掘汉墓

前边提到郭沫若，在中国文化界，这可是一个大人物。郭沫若（1892—1978），著名历史学家、考古学家、文学家、诗人。四川乐山县人。在日本留学时开始写诗，其《女神》为五四新文学不朽著作。跟郁达夫、成仿吾等组织创造社，是五四以来第二个著名文学社团。一九二四年以后接受马克思主义思想，倡导革命文学。一九二六年参加北伐战争，任国民革命军总政治部副主任，曾参加南昌起义。一九二八年旅居日本，从事甲骨文、金文的研究，著有《甲骨文字研究》《卜辞通纂》《殷契粹编》等多种考古著作。历史著作亦很多。鲁迅逝世以后，郭氏被当作左翼文化人士的旗帜，受到尊崇。卫聚贤开拓巴蜀文化研究，就常常被人们把他跟郭沫若并称。

一九四〇年四月七日，卫聚贤赴郭沫若寓，同出散步，郭沫若夫人于立群同行，在重庆江北培善桥附近人家发现多块汉砖，砖上有各种花纹，分别刻着“昌利”、“富贵”和“任文”等字，兴奋异常，当晚告于右任、张溥泉、吴稚晖、故宫博物院院长马衡、中央大学教授金静庵、常仁侠等人。于右任(1879—1964)，原名伯循，字诱人，右任是早年投稿时用的一个笔名，后以此名行世。陕西三原县人，曾被誉为“西北奇才”。是国民党元老，同盟会成立后，先后创办《神州日报》《民呼日报》《民吁日报》《民立报》等，为“革命喉舌”，曾两次被捕入狱。一直追随孙中山，矢志不移。又是著名诗人和书法家，一九四一年跟在重庆的文化界人士一起发起，以农历端午节为诗人节，以激发国人的抗日热情。张溥泉(1882—1945)，原名溥，号博泉，参加民主革命后改名为继，其号亦改为溥泉。河北沧州人。国民党元老，最早的无政府主义者。中华民国成立后，被推为第一届国会参议院议长。南京国民政府成立后，屡任要职。一九三七年兼任“国民党党史史料编纂委员会”主任委员，不久担任国史馆筹备委员会主任委员，以后国史馆成立，为第一任馆长。次日，重庆多家报纸发表了这一消息。此后，一连几天，卫聚贤和郭沫若等多名考古学家在同一地方发掘汉墓，收获甚丰。卫聚贤在一九四一年写的《巴蜀文化》中说：“去年四月余在重庆江北培善桥附近发现汉墓多座，曾加发掘，得有明器若干，由其墓的建造，砖上的花纹及文字，其他的俑、钱、剑等物看来，文化已是很高……”

常任侠在《整理重庆江北汉墓遗物纪略》中说：“重庆附郭之区，沿嘉陵江两岸，多有汉代墓葬。以地形之变迁，及历代之残劫，今多不可考知；惟于荒陇废墟间，时见古砖，人家墙根屋角，治井垒灶，常亦采用，以是验之，固知汉墓之已毁者，盖甚多也。其在沙坪坝附近，已经中央大学之所发见者，盖有数起：一墓石棺中，有元兴元年五月五日镜五，又有永寿四年六月十七日、延熹五年二月十九日、熹平四年、熹平五年十月十八日、光和三年诸崖墓，皆在江干悬崖间，而刻识年月其上；又曾发见一汉阙，无文字。凡此大率为二世纪时所建筑，皆刘燕庭氏《三巴看古志》，法人色伽兰氏《中国西部考古记》所未著录者也。至于牛角沱对江江北汉墓之发见，亦属偶然得之。其先予游生生花园，见园路多汉砖，践踏无问者，颇惜之；盖当建园之初，墓遂被毁矣。余尝以告友人吕君，吕又告之郭沫若，后予复告友人商承祚，以金大中国文化研究所，方集川中古砖图案文字也。某日，郭与卫聚贤，来园访砖，无所见。因渡江作郊游，至培善桥，见人们墙角屋根，皆汉时砖……”

郭沫若写有一篇《关于发现汉墓的经过》的文字，生动有趣。同时，当时报纸上有详尽报道。本文以此二者为根据，梳理如下。郭沫若在其文章开头说：

一

四月七号（星期日），卫聚贤先生到我寓处来，要我和他同到生生花园去找汉砖。因为在那前几天，画家吕霞光先生告诉过我们，说：在生生花园里面有无数的汉砖，用来砌着一条小路。那天下午我们便同到生生花园去，但是那条汉砖路却怎么也找寻不出。（后来又有另一位朋友告诉我们，才知道那路被拆掉了，汉砖也被人搬去了。）天气很好，嘉陵江北岸的风光大有蛊惑的情调，我们在寻砖失望之余，便走下江边，乘着励志社的渡船，渡过了江去。

在江北岸培善桥头的一家茶店里吃了一会茶，我们又走向茶店东头的山坡上去散步。走不多远，便在一座农家的墙根和附近的阳沟旁边，发现不少有花纹的古砖。卫先生高兴得了不得,他连连地说:这不就是汉砖了吗?很多,很多,我也相当高兴地响应着他,我说:我有一篇文章好做了,题目就叫着“求砖得砖”。

人是只怕不注意,一经注意了,有价值的东西实在遍地都是。我们接着又发现了无数的砖,或是面在路旁,或是砌在墙上,有的除掉花纹之外还有文字。有一片有“昌利”二字的反书,又有好几片在当中横写着“富贵”两个字,从字形上看来确是汉隶无疑。卫先生过分高兴,他便往一家农家去借锄头和篮子,想把这些有文字的砖头搬过江去。

我在卫先生去借锄头的期间,循着曲折的小径绕到一座人家后面去,却发现了一双已经开了的石槨,但在那个石槨外面却分明有“富贵”字的砖突露着,我这一下才着实惊喜了:因为我自以为是找着了古砖的源头。等到卫先生转来了,我忙把这个发现告诉了他。他也就忙叫他所带来的一位农人,把那突露着的一片“富贵”砖挖了下来,另外又在别处取了一片“富贵”砖,让我和那农人两个盛在篮内,用锄头柄抬着走,他自己把“昌利”砖抱着引路。走到他所借锄头的那家农家,他说:那灶房里还有好东西呢。我们便同到灶房里去,原来在一座灶头上还有一片有花纹的断砖,上面盖有一个印章,有篆书“任文”两个字。

搬砖倒不是件容易的事,一片砖约有二十公斤重,抱起来是相当吃力的。农家的人看见我们把砖头当成宝贝,怎么也不肯替我们搬运,我们只得一片一片地把三片砖抱到了培善桥头,抱了总有四分之一里路远,抱得一头一身都是汗。我当时对卫先生说过这样的笑话,我说:这些砖虽然还不敢说就是汉砖,但至少总可以说是“汗砖”了。

傍晚,过江来以后,聚贤便往中央通讯社访问他的朋友去了,第二天的报纸上公然便有发现汉墓的消息出现。我倒是有点感觉着惶恐的,因为究竟是不是汉墓,我在当时实在还没有具体的把握。但是聚贤却是坚决得很,他把这消息早已告诉了于右任、张溥泉、吴稚晖诸位老先生,同时又通知了好几位考古的专家,如故宫博物院的院长马衡先生,及中大的教授金静庵、常任侠诸位先生。他说:他已经约好了,我们到十号的清早再去调查。

二

十号,聚贤一早便到寓所来,约着同往生生花园。到了那儿时,马衡早到了,便一同过江。这一天的路很烂,因为前一天下过雨,大家便在烂泥中走到了墓地。就露出土面的各种砖块来说,马衡也承认确是汉砖。因此便在当天决定了一个试掘的计划,把当地的联保主任也请了来,托他帮找工人,决定在十四号的星期日开始试掘。正在商议的时候,联保主任告诉我们,就在邻近的一座院落里面也有一座有花纹的砖墓,在平地的时候取了好些砖,又把整个的墓埋进土里去了。我们到那院落里去问时,果然有这样的事情,那儿的负责人并且还答应我们,可以在十四日同时试掘。

在十号这一天,除马衡外,还有常任侠先生,他到得比较迟,走了不少的冤路,但亏他也把墓地找着了。

三

十四号,星期日。

这一天天气很好,有不少的人来参观并参加试掘。我担任试掘首先发现的那座双椁,聚贤担任试掘院落内埋在土里的一座。

试掘了半天,把石椁内的堆积启光了,殉葬物什么也没有,只是从每一石椁里各挖出了一条活蛇(有某报的记者曾把这项材料来奚落过我们一下)。同时在一座石椁的壁上,更发现了鹿含灵芝草和牡丹花的浮雕。这些壁画的发现使我的兴趣冷掉了百分之九十九:因为这些花样绝对不会是汉代的。而且在椁外的泥土中挖取砖块时,更使人失望的挖出了一个“嘉庆通宝”,这使我对于那些砖块都不能不怀疑起来了。聚贤先生的信仰却很坚定,他是这样主张,在毁了的汉墓之上又建了一座清代的墓。常任侠先生也赞成此说,但我依然不能不怀疑。有一位生生农场的职员在旁参观的,他说这样的砖,在他们农场里发现了无数,那些墓里的古物怕只是明代的墓。这也助长了我自己的怀疑。

聚贤所试掘的院落里的一座,把墓头的确从土中挖出来了,砖也都是有花纹的,而且多有“富贵”二字。但横在那墓脊上却新建了一座房屋,如要正式试掘,除非把新屋毁掉。这是近于不可能的事。但同时在这第二墓的方向线上,相距约一丈之处,有参加试掘的朋友杨仲子和胡小石先生,在新掘的阳沟边上又发现了有古砖砌成的一个直角。于是又就这个直角突露试掘下去,结果是得到了一个长约八尺,宽约二尺,高约一尺的一个古砖砌成的槽形，里面什么也没有。朋友们认为是孩子墓，称之为“第三墓”，但我还不敢相信，或许是那座大墓前面的什么配备品吧。

这一部分的试掘，也没有充分的力量来打破我的怀疑，因此我在下半天，也因为有事，便独自过江来了。

在这一天的试掘，马衡先生也是参加了的，不过他因为有事不曾过江。

对这一节，四月十四日重庆《中央日报》等各报是这样报道的，其情调跟郭沫若大不相同：“郭沫若，卫聚贤，在江北培善桥胡家堡发现汉墓，已志各报，前日郭沫若，卫聚贤，马衡，常任侠等，再度前往考查，又发现一汉墓，已定于今日联合各学术团体前往发掘，届时于右任，吴稚晖，张溥泉诸氏均往指导，并欢迎各界参观，于是日上午九时在生生花园集中，并设有招待所，随时可由生生花园内渡江前往。”可见声势之大。

十五日重庆《时事新报》载：“郭沫若，卫聚贤，前在江北培善桥先后发现汉墓二处，郭氏乃于昨日联合各学术团体前往发掘，由郭沫若，卫聚贤，金静庵，胡小石，常任侠，杨仲子，马衡等主持，并有工程专家邓士萍等参与测量及绘图，参观者有潘公展等数百人。发掘之二墓俱在培善桥之北，一为石墓，内有二圹穴，唯一壁已失去，圹内石壁镌有图案花纹，附近并掘得汉砖甚多，因该汉墓系在二石筑之墓旁，石墓建筑时，将汉墓毁坏，故汉砖多行分散。在墓中除发现不同花纹之汉砖数十方外，尚有陶制虎头一个，并两前腿，虎臀部一块，猪头一个，并有残缺之红质薄釉饕餮含环器一部分。另一汉墓，砖上亦作图案花纹，该墓长约一丈五尺，宽约五尺，高约七尺，工程极为广大。惟发掘终日，尚无任何殉葬物发现,据卫聚贤氏之考察,该二墓当为东汉末叶者。又在距砖墓五十尺处,昨复发现一砖砌长方槽,长五尺许,宽尺余,深亦尺许,八方汉砖铺底,八方汉砖为墙,二方汉砖为两档,尚有一方横在头上,共计十九方汉砖,尚不知为何物。发掘工程,今日仍继续中。"

四月十七日重庆《新蜀报》等报刊载中央社消息:"江北红沙碛第一汉墓,因工程甚大,昨尚未掘完,今日仍继续发掘,法领事杨克维夫妇,特往参观,赞美不已。杨领事夫人以汉墓建筑及花纹特殊,确有使世界考古家注意之价值,拟不日将汉墓发掘纪略并照片拓片,送于世界著名报纸发表云。"

郭沫若在其文章中接着写道:

> 十五日以后,卫聚贤先生们又发现了"第四墓",据说是在第二墓的继续试掘中,由工人告诉他们的。那墓在培善桥西首的一座小丘上,是已经开掘了的,但墓形十分完整,附近的人在有警报的时候,当成防空壕在使用。墓虽已被开掘,但墓底积土甚深,聚贤以为土中或许还有遗物,便又在这墓中试掘。
>
> 积土异常坚硬,并杂以无数小石,挖掘很不容易。挖了两天多,仅挖清了三分之一,但一无所得,聚贤已感觉着失望,决心再挖一天不再挖了。但在十八号的下午三时左右,我接到他的电话,说有重要的东西发现,要我过江去,并带一位摄影的朋友同去。摄影的朋友去了,我自己因为有事,没有去。
>
> 二十号的下午我得到空闲去看那些"重要的发现",果然是值得惊异,有五铢钱无数,长三尺的铁剑一口,土俑大小七个,陶猪陶鸡各一,陶罐陶盂若干。看情形的确是汉墓了。并且就在这第四墓的试掘中,附近的桐油公司送来四件铜器,请卫

先生鉴定，据云系平地基时所得，计鼎一、壶一（残片）、盂一、罐一，虽均无铭文，但确是汉代形式，尤为坚确的旁证。因此，我对于汉砖的信念又才恢复了转来，我私心深深庆贺着聚贤的收获，并深深钦佩着他那坚忍不挠的精神，假使没有他，没有他的那种毅力，谁也无法断定江北是有一大群汉墓存在的。

二十一号是星期，聚贤已把试掘结束了，并把数日来的劳苦所获，连同桐油公司的四器，在公司的客厅里开了一个小规模的展览会。这一天天气也很晴朗，参观的人真不少（据说在两千人以上），我还对朋友们说过，像这样的办法多来几次，对于国民的保健上都是很有利益的。

试掘在不期然之间形成了一种风气，就在二十一号的傍晚，有农人在第四墓东北的一个小丘上发掘，一个墓址（据聚贤讲，是他早已发现的九个古墓之一）。这一次所挖出来的砖，竟成为了压轴戏。砖有两种，一种两端有公母榫（隼），中有“富贵”二字，另一种为长方形，一端有“延光四年七月造作牢坚谨”等字样。这样便把汉砖汉墓的问题完全解决了。

“延光”是东汉安帝的年号，四年是西历一二五年，距今一八一五年前。而且有趣的是安帝死于延光四年三月，而此有“七月”，足证安帝之次的顺帝是于第二年始改元为“永建”的。

这个新发现，许多媒体纷纷报道，不再一一赘述。

名为“襄谟”者在《汉墓古物观赏记》的文章中写道：

总观这次发掘中收获最大的汉砖，各种文字图纹，约有十八九种之多，就中以“富贵砖”、“昌利砖”两种为最名贵。

郭沫若先生特别手拓四幅，悬诸展览室中，雅好者，徘徊于拓本之前，流连忘返，盖拓本上且有郭氏之题诗耳，诗意入古，笔力秀劲，并为此二千年前之土砖增色不少。其题“昌利砖”者云：“农家汉甓砌泥沟，拾取归来汗满头，剑剔苔痕辨昌利，一轮红日照渝州。”此诗盖写出发现之经过，最后一句，乃照出此砖正中有一红轮花纹也。

其题“富贵砖”一诗，尤为精心之作，因郭氏现虽从事抗战工作，而对昔年考古之学，未尝忘怀，故诗意奔放，有直追唐汉气概，诗曰：

“富贵如可求，尼叟愿执鞭，今吾从所好，乃得汉时砖，上有富贵字，古意何娟娟，文采朴以素，委婉似流泉，相见仅斯须，逖矣二千年！贞寿逾金石，清风拂徽弦，皓月来相窥，拓书人未眠，嘉陵江上路，蔼蔼竖苍烟。”

最后两句，也正是记者归途所见的景色了。

五月五日，郭沫若、卫聚贤应中央大学历史学会邀请，做了有关这次发掘的报告。他着重讲了“江北汉墓试掘的理由”。

第三节 跟郭沫若同被称“盗”

想不到,这次试掘引起了一场官司。

郭沫若文章以下还有两节,大意说,马衡于二十一号晚上找他,说像这样试掘,要报送古物保管委员会批准。他并且告诉郭沫若,在重庆的委员有他和另外一二个人。但是过了几天,二十七号,即郭沫若写这篇文章那一天,报上却有“此次发掘与规定手续不合……已由该会函请江北县政府查明保护;一面函郭沫若等暂停发掘,并查询经过情形”云云,而郭沫若从未收到过什么“函”。这使郭沫若感到诧异。其言下之意,人们应该想到。

其实,在此之前,卫聚贤曾于二十三日函报教育部,二十五日又函报内政部,两函大同小异。兹将二十五日致内政部函录下:

> 自抗战以来,筑路建厂,古物时有出土,但以与抗战无关,是以少有人注意。日前聚贤与郭沫若先生,偶游江北,发现汉墓,又与故宫博物院马衡先生及中央大学教授常任侠先生,复往考察,以究竟是否汉墓,有无试掘必要,爰乃组织临时团体,从事试掘。计共掘四墓,但第一墓系后人葬墓时毁坏,故只掘数块砖而止,第二墓原已露出地面,掘之,极为葬小孩之墓,内无殉葬物,只用十九块砖砌成,第三墓规模及哦啊大,但大部

分在某处房屋之下，掘完必须拆屋，费款太多，故而终止。是以以上三墓等于未掘。第四墓已被人掘过，作为防空洞用，但其中尚有积土，疑尚有殉葬物在内，掘之，得有五铢钱及铁剑，并有陶俑陶瓿等，但多为破碎，现因无博物馆等机关可送去陈列，故仍保存在汉墓旁竹庐。

汉墓在整个历史中贡献不多，用不着宣传，但□□组织成立以来，汉奸报纸屡造谣言，希图淆惑中外观听，故略在报纸披露，藉使中外人士，得知后方人心安定，学术空气浓厚，因此每日参观试掘人甚多，妨碍工作，故于结束之次日，在竹庐内公开展览，而游人狃于汉砖可作砚之说，于是群在雨田山的汉墓群，随意掘砖，携之而去。按重庆汉墓自张家花园以至沙坪坝，沿江两岸甚多，有的墓形露出，有的只有墓砖，被人作为墙脚，水沟路阶，俯拾即是，不时之取，而取其完整汉墓上之砖，殊非所宜，故临时请当地军队加岗保护。但地域广大，汉墓甚多，军队自有其责，派岗保护汉墓，临时则可，久则不宜，兹拟具意见于左：

（一）重庆既为首都，尚无博物馆之设，拟请将江北董家碛雨田山汉墓群，作为博物馆或汉墓保存所，但宜速拨款将雨田山用篱笆围住，建草房数间，派警驻守，以便将来作正式发掘，其他各地因地域广大，一一保护，力有不及，请出一布告禁止私掘。

（二）古物保管委员会自抗战以来，无形解散，各委员任期已满，又多散在各地，宜恢复或改组，以便将来正式发掘汉墓有接洽及领发掘证之机关。又汉墓试掘所得古物，临时借用竹庐保管，近日日机时来，应有适当保存所，究应送至何处保存，请函示为荷云云。

——据1940年4月28日重庆《国民日报》

针对公函中把郭沫若、卫聚贤称为“盗”，说他们的试掘是“盗墓”等说法，卫聚贤五月五日在中央大学历史学会发表的讲演中特别说：“在透地镜未发明以来，谁也不能知道地下有古物，总得试试看。犹如有人在路旁看见遗下一块煤，以此地下有煤矿，呈请经济部开采，这当然是大荒唐之人。而在地面上看见一块汉砖，即呈请古物保管委员会给予发掘证，其荒唐更甚。况‘声请表格’内有‘采掘古物原由’一栏，不加试掘，如何填写？古物保管委员会以官加兄弟为‘盗’，兄弟是不敢反抗的，但将来考古的前途应如何办？这(是)值得研究的问题。”这段话给古物保管委员会以有力的回击。在这点上，卫聚贤跟郭沫若保持了完全的一致。

在这次讲演中，卫聚贤戳破了古物保管委员会问难的几个矛盾之处：

中国的考古，现在可谓才开始，就纵的讲，始石器，旧石器，新石器，殷(殷墟)，西周(斗鸡台)，春秋(城子崖)，战国(燕都)，西汉(燕子疙瘩)，六朝(栖霞山)，都有了，但东汉至三国一段连接不起来。就横的讲，直至现在，川、鄂、黔、桂诸省尚未有过正式田野的考古工作。

这次在重庆江北发现汉墓，正是考古上补足时间与空间的地位。

正欲在考古上补足时间与空间的地位，而古物保管委员会在报纸上的“奇突的披露”，给予文化界一大打击。这一点，

兄弟再说几句:

一、依古物保管委员会会议规则第二条规定,“常务会议,每月举行一次;全体会议,每半年举行一次。”古物保管委员会自抗战以来,从未开过会,是古物保管委员会本身已不健全。

二、依古物保管委员会会议规则第四条规定,“对外文件以主席及全体常务委员名义行之”。古物保管委员会常务委员多散在各地,又未开会,而对外竟以“负责人”名义在报端发表谈话,是该“负责人”本身已不合法。三、报告函已于二十五日收到,置之不理,另来一个“查询”。但“查询”之函于“二十七日”发出,在未发之前一日,突在报上发表谈话,即使这次试掘汉墓,罪至于死,也得判决死刑后,才能宣布罪状,不应先宣布罪状,然后再为“查询”。

四、如以在此古物保管委员会本身不健全时代,发掘仍要履行手续,但中央研究院在大理发掘新石器时代遗址,何以不令其完成手续。试掘如要履行手续,贵校于去年在农学院试掘汉墓,其经过在《学灯》上发表,想古物保管委员会“负责人”早已见到,何以不“奇突披露”呢?

五、古物保管委员会,过去不惟无成绩,而且作违法之事,此点请问贵校胡小石教授便知。抗战以来再未行使职务,此次对于古墓保管,推之“函江北县政府保护”,其地属重庆市,江北县政府何以能越界保护?雨田山的汉墓群,原拟作正式发掘,前天兄弟过江去看,已被人毁坏无余,兄弟即加阻止,掘砖人云:“报载你们也是‘盗掘’,我们拿几块砖有何关系。”是古物保管委员会的‘奇突披露’,不是‘保管’古物,而是毁坏古物。

兄弟本想以江北汉墓发现，将来正式发掘，在文化上有些贡献，不意古墓反被毁坏，是兄弟之罪实甚于“盗”。兄弟本人被以“盗”名事小，而考古从此以后停止事大。

这几点批驳很有力。第一二条说它的做法不合规则；第三条说，在“查询”之前已宣判了罪行，那这“查询”，还有何用；第四条说，同样情形，那个委员会却两样做法，是看人下菜，做法不公，当别有用心；第五条则说，它本身就有违法之事。这等于宣布，古物保管委员会的做法是“非法”而且不合理的。

一九四一年十月十五日《说文月刊》第三卷第四期出版，是一期《巴蜀文化专号》，集中反映了这次汉墓发掘的成果。除前已提到的卫聚贤的《巴蜀文化》，郭沫若的《关于发现汉墓的经过》，常任侠的《整理重庆江北汉墓遗物纪略》三篇文章外，尚有孙宗文的《汉墓漫谭》，严敦杰的《汉规矩砖考》，方欣安的《谈葬制》，张希鲁的《云南昭通的汉墓》，常任侠的《重庆附近之汉代三种墓葬》，味橄的《乐山的蛮洞》，孔令穀的《蜀胜志异录》，以及卫聚贤的《汉代的重庆》等文。负责刊物编辑事务的金祖同在《编后语》说：“去年四月间卫聚贤郭沫若二师在陪都北碚地方发现汉墓丛，经发掘后所获明器甚多，与西南古代文化的研究上，获得了实物的证明，因有巴蜀史地研究会之组织；中间因发掘的权限问题不免与正统派的考古者有了龃龉，根据吾们在吴越研究的经验，可以知道这不过是一种‘文人相轻’的积习和嫉视而已。在真正的学术研究上是毫无道理可言的……”又在《冠词》中说：“……巴蜀之于中国，虽地近边陲，而与学术文物有与中原吴越相长相成者，安可不加注意者乎？”“往者卫聚贤郭沫若二师在陪都江北培善桥发现汉代墓群，因亲扶耒耜，蹀躞荒郊，所得古代明器甚多，此皆有裨巴蜀史地之研究者也……中华崭然新文化当亦将于此处孕育胚胎，植其始基，继吾辈研究巴蜀古文化而发扬滋长。莒荛之献，聊作老马之引途，奋起有人，使巴蜀新文化衍而为中华新文化，其光华灿烂与国运日新不已。则我等筚路蓝缕以启山林之微劳，或不致被人谥为空谈无益耳。”

金祖同是卫聚贤团队的一员，从吴越考古到巴蜀考古，他一直参加。对卫聚贤的思想他是了解的，对卫聚贤发动的地域文化的开发和开拓，也是积极支持的。他这里所说，也许正是卫聚贤生自己的想法。但是又不能不说，这次跟权力部门的争执，对卫聚贤进行巴蜀文化研究的兴趣打击是明显的。卫聚贤是一个自尊心很强的人，被古物保管委员会说成“盗”，他无论如何不能接受。

第四节　石纽访大禹

禹是传说中的一位杰出人物。禹有两件大事，一是治平洪水，一是开创夏代。

禹是哪里人，传说中甘肃、陕西、四川、绥远、山西、河北、山东、河南、新疆都有他的故里，还有说是阿富汗的。“禹都安邑”之说更有文献记载。还有西夏、东夏、中夏等名称，都跟禹有关，合起来谓之“诸夏”，也就是中国。说禹生于川北，史籍上多有记载。《史记·六国年表序》：“禹兴于西羌。”《后汉书·载良传》：“大禹兴于西羌。”《新语·术事》：“大禹出于西羌。”再早，春秋时已有传说，鲁僖公时齐桓公西伐大夏，秦穆公随行，俘虏姜戎，无处安置，送到晋国，晋惠公置于献公所灭的虞虢的空地（虞虢之民已迁太原)。《左传·襄公十四年》有范宣子跟“姜戎氏”对话。《水经·伊水注》:“伊水又东北迳伏流岭东,岭上有昆仑祠,民犹祈焉……出陆浑县之西南王母涧,涧北山上有王母……上有西王母祠。”洛阳附近之有昆仑山王母祠,实因姜戎从西北方面带去,故《荀子·大略》篇:“禹学于西王国。”旧本《孟子》亦云“禹生于纽,西夷人也。”随巢子云:“夏禹娶涂山,治鸿水,至轩辕山,化为熊,涂山氏见之,惭而去,至嵩高山下,化为石,禹曰‘归我子,石破北方而生启’。”《汉书·武帝纪》元封元年“至于中岳,获駮麃,见夏后启母石……”颜师古注:“启,夏禹子也,其母涂山氏女也。”这是姜戎将禹及子生于石纽的传说带到洛阳的。卫聚贤考证,“羌字从羊从人,是牧羊之人;而姜字从羊从女,是女子牧羊者。母系社会在父系社会之前,故姜字古于羌字。甲骨文有伐姜的记载,按其地望在今河南南阳,即春秋以前的姜姓申吕之国,周初的姜太公,即此族人物。其一支在陕甘之交,即《诗》所谓姜嫄履大人迹而生后稷者。其一支西出甘青之交,即所谓西王母之国。按羌本三苗之后,而姜姓为神农之后,苗民本居南方,神农亦为苗民中共同的宗神(《孟子》有‘有为神农之言者许行,自楚至滕’,为神农出自南方之证)。是羌人应由南而北。如此,禹生于石纽的传说,在春秋时固由甘肃传至河南洛阳;而在春秋以前,当由四川传至甘肃的,即羌人由四川迁徙至甘肃时,将此传说带去的。”

卫聚贤还从灌县一带治水方法跟禹的治水相近似,论证禹生于纽的可能性很大。他说:

> 北方治水法为修堤。而灌县治水的方法,其堰用竹篾编成很粗很稀的大袋,将石块编入其中,名曰笼石。水从石缝中流出,减其压力,而竹篾在水中亦可耐久,是此竹篾即是石纽。

按，在战国中年作成的《山海经》，竟误灌县的岷江为长江的江源。而战国末年的《禹贡》直云“岷山导江，东别为沱”，以外江为江，以内江为沱。内、沱古音相同。是灌县离堆之凿，则在秦用张仪司马错灭巴蜀以前，不然，张仪不能指他当时或其后一点的人凿离堆，假为禹导作成《禹贡》以欺人。(《禹贡》以东别为沱为禹导，而《水经注》以东别为沱为开明所凿。)

蜀地神话杜宇王时有洪水，其相开明治平洪水，杜宇让王位开明，见于《蜀本纪》及《华阳国志》。余疑杜宇之与夏禹有些音同。开明之与启(汉代以启为开，如《山海经》的《大荒经》以夏后启作夏后开)，有些意同。杜宇之与开明或即禹之与启，而杜宇开明之禅让，或即成为尧舜禹禅让故事的来源。这固然出乎本题以外，而四川的洪水之治，在秦以前，亦有与禹发生关系的传说的可能。

现在成都一带，标明为“专修河堰，包打水井”的工人，都是羌人，而且灌县的修堰亦多用羌人，羌人之善于治水，或自古而然(按，羌人现住山上，本无治水的必要，或古代羌人据四川盆地，因环境关系善治洪水，至今尚保有其旧法)，禹传为中国第一治水的能手，自然传为禹是羌人，以其人治水惟一的方法用石纽，故说禹生于石纽。

这是历史记载。卫聚贤办起《说文月刊》以后，搞古史研究的人们有了园地，个个都动起脑子来，在学术研究的场地上迅跑。先有庄学本到四川汶川一带调查，将传说与志书上所载的材料汇集起来，写了考察报告。陈志良据之作《禹生石纽考》，接着孔令穀作《禹生石纽与禹为上帝辨》，分别发表于《说文月刊》第一卷第十二期和第二卷第二期。从此，禹生于石纽广为人知。碑、大禹庙等等建筑。现在，石纽为大禹故里几乎成为定论。卫聚贤主办的《说文月刊》所起的作用不可低估。

一九四〇年八月十五日，卫聚贤从重庆动身。跟他同行的是国民党元老、著名书法家、学者于右任；于右任的大公子于望德，于右任的副官杨万春，共四人。第二天到成都，住一日，然后到灌县。十九日从灌县动身，夜宿于灌县北三十里的龙溪镇，次日宿于兴文坪。二十一日到汶川，二十三日返。二十五日回到灌县。先乘小车，由灌县至汶川往返均乘滑竿。此后于右任三人回成都，却加上了林少和、陈之宜和摄影家盛学明，仍是四人。

灌县的离堆相传为李冰父子所凿。其北有二郎庙，十分有名。谁是二郎，历来有多种说法。《封神榜》上的二郎，为杨戬。隋代的赵昱，晋代的邓遐，都被叫作二郎。此地的二郎，为李冰之子。其原型是氐羌神话中的猎神和水神，亦称“灌口二郎神”。民间传为李冰的次子。北宋蜀人张唐英《元祐初建二郎庙记》：“李冰去水患，庙食于蜀之离堆，而其子二郎以灵化贤圣。”朱熹《朱子语类》所记相同。民间有“李冰父子降服孽龙”的传说，四川都江堰伏龙观因此而得名。《清朝文献通考·群祀考》载，雍正五年“封李冰为敷泽兴济通佑王，李二郎为承绩广惠显英王，令地方官春秋致祭”。卫聚贤在他的文章里没有说到二郎到底是谁，但他想起了故乡众多的二郎庙。他记得他们村的二郎庙，碑文是一位老学究作的，“他对于二郎考证得很好，他说‘二郎者，老郎之子，大郎之弟，三郎之兄也。庙前有大槐一株，人以为树在庙前，而我独以为庙在树后。是为序。’”这段滑稽文字，自不是愚人所写，乃有意为之，其意不过博人一笑而已。这几句话似乎不是仅这一处所有，在别处也曾看到过。

卫聚贤记下了他们是怎样艰难行进的。

北有索桥，系用竹皮编绳名为篾，河中立柱子，篾绳系于上，平铺木板，供人行走。两边高出篾绳数道当墙。坐在轿夫抬着的滑竿上，晃晃悠悠地走，怪怕人的。到了汶川，由北门外过索桥往瓦寺土司处，卫聚贤索性放弃滑竿，自己步行而过。行至中间，脚下水声哗哗地响，向下一看，浊流滚滚，一泻而下，似乎桥摇晃得更厉害，真是胆战心惊。到走向另一头，已经出了几身大汗。

溜索在兴文坪。用净篾丝一条当绳，系于两岸。又用坚木一根，裁成长一尺、直径五六寸的一段，剖为两半，内中挖空，留约一寸厚的弧形壳。渡时，将索加在壳内，另用麻绳在胯及腰系住，一头绑在壳上，留一截曲绳头挂石头上，即悬于空中，两手抓紧绳索向前面滑过江去。这比走在索桥上更危险。

跟卫聚贤一起走索桥、爬溜索的，还有同行的于右任和于右任的儿子、副官。他们为了考古，冒着如此大险，跟今天我们走在宽广的高速公路上，宛如两个世界。卫聚贤在行路之外，还时时处处留心脚下，留心两边的大山和峡谷。在汶川涂禹山索土司家听人说，簇头汪二喜家有石斧一把，见过的人很多；因卫聚贤带着一件石斧做标本，当地人看了才想起。他请人找汪二喜，但汪担心被拿走，托保长来说物已丢失，不能再见。人们说，这一带半山有“蛮洞子”，就是崖墓，又说，不久前从山坡挖到陶鸡、陶犬、陶人人（陶俑）。陶俑高约一尺，他们说那是从小人国的墓里挖出的。卫聚贤一路走一路看。行至龙溪镇第二区署，有沙石宽约一尺，厚约三寸，长约八尺五寸，上正中刻有“大唐……”字样，右下角刻“汶川卡元”四字，右角上亦有字，但看不清楚。左角看到“刘凤”二字。

这一番考察，卫聚贤头顶烈日，那滑竿斜度又大，脸一直朝上，结果晒成了一张红脸。林少和有卫聚贤作诗一首，曰：“考古大家卫聚贤，目如电溜口河悬，乘危远迈羌夷寨，到处逢人问石棺。”于右任戏改其诗云：“考古大家卫聚贤，手持石斧到岷山，仰天远迈夷羌寨，脸晒通红似姓关。”

涂禹山，据《汶川县志》，因禹娶于涂山氏而得名。涂山氏地，实有探访的必要。出汶川北门，过索桥，向北行一里余，攀上很高的大山，到了山巅，就是涂禹山。但大禹的遗迹和涂山氏的遗迹，一点也找不到。只有瓦寺土司的衙署及其村人都在，全村共二十六家，索性六家，王姓四家，马姓四家，张姓、曾姓、苟姓各二家，刘姓、姜姓、江姓、尤姓、明姓、陈姓各一家。土民本无姓，后仿照汉族，指所住的男子为姓，就成了十二姓。，共一百四十二口人。保长为索颖之。卫聚贤对这个村子做了细致的调查。

涂禹山寨门楼上有木刻的大像，为鸟嘴人身，爪亦为鸟形，两手持大蛇一条，两爪各抓蛋一枚。相传此鸟共三蛋，一蛋为瓦寺土司之祖，一蛋为初斯甲（系清化县管，一大土司），一蛋为单东土司（在川西北距汶川甚远），故三土司为兄弟三人，各据一方的。读卫聚贤这一段记述，我们好像回到了几千年甚至上万年的远古时代，生活在神话中。他用大量篇幅记录了那个土司的先祖、世系和嘉庆皇帝等人对他们的封赠，还有这个小村子的语言状况，等等。

卫聚贤一行的真正目的地在刳儿坪。刳儿坪在汶川县南十里，河的东岸，一座山上。那座山即为石纽乡。此地风大，又名飞沙关。此地原来住着数十户人家，因路改在山下，现在上面仅住二户。有庙一座，称东岳庙，住着一个姓曹的八十三岁的老道士。刳儿坪附近都是羌民。刳儿坪上土地不多，庙中的地产不足以维持老道士的生活，附近的羌民送些米麦给老道士。山上跟山下很少来往，故路荒芜而且险窄，同人步行上下，第二天都喊腿酸。庙中人和住户吃水，是从山沟背上来的，十分不易。主食是玉蜀黍，即玉茭。当玉蜀黍成熟时，野猪常来偷食，居民每夜持枪追击。

刳儿坪上的东岳庙，有铁香炉，为乾隆十八年物，有铁钟为光绪十三年造。居人掘地得一石虎，其物长约尺余，高约六七寸，以其雕刻手法观之，似为唐宋时物。除此而外，再无可考。卫聚贤问起大禹的故事，曹道士听他师傅说："夏禹王的母亲是个丫头子(女子)，到了灌县修河堰，同伴的男子看见她肚子大了，都要拿刀开她肚皮，看肚内是男孩是女孩。他母亲吓得跑了，到刳儿坪生下禹。长到几岁时，他母亲又带他去修河堰，别人都打他，因为他不能做工而吃闲饭，他就到庙里找老道士当徒弟。这时老道士已有九个弟子，收他共为十人。但是他的九个师兄每日都打他。一天，老道士说他要上山去，问他愿不愿意随上去。他说愿意去。到了山上，老道士问他胆大胆小，他说胆大。老道士给了他一口剑，要他到庙中杀他九个师兄。这九个师兄是九条孽龙，后来他才能治河的。"

当地的羌民说，刳儿坪俗称打鬼坪，对大禹无特别称呼。有年老的羌民说："汉人不应当叫我们蛮子，大禹王也是羌人，那样叫，就把大禹王当作蛮子了。"再问"大禹王是羌人，有何证据？"回答说："古老传言如此。"

卫聚贤一行在汶川一带考察，看到人们常常在"门顶上，用木瓢画有颜色的一大头，或石刻一人面，大眼大耳大口，头有角舌吐出甚长，口衔一长剑或刀，下有长石柱，上刻'泰山石敢当'五字，立在大门前"。那个怪物，人们叫作吐舌神。人们建屋时大都镶嵌一块"泰山石敢当"的石块，卫聚贤在故乡就看到过，到汶川以后，经过仔细查访和研究，最后认定，"羌民在古时以狗为图腾，后以狗为灵的神，故于各地雕吞口，但以得罪了这个狗神，没有方法可以免祸，唯有大山上的石头可以堵挡得住。因为羌人原居四川，有时北过岷山的大山，但过山后多为汉人所征服，故汉人移居四川者，于吞口口中横穿一剑，有截杀义，又刻了'泰山石敢当'五字,而'大'字古音读为'太',有人刻成'太山石敢当',后人误为山东泰山的人名石敢当者可以镇邪,因刻成'泰山石敢当'了。"

这一趟石纽之行,收获丰富。

卫聚贤在上海时,听说华西大学(今四川大学)在一座古墓中发现有直径二尺余的石璧若干。到重庆在政治学校讲演,又听说华西大学在广汉发现石器。这次赴川北考察,路过成都,只有一天时间,卫聚贤忙里偷闲,前往华西大学博物馆去参观。不巧,适在假期,学校无人。于是径赴汶川。在汶川听说簇头汪二喜家有石斧一把,汪二喜却不让看。他以四川有石器而不能目睹为憾。从汶川返回成都,找到华西大学博物馆林名均。一九二九年春天,四川广汉县中兴乡一个农民在该县马牧河北岸一处被称作月亮湾的台地上清理水沟,偶然从沟底挖掘出一批玉器、石器,悄悄收藏起来。后来消息透露出来,在广汉传教的英国传教士董笃宜将流散出来的一些古物收集起来,交给华西大学博物馆保存。一九三四年春天,华西大学博物馆馆长葛维汉(美)和他的助理林名均组织考古队前往那里调查并做了十天的发掘,得到各种古物六百多件。卫聚贤所听说者,即此。这就是后来的三星堆遗址,亦被称作百年来中国四十大考古发现之一。

林名均对卫聚贤说,他们在川康境内发现新旧石器甚多,还有其他古器物。"康"者,当年一个省份,名西康,在今四川西部,省会在康定。卫聚贤想,华西大学位居西陲,能搜集到许多古物,是值得赞赏的。这些古物有关当地文化,而且为中国古文化构成要素之一,对研究中华文化的起源、发展以及相互影响,具有重要意义。

结识了林名均,卫聚贤参观华西大学博物馆的愿望自然可以实现了。

华西大学在成都南门外华西坎,华西大学博物馆在华西大学之东,系一座东西开窗而南北长的二层大楼,下层为图书馆,博物馆在二层楼上。二楼分为三个部分,靠北的一间为中国古物美术品室,靠南的一间为西藏物品陈列室,中间长而空,东西两面形如走廊,各列小间而放着各种杂物。

卫聚贤先看中国古物美术品室。

此室内中间有六个大橱,四周靠墙共有二十一个小橱,尚有一个小橱的地位为古钱架所占。入门靠东第一小橱陈列着周口店、安阳、城子崖等处石器、陶器、甲骨等,甲骨不多。其中有四块彩陶,是在四川理番出土的,红底上有黑花数道,似与甘肃的彩陶为同一系统,但太小而又太少,颇难断定。第二小橱为长沙出土古物,有铜剑,陶狗上有绿釉为汉代物,陶冥钱,并宋瓷等。卫聚贤最想看的,是四川出土物,所以在第三小橱、第四小橱看的最为仔细。第三小橱为广汉出土物,有石铲、长玉刀、长石刀,有小石凿,有陶器、陶片等。其中"有一类玉琮物,为约一寸高之薄石筒,在外部中间,突出一周约高三四分厚约一分之墙一道,此物不知何名,香港新石器遗址中出土甚多。"第四层为大小石璧及石璧残片。在"此橱外陈二大石璧,其最大者直径为二尺七寸,厚约三寸,中孔直径约六寸。小者直径约二尺。此璧之大甚奇,但为灰色石质,石质并不好,与玉璧不同。"卫聚贤听说华西大学在一座古墓中发现有直径二尺余的石璧若干,当指此。第四小橱为四川汉代墓中物,有陶鼎、豆、缶,还有瓦当、五铢钱、铁剑、铁刀、铁锄头等。

中部陈列室、西藏物品陈列室,卫聚贤也都看了。去年六月十一日,日军飞机来轰炸,其中一颗炸弹落于博物馆近旁,未爆。以后一些古物转移别处,卫聚贤所看不是全部。

参观华西大学博物馆后,卫聚贤"有一种感想,其旧石器在四川出土甚多,虽有人以旧石器为有疑问,但有的其打制之迹显然。新石器各地均有,是四川文化之早可知。而以器物与苗民刺绣上所留的几何形花纹而观,则与吴越(东南沿海)民族为一家,即均为苗民。又以石钁与彩陶观之,则亦与黄河流域的新石器时代的民族亦有接触”。这就是他此行所得的初步印象。

卫聚贤这次赴汶川探访石纽,路过成都,朋友李小缘赠送一册商锡永著《长沙古物见闻记》,有空就读。自现代田野考古开展以来,有人发现古物,视为宝物,秘不示人,影响所及,已成一种风气。读商锡永书,他深有感慨:“商锡永,在逃难之际,能注意到古物,可谓‘难能’。长沙古物向不为人知,经商先生此书一出,将来在古物分布图上及中央正式考古计划书上多一点一笔,可谓‘可贵’。他不将所得的材料,视为宝贝,不肯公开,霸住来研究,他这种对于学术界的贡献,更为‘难能可贵’了。”

他还想到,目前正是大建设时期,各处都在掘地,容易使古物露出地面,这被识者见到,还好,若被不识者碰到,把宝物当作废品胡乱抛撒,岂不坏事? 因此提出:不懂得考古的人去发掘,是毁坏古物;不懂得社会学的人去发掘,是埋没古物。在卫聚贤看来,普及考古知识极为重要。

卫聚贤自己,亦是普及考古知识的一个热心人。

前引一九三九年四月《文汇报》记者李丹在访问记中说,卫聚贤看起来像个农人,但他却是大学者一段话,很能说明卫聚贤的人性。卫聚贤确实像个农民,他像农民一样,没有架子,像农民一样,能跟普通老百姓打成一片,亲密无间。在重庆期间,他经常到田野,到村巷,跟农民闲谈,向农民讲授考古知识。一天,卫聚贤收到一封信,是一位经理寄来的。原来,江北一处建设工地汉墓被盗,经理得知,用种种办法要工人交出所盗物品,工人只交出四件破烂的,经理没有办法,只好向卫聚贤求教。卫聚贤到了那个地方,跟工人们一起捡了些古物,有陶俑等。在闲谈中人们问他，这东西有何用处？他指着陶俑说："古人死了的时候，未死的人夜间梦见已死的人，以为已死的人到另一个世界去了，但他是空着手去，万一遇见敌人或虎豹豺狼，他不是要吃亏吗？于是就将他用过的武器（石器）跟他尸体放在一起，就是人们说的殉葬。后来，有了酋长，有人侍奉他，酋长死后，家里人就把侍奉他的人活埋，让死后仍然侍奉他，这也是殉葬，叫人殉，奴隶社会经常有这种现象。再后一点，觉得活埋人不人道，就用泥仿照侍奉他的人的样子做成泥人，烧成瓦的，将侍奉他的活人的血滴一点在瓦人上，以为活人的灵魂在阴府可以继续侍奉主子，这就是陶俑。再后一点，为省钱，连瓦人也不做了，是用纸糊成人马，烧化成灰，这是现在普遍做法。古代埋人，死人也穿衣服，但衣服在土中容易腐烂，陶俑的衣服是不会烂的，我们看到陶俑，就可以知道古人穿的衣服、戴的帽子、穿的鞋子是什么样子，所以是有用的。它的用处就是让我们看到古人的生活情形。" 卫聚贤用普通老百姓都懂的群众口语讲，讲完之后，工人们说："原来这不是宝贝，送给你吧。"卫说："我不要。"工人问："你不要，为什么挖？"卫说："我挖出这些东西，放到家里没地方，明天我给民众教育馆去信，请他们拿去，陈列起来给大家看。"工人们说："那我们也送到那里去陈列。"这样就把问题解决了。

第五节　成都白马寺探古

卫聚贤在《巴蜀文化》第三节《巴蜀文化研究起因》中说到巴蜀文化

研究的动机，说："去年十月余到成都，在忠烈祠街购到一二件兵器，其上花纹为手与心……" 这是跟以前在黄河流域出土的器物上所见很不相同的，所以引起了他的注意。六月，八月，他又两次前往成都。这里所说"去年"，指一九四一年，是在上节所说石纽访古之后一年。现将其大致情形勾勒如下：

一九四一年六月，卫聚贤重游成都，寻找古物，于罗希成处见到十三件，唐少波处见到三件，殷静僧处见到两件。追问其出土地，知为西门外的白马寺，遂前往探访。出西门，沿成灌公路，不到汽车站处，是环城马路，向北的汽车道名为北巷子，由北巷子顺汽车路走，约半里路是桥，过桥向北，是一条小河，再向前走，洗足河横在眼前。过桥，东北有一高阜，上有庙，即白马寺，时为一儿童教养院。

过了木桥沿河向西北，走数十步为坛君庙。庙前有茶馆两家，小饭馆一家，窑上的工人在此休息、吃茶，买卖砖瓦的在谈生意，人颇不少。庙前有私塾一所，学生三十多人。庙后有几家窑地，即出土兵器之处。成都北门外，由城东北角起，至西北角经过白马寺处的洗足河岸，有自东北而西南的一条土阜，高出稻田五尺至一丈，东北宽而西南狭。此处土质好，有洗足河便于运输，因此聚集烧瓦窑三十多家。取土既多，埋在土中的古物便容易露出。这里夏季多雨，工人工钱也贵，窑工多停止。大都在冬季开窑，故古物出土多在冬季。有的为忠烈祠街古董商人守候购去，有的亲自拿到忠烈祠去卖。

集中兵器出土在民国十年左右。以其上嵌有金银花纹者为最贵，有花纹者次之，素的甚贱。收藏家多有购置，多者十余件，少者二三件，聊备一格。加拿大教士购去最多，约五百件。四川博物馆收藏了四五十件。除加拿大教士所购已运出国外，余因空袭，疏散在四乡，而且器型小，东一件西一件夹在别的物件内，即使想借来一阅，一时也不容易找出来。

对此遗址性质的认定,卫聚贤有一个转变过程,先说:"《华阳国志·蜀志》云:'西南二江有七桥。'今成都北门外及东门外的江名涪江,南门外的江名锦江,是蜀国都城在涪江锦江之北,城北高出五尺以上的数里长土阜即其遗址。白马寺坛君庙后只有数十亩田中出此兵器,似为蜀国的武库。"经仔细查访,得知该处曾出土二祭器——罍罈,一为覃子钧经手卖到上海转售外人,一经罗希成售北平古董商人。另一由张文彬从白马寺工人手中购入,售给赵献集,卫聚贤向赵先生借出,才知为猎壶,而非祭器。那么,这就不一定是蜀国的武库了,或者为蜀国的社稷坛。以其地在高阜的西南,现在的坛君庙或者跟社稷坛不无关系。

卫聚贤先后三次到白马寺访古,三次所见,都拍了照片,有的做了拓片。有时跟于右任等同往。他写了一篇《巴蜀文化》,记述他的所见,并配有许多拓片、图片:

> 去年四月余在重庆江北培善桥附近发现汉墓多座,曾加发掘,得有明器若干,由其墓的建造,砖上的花纹及文字,其他的俑钱剑等物看来,文化已是很高。不过,这是汉代汉人的文化,与先秦的巴人无干。再就重庆各地的蛮洞子——崖墓而论,固是蛮人的遗物,但是在汉代的汉人在四川也曾以崖墓为葬地。是以巴人的文化,除书本子外,无物可证。
>
> 去年八月余到汶川访石纽,闻有石器发现,路过成都参观华西大学,见有石器甚多,皆川康境内出土,其形状除一种扇面形外,多与黄河流域同。故知其蜀人文化之古,而不知其蜀人文化之异。陶器在川北,找到彩陶一二片,但块甚小,花纹也看不清。在广汉太平场则有黑陶,但亦多系碎片,惟有一玉刀,形状特别,并有二尺以上的大石璧,其时代则在石铜之交,已

引起我的好奇心，但无他物为证而罢。

今年四月余到成都，在忠烈祠街古董商店中购到兵器一二，其花纹为手与心，但只有一二件，亦未引起余注意。六月余第二次到成都，又购到数件，始注意到这种特异的形状及花纹，在罗希成处见到十三件，唐少波处见到三件，殷静僧处两件，连余自己搜集到十余件，均为照，拓，描，就其花纹，而草成《蜀国文化》一文。

八月余第三次到成都，又搜集到四五件，在赵献集处见到兵器三件，残猎壶一。林名均先生并指出《华西学报》第五期有《錞于图》，其花纹类此，购而读之，知万县，什邡（四川），慈利（湖北），长杨（湖北），峡来亦有此特异的花纹兵器等出土，包括古巴国在内，故又改此文为《巴蜀文化》。

据于右任后来所作《巴蜀古文化之研究》，写到“去年卫聚贤在成都搜集古物，得有古代铜兵器若干，其花纹文字特殊，即金石家所目为夏代物者，询之估人，云出于成都西北郊白马寺附近，在民国十年左右始有大批出土，出土之数约近千件，皆四散遗失，而少有人注意者也。”又说：“余与聚贤亲到白马寺附近探访，其地有数十家烧瓦窑，正在取土作坯，当地人指坛君庙后即系古兵器之地址，今尚有土阜高五六尺，宽五六丈，长十余丈，尚未被掘，究其下是否尚有古铜器，则不敢臆度，而附近绳纹瓦片甚多，则系古文化遗址，似无可疑。”于右任接着说：“如能作一次科学之发掘，得事实之证明，则对于学术上之贡献，可胜言哉！文化机关有意于斯乎？”这样的呼吁，也出现在卫聚贤的文章中。这是真心爱护祖国文化遗产的人都会想到的。

另一国民党老人张继在《四川古迹之调查》中说：“川省广袤，古迹从脞,若从事发掘,或感物力之不足,但是能以择优设施,如成都白马寺遗址是也。据卫聚贤考察,其出土遗址系烧瓦窑,取土埏埴,尚未取尽,今所余者高约六尺,宽四五丈,长仅十余丈之一二阜耳。一二年后势将尽成平地,遗址则无法保存。即今失机,后将噬脐,川中当局士绅,必有以处之,使征文究献者,有所取资焉。”把希望寄托在“当局”和“士绅”身上,是一种良好愿望,可惜实现不了。因为“当局”是在不断变换的,谁会操心此事?“士绅”又多是跟爱护古物者不相关的,他也不会放在心上。白马寺考古成果发表后,曾有过真伪的争论,卫聚贤认为是珍品无疑。。

卫聚贤白马寺访古,在今天来说,似乎太平常了,但在七十年前那个战乱年代,却着实是一件大事。在当时的四川,考古还是一件新鲜事。

第六节 《巴蜀文化专号》

一九四二年八月十五日,《说文月刊》第三卷第七期出版。这是一期《巴蜀文化专号》,也是第二次编发《巴蜀文化专号》,第一次已见前述。在封面的刊名下,赫然列着“渝版第一号”几个字。《复刊词》说:“本刊于二十八年一月在上海出版,于三十年十二月出至三卷六期时,因上海沦陷而停刊,兹于三十一年七月从三卷七期起,在渝复刊。”《复刊词》特别申明:“本刊初期印刷费由主编人自出,至一卷十期由中央银行月津贴七百元,二卷十期月津贴二千元,三卷三期月津贴四千元,至三卷六期上海沦陷,津贴取消。此次复刊,由捐募而来。”据《复刊词》,这次的《巴蜀文化专号》将为两期,本期是有关成都白马寺兵器的,下一期是有关重庆汉墓的。

这期共刊发十四篇文章,主要有于右任的《巴蜀古文化之研究》,张继的《四川古迹之调查》,吴敬恒的《避巴小记》,王献唐的《甲饰》,商承祚的《成都白马寺出土铜器辨》,郑德坤的《华西的史前石器》,林名均的《广汉古代遗物之发现及其发掘》,缪凤林的《漫谈巴蜀文化》,徐中舒的《蜀锦》,郭沫若的《钓鱼台访古》等文。同时,还刊有卫聚贤的《巴蜀文化》一文。

于右任文章虽短,却包含重要信息。该文说,四川"历代出土铜器,有一种花纹文字与周异,而与殷亦不同,金石家将其年代向前推求,目为夏代物",其实"非夏代,而为巴蜀人固有之文化也"。

张继作《四川古迹之调查》,前已有引用。他还说:"近年来地下时有古器物发现,可补史乘,如华西大学博物馆在广汉太平场发掘所得有新石器,黑陶,玉器,大石璧等,并闻广汉曾出土金银错之古兵器,近成都白马寺亦出有大批兵器祭器,花纹文字奇瑰,经卫聚贤考证,谓可代表一区域之礼俗特性。他如雅安、懋功、理番等处发现之新旧石器,皆可见四川文化之高,能与中原媲美矣。"

吴敬恒,即吴稚晖,在其《避巴小记》中说:"巴蜀古居西南蛮夷中,巴地多巨蛇,蜀地多如蚕之蠋,先民据其瞥有所习见,姑以名其地。如荆,《说文》楚木也,从艸刑声。楚,《说文》丛木也,一曰荆。荆楚皆即多刺之灌木,古代荆州之域,僻在南荒,草木丛茂,故名其州曰荆。荆与楚同物,故后人立国,又名楚也。如巴蜀所居之梁州,应劭以为梁州者,言西方金刚,其气强梁。地域之命名,或以所产方物,或以土宜,取义自各不同,而必皆有其所本。巴蜀义取方物,其一例也。"

本期所载卫聚贤《巴蜀文化》,跟第四期所载,题目相同,内容却不一样，实际上是另一篇文章。第四期所载《巴蜀文化》，主要介绍白马寺所见古物，本期所载《巴蜀文化》分为《巴国的古史》《蜀国的古史》《巴蜀文化研究起因》《巴蜀文化的研究》等四个部分。在《巴国的古史》一节，卫聚贤根据“传说的古史”说：“余曾指出中国人种发源于黔湘之交（见《古史研究》第三集）。前年余到川北川西川南考察，闻雅安修公路时，发现人猿化石，工人以为鬼物而打碎。华西大学博物馆陈列着雅安的旧石器，□县、汶川、懋功、珙□县发现的新石器，余在嘉定亦发现新石器，是四川在旧石器及新石器时代已有人类……《山海经》以巴人为太皞、伏羲之后，不知何所据，现在苗民中对于伏羲女娲神农的故事传说甚多。四川各地的汉墓多雕刻伏羲女娲像，这是汉代四川的汉人，以巴蜀土人曾崇拜太皞之故而沿用其俗。伏羲因征服了野牺而命名，代表游牧社会，即反映四川在游牧时代已有人类活动……《华阳国志·巴志》‘禹娶于涂山……今江州（重庆）涂山是也’。《山海经·海内南经》载‘夏后启之臣曰孟涂，是司神子，巴人讼于孟涂之所’。这是传说在夏代时已有巴人。”说到蜀国的古史，根据传说，亦很久远。

在文章之前，刊图一百五十幅，附卫聚贤《巴蜀文化附图说明》，分兵器、花纹、文字三大类，共二十四种。图都是卫聚贤手绘。如“人与龙”花纹，共有九图，各不相同。兵器中的瞿，亦有六图。这为他自己的《巴蜀文化》提供了丰富的实物资料。卫聚贤的文章不仅对所有的兵器做了具体的说明和图解，而且提出了开展研究的具体设想。

卫聚贤文章最后谈到“兵器的真伪”。这一期《巴蜀文化专号》出版后，他将刊物寄给徐中舒。徐中舒，安徽人，是卫聚贤在清华研究院的上一期同学，一九二六年毕业。曾在中央研究院历史语言研究所从事研究工作。抗战开始后举家入四川，在四川大学历史系任教，以后，一直在该校，共历五十多年。徐先生曾撰一文，认为其伪。卫聚贤在《兵器的真伪》

一节，从器物出土情形、器物上的文字等方面论述了自己的观察所得和意见。就其出土情形说："造伪的人有其目的——金钱。白马寺出土的兵器，如认为成都人的伪作，其形状其花纹其文字，均应仿照中原出土、已见于著录的，或者稍加改动一点，使人见之异而不为惊奇，可以售大价。而使自出心材，别为创作，使之惊奇，可以售善价。但初出土时，完整嵌金银花纹而有文字者，每件不过二三十元。其次有花纹文字而无嵌金银花纹者，每件一二十元。再其次则在十元左右，残破者不过一二元，是无善价可售。作伪者既无利可图，何为作伪？而且白马寺出土者近约千件，作伪者何愿赔此大钱？又其出土地除成都白马寺外，则有广汉太平场及万县，而且与长沙出土的楚漆器铜器上有些花纹相同，作伪者何由如此之多，并且不谋而同？"

前引卫聚贤上次《巴蜀文化》说"林名均并指出《华西学报》第五期（二十六年十二月出版）有《錞于图》，其花纹类此……"一段，该文系赵世忠作，有详细描写。该器为一乐器，形如铜鼓，据《南史》，"以芒茎注錞于，以手振芒，则其声如雷，清响良久乃绝。"该器先"藏于万县某乡寺中，县人某购以赠其师美国博士鹿依士君，鹿来华西大学，置于居室门侧，方君叔轩，多闻好古，见而欣异，考《博古图》，知为錞于"，当作宝贝，请那位美国博士留下，送给博物馆。作者根据古籍，认定其"皆汉以前制作，六代无之矣"，近代更无，"又曰或有自蜀得之"，又"《容斋续笔》云，得于慈利，又曰得于长杨，又曰复得一枚自峡来，俱与此器所出地接……"卫聚贤说："华西大学的錞于，其文字商锡永疑为伪。余未见此器，但其文有手与心及十字花纹，与白马寺兵器及猎壶同。錞于出土于万县，而且手与心的花纹未有文字，前人未为著录，白马寺出土此物不过二十年历史，又未为人所注意，作伪当无所据，何以所造与真物不谋而合？"

在古史研究和考古上,时刻保持一种怀疑的态度是对的,但必须从多方面去想。作伪有作伪的动机,还要有作伪的条件与可能。这是作伪的前提。没有这个前提,作伪很难发生。不能因为一件古物有不曾见到过的花纹、文字或其他特异之处,就当作伪品。卫聚贤没有见到錞于实物,跟对白马寺兵器怀疑论者的驳斥一样,他是从作伪的动机和条件上着眼的。在古史研究上,卫聚贤怀疑多多,有的正确有的不正确,还有的不能得到证实。在考古上,他反而常常是在人们持怀疑态度的情况下而大胆认定为是的,在吴越文化研究上是这样,在巴蜀文化研究上,亦复如此。这看似趋向两极的做法,其实并不矛盾,科学研究要有不断发现的精神和实事求是精神。古史研究,靠的是古文献和传说,而古文献和传说跟从地下发掘出来的实物不同,它有许多不确切处。文献有伪造,有篡改,更有大量遗失,后人见到的常常只是九牛一毛,拿它做结论,有时如瞎子摸象。传说,更是只能提供线索,不能提供确证。所以在古史研究上,多一点怀疑精神是必要的,也是于弄清事实真相有益的。考古发掘, 却是把历史上曾经有过的实物让它从人们不知变为有知。古今中外,不乏人造假物,但那是有条件的。对在不存在这种情况下出土的古物,就不应当发生怀疑。最为重要的是,人们对历史的认识,跟对一切客观世界的认识一样,目前只是很小一部分,永远处在不断加深、不断拓宽、不断前进的过程之中。做学问也好,考古发掘也好,都是为了把对客体的认识向前推进一步。只要本着这个目的去做,对已有的知识发生怀疑,对新出现的事物表示欢迎,就都顺理成章。卫聚贤正是这样一个人。正因为他是为了把对客体的认识不断向前推进, 他成了许多地域文化的开拓者,发现者。开发出巴蜀文化这一新的领域,对他来说,非常自然,毫不奇怪。这个事实告诉我们,在科学研究中,对一些新发现的事物或现象,不可过早地做出否定性的结论,反而应当抓住它,不断地开掘,不断地深入才是。

这期“专号”上的其他文章，从诸多方面用大量事例做了论述，支持了卫聚贤和于右任、张继等人的观点。

《说文月刊》第三卷第九期(渝版第三号)是一期水利专号。本期所论的水利不在别处，全部集中在四川，所以可看作“巴蜀文化”研究的一部分，是另一个专号。一九四三年二月二十日张继在一次讲演中说:“大禹虽然是人，而究竟是否生于四川？这期《说文》中，如卫聚贤、陈志良、罗香林、姜蕴刚、林名均各文，都肯定说大禹是四川汶川县人，我也相当同意。除开四川而外，其他地方，很少有大禹生地的遗迹或传说。罗香林旁推边引，不仅证明禹生四川，且证明夏民族发源于岷江流域，极可注意……这期讨论李冰的文章，有姜蕴刚的《治水及其人物》，黄芝冈的《大禹与李冰治水的关系》，林名均的《四川治水者与水神》，傅振伦的《蜀守李冰治水事迹考略》，马兆骧的《李冰守蜀治水之伟绩》，冯沅君的《元剧中二郎斩蛟的故事》，卫聚贤的《二郎》，计共九篇……”

卫聚贤的文章，从前引《石纽探访记》中“用滑稽小说的口调说‘二郎者，大郎之弟，三郎之兄，老郎之子也’”一段话可知，这几个“郎”，都生活在巴蜀一带。作者从古史记载入手，考察巴蜀等地的风土人情，风俗习惯，从而使巴蜀文化有了更多的人文地理和习俗文化的根据。如在《三只眼的二郎》一节，所列诸多记载，都在巴蜀一带，说明是那地方特色。在《二郎与孟优》一节，说到宗教信仰:“在宗教信仰上，固然表现着他们和竹有血统的关系，而在孩子出生的一些习俗上，尤能显示这种关系……”前边说到卫聚贤在吴越文化研究上重视民间习俗跟种群血肉相连的关系，在巴蜀文化研究上，他在这方面表现了同样的浓厚兴趣。

卫聚贤在巴蜀文化上发表的文章不如在吴越文化研究上发表的文章多，但其影响深远，意义不在吴越文化之下。最重要的在于，他为人们在西南地区的一系列考古发现打开了一扇大门。

第七节　后人的评说

署名蓬州浪人于二〇〇九年十月二十一日发表《“巴蜀文化”的提出》的文章，说：“‘巴蜀文化’的最早提出者是卫聚贤。一九四一年，卫氏在他的题为《巴蜀文化》一文中，用41个图、17帧照片、48张拓片，记述了成都市上收到的一批青铜、玉器，有青铜戈、矛、剑、戚、斤、匕首、猎壶和玉刀等。卫氏认为：巴蜀古史，史籍不详且多神话。成都白马寺坛君庙常出铜器，以兵器为多，似为蜀国武库；又出罍、鐔等祭器，似为蜀国宗庙。卫氏刊出的花纹有手与心、吞口（饕餮）纹、龙、蛙、蛇、龟和狩猎纹等，认为春秋前蜀人有自己的文字，春秋战国时仿中原文字。次年，卫氏又在同名的《巴蜀文化》一文中，又刊出150张图，并做了补充：古代的巴国在今汉中，巴可能因渝水（嘉陵江）而得名。成都白马寺后面的土阜可能是蜀国的社稷坛，蜀国都城就应在成都北门外高阜之地。针对有些学者的质疑，卫氏对这批兵器进行了辨伪，认为它们的时代应从商末至西周春秋战国时期。有关古巴蜀的史籍不详且多神话，必须仰仗出土文物以补史阙，卫氏能够独具慧眼，从古董商手中收集巴蜀遗物，提出‘巴蜀文化’，也可称独辟蹊径。虽然卫氏之说在当时受到学术界的普遍质疑，只有少数学者如陆侃如等表示支持。但在当时，学者对一九三三至一九三四年广汉真武宫的考古发现颇感陌生的情况下，卫氏用身边能见到的古物来求证巴蜀古史,其影响十分深远,作为古代巴国与蜀国的历史文化的‘巴蜀文化’一词,毕竟被提出来了。值得注意的是,现在看来卫氏的‘巴蜀文化’器物指的都是‘蜀国’的东西。”该文又说:

二十世纪五十年代,四川境内的四大考古发现(船棺葬、羊子土台、水观音遗址与墓葬、竹瓦街铜器窖藏),使“巴蜀文化”得到了考古学上的确证。其中对证实“巴蜀文化”最重要的是船棺葬的发现,一九五四年巴县冬笋坝和昭化宝轮院发掘的土坑墓,以船棺墓和狭长坑墓为多,还有长方坑墓和方坑墓,特别是前两者墓中出土的青铜器与四十年代所定为“巴蜀文化”的东西,几乎完全相同。它们与流传于社会上的古董不同,是用科学方法从地下发掘出来的文物,这就解决了许多学者对卫氏“巴蜀文化”器物真伪的质疑。冯汉骥先生作为发现者还指出:船棺墓“与战国时期的巴人应有一定的关系”,因此,船棺葬确实为“巴蜀文化”提供了可靠的考古学证据,从此再不可能被否定了。在后来发表的正式发掘报告中更进一步提出:巴县冬笋坝的船棺墓或即当时巴人的墓葬。昭化宝轮院的船棺则可能是为秦人戍边的巴人墓葬。但是后来的研究者对船棺葬的族属的看法有新的改变,例如笔者就倾向于:船棺葬(包括狭长坑墓葬)不全是巴族的墓葬,而是东周以后巴、蜀境内诸族群中某些社会阶层(如祭司、武士等)的葬俗,例如成都商业街的船棺葬很可能是蜀王(室)的墓葬。看来还是冯先生最早的判断:船棺葬“与战国时期的巴人应有一定的关系”,不一定就是巴人的墓葬的说法,是比较客观而能够成立的。

其次是一九五三至一九五六年在成都北郊清理的羊子山

土台遗址，清理的结果可复原为底边103.7米见方、三级四方形的土台，原发掘报告认为是东、西周间的遗迹，与蜀王杜宇建国有关。虽然经研究可订正为商代始建，至战国废弃的古蜀国的神坛建筑，而羊子山土台的发现、连同六十多年后发现的成都西北部的十二桥——金沙——黄忠遗址群的发现，却为卫氏的"蜀国都城就应在成都北门外高阜之地"的假设，提供了佐证。现在看来当时的中心聚落实际应在今成都市的西北部。

长秋于二〇〇八年十二月八日在《重庆商报》发表《卫聚贤首倡巴蜀文化》中说："'巴蜀文化'，作为一种学术命题，从提出到确立，始于二十世纪四十年代，至今才不过六十多年。大胆的创举，明确的定位，首倡'巴蜀文化'，首开史学先河的第一人，那便是享有'史坛怪杰'美称的卫聚贤。"又说："师出王国维大师的卫聚贤，史学成就斐然，一九四一年他在《说文月刊》上发表文章，首次把'巴蜀'与'文化'连词，首倡'巴蜀文化'。随之，董作宾、蒙文通、徐中舒、顾颉刚等史家纷纷加入这场大讨论。巴蜀文化史学篇章，从此掀开了崭新的一页！'巴蜀文化'，由此而进入了一个里程碑式的研讨时代。"

《中华文化论坛》于二〇〇三年第三期发表段渝《三星堆与巴蜀文化研究七十年》的综述文章，说："从二十世纪四十年代'巴蜀文化'命题的正式提出，迄今已经半个多世纪了。如果从一九三三年四川广汉月亮湾的首次考古发掘算起，三星堆与巴蜀文化的研究已达整整七十年……不但彻底否定了前人所谓'蜀无礼乐，无文字'的旧说，而且提出了'三星堆文明'、'巴蜀古代文明'和'巴蜀是中华文明又一个发源地'的崭新论断。正如李学勤教授最近总结的那样：'可以断言，如果没有对巴蜀文化的深入研究，便不能构成中国文明起源和发展的完整图景'，'中国文明研究中的不少问题，恐怕必须由巴蜀文化求得解决'。"

南开大学历史学院朱彦民总结卫聚贤的历史考古学贡献的文章，用了跟前两位作者相近似的题目：《"巴蜀文化"的首倡者》。朱说：

> "巴蜀文化"作为学术术语提出已六十余年，卫聚贤、郭沫若、顾颉刚、徐中舒、蒙文通、冯汉骥、任乃强、缪钺、张秀熟、邓子琴等国学大师对巴蜀古史传说、古代历史、民族、学术、宗教和考古等方面进行开拓性研究。尤其卫聚贤先生，从考古发掘材料出发率先提出了"巴蜀文化"这一概念，是四川地区考古学文化研究的有力推动者之一。
>
> 当二十世纪四十年代学术界首次提出巴蜀文化的时候，还仅仅是把他作为一种与中原文化有别的青铜器文化来看待的。其背景是一九四一年成都西门北面白马寺坛君庙时有青铜器出土，以兵器为多。形制花纹与中原青铜器有异，流布各地以至海外，被认为夏器。抗战爆发后，学者云集四川，遂对这些异型青铜器产生兴趣。巴蜀历史因文献记载阙如，只有依靠地下出土文物资料。卫聚贤先生以他对考古学材料的特有敏感搜集这批资料，写成考释论文，径直以《巴蜀文化》为题，他在文中讲这批兵器分为直刺、横刺、勾击三类，并摹写出器体上的各种纹饰。他认为，春秋以前蜀人有自己的文字，春秋战国时仿中原文字。对于蜀国青铜器的年代，断定在商末至战国时期。
>
> 卫文刊布后，因为首次提出了"巴蜀文化"的命题，遂在学术界掀起轩然大波。由于它们与中原商周铜器不尽相同，出土

地点不明,又有赝品混入,引起了学术界的广泛争论。一些知名学者力驳卫说,认为卫文所举青铜器不是中原兵器,便是伪器。如像古文字学家商承祚、考古学家郑德坤等,都不同意卫聚贤的看法,甚至不同意“巴蜀文化”的提法。在当时四川地区尚未大力开展科学的考古发掘的情况下,人们大多从古人言,认为巴蜀蛮荒、落后,这固然可以理解,然而由此怀疑“巴蜀文化”的存在,全盘否定巴蜀青铜器,却显然是中原中心论长期占据学术统治地位的结果。

为了引导学术界对此问题展开讨论,卫聚贤先生在其主编的《说文月刊》上开辟了“巴蜀文化专号”,集中刊发了学者对此问题的讨论文章。有许多学者如于右任、缪凤林、傅振伦等著文支持这一说法。

由卫聚贤先生发起的“巴蜀文化”的讨论,有力地推动了四川地区巴蜀文化的考古发掘和研究进程。“巴蜀文化”的概念当时遭到了多数学者的反对,直到六十年代以后才得到正式承认,并且一直沿用至今,广为人知。后来四川地区的考古工作尤其是巴蜀符号文字、三星堆遗址等的发掘表明,卫先生的这一提倡确有先见之明,巴蜀地区的文化自成体系,而且其先进程度并不低于中原文明,所以自应该作为一种独立的地区考古学文化来看待和研究。

不仅如此,卫聚贤先生敏感而广阔的考古学文化视野,不仅限于巴蜀文化地区,而且远射到了包括四川在内的整个西南地区。如他于四十年代初期在云南昭通地区的田野考古发掘工作,更是为西南地区考古事业的筚路蓝缕之功。

近年来,随着四川一带考古发掘的快速进展,人们越来越怀念卫聚贤,越来越感到他提出的“巴蜀文化”这一概念之功不可没。

巴蜀考古中发现了不少似文字又不认识的符号。人们大都把它分为巴蜀文字和巴蜀符号两个系统。据介绍,巴蜀符号指古巴蜀土著民族铸印或刻划在器物(主要是铜器,也有少数漆器、陶器)或印章上的一种定型化的象形文字,是古巴蜀文化体系的一种表现。巴蜀地区发现的古文字可分为两种:一种是图像性的符号,即手掌、花蒂、水波、房屋、人头和虎、鸟蝉等;另外是一种文字性的符号,少数与中原文字一致,多数迄今未能释读。“巴蜀符号”指前者,而“巴蜀文字”则是在“巴蜀符号”的基础上发展而成的,所以,“巴蜀符号”比“巴蜀文字”更加古老。许许多多的巴蜀符号中,面具纹、神树纹、眼形器纹、手形纹、心形纹、璋形纹、戈形纹等,仍然带有萨满教的原始巫术色彩,这些符号不能一个符号、一个图形地宣读,只有当这些图形符号构成一组特定的“符号”时,它们才有意义,并且这种意义只有当事人才能解释,这些莫名其妙的解释为“巴蜀符号”蒙上了一层神秘的面纱。

“巴蜀符号”或“巴蜀文字”的发现,人们归功于卫聚贤。说他最早意识到这代表一种古老的文化,最先注意搜求,并首先命名以“巴蜀文化”的概念。二〇〇九年八月十日,钟鸣在《南方周末》发表文章,说“除王家祐、卫聚贤外,研究巴蜀文字的还有蒙文通、李学勤、李复华、童恩正、钱玉趾。王家祐和李复华撰文认为,巴蜀符号具有看图传语的功能,并提出巴蜀方块字与夏有关,是夏人先祖西凌氏文化。钱氏撰有《古蜀地存在过拼音文字》的论文,认为巴蜀符号实为拼音文字,和古彝文有关。”他说:“借社会学的描述,我们也不妨说,关于夏朝文字,其真相恐怕也早就在那里了。甲骨文是很成熟的文字,之前,必有漫长的演变。若从河南舞阳贾湖遗址原始文字到殷商甲骨文,有五千年之多。这点,没什么争议。争论焦点主要是，夏有无文字？有，是什么形态？又在何种范围？郭沫若、徐中舒持怀疑态度，或认为没有。唐兰认为有，因为根据《竹书纪年》《史记》《尚书·禹贡》等典籍对夏商两代世系、年数、史事详细的记载，夏应在信史之列，孔子对尧、舜、禹的描述，也并非虚言。《尚书·多士》："殷先人有典有册；殷革夏命。"说明殷前之夏朝，为典册所载，虽递嬗却关系紧密。更有甚者，保利艺术博物馆所藏青铜遂公盨，是距今近三千年的器物，其九十九个铭文，比晚数百年的《尚书》还更早记述了夏禹治水的伟绩。禹真，夏便真，无夏，便无华，此话并不为过。夏朝历经十四代十七王，足见盛世，不可能没有文字，甚至还是相当成熟的文字……此非文字演变之迹又是什么？后世所留"仓颉书"、"夏禹书"、"岣嵝文"，也流传甚广，并日渐热闹，盖因能让人更接近夏朝文字的真相。"该文根据彝族学者阿余铁日能认识其中许多字的事实和提出"彝文字和汉文字越古越同源"的观点，提出一个重要的假说："彝族是夏代的统治者，古彝文是夏代的官方文字。"

钟鸣在文章最后说：

既然三星堆玉石有了蝌蚪文，二里头没有，龙山也没有，红山、齐家、良渚都没有，那也就不再避嫌言夏。华夏的分界线不是华夷，而是北方文字系统的伏羲、炎黄，与更成熟活跃的南方文字系统——实际上又是北方语系的鲧禹夏后，也就是孙作云所谓的"龙虎斗"——实际上是北方的熊图腾和南方的蛇图腾之战，血缘叠加文字，没文字的东夷也搅和进来(金沙遗址的良渚琮，和西北方向大量的良渚文化玉石说明这点)，故有速度之混合。三星堆玉石造像中，我们不难悟出大量龙蛇鸟混合图腾的社会学意义，而标志性的文字事件就是“河图命庖，洛书赐禹”。而这恰恰又被民间所庋藏的另一樽雕塑所证实。这樽雕塑，为戴冠神人，跣足立台上，双手捧卷轴——也就是神龟负洛书的拟人化表现。因为，在神像背后，镌刻有神龟的图像。最直接的说明，是台基两侧对称性的大鱼图案，印证了《拾遗记》有关夏鲧的描写：鲧因治水无功，“自沉羽渊，化为玄鱼，横修波之上，见者谓为‘河精’”。神龟是河精的使者，以献含治水秘诀的洛书给禹。由语言传说凝固为三维空间完美的雕塑，以人为本，这在红山文化、齐家文化、良渚文化都未发现，弥足珍贵，故为东方玉石文化的杰作。这尊雕塑之所以能为典型器，还在于它首次表现了父系社会“失败之英雄”的沉郁精神，此精神千百年来，混合变形（犹如龙的神话本身），纵横南北，必渗透外省族团的离心力。黄帝轩辕时代，龙马出河图，鲧禹时代，神龟负洛书，于是“圣人则之”，其要义也就全在这里。所以，通过它，我们除了去理解故事的原委，还更应该看清雕塑后面悲剧的叙事性来——那就是大胆的史学家所推断的另一种可能：鲧禹之夏族，也就是蛇图腾部族，先据中原（这点尚难苟同），亡国后（蚩尤被杀）被罚苦役，通过治水，混合三苗九黎及蛇、鸟、猪、鳖四部族，终于再次强大。三星堆玉石文化正是投影在这一背景之中的世界图景，其文字，也将慢慢诉说真正意义的中国本土艺术的渊源流变，而这一切，恰恰是被后来者混淆了，或者说，给遗忘了。

另有一篇《四川画像砖发现记》，发表在二〇〇七年七月二十四日《四川日报》上，作者是亲自参加了多次考古发掘的一位考古学家。他把二十世纪八九十年代四川汉画像砖的发现当作“新中国成立以来”我国最重大的考古发现。文中多次说到四十年代卫聚贤等人的考古发现，特别说道：“根据二十世纪四十年代卫聚贤的《汉代的重庆》的记载，‘四川汉画像砖分两系：一沿嘉陵江而下，如阆中、重庆、涪陵等地出土之砖，其形大而厚；一经绵阳、成都、新津至嘉定等地，其砖小而薄。以花纹形式论，嘉陵江系多为几何形，而岷江系则有人物图案。而岷江系以川北墓砖为最多，成都、新津、眉山次之，而嘉定砖甚少。’由于当时并未进行科学系统的考古发掘，卫聚贤的分类，应该说具有一定的主观性，不过，该理论为当时四川汉砖室墓的排队，划了参考标尺。”开创者的功劳不在于完全正确，而在于披荆斩棘，开辟出一条道路来。卫聚贤是做到了这一点的。

这样看来，卫聚贤提出“巴蜀文化”的意义，比起提出“吴越文化”的意义，更伟大，更能推动历史研究的深入发展。难怪人们念念不忘卫聚贤首倡之功。

第十章　从西到东，从内陆到海洋

第一节　西北之行

卫聚贤在把吴越文化做了初步的清理和开拓以后，就想着到西北和西南去，开辟新的研究领域。时势使然，他的工作驻地将在重庆，因此巴蜀文化成了他的首选，但他不会放弃西北文化。

一九四一年八月二十五日，卫聚贤在成都中央银行第一次作《巴蜀文化》完。文末说："余不日有西北之行，故先将此文草成，在《说文月刊》上发表，待余自西北归，路过成都时，此文或已发表了……"随后便有西北之行。其日程表如下：

九月十八日，和于右任等结伴，赴西北考察。本日乘飞机到兰州，改乘汽车，经武威、张掖、酒泉，出嘉峪关赴敦煌。《说文月刊》第三卷第二、三期合刊《编后语》："本刊主编卫聚贤最近去甘肃敦煌考古，归来定有佳文揭此。"

九月下旬，在敦煌石室住三日后，返西安。

十月初，到榆林窟。

十月上旬，到兰州。被聘为国立西北大学教授兼文学院院长。又赴西宁。

十月二十九日，自西宁返兰州，夜宿亨堂。

十一月，在甘肃省兰州曹家嘴遗址进行试掘。曹家嘴遗址位于兰州市西果园乡沙滩磨村，遗址面积东西 250 米，南北约 300 米。一九四四年，夏鼐在卫聚贤试掘的基础上又做考古发掘。一九六三和一九七一年甘肃省博物馆又分别两次进行发掘，发现有灰坑、灶坑、窑址，出土文物有陶盆、钵、碗、壶、罐等的肩、腹、颈、口的残片。彩陶均为黑彩。生产工具有石凿、石斧、石刀、骨锥和陶弹丸等。出土陶片均为马家窑类型遗物，是一处单纯的马家窑类型文化遗址。本条据朱彦民文章。朱彦民还说："该遗址的发现，卫聚贤的首创之功不可磨灭。"

十一月，自兰州经平凉到西安。

十二月上旬，由西安经汉中、广元到成都。沿途在兰州甘肃学院、西安教育厅、城固西北大学及师范学院、成都华西大学，都就敦煌石室做了讲演。

十二月十五日，回到重庆。

这次西北之行，行期三个月，行程万余里。

这次西北之行的成果，集中反映在《说文月刊》第三卷第十期上，这期刊物为"西北文化"专辑，共发表各种文章二十多篇，作者有孔祥熙、于右任、吴稚晖、张继、郭沫若、董作宾、姜亮夫、金毓黻、王献唐、冯国瑞、孔德成、傅振伦和卫聚贤等。

孔祥熙的文章题为《西北文化》，是真正具有学术色彩的，非泛泛而论。第一节谈《西北为中华民族发源地》："中华民族，发源西北，有最可征信之事实为根据。章太炎谓山东方言所称之'侉子'，即'华'字音转，不知夏之本意，至今仍存在西北，如对一有权威者往往称'夏家'，又曰'好夏家'，又曰'此夏家厉害'之类，在西北方言中，常习闻之，与许慎解释'夏大'之意相符，而'夏家'之正确明瞭，更较'侉子'之音转者，于意犹胜。禹贡导河自积石，在今甘肃临夏(旧称导河即河州)有大夏河，积石山一带之所谓唐述时亮石窟，积石关，禹迹传说，均足证明先民在黄河上游、西北奠定华夏基础之事迹。夏之得名，当系先自夏水，其后因夏禹功绩昭著，故他族以夏称我，亦犹人之称我为秦人为汉人为唐人也。西人译曰'支那'，先指近东一小部为亚细亚，今则已扩至北冰洋太平洋印度洋地中海黑海里海及乌拉尔山以东之区域，均为亚细亚，实即我华夏之译音也。"

孔祥熙在他的文章中发出"开发西北与西北文化"的呼吁。他说："立国于今日世界，条件有四：一曰土地，二曰人口，三曰物质，四曰科学。中国幅员广大，人口众多，物资丰厚，甲于世界。惟西北经宋元以后之种种原因，人口不及内地，而先民文化之遗产，完全蕴藏于西北，其有待于阐扬宣传，不逊弃地之宝藏。故在今日而言开发西北，有并重而不容歧视者二事：一为移民垦殖，从事开发物资之富源；一为研究西北文化，提高重视西北之水准……"这个呼吁当是这一伙人共同的目的。其实，"开发西北"的口号人们早已提出，在二三十年代山西的出版物上，"开发西北"是最响亮的一个口号，出版的刊物就有好多种。一九三五年在太原成立了一家电影拍摄公司，其名称就叫"西北影业公司"，还有话剧团体叫"西北剧社"。那时，山西人把自己当作"西北"的一部分，开发西北，就包含着开发山西的意思在内。孔祥熙和卫聚贤是山西人，于右任是陕西三原人，在辛亥革命期间，张继跟西北革命人士关系十分密切。大家一起为开发西北叫喊，既是爱国，又是爱家的表现。

张继在《西北精神之建设》的讲演中，说到民族自信力的恢复和建设。他从另一方面论述了西北之重要："五千年伟大的历史最光荣是那一阶段呢？据我的意见或一般的常识，当然是周秦汉唐四个朝代。就以这几个光荣的时代来研究，当那强盛的时候，没有一回不是与西北有关系。”以下是具体阐发。

其他文章有考释古文物的，有论述中外文化交流的，最多的是对敦煌文物——近来普遍称为敦煌学，而卫聚贤在此文一开头就以敦煌学称之了——进行研究的，他的文章是其中的一篇，题目是《敦煌石室》。其《引言》说：

> “敦煌学”在世界各名大学中已列为课程，但在中国因其中所藏之写经不存，地址又远在西陲，是以很少有人前往探究。前年秋于右任先生有西北之行，余亦因公前往，乃于九月十八日由渝乘机飞兰州，换乘汽车经武威张掖酒泉出嘉峪关经玉门安西而至敦煌，在敦煌石室住三日，返西安南至榆林窟，循原路至兰州，再转西宁，又返兰州，经平凉至西安，由西安经汉中广元成都，于十二月十五日返渝。行期三个月，行程万余里，沿途在兰州甘肃学院，西安教育厅，城固西北大学及师范学院，成都华西大学，对于敦煌石室都有讲演，但限于时间关系，只述其大概。到重庆后在政治部文化工作委员会及中央大学历史系讲演共三次，讲词较为详细。今将讲词整理成篇，发表于本刊。

全文分敦煌史地、石室开凿的动机及发达的原因、敦煌石室写经的发现、敦煌石室的价值及保护四个部分。由此可知，这是一篇介绍性的文章，重点在对敦煌石室价值的认识和评定。

敦煌石室有什么价值呢？卫聚贤首先说到佛像：“前者苏州陆角镇发现唐塑，轰动全国，而敦煌石室中，则有北魏隋唐五代宋西夏元明清以至民国的塑像，其中以唐代为多，这种有系统雕塑，可成为一本雕塑史。”又说:“佛像有大的高十余丈,小的不过数寸。有立的,有坐的,又有睡的,俗名卧佛,卧佛之后站立弟子甚多,以佛已死,表示哀痛的姿态如生。”就是形态多样,各臻其妙。又说到壁画:“中国现存的宋画,每件价在数万元以上,至于唐画则少有存者,而敦煌石室中则有北魏隋唐五代宋西夏元明清的壁画,这样有系统的绘画,可成为一种绘画史。”说到绘画上人物的服装,可成为一部服装史。由于画上的人物有从外国来者,“这不惟为中国的服装史,而且可为小亚细亚及印度各国的服装史,并且可考其种族与文化。”“总之,敦煌文化,不独是中国文化,而是世界的文化。”由此就可看到,敦煌石室所藏文物之可宝贵了。

文章中对外人肆意破坏之举表示了无奈,也表示了愤怒。文中说:“外人以壁画之古而且美,有的用刀将壁剖割,取出泥壁,装载而去。有的用树胶涂布将布贴在壁画之上,久之壁上之画粘到布上去了,持布以去,较泥壁为轻便。洞中残迹累累。”

文中说:“我们是在敦煌千佛洞过的中秋节。这时我们吃敦煌瓜及水果,一面赏月,一面为考古,一面谈保护敦煌石室问题。多主设学校,我主张设西北文化研究院,分为考古、艺术、史地三所,艺术研究所就包括敦煌在内。如设学校,教授与学生不易来,多主张将敦煌的名称提出,容易使人注意,故决定设立敦煌艺术学院,现在改为敦煌艺术研究所了。我们回来,张溥泉也主张设立敦煌研究院,以研究西北文化……”卫聚贤当时感慨不知道他们的想法何日能够实现。告慰的是,二十世纪后半期,敦煌学的研究在中国发展很快,以前,敦煌在中国、敦煌学在国外的不正常状况已经彻底改变,现在的敦煌研究院已是一个很大的学术机构了。

敦煌千佛洞地下铺的砖,都是一尺见方,上面有莲花等花纹,约有数十种。卫聚贤拓了一大部分带回,并带回原砖两块。卫聚贤从敦煌带回来的古物，曾于一九四二年十一月十二日在重庆中央图书馆开社教运动会时公开展览。

卫聚贤这篇文章的意义，至少可以概括为：

第一，它是向全国人民介绍敦煌文化的一篇重要文章；

第二，它是在全国人民面前控诉斯坦因、伯希和一类文物强盗破坏敦煌石室文物罪行的控诉书；

第三，它记录整理了一批重要资料；

第四，它所提出的保护办法有助于人们对保护敦煌文物的认识，它提出的一些建议有利于对敦煌文物的保护和研究。

文章后边附录了十几个资料，有《唐武周圣历元年重修莫高窟佛龛碑》《大唐陇西李府君修功德碑记》《唐宗子陇西李氏再修功德记》《重修皇庆寺记》《王道士墓志》等。这都是卫聚贤一笔一画抄录下来的。从《引言》我们知道，卫聚贤在敦煌石室只住了三天，要抄这么多资料，要参观大多数洞窟，要记下跟各方面人士的谈话，要查阅经卷等等，需要花费多少辛苦与精力！而卫聚贤都做了，给我们留下一份珍贵的参观记录。

这次西北之行，卫聚贤见到了他清华研究院同期同学冯国瑞。冯是天水人，一九四〇年自重庆归故里，潜心搜集地方文献，发现了不少麦积山的资料。麦积山石窟为中国四大石窟群之一，位于秦岭西支脉的东段，石窟大都开凿在悬崖峭壁，洞窟之间架设凌空栈道相通，古人曾称赞："峭壁之间，镌石成佛，万龛千窟，碎自人力，疑是神功。"冯于一九四一年趁"四月八"庙会之机，邀朋友共赴麦积山考察，随后闭门两月，写成《麦积山石窟志》，油印三百份，即不胫而走，流传海内，引起学术界普遍关注。现在两人见面，互道祝贺，卫聚贤将冯国瑞论文带回，刊载于这期《西北文化》专号。冯国瑞跟于右任相识，为他保护麦积山的想法提供了一个有利条件。他当面向于说了他的想法，以后又给于和吴稚晖、陈立夫等人写信，请求保护麦积山石窟。

前边日程表说到一九四一年十月二十九日卫聚贤自西宁至兰州夜宿亨堂。亨堂系青海民和县西北六七里的一个汽车站，其北渡大通河为甘肃界。亨堂系五代时李克用后裔李赏哥墓前祭祀的亨堂。卫聚贤在此作《李克用后裔的族谱》，载《说文月刊》之《西北文化》专号。族谱中对李克用的功绩有如下描述："按李氏初姓朱邪，沙陀人，先世事唐赐姓李。僖宗乾符五年，防御使段文楚推克用为留后，时河南盗起，沙陀兵马使李尽忠谋曰'今天下大乱，号令不行，此乃英雄立功名取富贵之秋也！振武节度使李国昌子克用，勇冠三军，若辅以举事，代牝不足平也'。黄巢作乱，进军乾阬渭桥，与巢军战于渭南，三战皆捷，黄巢力战不胜，焚宫室遁去。克用时年二十八，于诸将最少，而破黄巢复长安，功第一。兵最强，诸将皆畏之。诏以为河东节度使，以复唐室之大功，晋爵陇西王。又进表诛田令孜等，后加中书令晋爵晋王，上乃褒其忠款。复进表诛朱全忠，终为国患，不听。克用还晋阳。自兹肇迹王基，纪载昭然，难以殚述……"卫聚贤将李克用后裔族谱做了摘要。"因时间关系，未及全录"，所录这一部分，实"可补历史之不足"。

此次西北之行，卫聚贤曾记有日记，有些内容属于"考古的小材料"。原来打算整理后发表，后未能如愿。

《民国野史》记载一件事：于右任有次赴西北巡视，因司机不慎，翻了车，伤及肋骨，但比较轻微，在医院小住几天就好了。于住医院时，朋友、门生纷纷前来探望。有人絮絮叨叨，对翻车经过问个不停，于答："当时匆忙，已经忘了，大约两翻吧。"友人曰："幸只两翻，若是三翻，就难以想象了。"于笑了："两翻已不得了，倘是三翻，我老头子就满贯了。"

有人在《敦煌学的兴起》中写道："一九三八年到一九四九年，是中国敦煌学研究的第三个时期。这一时期，由于战争的影响，敦煌文献的研究大有停顿之势。但是，这时西北地区成为国防重地，交通较前便利，往敦煌的学者和游人渐多，于是对敦煌艺术的研究蓬勃兴起，成为这一时期突出的特点。当时，贾兰坡、向达、顾颉刚、高一涵、卫聚贤、劳贞一、石璋如等学者，都到过敦煌。中央研究院组织的西北史地考察团和教育部组织的艺术文物考察团，也都到敦煌做过长期考察。一九四一年，著名画家张大千率子侄学生十余人至敦煌莫高窟，居住了两年多……”

卫聚贤有关西北文化的论著，显然不限于这次西北之行所写的两篇，他以前论著中的有关部分也应该包括在内。神话学家叶舒宪在《秦文化源流新探——熊图腾与中原通古斯人假说》中说：

对“嬴”这个字的符号学分析，会得出一个惊人的观点：“嬴”和“熊”有密切关联，甚至就是同一个字的两种写法。这个分析在七十年前就有人作出了，他就是古史学家卫聚贤。他在《古史研究》第三集中提出：从字形和字音的双重分析中发现，“嬴”和“熊”本为一字。所引文献证据是：《公羊传》鲁宣公八年“葬我小君顷熊”，《解诂》云：“熊氏，楚女。”《左传》则写作“敬嬴”。可知“熊”“嬴”两字是互换使用的。他的推论是，熊姓的楚国，与嬴姓的秦国和赵国，都曾经是熊图腾的国度。

今天我们举出金文中“嬴”与“能”（熊）两个字的写法，确实不难看出：嬴字，基本上是“能”字加上一个表示“女”的偏旁，或者说是能字与女字的组合变体。那么，这种组合莫非是要揭示这一族系的母系来源，抑或要暗示和朝鲜族神话、鄂温克族神话一样的熊母生人信息，我们不得而知，只好存疑。李江浙《秦人起源范县说》认为：《春秋》鲁宣公八年所载“夫人嬴氏”，《公羊传》、《谷梁传》都作“夫人熊氏”。《春秋》又载：“葬我小君敬嬴”,《公羊传》、《谷梁传》均作“顷熊”。可见“熊”与“嬴”古时互通。他所引用的这两个文献证据,前一个是卫聚贤没有用到的。他还试图从嬴字结构上分析其与熊字相通的原因,似比卫聚贤略进一步:

嬴字除去正中部分的“(引者按,此处为嬴字的上半)”字是皋陶、大费族人崇拜的玄鸟的正面立体偶像外,剩余部分则是一个侧写的“能”与“熊”的单体象形;熊与嬴的互通即根源于此。同时也是大费及其族人崇拜“熊”图腾的历史遗迹(礼县博物馆等编《秦西陲文化论集》,第138页)

从嬴、能、熊三字的同义词关系看,金文中的屡见不鲜的樊夫人之名“龙嬴”,也就相当于“龙熊”,这不就成了我们说的“熊龙”吗?

卫聚贤是早期接受西方图腾理论并应用于中国古史研究的先驱之一。由于他对秦与楚、赵皆为熊图腾后裔的观点过于突兀,除了文字学的单一推考之外,缺少其他方面的整合考虑,所以略嫌武断,连同他的“殷商起源于西南说”等新奇观点,基本上没有被学术界接纳,如今几乎被淡忘。李江浙考证秦人发源地在河南范县,却不了解卫聚贤早有高见:范氏之祖为熊。

卫聚贤《古史研究》引《史记·赵世家》赵简子语:“夫熊与罴,皆其祖也。”正义:“范氏,中行氏祖也。”卫氏的断语是,即范氏之祖为熊,中行氏之祖为罴。这就将秦、赵、楚三国以熊罴类猛兽为图腾先祖的认识,又扩大到晋国了。对这种认熊为祖现象的确认,也明确还原到西汉人那里了。换个说法,在司马迁的时代,人们还清楚地知道战国七雄中居然有半数以上都有熊图腾的记忆。至于秦人在文化和人种上的渊源问题，限于当时条件，卫聚贤书中还不能做深入探讨。

舒文以下说到，根据新的考古发现可知，嬴秦族人既奉玄鸟为图腾，又奉熊为图腾，从其遗物造型和位置看，两者不是简单的并列，也不是平起平坐的关系，而是“类似于五方帝系统中的位于中央的黄帝与四方之帝的关系”。最后介绍了“今人朱学渊”新书《秦始皇是说蒙古话的女真人》。

第二节　《册封琉球国》：让事实说话

卫聚贤从到四川在朋友提议下建立巴蜀史地研究会起，有一个大人物一直跟他同行，从石纽寻大禹到西北勘查，几乎可说形影不离，那个人就是于右任。于右任大卫聚贤二十岁，应该算是长辈，但他却积极支持卫聚贤的考古活动和对巴蜀文化的开拓与创新研究。当卫聚贤跟吴稚晖和叶恭绰发起成立吴越史地研究会的时候，于就参加了成立大会，所以他们早就是熟人了。从开展巴蜀文化研究以来，他们几次一起出外考察，几次共同演讲，行在一起，住在一起。思想上相知，学问上相切磋，当给他们的共同活动带来许多乐趣和启迪。

从跟于右任多次出外考察和考古情形来看，卫聚贤和于的关系是很密切的。他们见面，除了学理，可能会谈到其他问题，特别是时政。于对日本侵略中国的问题上，一向坚决反对。前边说过，从清末起，于先后创办了《神州日报》《民呼日报》《民吁日报》和《民立报》等报纸，是同盟会和国民党的重要喉舌，他的《民呼日报》《民吁日报》和《民立报》也被称为“三民报”。辛亥革命元老冯自由在《革命逸史》中写道：“《民吁报》出世后，崇论宏议，可与前之《神州日报》及《民呼日报》相伯仲，时当日人侵略满蒙，至为急进，清廷向守‘宁赠送友邦不与家奴’之政策，丧权辱国之事，层见叠出，举国人士靡不痛心疾首，海上各报以慑于官吏积威及日人暴力之故，咸噤若寒蝉，莫敢抗议，独《民吁报》不畏强御，日以危言警惕国人，使为之备……”这种情况引起日人忌恨，日本驻沪领事先以该报在法领事注册，设法将领署挂号注销，又威逼中国当局，将报纸查封，主笔被诉，长期审讯。于右任只得另办《民立报》。从卫聚贤后来的写作情况看，他对时政同样是很关心的，他留心各种事物，搜集各种资料，即使跟他研究的课题无大关系的资料，他也从不放过。当时的抗日战争正处在相持阶段，重庆也好，成都也好，虽是大后方，日本人的铁蹄不能到，日本人烧起的战火却照样延烧到头上，日本飞机多次轰炸重庆就是个铁证，那也是日本战火烧得最厉害的地方。何况这不是一个是否直接受害的问题，国家被侵略，任何一个有正义感、有爱国心的人士，都会把被侵略当作自己最大的屈辱，而坚决反抗。因此如何跟日本侵略者斗，就是他们心中时刻所想，他们见面，必然会把抗日作为谈话甚至研究题目。

在《说文月刊》出版了《西北文化》的专号以后，接着出版的第三卷第十一期（渝版第五号），第一篇文章是于右任写的《太平海》上篇，接着是陈述的《“日本海”正名》，再配以卫聚贤的短文《为太平海命名质中国地理学会》，三篇文章密切配合，组成一只集束手榴弹，向日本侵略者掷去。

于右任的文章主旨是“取消日本海，正名太平海”，这几个字就像个副题，列在题目之后。开篇说：“余曩在上海主办《民立报》时，宋渔夫以研究间岛片马诸问题，甚有所得，拟著文揭示国人，托余为收集各项参考图籍。适□其书局新出版之《中国地图》，比及检视，则此屹然峙立之间岛，已变颜色。因召该局主人询问，始知其以日本制图为蓝本，贻此大误，歉惶之余，允即为销毁。此在国人，固为重大疏忽，而日本之居心叵测，亦可窥见一斑。数十年来，其侵略之方式，或巧取，或豪夺，可谓无恶不作。孔子云‘名不正则言不顺’，吾人以敬重之心理，遂得其不正不顺之果者不一一数，而‘日本海’一名，则尤为吾人所应特别注意，而立予废除者也。”

于右任在对那块海洋的名称做了历史考察，指出日本发动侵略战争“致使全人类陷于水深火热之空前浩劫，可恨亦可悯”之后说：

> 今者吾同盟国家以百折不回之精神，艰苦奋战，所为何事？非为世界人类之久远“太平”耶？前已言之，名不正则言不顺，而欲成此天地之大德，则当自正名始。故余拟取消此名不正言不顺而含有侵略性之“日本海”，而易为名正言顺含有正义性之“太平海”。是“日本海”为今日世界不太平之所由始，而“太平海”为吾人重奠世界久远太平之基。即日本人民，于此次创巨痛深之后，当亦渴望其所谓“日本海”者——变而为“太平海”也。
>
> 故“日本海”之命名，无论其起于何时何人，皆为日本大陆侵略政策之启发或利用。此名一日不除，即为未来世界留一可怖可恶之侵略种子，而使此海之周围，遂为世界和平防线中之漏洞。余为此文，以参考书与时间之不足，自知甚为简陋。而知

其简陋而为之者，以其所与至大，当时既无人论及，义之所在，不可不献其□，以椎轮之始而为大辂之求也。深奉国内外学者，匡其未密，详而正之；更望中外地理专家，改用今称，以文化之使命与力量，为文化侵略者之惩戒，使此海为人类纪念正义胜利之伟大征象，而启亿万世之太平焉。

于老这篇文章是一九四三年二月十五日写的，发表后，受到广泛欢迎，从个人到团体，纷纷表示支持。

陈述《"日本海"正名》追述历史事实更多，最后说："'日本海'之名，实含侵略之意，自当摈之不用……此海之发见当甚早，即见于记录者亦不止二千余年，曰海曰东海曰苍海曰沧海曰乐浪海曰少海北海瀚海辽海奴儿海等东海之名清人尚仍用之，从未有'日本海'之名。史事昭昭俱在也。太平海之称，唐太平海之意姑不论，见于《瀛环志略》者亦非远古之初。然洋为海之大者，太平洋之近陆者，姑以太平海名之……改'日本海'定名为'太平海'，以为万世开太平。"作者认为，"以此纪念此次大战，定为此名，甚为允惬"，对于于先生的主张，愿意"附议"。

一九〇三年冬，二十五岁的于右任出版了他的第一本书，是一本诗集，首页印有一张全身照片和友人胡堪所题对联："换太平以颈血，爱自由如发妻。"那是对清廷表示革命决心的，"太平"二字给余先生留下了深刻的印象，当然也是于先生的期盼。现在面对的是侵略成性的日本，他要"取消日本海，为万世开太平"，具有更伟大得多的意义，那是为着全世界人民的。

卫聚贤在他的短文里，不仅明确指出"日本所以名'日本海'，乃是在若干年前预伏侵略的野心"，而且说："在中国的《尔雅》书中，已有东至日出为太平，是太平海之命名，除有政治意义外，兼有历史性的，而不是理想的。”卫聚贤此文是同年七月二十日写的，其时中国地理学会正在开会，他们对于右任的建议不是积极响应，认真对待，而是又提出一些别的名称让人们考虑。卫聚贤批评中国地理学会诸公在这么一件严肃的事上行动不够积极，他要求地理学会诸公“郑重考虑”。

在同一期《说文月刊》上，卫聚贤还有两篇文章，一篇是《二江奏疏》，一篇是《册封琉球国》。

琉球国，在东海即于右任所说“太平海”之中，由五十多个岛屿构成，那些岛屿就叫琉球群岛。琉球群岛位于台湾与日本之间，过去多年一直隶属我国。卫聚贤的《册封琉球国》，记录了清政府一次“册封琉球国”的全过程。《册封琉球国》为一本图册，图册上有多人题诗，卫聚贤仔细描写了图册，全文录下了十九位人士所题诗或文句。《陈孝泳题额》写道：

其首横画《登舟图》三字，篆画，字约六方寸大小。后楷书：

海山少司马大人命篆　枫溪陈孝泳

下有二大章，其一为阴文，“陈孝泳字赓言”，其一为阳文“枫崖”。

以下是对“画”的描述：

其后即系用八尺单宣纸对开横画，高一尺二寸半，长二丈一尺。

第一段，开首上右角画有城墙，下画道旁民房，道旁有小阜埠、树木。

第二段，随从护送的，有骑马者，有步行者，均清代服装，各衣袍褂，有一老者乘白马，手持烟袋。

第三段，为八人抬轿，轿用蓝顶绿围，其前有三角龙旗，红色火牙边，绿镶，画金龙。其前有二黄长幡，其后有仪仗队三排，每排五人，背心上有“勇”字。其前为红圆伞，伞下有一人衣蓝袍骑白马，即系周煌。其前为仪仗队，有负印及圣旨者，道旁垂辫之人民观者甚多。其前为三层红圆伞。其掌扇巡视旗等，均被树木遮住，并有黄幡。绿三角龙旗，白幡等绕道山后。

第四段，有黄围轿五乘，亦八人抬。亦有乘马持幡者。其前为仪仗队，有黄圆三，层伞三，黄旗一对，并有銮驾，持牌者亦乘马，牌画“钦差”、“回避”、“肃静”。有背负“火牌”者，有持号筒音乐队者。其前有一亭，亭前有香案，其旁有衣袍褂者十五人，肃立迎接，后有房屋，地方迎接者，人民观看者。

第五段，有持大刀头戴雉尾者，有抬轿者，穿过一亭，又穿过一石牌坊，则有飞虎旗凤旗。其吊牌有“翰林院”、“册封琉球国”、“钦赐正一品”，均系金字。其前亦仪仗队，有开道锣，步行持牌者，牌有“翰林院”、“钦赐正一品”、“册封琉球国”，钦赐及册封二字均双行书。“钦差”，均红牌金字。有“回避”、“肃静”，均系白牌黑字。

第六段为野外，有田，有村庄，有水，有桥，但无行人。

第七段，山角有一长桥，桥墩三十二，桥上有行人，有挑担者，有抬轿者，有乘马者，有步行者。桥下水中有大船，有小舟。桥头水侧有房屋，岸上有亭，亭前有香案，有驿馆，屋右有旗杆一对，道旁多有迎接者。陆尽处有城墙。

第八段，为海，有大船二，中船二，附小舟三四。大船上有旗八对，上书有“奉旨册封”，奉字另行，旨字抬头。

这个图册的中心人物是周煌，《清史稿》有传。传中说："煌，字景垣，四川涪州人，乾隆二年进士，改庶吉士，散馆授编修。二十年命偕侍讲全魁册封琉球国王尚穆，寻迁右中允，再迁侍讲，二十二年使还。奏上《琉球国志略》，命以武英殿聚珍版印行……"即在琉球国待二年，编出一部《琉球国志略》，是像中国各地的方志一样的一本地方志。图册名《登舟图》，写册封途中情形，大司马海山作。题跋者有皇长孙、皇次孙、皇四子、皇六子、皇八子、皇十二子、皇十五子以及陈兆崙、裘曰修、于敏中、朱珪等十九人。所题诗，有五言，有七言，大都在百句上下。皇十五子题诗注中写到多种事实，如"首里闢当年"后加注"琉球都会名首里城"，"包荒申命宣"后注"琉球世恭顺，其国王尚敬，于乾隆十六年薨，嗣子尚穆，迁陪臣毛元翼等，赍表恭请袭封，特蒙俞允"，"赍敕简清员"注曰"顺治年间，遣使一次，康熙年间遣使三次，兹知命大学士回同掌院学士等，拣选翰林，带领引见"，使我们从中得知许多具体知识。后有题跋者小传及《周煌墓志》，都是十分宝贵的原始材料。

这个图册为卫聚贤所藏。

这篇《册封琉球国》的意义，是以无可辩驳的事实告诉人们，琉球国一直是中国的藩国，其国王一直由中国政府册封，琉球国的主权属于中国，中国政府对琉球国的管理具有至高无上的权力，而且始终是郑重其事的。卫聚贤在对西北文化做了详细的考察之后，把眼光转向大海之中的藩国琉球国，都可视作对地域文化的研究。前已说到，日本自明治维新以后，就对我中国领土起了吞并之心，一直在觊觎我国，窥探我国，有机会就采取种种手法，或瞒天过海，或掩耳盗铃，把我国领土一点一点攫取而去。于右任、卫聚贤等，翻开旧账，用事实揭穿日本侵略者的野心，唤醒中国人民，要守护好祖先留给我们的每一寸领土，保卫我们的领土。我们要用"为万世开太平"的宏大理想粉碎日本侵略者的侵略阴谋。

当时正是抗日战争即将转入反攻阶段，于右任和卫聚贤这一组文章，具有鲜明的时代性和现实意义。特别是卫聚贤这篇文章留下了一个铁证：在历史上，琉球国的国王是中国政府“册封”的。那是在日本占领“琉球国”之前多年，日本占领琉球国之后，也从未得到过它的主权，直到现在，依然是“托管”的名义。

卫聚贤在这一期《说文月刊》的《编后语》中说：“一个人的精力有限，各门学问都精，确是不可能的，对于自己没有研究的史料，不妨先公布，即不必加考证与研究，公布以后，待对于此有研究的人去研究，或者尚能引起对于此有关史料的注意。”这段话好像是为他公布这个材料做辩护一样，因为他在这篇文章里没有“加”入自己的评说。但是在这个问题上，偏偏最重要的在材料本身，在用事实说话。没有说出自己的话，强于说自己的话多倍。正是：事实胜于雄辩。

第十一章　“说文社”时期

第一节　成立“说文社”

卫聚贤从到南京发掘明故宫遗址起，就团结了一批年轻的考古学者，他的发现又吸引了一批年纪相当的考古学者和老一辈的学者。办起《说文月刊》，他有了一个团结和联络同道者的平台，在其周围集合了一大群历史学家和考古学家。来到巴蜀之地，觉得仅仅靠一个刊物，仍然不够。他的想法，是还需要更好地交流，还要编辑出版图书，还要搜集更多的古物，并把这些古物展览出来，供广大老百姓参观、阅览，使人们加强爱国心，爱护祖国文化，保护祖国文化。他的这一想法，获得一百七十余人的赞同，大家一致感到，成立一个团体，是十分必要和迫切的。

这一百七十余人，皆一时名流，不仅有众多的历史学家、考古学家、文字学家，而且有许多不忘学问的政界人士。他们是张继、于右任、吴稚晖、孔祥熙、翁文灏、陈立夫、徐堪、潘公展、王云五、张道藩、薛笃弼、朱家骅、卢作孚、孔德成、沈尹默、傅斯年、李济、蒋复璁、冯玉祥、罗根泽、侯崿、袁同礼、徐炳昶、郭沫若，还有卫聚贤清华研究院的同学吴其昌、陆侃如、冯沅君、徐中舒、姜亮夫（寅清）、蓝孟博（文徵）、高晋生，以及钱穆、黎锦熙、朱荫龙等多人。

有了这么多人支持，卫聚贤以个人名义向有关当局递上了呈文：

查文化刊物为精神食粮，关系抗建前途至为重大，兹为宣传本国固有文化起见，出版《说文月刊》，同人等爰拟联合各界热心同志，发起组织说文社。理合检同组织缘起及发起人略历册各一份，呈请

鉴核，准予组织，并乞

派员指导，俾咨遵循。谨呈

社会部

说文社发起人卫聚贤谨呈

报告递上去了，很快得到批复，准予成立。一九四三年十月十八日在重庆陕西路十九号举行说文社发起人座谈会，到者有吴稚晖、张继、梁平、金国宝、金毓黻、程仰之、吴其昌、罗香林、马衡、沈尹默、缪凤林、胡小石、傅斯年、傅振伦、黄芝冈、潘伯鹰等近三十人，由卫聚贤主持，商承祚记录。座谈会上产生了说文社筹备委员会，由卫聚贤、商承祚、罗香林、傅振伦、黄芝冈五人组成。随后打了报告，得到社会部批准。

一九四四年五月十六日下午在国立中央图书馆举行成立大会，出席会员四十多人，由卫聚贤主席，社会部派员指导。卫聚贤首先报告了筹备经过，然后讨论通过《简章》和选举。理事会由理事二十七人、后补理事五人组成，常务理事五人，卫聚贤为理事长。监事会由十二人组成，常务监事为吴稚晖、于右任、孔祥熙。七十九岁的吴稚晖致辞说：

目前关于文史研究之学术团体，除史学会而外，当推本社。《说文月刊》创刊争议，原因偏重于文字学之研究，故以《说

文》为其刊名；盖中国自有书契以来，译文之书唯东京叔重此著为最详审也。今则本刊研究之范围，日渐扩大。文字而外，兼及实物及史料之根据，“文”者，“纹”也，盖一切考古工作，必须按“文”为据，失此则失凭借，说文之义，殆亦于此？地质学家固可以据地层以定地层与生物之变迁，而说文社今日所致力研究之部门，与此显有不同。盖其着重于研究人类之工艺文字，借以探索文化，参证史实：所谓说文为断者也。历史学会之研究工作，范围偏重于文字记载；而说文社则于考据史乘之外兼及实物之研究，足以辅记载研究之不足。此殆当于西方学者对于埃及学之研究；西方学者研究埃及学，因得于巴比伦与克利地岛上古灿烂之文明有所发见。本社成立以后，自亦应努力于中国古文化之研究而发扬之也。

“疑古”诚为研究史学所不可少之精神，然必继以研究实物之工作，始克有济；不然即徒为无益。昔日学者，尝怀疑于殷商之文化，但自殷墟发现，一代疑案，悉获证实。若果不断工作，则黄帝结绳之事，宁谓必不可考？西方学者因不断努力于考古学之研究，使昔时以为仅六千五百岁之巴比伦文化，又向后延长为八千年之高龄；其努力与成就，实堪为今后说文社研究工作之一项标的。又中国与西亚文化之关系，孰祖孰苗，踪迹先后，莫衷一是，或且臆测以为黄帝起自昆仑，墨翟兴于天竺，皆荒诞失经，而中土学者，利其新异，或相附从！如何澄清乖谬，辨别史实，此亦有恃于说文社诸君之努力者也。

按照《说文社简章》，这个团体之下，设有编辑部、出版部、门市部、古今文物馆、图书馆、编辑委员会、出版委员会、事业计划委员会、事业促进委员会九个机构。

《说文月刊》第三卷第十一期《编后语》说:“本社的事业方面,出版部已成立了,古今文物馆在筹备,门市部亦正在筹备。图书馆的书已有千册左右。惟编辑部还是大法师一人唱独角戏,在事实上暂时也不需要人多。两个委员会的委员正在聘请中。”

显然这是一个大事业,就像它团结了那么多人一样。

从此以后,说文社和《说文月刊》成了卫聚贤的标签,人们说到卫聚贤生,就像说到说文社和《说文月刊》,说到说文社和《说文月刊》,就是说卫聚贤。

朱彦民在《“巴蜀文化”的首倡者——卫聚贤先生的历史考古学贡献》中说:“顾名思义,‘说文社’和《说文月刊》应该是以《说文解字》为代表的中国古代文字学研究为其研究目标的,但实际上该社和该刊不仅研究传统小学问题,而且更注意考古发掘的地下古文字如甲骨文、金文的研究;同时也因为地处西南地区,西南地区的社会、民族、历史、风物的研究也就成了该刊的主要内容,与金石文字密切相关的古代遗迹调查、考古发掘材料也同社会学田野调查一样受到重视,因此可以说《说文月刊》包罗了当时古文字学、考古学、社会人类学、历史学诸方面的最新研究成果。所以在主编卫聚贤的周围,团结了一大批学者,如傅斯年、郭沫若、程憬、姜亮夫、黄芝冈、丁山、吕思勉、杨宽、胡道静、刘节、缪凤林等著名历史学家,李济、马衡、卫聚贤、常任侠、郑德坤、罗香林、陈志良等著名考古学家,董作宾、叶玉森、金祖同、孙海波、胡小石等著名甲骨学家,丁福宝、胡普安、赵景琛、鲍鼎、蔡风圻、马叙伦、金毓黻、陈直等传统小学家和金石学家以及福开森、沙畹、伯希和等著名国外汉学家都是卫聚贤‘说文社’的成员,都曾在《说文月刊》上发表重要论著。他们在关注的焦点上和学术观点上,都与卫聚贤本人一样,与考古学、文字学、历史学以及西南地区的社会学和民族学有着千丝万缕的瓜葛。”

据一九四六年六月出版的卫聚贤著《中国各党各派现状》中《说文社出版一览》，说文社成立两年来，除卫聚贤自己的十几本著作外，至少出版有《重庆屋檐下》（徐昌霖著）《在爱情中》（爱仑斯作，叔夜译）《花嫁》（张煌著）《自由万岁》（三幕喜剧，鲁觉吾著）《秦良玉》（李庆成、周静安著）《李闯王》《剧影生活》《广西特种部族歌谣集》（陈志良搜集整理）《圣诞礼物》（徐蔚南译）《草书概论》（刘延涛著）等多种图书以及于右任编辑的《中华乐府》杂志、《川剧唱本》等。又据《说文月刊》第五卷最后几期的广告，说文社还出版了《中兴志》（抄本，张继等作序）《五十年来之中国哲学》（孙道昇著）《汉唐之间西域舞蹈之东渐》（常任侠著）《新制国民教育理论与实施》（傅志纯著）《唐代征东与青年军》（卫聚贤著）《红帮汉留人物故事》（卫聚贤著）《黑后学批判》（沈武著）《希望》（张紫葛著）《举重练习法》（韦宏岐著）《违警罚法释义》（赵安仁著）等著作。于右任的书法著作《标准草书》也是由说文社出版的。

《说文月刊》第五卷第三四期合刊《编后语》说到办刊的困难：“一本《说文月刊》，排印纸张稿费，总要在百万元左右，印二千本，每本定价五六百元，谁要？为文化服务，津贴是没有的，有利的印刷品都不来印，政府的出版生意，急件均送来印，变成不是为社会服务为文化服务，而变成为政府服务了。平日有了杂件生意揽不到，以为投标价太大，结果又转包给我们，转包的价比我们投标的价格高。到了开会时，急件就非我们排印不可，因别家印刷厂都在南岸及化龙桥小龙坎，经手人来不及跑。平日有利的印刷非急件者，故不让我们印。我们凭印刷赚几个钱，维持《说文月刊》，实在是不可能……”

该刊第五卷第五六期合刊《编后语》更加沉痛：“说文社在抗战期间，一粒平价米也未吃到。二十元一元外汇，一块外汇也未购到。抗战胜利时紧急救济金也未借到，沦陷区的敌伪资产（就说文社言，当然是关于印刷方面的机器等），一件也未接收过。任何方面的津贴没有一个。曾登了几家银行广告，但广告费有三分之二以上未收到（广告费每家一千元，只有四五家，能收到的只有一二家，最多不过收二千元，也是微乎其微）。”又说：“在抗战期间一切国学刊物停止了，惟有《说文月刊》在撑门面，对国家对文化，也算尽了些义务。纵使这不能按期出版，我想读者也会原谅的！”

这里有诉苦，更多的是对“政府”发泄一股霉气，言外之意，似乎是想要得到必要的扶植。重点在办刊物困难。卫聚贤说这话的时候，刊物仍在做最后挣扎，不过，停刊已是不可避免的了。

《说文月刊》停刊后，说文社反更红火，更热闹。当跟卫聚贤有“商人头脑”有关。

说文社是四十年代“国统区”的一家具有很大影响的文化机构，是卫聚贤对中国文化事业的一个重要贡献。

第二节　聚贤楼的笑声

抗战胜利后，卫聚贤辞去中央银行的职务，专门从事“说文社”的社务。《说文月刊》于一九四七年一月停刊。该刊第五卷第五六期合刊《编后语》说：“说文月刊是二十八年一月出版的，至今已经整八年了，每月出一册，应共出九十六册。今出至五卷六期，已共出了六十六册，尚短了三十册。这并不是稿子不够，实因经济不足，这个纯粹国学刊物，定价连纸价也不够，而况又不容易销。是以不能按期出版，而脱了整整的三十期。”刊物停了，卫聚贤的事情反而更多了。说文社的聚贤楼，成了重庆知识分子最有名的一个聚会场所。

卫聚贤的聚贤楼设在重庆闹市陕西路十九号。抗战胜利以后，卫聚贤依然留在重庆，并没有跟着“接收大军”，回南京去。直到中华人民共和国成立，他都住在重庆。重庆，是卫聚贤留在内地的最后驻跸地。

长秋在《卫聚贤首倡巴蜀文化》中说：“一九四三年初，重庆闹市陕西街上一家名为‘聚贤楼’的茶楼开张了。这家临街面江茶楼是卫聚贤办的，名为茶楼，实为史学文界友人们会聚的文化沙龙。开张吉日，友朋致贺，送来的诗文楹联不少，郭沫若嵌字联曰：‘大东家，大方家，法衣法规，师古师今，难得一楼新宝贝；卫夫子，卫娘子，聚民聚财，贤劳贤德，真成双料活神仙’。卫聚贤素以花和尚鲁智深自诩，自号‘卫大法师’，故有‘法衣法规’一语。‘一楼新宝贝’，指卫收藏古董之丰盈。当然，所藏之古董也不乏赝品，所作史学之论也有过偏差，但仍不失为一代名家矣。”

一篇《逝去的虹影》的文章（2012 年 3 月 17 日）说：当时大后方诸多文化教育界人士生活清寒，有的甚至衣食无着，卫聚贤衔孔祥熙之命，调查清苦的教授或文化界人士的生活情形，若发现有生活艰困者，立即报告孔氏，由中央银行酌情接济。因此，抗战时期，很多逃往大后方的教授、学者、名流，都是由卫氏奉命负责招待或接济的。蓝文徵谈到他亲眼见过卫接济过郭沫若，郭当时生活困顿，时常发表批评政府言论，卫建议孔祥熙救济郭，以降低其不满政府的情绪。孔接受卫的意见，拨了一笔相当数目的钱给郭，郭之生活立即改善不少。后来，郭知道系由卫帮忙，十分感激，常至卫处所寒暄，成了卫的座上宾。每逢缺钱时，郭必拜访卫，而每次郭向卫拱手为礼时，不等郭开口，卫即将钱塞入郭口袋中，彼此心照不宣，互相含笑而别。

受到卫聚贤帮助的，还有刘节。刘是研究先秦古史卓有成就的学者之一，长于古文字学、音韵学、古地理学、考古学、古代思想史和史学史。刘节是清华研究院一九二七届的学生，毕业后短期在外地教书，一九三一年回到北平，任北平图书馆编纂委员会金石部主任，一九三五年转入燕京大学。抗战爆发后，在南方几个大学任教，一九四〇到一九四四年，住在重庆南岸黄山路口的川江旅馆，一连四年零三个月，生活费用由教育部、北平图书馆等几个单位负责，极为清苦。刘节是在卫聚贤毕业以后入学的，但两人早有交往，当他听说刘节的生活情况后，曾主动前往旅馆拜访，并多次以费用相赠。

《清华同学与学术薪传》中马昌仪作《程憬及其中国神话研究》说：“他的名字叫程仰之，又名程憬。他的才学显然受到了卫聚贤的赏识，才能够在那个有影响的学术刊物上一连发表了好几篇有分量的神话学论文。如《古神话中的水神》《古蜀的洪水神话与中原的洪水神话》《古代中国神话中的天、地及昆仑》等，都曾引起人们的注意。”这位作者可能不知道卫聚贤跟程憬是清华同学，以致把后者在《说文月刊》“一连发表了好几篇有分量的神话学论文”当作大名人对后进的提携，这从反面说明，卫聚贤和他办的《说文月刊》在人们口碑中是怎样了不起！

卫聚贤这一时期曾经写过几个剧本并演出。有几个剧本明确说是话剧，另有几个剧本不知是话剧还是别种形式，从内容看，似乎更适合用传统地方戏的形式演出。卫聚贤的故乡流行的剧种是蒲剧和眉户戏。蒲剧是二十世纪五十年代以来的“通名”，在过去，当地人叫“乱弹”，声音高亢而激越，多表现英雄故事，给人悲壮、苍凉之感，最适于普通民众观看。卫聚贤应当会“吼”（当地人说法）几句“乱弹”。在那个时候，卫聚贤在酝酿和写作这些戏时，也许会“吼”几句乱弹梆子吧，说不定会引得朋友们都来“吼喊”。也可能在正式演出之前,几个朋友先来表演一通。这使他那个聚贤楼一时充满了各种各样的笑声。

为庆祝吴稚晖八十大寿编辑出版《纪念特刊》所发布的《启事》,也很有意思:凡“先生作文,除将稿费另行寄送外,岁已秋矣,将为备衣,兹送上蓝布三丈(由本社设法寄出),即请查收为荷!”在极困难情况下,在付稿费以外,卫聚贤还寄送蓝布三丈,以供写稿人备衣过冬,也算是对朋友“关怀备至”了。朋友见面,或在聚贤楼聚会,送蓝布备衣,恐怕是个有趣的话题,会引得朋友们大笑一番吧。

第三节　收藏古物

收藏古物,在中国有悠久的历史。在过去,以收藏金石(青铜器)、书画、古籍、碑帖拓片、钱币等为重点,产生过许多名家。进入民国,收藏活动向两个方向发展。一则,逐渐由文人的台阁馆轩走向民间,成了一种群众性的文化活动。另一,收藏品的范围极大扩展,除了原有的几个大项目以外,人们生活中的一切具有一定价值和纪念意义的物件,都有人收藏。诸如邮票、烟标、火花、戏单、广告、家具等等。前边提到的丁福保,就是一位收藏大家。他收藏的古物很多,涉及许多门类。既有各种图书,又有古钱。古钱,历史上属于金石学。清代出现了许多古钱收藏家,大都把古钱作为考古实物,也有专门研究古钱的。丁福保收藏的古钱,“上自周秦,下至明清,旁及日本朝鲜安南琉球等国,蒐罗宏富,应有尽有”。丁编辑的《古钱大辞典》是一部把前人成果集大成的著作，直到今天，依然是古钱爱好者的必备读物。正是在古钱的收藏和研究上，丁成了卫聚贤的一位朋友。民国期间，出现了一位集邮大家，叫马仁全。一九四七年马自费出版《国邮图鉴》，从中国的第一张、清末发行的“大龙票”起，依次分类，按序编号，并标画图案，全书收录图片六百多帧，近六百页，三十万字，亦是皇皇巨著。民国“四大公子”，也都是收藏大家，许多“国宝”级的古代书画，都由他们“抢救”下来。殷墟甲骨文发现以后，罗振玉等人注意搜求、收藏，才使这些珍宝留传给后人。

收藏有纯然出于个人兴趣爱好的，也有出于各种不同目的的。有的是为了“投资”；有的是为了保存祖先创造的好东西而不使其在人间“蒸发”；有的是为了个人“观赏”、“把玩”，或传之后代；有的是为了研究。就学者说，他搞收藏，往往把研究和保存放在至高无上的地位。卫聚贤收藏古物，乃是出于研究的需要。

卫月望在《卫聚贤传略》中说：“卫聚贤离上海时，多年搜集的古物全部沦失，江北汉墓移交中央大学后，他深感要再继续从事考古研究，必须自己手头要有实物来佐证，鉴于此，遂又开始在重庆的古物收集和研究。重庆较场口附近，是古董、旧货、烂书纸的集散地。十年中，他工作之暇，即前往该地茶馆吃茶、聊天、写作并收集古董，以后又陆续在四川各地，以及甘肃、陕西、湖南、上海、南京等地收集到一大批文物。卫氏所购藏之物，其范围并不限于古董，相当广博而庞杂，因为他既研究上古史，又研究社会发展史和民俗学，因为在经济界工作故又探讨货币史。坐茶馆日久天长，接触的社会各界人士和三教九流相当多，就又对近代现代史料进行收集。他的收集都是为他的著作服务，日积月累，后来竟达数万件之多，这些文物古董曾在‘说文社’进行过短期的分题形式的展览……”

朱彦民在《“巴蜀文化”的首倡者》中写道：

卫聚贤先生自从在上海从事经济部门的工作以来，由于经济上较为优裕，所以开始了古代文物和善本书籍的收藏。但是日本军队占领上海之后，卫先生的这些丰富的收藏全都散失了，这令他非常痛心。到了重庆之后，他利用聚贤楼在重庆较场口古物集散地附近的优势，又重新开始了古代文物的收藏。之后他陆续在四川省各地以及甘肃、陕西、湖南、上海、南京等地收集到一大批具有历史和艺术价值的古代文物，达数万件之富。卫氏的文物收藏，范围不限于古董，涉及的方面相当广泛，这与他研究所涉及的领域宽博有关。他以丰富的收藏经验和对古代文物的精深研究，还写成了《古器物学》及《汉左表墓石画说明书》《石纽探访记》等有关文物的论著。他的文物收藏不像富豪、收藏家那样是为了聚财或纯粹的玩好而已，而是出于对古代文化和历史进行研究的目的而收藏的。所藏古物都是为他的学术研究服务的，这使他的文物收藏技高一筹。而且他的收藏文物，不像识别的收藏家那样已经收藏，束之高阁，秘而不宣，而是很乐于与学人共享，他曾在“说文社”中将自己的收藏文物分为专题进行展览，发挥了古代文物的应有作用。

卫先生对这些文物并不贪恋，玩物丧志。在一九五〇年重庆解放不久，他就将“全部收藏装成四十七大箱，九百二十九种，一万八千三百六十五件，另外还有未经整理的各种古钱约一万枚和纸币一大箱，又有杂项文物十七捆十三包，以及清代和民国文献一大卷、九包、四捆”等都无偿献给国家，由西南军政委员会拨归重庆博物馆保存收藏。在渝期间,他还收藏了大量的善本书籍,也都无偿的捐献给了西南图书馆保存。由于它的收购和捐赠,为国家和民族保存了一定数量的有历史价值的文物,确实功德无量。

尤其值得一提的是,卫聚贤对戏曲文物的搜藏与研究向为学界重视。戏曲文物研究的序幕是二十世纪三十年代拉开的,对戏曲文物最早研究者,学界公认是发现元代戏台的卫聚贤先生。一九三一年八月清华大学《文学月刊》的扉页刊登了山西省万泉县(今与荣河合并为万荣县)西景村岱岳庙舞厅,及舞厅基石拓本照片,照片下附的说明文字表现了一种惊喜:“此影及下三影系中央研究院卫聚贤先生今年在山西万泉县工作时间所摄,兹从赵万里先生处借印。此石刻于元至正十四年。所谓舞厅,即戏台也。赵先生见告,卫先生谓万泉气候干燥,下影中的舞厅,当仍为元代建筑物。果尔,真今之鲁灵光矣。”作者把此元末至正十四年(1354)创建的戏台,比作东汉时仍然岿然独存的西汉鲁恭王的灵光殿,亦可见其珍视之至了。

卫聚贤自己说:“曾搜集古物一万八千三百余件,是预备成立一个通俗博物馆的……”上章《西北之行》中引《敦煌石室》说,敦煌千佛洞地下铺的砖,都是一尺见方,上面有莲花等花纹,约有数十种。卫聚贤拓了一大部分带回,并带回原砖两块。从敦煌带回来的古物,曾于一九四二年十一月十二日在重庆中央图书馆开社教运动会时公开展览,即为一例。卫聚贤为了得到一件古物,有时不惜以高价征集。

第四节　小说考证

在中国文学史上，小说是后起的一种文体形式。诗和散文产生最早，中国最早的文学作品，不是诗便是散文。元代有了正式的剧本创作和戏剧演出，当然是长期演变发展的结果。小说出现在明代，亦是由前传奇、话本发展而来，清朝达到顶峰，产生了一批杰出作品。

文学以虚构为特色，特别是叙事文学。以历史事件为基础而写出的叙事文学，主要是小说，又是有根据的。既有客观事实为基础又要虚构，对凡事总要求实的历史学家说，就产生一个对之加以考证的兴趣，也有这样做的必要。卫聚贤说："一件事实，尤其是关于国家的大事，写在纸上，就失去了一部分真确性，因为有些地方在当时因种种关系不便写出的。后人编成历史，又失去了一部分真确性，因为有一部分是根据传说的。编成小说，再失去了一部分真确性，因小说描写要使人动听，要故意夸张。演成戏曲，更失去了一部分真确性，因为要配合音乐唱奏……"由于这种种情形的存在，卫聚贤在他的以历史为根干的学术大树上，长出了一根枝叶繁茂的枝桠，名叫小说考证。

他的最早的小说考证，是《薛仁贵征东考》，写于一九三五年。写出后自印出版，恰逢"一·二八事变"发生，日本人忌讳这个题目，因为"征东"不就是号召人们跟日本侵略者开战吗？就禁止发售。他又改换封面，想蒙混过关，把日本人欺骗一下，可是没有取得成功。不久，他离开上海，带出来一本，友人借去，不幸而被日本人的炸弹炸掉。读卫聚贤著作，这本考证似乎已从人间消失，其实不然。青年学者廖久明，就藏有两个版本的同一著作，一本是商务印书馆一九三六年出版的后附有《薛仁贵征东》全文的《薛仁贵征东考》，这就是卫聚贤所说他“离开上海，带出来一本，友人借去，不幸而被日本人的炸弹炸掉”的那一个版本。这本书的扉页上标明是“卫氏考订历史爱国小说第一种”。既标明“爱国”，他选择这个题目，确有“有借古喻今、旁敲侧击、迂回打击日寇之意”，隐约表现了他的爱国主义情怀。一九四四年九月，卫聚贤以为原来的版本被火烧尽，于是重新整理资料，重新写过，由说文社出版。两个本子，主旨当然是一致的，但章节不同，文字更不相同。新版《薛仁贵征东考》有一段前言，说：

> 余于民国二十五年作有《薛仁贵征东考》，连同《薛仁贵征东》的小说（乾隆时刻本）放在一起，自印了三千本，在上海发售。到了抗战国军西撤后，上海的巡捕房也仰敌人的鼻息，看见封面上有“征东”二字，不问其内容为考古考今，就禁止出售。其余的书书店内又不愿意推销，乃送给守四行仓库而未退出的孤军营的孤军五百本。余来重庆后，友人欲阅此书，设法从沪带来一本，友人借去，在轰炸中被毁了。
>
> 现在我将杨家将及罗通扫北与包公案的小说考证都作过了，有人以薛仁贵征东考见促。但旧书既无，旧日考证的材料一点也没有了，就要从新考起。恐怕这次的材料有的是旧考中未有，有的是新考中没有，只好待抗战胜利后，将新旧两考合二为一，再到朝鲜去考查一次，从新再来作《薛仁贵征东考》。

还有另一种版本，也是廖久明查到的。《图书季刊》一九四〇年第二期有对该书的介绍，是上海秀州书局一九三九年一月的“改版”本，共四十二面。这个版本可能是卫聚贤所不知道的，不过既说“改版”，也许他也忘了，所以以为一本也不存世了。《图书季刊》介绍说：“此编系将《薛仁贵征东传》自历史及地理两点加以解释及考证。以《新唐书》《贞观政要》《唐会要》《通鉴》《集古录》《朝鲜事略》诸书为依据。薛仁贵之家世、功绩以及征东之史实、人物，经此踪迹之讨求，得获较正确之线索。著者又据新出土之碑版县志，辅以《征东传》之版本诸关系，考出《征东》之作者为凤阳人赵炯然，撰著时间在崇祯末叶。”这也就是这本书的基本构造。

卫聚贤在《薛仁贵征东考》里曾说，不久将有杨家将和说岳的考证。前引一段话便是《杨家将考证》的《引言》的开头。

杨家将，发生在北宋。从宋太祖赵匡胤起，直到宋神宗结束。在一百多年间，杨业、杨延昭、杨宗保、杨文广、杨怀玉五代杨家将和“杨门女将”，前仆后继，多次被潘仁美一类小人陷害，但始终矢志不移，演出了一幕幕惊心动魄又让人难忘的抗辽保国故事，成为中国历史上忠君爱国的典范。杨家将故事，当杨业、杨延昭父子在世的时候，就被人们传播得纷纷扬扬。南宋时，说书艺人有《杨令公》(杨业，人称令公，其妻佘太君称令婆)《五郎为僧》的节目表演，亦有《五郎为僧》的话本。金代，有院本《打王枢密爨》。在元代开始的戏曲舞台上，有多部以杨家将为主角的杂剧公演，如《昊天塔孟良盗骨》(关汉卿作、朱凯作两种)《谢金吾诈拆清风府》《八大王开诏救忠臣》《杨六郎调兵破天门》等。所以，这个《杨家将演义》是集体创作的，它融汇了众多人士的智慧。这也决定了它跟事实本身有很大的不同，值得考证。

以杨家将故事为题材的古典通俗小说，有两种，都在明代。一指《杨家府世代忠勇演义志传》，又叫《杨家府演义》《杨家将演义》《杨家通俗演义》，合共八卷五十八回。另一指署名“云间陈继儒编次”的《南北两宋志传》，写南北两宋故事，北宋故事又名《杨家将传》，《北宋金枪传》，共十卷五十回。一般所说《杨家将演义》，指前一种。近年出版的《杨家将演义》，即为前一种。另有《说呼全传》《万花楼杨包狄演义》《五虎平西前传》《五虎平南后传》等，以叙他人故事为主，涉及杨家将。

卫聚贤所考证的《杨家将演义》，并非前一种，而是“陈继儒编次”的《两宋志传》的《北宋志传》。陈继儒，字仲醇，号眉公，又号麋公。明代松江华亭人。诸生。大儒。隐居昆山之阳，后筑室东佘山，杜门著述。工诗善文，书法苏米，兼能绘事，名重一时。著作很多。既说是“编次”，就不是原作者，当已在社会上流行多年，经陈先生之手，整理、润色，最后定型，成为现在的文本形态。

卫聚贤动意写这本“考证”，还有一个原因：“近来得到潘氏世族谱，并有宋元人的题字，及给潘家作的传，因而引起将杨家将与《宋史》对校，看杨家将中的确实性有若干？”潘氏，即陷害杨家将的潘仁美，在历来的民间传说和文学作品中，这是一个有名的反面人物。由于历代对官僚阶层“忠”、“奸”的划分和人民群众对善恶的不同态度，在民间传说和文学作品中，好人愈好，坏人愈坏，是普遍现象。所以他要“考”其“确实性有若干”。当时重庆的资料不多，卫聚贤不能将有关材料搜齐——请注意“搜齐”两个字，这是卫聚贤写作时对自己的一个重要要求，他的书里的材料总是以齐全为特点，而全抄史书上的记载又太长了，因此这本“考证”显得简略。

他的“考证”，是“依杨家将的次序，与《宋史》等，加以对照”。卫聚贤是如何考证的，以《宋太祖征上党》为例：

杨家将第三回是《高怀德大战潞州》。以开宝元年谋征北汉刘钧,赵普陈不可,高怀德潘仁美主亲征,乃以潘仁美为监军,高怀德为先锋。北汉以赵遂为行军都部署,刘雄黄俊为正副先锋。

宋史(卷四百八十二)北汉世家载“太祖北征,至陈桥驿,众推戴太祖即位……是夏,李筠以上党叛,令判官囚监军周光逊等送于钧,称臣求援。钧自至太平驿与筠会,遣其宣徽使卢赞将骑数千随筠入寇,又遣其河阳节度范守图援之”,这是北汉的遣将为卢赞范守图,并非赵遂刘雄黄俊。

至于宋人的部署,是:建隆元年四月“昭义军节度使李筠叛,遣归德军节度使石守信讨之。五月遣昭化军节度使慕容延剑,彰德军节度使王全斌,将兵出东道与石守信会讨李筠。石守信败李筠于长平。命诸将进讨。诏亲征。石守信高怀德破筠众于泽州,禽伪节度范守图,杀北汉援兵之降者数千人,筠遁入泽州。六月,拔泽州,筠赴火死,命埋胔骼。释河东相魏融。禁剽掠。伐上党。筠子守节以城降。赦之。上如潞……”(卷一太祖本纪)

赵普欲从征,而非阻征,卷二百五十六《赵普传》云:“车驾征李筠,命普与吕余庆留京师。普愿扈从,太祖笑曰‘若胜胄介乎?’从平上党。遣兵部侍郎枢密副使,赐第一区。”

高怀德是建隆二年为归德节度,当建隆元年征李筠时镇滑州充关南副都部署,因其尚燕国长公主,加驸马都尉。其事是:“李筠叛上党,帝将亲征,先令怀德率所部与石守信进攻,破筠众于泽州南。事平,以功遣忠武军节度、检校太尉。”(卷二百五十《高怀德传》)

高怀德外甥董遵诲亦从征。“李筠叛泽潞，令遵诲从慕容延剑讨之。”（卷二百七十三《董遵诲传》）

潘仁美无为监军则误。卷二百五十八《潘美传》云：“李终进叛，太祖亲征，命石守信为招讨使，美为行营都监以副之”，《杨家将》是将李重进误为李筠，不知李重进是以扬州叛，人地均非。

征李筠时归德节度是石守信，见于《太祖本纪》，又卷二百五十《石守信传》云：“太祖即位，遣迁马步军赴都指挥使，改领归德军节度。李筠叛，守信与高怀德率前军进讨，破筠众于长平，斩首三千级，又败其众三万于泽州，获伪河阳节度范守图，降太原援军数千皆杀之。泽潞平以功加同平章事。”

……

这可见其考证情形。全书考证了“宋太祖征上党及太原”（其中又分“呼延赞的身世”、“宋太祖征上党”、“杨业与宋太祖的和议”、“宋太祖征太原”四个问题）、“宋太祖征太原与杨业降宋”（又分“宋太祖征太原”、“杨业降宋”两个问题）、“宋太宗征幽州与遣将北征”（其中又分为“宋太宗征幽州”、“遣将北征”两个问题）、“杨继业的死”、“杨业的妻子”（其中又分“杨业妻佘太君”、“杨继业的八个儿子”、“孟良与焦赞”、“王枢密陷害杨延昭”、“孟良盗骨”“《杨延昭传》与杨家将”“杨宗保与杨文广”、“杨延昭的堂弟杨琪”、“杨延昭的堂孙杨畋”、“杨宗保之妻穆桂英” 等问题）、“潘美的子女及其族谱”（分二十七个问题）、“杨家将传说之盛”六个问题，加上《引言》和结尾，共八节。

《潘美的子女及其族谱》是全书最长的一节。以手抄《族谱》跟宋史比较，认定抄本基本是真实的。卫聚贤说：“元代的戏剧即攻击潘仁美，称为‘奸贼’,对对方的杨家杨继业等称为‘全忠’。戏剧在社会上宣传力量甚大,潘氏后裔为免乡间人讥笑其祖先,乃找相仿的李公传挖改为潘公传。意以戏剧中所言完全与事实相反,即是戏剧中所言潘仁美为奸贼也是相反的。这固然是潘氏后裔为免除社会上一般人的攻击而改李潘公传,但此传系梅挚所书,为李氏作的,即是非后人伪造的。如伪造何不另造一个,而要挖此李字呢?”

这一部分最重要的成就,是介绍了朱熹等几位宋代大名人为手抄潘氏族谱题字或序跋文字。朱熹为《潘氏族谱》题“家宝”二字,有签名有印。印二,上印为“晦翁”,下印文看不清楚。另有尚书史诰题字、学者虚谷方回题字,欧阳修为梅挚《李公传》(潘氏后裔把《李公传》改为《潘公传》)所作《墓志铭》,陆游为《潘氏族谱》所作序,文天祥为《潘氏族谱》所作跋。另有像四张,三文一武。

陆游为《潘氏族谱》所作《序》,颇耐人寻味:“族谱名者,所以谱吾族,而率族之人以尊吾之先、吾之亲也(按,此四字单行本为‘吾亲之也’)。族不谱,则祖宗存殁之日莫之知,葬埋之地不之认,而吾身之所自出,将馁而不享,尊尊之道乖矣!族属亲疏之名分不明,远近降杀之服制不识,而吾亲之一脉而分者将有同于路人,亲亲之道废矣!此谱之所以不可不谱也。况潘氏诗礼传家,簪缨继世,其尤族之表表者,又可无谱牒会聚之?今学士以南北之谱族图所传,实传三卷,计六十条,庶几可以安祀先祖,共拜坟茔,叙昭穆,通庆弔,昭扬先德,告诫后人者,于尊尊亲亲之义,为小补也。为潘氏子孙尊夫其所当尊,而不□于所□亲,知其所当亲而不紊于其序,夫然后可以体宗祖之心,而不负学士修谱之念,是□子慈孙也!以为之序。直华文阁,致仕山阴陆游撰”

文天祥所作跋亦有趣:“世以谱传而不能以像传,能并以传者,必先人勋业著于当时,道德鸣于一世,乃留其像,与凡族虽盛不久,夫亦无谱之故也。潘氏谱像灿然可传千百世而不替，子孙瞻先人之像，读先人之谱，而不兴仰止之心未之有也！吉州文天祥跋”。

两人都没有就谱主的功业、人品、忠奸做出评价，而是泛泛而谈，用在他人谱上，亦可适用。

最后一节《杨家将传说之盛》，引用了几个事实后，卫聚贤做了分析：

> 据上，是宋太宗平北汉，将晋阳城内人民杀戮太多，人民结怨于宋甚深，加之如依杨业计划，则北方的人民可以安然迁入内地；不幸杨业之死，使宋丧地失人。于是对前者在山西的演戏中有骂殿，在后者即有杨家将的小说产生，均是对宋代不利的宣传。
>
> 鲁迅《中国小说史略》第十五篇《元明传来之讲史》末段云：“其于武勇，则有叙唐之薛家《征东征西全传》，宋之杨家《杨家将全传》，及狄青辈《五虎平西平南传》者，文意并拙，然盛行于里巷……今不复道。”指杨家将为明代人作。

卫聚贤在编《吴稚晖先生八十大庆纪念专号》时，收到了一篇来稿，题为《杨文广平闽十八洞》，作者叶国庆。此文开篇说：“《平闽十八洞》乃一部章回小说，叙宋嘉祐间杨文广平南闽王蓝凤高之乱，都约十万言。凡所涉及，多为福建地方故事，又参用方言。此书当为读者所罕闻罕见。”作者认为，“按史无杨文广平闽事，然开辟闽疆，则确有其人。《漳州府志》载唐总章间陈政陈元光父子暨部将李伯瑶马仁等五十八姓入闽，驱峒蛮，辟草莱；元光与蛮酋蓝奉（凤）高战于岳山，为奉（凤）高手刃而卒（见本文唐陈元光暨父政子珦年表）。平闽十八洞文广部下亦有李伯苗马殷其人，闽王之名亦为蓝凤高，是则十八洞一书，乃演唐陈元光平闽之事无疑。”

卫聚贤读此稿后，遂作《杨文广平闽十八洞》一文，阐述他的意见：“叶国庆有一篇论文考证，说平闽系唐代的陈政，并非宋代的杨文广，以杨文广无平闽事。余读宋濂《宋学士文集》卷三十一《杨氏家传》，知宋代杨文广有平闽事，不过第一杨文广非杨六郎（延昭）的儿子，乃系杨延昭第四代的玄孙，第二闽在今贵州南部以至云南之地，并非福建之闽。”以下从杨氏世系找出平贵州之“闽”的杨文广的名字（特别就祖孙同名之事做了辨析），又根据历史记载对杨文广“平闽”事作了细致的考证。同时根据史料，说云南、贵州一带称“洞”之地名很多：“洞的数目，《宋史》云‘元祐初令广西招纳左右江四百五十余峒。’又云‘武因与湖广西邻接，为极边之地，溪峒七百八十余所’。《明史》‘洪武二十二年收降寨洞一百五十二处’（贵州《土司都匀》条）。其洞之多，可以想知。而《元史·地理志》福建各地则未列洞名，可知十八洞不在福建。”

卫聚贤此文对《杨家将考证》是个补充。

《杨家将考证》曾出版单行本，又编入《小说考证集》。该书除以上三文外，还有朱希祖《新镌全像武穆精忠传跋》，郭沫若《李闯贼小史跋》，方豪《红楼梦新考》，吴羽白《红楼梦的年代问题》，共七篇文章。又由于《杨文广平闽十八洞》的章回小说在福建各地盛行，叶国庆的这篇文章是从福建寄来的，原附在单行本《杨家将考证》后边，“现在另为单行本，将叶国庆的《平闽十八洞考》放在前面，我此文（引者按，指《杨文广平闽十八洞》）作为序文，名为《杨文广平闽十八洞及其考证》。除在渝、蓉各地发行外，以此小说在福建盛行，故拟将纸型一副寄到福建出版，俾福建人明其地方故事之由来。”图书定向发行，这是否卫聚贤首创？

又作《包公案及其考证》，载《说文月刊》第五卷第三四期合刊。仍是考证作期、作地和作者姓氏的。分《〈包拯传〉与包公案断案的比较》《〈包拯传〉与包公案的地理比较》《包公案小说编成的时候》《包公案是甚么地方的人作的》《作包公案的人的身份》六节。完全从作品本身寻找证据。首先确定,“《包公案》的小说作者不是根据《宋史·包拯传》的”。卫聚贤又把“元曲与《包公案》相较,只有《叮叮当当盆儿鬼》与《乌盆子》故事相符,而人地皆异,其余则不相同。可知作《包公案》的人,并没有根据元代的戏剧。”在弄清《包公案》的材料来源既不是根据《包拯传》又不是根据元代的包公戏以后,他根据小说中所写地名,断定“此书系明隆庆三年以后人作。”又据“各篇中的诉状判决书,多对偶句,系明人作文风气”,加强了上述论断。考证作者身份,用亲身经历法:“以由赖婚而引起的杀人案四件为重要,可知包公案作者曾因赖婚而吃过官司的”;“据上,可知包公案作者,是一个不得志的人,有事求助于亲友,而不如愿,因婚姻事而吃官司,感激办此案之上级官吏”;又据小说中“其中以不得已处,不是神鬼托梦,便是指城隍阎罗或是阴审”,认定作者“是借此以自表其身世”。那究竟是谁,卫聚贤没有给出答案,但他把材料来源找出来了。最后说:

> 《明史》卷二百八十一《张淳传》云:
>
> “凡赴控者,淳即示审期,两造如初至,片晷分析无留滞,乡民裹饭一包即可毕讼,因呼为张一包,谓其敏断如包拯也。”
>
> 按张淳,字希古,桐城人,隆庆二年进士,授永康知县,此为其在永康任内的事。其时正是《包公案》作的时期,而桐城距天长、盱眙不远,或者在安徽将张淳之断案敏要之故事述传,作者借包拯以宣传张淳之事迹的?

这是一种推测,但它是有根据的。

卫聚贤这一时期的小说考证,不止以上所说。

第五节 涉足文学领域,创作剧本

在中国话剧运动史上,抗日战争期间重庆的话剧演出十分活跃,空前繁荣,聚集的戏剧艺术家也多,像阳翰笙、洪深、田汉、夏衍、曹禺、熊佛西、石凌鹤、于伶、宋之的、陈白尘、马彦祥、吴祖光、焦菊隐、史东山、陈鲤庭、贺孟斧、应云卫、章泯,张骏祥、郑君里、王瑞麟、孙师毅、司徒慧敏、葛一虹、赵铭彝、辛汉文、沈硕甫、孟君谋、陈瘦竹、陈治策、杨村彬、潘孑农、阎哲吾、周彦、佘上沅、董每戡、白杨、舒绣文、黎莉莉、张瑞芳、杨露茜(路曦)、凤子、吴茵、叶露茜、李恩琪、章曼苹、叶子、赵韫如、赵慧深、秦怡、金山、赵丹、蓝马、陶金、陈天国、项望、王斑、沙蒙、江村、施超、顾而已、魏鹤龄、石羽、钱千里、王为一等都在重庆,成为那一时期中国文艺界一道亮丽的风景。

也许受到风气习染,也许受到朋友的鼓励,卫聚贤忽然有了文学创作的兴致,成了一位剧作家。现在所知,他至少写过四个以上的剧本。

一是把他曾做过考证的白蛇传故事改编成话剧,题《雷峰塔》,标明“六幕剧新剧”,由东方剧团演出,周彦导演。时间在一九四四年九月至一九四五年十一月间,演出多场。周彦者谁?一九三五年太原曾成立一家电影公司,名“西北影业公司”,由郝振邦主持,周彦担任导演。卫聚贤写这个戏,是在抗战胜利的日子里。在此之前,他没有表现出在文艺创作上的才能。可以这样想象,在日本侵略者投降的日子里,卫聚贤感到兴奋和喜悦,憋不住了,在朋友们的鼓舞下,写了这个话剧剧本,然后交给朋友,辗转到了东方剧团,就由周彦导演演出。

王菲在其论文《论〈白蛇传〉的神话重述》中说,在这一剧本中,白娘子成了淫荡、虚荣、满口谎言的女性,待字闺中就跟仆人有染,流落杭州后又利用美貌骗取了许仙的爱慕,因过去不贞行为的败露而被许仙赶出家门。她于塔中产子后,一定要许仙缴纳五十万两白银的赔偿金,才会交还孩子。而许仙是一个自私冷漠、唯利是图的商人,其药材生意遍布江南各省。许仙性格刚强,寻找机会囤积居奇,发国难财。端午一幕,许仙强逼白素贞饮酒,迫使白素贞说出过去的淫乱情形。在白素贞塔内生子后,许仙决计夺子休妻。卫聚贤组织重建了《白蛇传》原有的情节,将之描绘为现实男女的婚恋故事,勾勒出一副前所未有的全新图景。绝色的不贞,为富的不仁,赋予了许仙、白娘子新的性格特征。《白蛇传》故事最早出现在宋人话本小说《西湖三塔记》中,基本定型于明代冯梦龙的《警世通言》中的《白娘子永镇雷峰塔》。在笔者看来,自清代以来,有多人以白娘子故事为题材,写了多种文学作品,包括戏剧作品,近年以来,同在山西作家协会住宿的作家李锐、蒋韵也重述了这部作品。但是像卫聚贤这样给这个故事以全新阐释的,还没有过。卫聚贤敢于撇开前人的建构,另起炉灶,这种精神令人钦佩。

王菲在其论文中,这样评价卫聚贤的这个剧本创作:

> 二十世纪三十年代,堪称当时学界一怪的著名学者卫聚贤重述“白蛇传”,完成了话剧剧本《雷峰塔》。作者变换了“白蛇传”中人妖两界的背景,将白娘子设置为凡人,把故事的背

> 景放在人间，以表现现代社会中人性的自私、冷酷和贪婪。卫聚贤按照消解爱情神话和知恩图报传统主题的思路，重新设定白娘子、许仙的出身、性格及人物之间的关系，通过富商、佳人的现代组合，批判混乱不堪的现代社会……
>
> 在剧本《雷峰塔》中，卫聚贤放弃了传统的追求爱情与压制爱情自由的重述结构，另辟蹊径，挖掘出“白蛇传”故事中的另一重要要素——欺骗。欺骗，在“白蛇传”中主要表现为白娘子对自己蛇妖身份的刻意遮掩，跟许仙相遇时，白娘子以美艳的白衣女子的形象出现，在谎言揭破前，许、白十分恩爱，然而白娘子显出原形后，许仙选择了逃避，道士和尚开始介入。《雷峰塔》消解了传统“白蛇传”建立起来的爱情神话，深入挖掘被忽视的欺骗要素，彻底颠覆了白娘子与许仙的传统形象和两人的爱情神话，表现了现代人的奸诈。

作者引用卫聚贤“在知识阶级，他就想将这故事掩饰使人将故事的观点改变。白蛇传于最后由许仙的儿子许龙中了状元去祭塔，我就想着故事是状元许龙捏造的，即是他们乡间人指责他母亲不贞为掩饰此种事实”，说：“这种叙事策略正是现代历史启蒙的正史意图的体现，即打破幻象，重新找回被抛置的历史。《雷峰塔》刊出后虽备受争议，却自有其独到处。卫聚贤抓住了‘白蛇传’被忽略的欺骗主题，别出心裁地把人妖之恋拉回到历史现实中重述，突破了既有的故事框架和观念，为神话的重述提供了一种新的史学思维。”

作者在说了“《雷峰塔》对‘白蛇传’的反向叙述、对主题的消解出于戏谑、调侃的层面”以后，把卫聚贤这个剧本跟香港女作家李碧华所作小说《青蛇》做了比较，然后说：“历史书写的真实性在这里遭到了强有力的质疑。作家既然选择了重述神话，面对神话本身和众多的‘白蛇传’的重述文本资源，要在重述系列中独树一帜，就需要另辟蹊径。如《雷峰塔》与《青蛇》两个重述文本，它们并没有像其他故事文本单纯地延续歌颂‘白蛇传’故事中的爱情等正面主题，卫聚贤和李碧华选择了反向思维，他们挖掘‘白蛇传’所暴露出来的人性中丑陋一面，从而引起对人类历史书写、对人性更加深刻的思考。”

这样的评价是妥当的。

卫聚贤还有一本《南风话剧》，并为这本话剧的排练，写了《春秋时代贵族间之称呼》一文。该文开头说：“余作《南风话剧》，是将《诗经》中的《周南》《召南》，以及《左传》《国语》中所载楚与邓随绞州蓼罗郧等史实，而将贵族间狩猎、会盟、聘享等仪式加入，以观古礼。而贵族间之对话，也要当时的称呼，不宜把后世的称呼放上去。故作此考证。”该文分《对已死者》《天子与王》《诸侯》《大夫》《女子》《家族》等六个部分，详尽、具体。

另一个剧本，名为《征倭援韩》。四幕，系根据《宣祖实录》等史料写的，描写明代中国征讨倭奴援助朝鲜复国之经过情形。他在《说文月刊》第五卷第三四期合刊发布广告，说此剧行将付梓，不日出版。

廖久明在四川曾发现卫聚贤还出版过一本《端节：三幕短剧》。这本书既明确说是“短剧”，则为剧本，是无疑的了。这个《端节故事》跟前述的《雷峰塔》是同一个剧本的两个名字还是同一题材的两个剧本，尚难决定。从一个是六幕一个是三幕看，或许一个是全体，一个是部分。卫聚贤在后来写的《咬文嚼字》中说到《端节故事》：

> 端节有两则故事，一是许仙以雄黄酒着白素贞饮，化为白蛇，一为钟馗吃鬼。这两个故事，我曾经作剧本，在香港出版。

台北石室书屋影印我的书已收入其中。许仙与白蛇的故事,我在抗战时期,在重庆编成剧本出版,在重庆上演过,抗战胜利后在镇江也上演过。我把这个故事,改编成左列的情况:

许仙的父亲是杭州大药商,在四川青城山采药遇虎,被猎人白姓所救,许白两姓许婚。后白氏中武举为蜀王教练,后为福建防御使,白氏为官后居住于宜兴,对于许家亲事不提。

白素贞年近二十,与园丁发生关系,被其父所知,欲致之死,其母命丫鬟小青陪伴,带首饰逃走。白素贞在西湖赁屋居住,清明节许仙上坟遇雨,在白素贞船上躲避,大衣雨湿搭在船上晒,内衣露出别人致"许仙"信封。白素贞知其为所找的人——未婚夫,重新恋爱而同居。

端节许仙以雄黄酒灌醉白氏,白氏酒后吐真言,许仙气病,病愈到镇江金山寺出家。白氏往找与金山寺和尚发生过冲突。许仙回到杭州,又在雷峰塔庙中出家,白氏往找与和尚大闹,被囚在雷峰塔中。

许仙之父早亡,由其姊照顾,以弟妇夜未归,往雷峰塔找,适白氏生一男孩。此时白氏之母,以白父已死,只有一个女孩白素贞出外寻其未婚夫而无消息,也到杭州找。闻雷峰塔中有妇女生孩子,因奇而观,知是自女,乃带白氏回宜兴;许仙之姊以白氏所生之男孩为许家人,不准带走,其小名许蛟,由其姑母养大。

许蛟中状元后,在祭祖时听到闲话,说他的父母非正式结合而生下他,又二人非法离去。他为遮人闲言闲语计,作了一篇祭文,说:

白氏原为一条小蛇,被人捉住要致死,许氏救下此蛇。白

> 氏后修成人形,为报答救命之恩,未以媒妁之言正式成婚。白氏生下他后,因赶赴天宫就职,是以抛子而去。
>
> 邻人听完此祭文,以神仙的事,不宜用人的“礼”衡量,才息此闲言!我是用“民俗学”、“社会学”,求出这个故事背影,道出产生的原因,是“化神奇为腐朽”,并无若何根据。

卫聚贤这里叙述的情节,说明了王菲论文的正确。

另外,卫聚贤这一时期还出版过一些书,如《武王伐纣》《勾践》等,是史学著作还是剧本,尚不清楚。如前所述,卫聚贤后来在香港作了独幕剧《钟馗吃鬼》,亦表现端午民俗。

第五节 杂 著

卫聚贤著《中国各党各派现状》,于一九四六年六月出版。先对历史上政党的形成和发展做了概括的说明,后依次对中国国民党、中国共产党、中国民主同盟党、中国青年党、中国国家社会党、中华民族解放委员会、职教派与民主建国会、乡村建设派、民本社和中国国民自由党等做了介绍。

从对中国共产党的介绍来看,卫聚贤这一时期的政治态度是倾向进步的。说到国共第一次合作的失败,他这样说:“国共合作,举行北伐。宁汉分裂,国民党南京国民政府成立,清党反共,乃于十六年五月一日在武汉举行第五次全国代表大会。中共于十六年七月十三日发表《退出国民政府不退出国民党》宣言，中共乃转入下层活动，于十六年八月一日，周恩来、张国焘、贺龙、叶挺、朱德等，主持南昌暴动，成立‘革命委员会’……”对于国共第二次合作以及中国共产党在重庆设立的机构等，作者都有正面的描写。虽然没有提到“四一二政变”、“双十二事变”、“皖南事变”等重大事件，但能说到“宁汉分裂”和“清党反共”，就足以说明他的“立场”。

对中共的党内斗争，卫聚贤是以他者身份客观、冷静地介绍的，不加入自己的评判。如说：“民国十九年中共中央成立‘总行动委员会’，以‘群众只要大干，不要小干’，便组织全国中心城市武装暴动，与全国红军进攻城市冒险计划。此种政策由李立三直接指挥，名为‘立三路线’。”“李立三政策使各地造成恐怖局面，乃于民国二十年一月十三日在上海举行六届四中全会，由第三国际代表米夫召集，清算了‘立三路线’，取消李立三、瞿秋白、李维汉、贺昌等中委的领导。”

对中共政治路线的介绍，完全依照《中共党章》：“中国共产党是中国工人阶级先进的有组织的部队，是其阶级组织的最高形式，代表中国民族中国人民利益，在现阶段为实现中国的新民主主义制度而奋斗，其最终目的是在实现共产主义制度。”强调“中国共产党不掩盖自己工作中的错误与缺点，用批评与自我批评的方法，经常对于自己工作的错误与缺点来教育自己党员和干部及时纠正自己错误。”

对其他党派的介绍也大体如此。虽然有点“抄书”（书，指各个政党的宣言、纲领和声明等）的味道，但在解放战争即将打响的情况下，能够这样客观冷静地介绍，不像国民党喉舌那样死命地谩骂、污蔑共产党人，应该说是很不错的。

随着时局的发展，卫聚贤也对这本书不断修改，多次印刷。在一九四七年一月发布的广告中，他是这样说的：“政治协商会议以来，旧的党派在活动，新的党派正如雨后春笋，相继崛起。本书将各党派的历史、组织、党纲等详尽叙述，供诸社会，凡热心党派问题及欲洞悉各党各派的内部情形者，本书不愧为最好资料。”

卫聚贤介绍了“各党各派”，还有各种各样的帮派，各种各样的会道门，他都写了著作，分头介绍。其书名有《帮》，还有《江湖话》《红帮汉留人物故事》等。

广告中对《帮》的介绍是：“中国的秘密组织，以青红两帮为最大，而且分布于全国，南洋美洲的华侨，大部分是在帮的。本社曾编有《帮》一书，即介绍四川的红帮与汉留，自本年五月以来，已经五版。现从南京上海杭州北平成都西安等地，搜集到材料甚多，并加入青帮与理门，集帮会之大成，另行排印，共计一百六十页。其中有锌板图九十余块，八百余寸，三色道林纸精印……”又介绍《红帮汉留人物故事》：“红帮汉留中所崇拜的人物有两种，一为义气人物，一为民族英雄。义气人物如左伯桃与羊角哀，桃园的刘关张，梁山的一百零八人，瓦岗寨的群雄。民族英雄为反清复明的郑成功。这些故事，均把它编辑成书了。当我们这弱国有被强国侵略之际，不能不崇拜民族英雄，在建设各种事业，需要精诚团结，不能不崇拜义气人物！此不仅为红帮汉留中人所必需，而亦为一般人应读之物。”

对《江湖话》的介绍是：“‘会说江湖话，走遍天下不害怕’，是跑江湖的人对于江湖话的重要性可知，但江湖话应用甚多，非跑江湖的人所能尽知。本社搜集各种江湖上应用的材料，编成《江湖话》一书，分为《江湖问答》《江湖隐语》《江湖行动》，不但青红各帮的一切在内，而各地各商业行帮的应用隐语也都有，读后能知各行的秘密。”

从《说文月刊》所载广告看，卫聚贤这一时期还写有《中国印刷史》

《袍哥入门》《唐代征东与青年军》《古今货币的展览》《四书新注》《识字与作文》。有人从四川一些图书馆还看到卫聚贤所著《持志学院考古学小史讲义》《大学中庸新注》《论语新注》《孟子新注》《中国史学史》《明史秦良玉传注补》《九年不食的杨妹》等书。

卫聚贤是一头牛,在无日无夜地工作。

第六节 对"新中国"的期盼和被斗的噩梦

一九四五年抗战胜利以后,国共两党有过一个和平谈判的时期。那年九月十三日,毛泽东、周恩来、王若飞等在重庆举行外国记者招待会,提出"新中国最重要的是和平"。九月十八日,第四届国民参政会举行在渝参政员第二次茶会,并纪念"九一八"十四周年,毛泽东出席致辞,强调和平建国、团结统一。十月十日,国共两党代表签署《国共会谈纪要》,即"双十协定",第二天毛泽东离开重庆,返回延安。一九四六年一月十日,政治协商会议在重庆召开,三十一日闭幕。这给人们带来一丝希望。不久内战爆发,中国革命进入第三个革命时期,也就是解放战争时期。卫聚贤所在的重庆,相对来说,属于晚解放区,在其他地方,包括卫聚贤的故乡,解放战争的炮火和土地改革中阶级斗争的呐喊声、嘶叫声,响彻在中国各地上空,重庆却依然像往常一样,只有"反内战、要和平"一类口号,在表达着人们的强烈要求。以后,国民政府的首都逐渐迁回南京,一九四六年十二月蒋介石召开的单方面的"国民大会"即在南京举行。除了一九四九年南京解放四个半月以后“国民党政府”短期由广州迁到重庆一段时间，重庆只是个一般的大城市，不再是政治中心了。

光复以后，在重庆的许多机关和文化界人士陆续迁回南京和上海。现在没有资料说明，卫聚贤离开了重庆。他收藏到不少宝贝，那是不容易迁徙的。他是一位学者，又是一位事业家。他一直远离政治，不参加任何党派，不参加政治性的活动，一门心思放在他心爱的事业上。跟他和他的事业有关的活动，他会不会参加？一九四六年一月五日，重庆三十家出版业要求废止《出版法》，取消《期刊登记办法》，撤销收复区检审办法，取消一切非法的检扣、寄递、限制等。卫聚贤所办“说文社”的印刷厂是当时重庆一家大印刷厂，按说他不会落于人后，但不一定由他出面。一九四六年三月七日，中小工联在重庆正式成立，是当时国内最大的一个由中小民族资本家和手工业主组成的工业团体。卫聚贤办的印刷厂，在这个团体之内，也可能参加。卫月望说：“在重庆的后期，即抗战胜利后，他辞去中央银行的职务，专搞他的‘说文社’的社务工作，曾经担任过重庆工业界的代表，出席在南京和上海召开的全国性会议；又在西南美术专科学校任教授之职。”还有，一九四六年二月五日，重庆文化界召开座谈会，周恩来报告政治协商会议的经过及其意义。过了三天，同年同月八日，重庆举行“延安生活艺术”展览。如果前一个活动卫聚贤不会去，那么后一个活动，想来卫聚贤是会十分关心的，因为他的大女儿卫零女士就生活在延安，他关心延安人的生活情形。此前，他和卫零有过多次“互动”。

卫零很早就参加了中国共产党，并且一直在革命圣地延安工作。卫零说：

我在延安杨家岭新华报社实习时，给毛主席写过一封信，请求准许我父亲来延安。毛主席见信后说:“欢迎他来延安,决不让他吃小米饭。”这话是时任中央统战部副部长的柯庆施在新华报社转告我的,当时中央还发了一份统计表,让填报所有在国统区县长以上亲属的详情,我又写了一份。父亲为了上延安,亲自找到重庆八路军办事处主任林伯渠先生交涉,林以目前延安不具备考古条件予以回绝。其实,这都是因为当时我在延安犯了一点小错误,中央统战部副部长柯庆施便借故做出了不让父亲来延安的决定。父亲的一生都因为我一时不注意,未能走到解放区,遗憾万分!

全国解放前夕,父亲给老乡杜上卿(万荣县七庄村人,当时在傅作义部下)去信叫找我,因为战争环境没有联系上。(引着按,杜上卿,即杜任之)

一九五〇年初我被绥远省财政厅派到北京学习,见到给我们讲课的戎伍胜(戎子和)部长,谈及让我父亲来北京之事,他介绍我去找重庆市长陈锡联。陈答应回去就叫我父亲来京,可是陈回重庆后给我来了一个电报,说要留父亲在西南工作。我如果能直接去一趟重庆接父亲,他就不会来不了。父亲后因在重庆捐献了他收藏多年的所有的古物,重庆当时还不平静,还不能展出古物,致使他心中非常苦闷;更加之斗房产主时,他说了些话,就把他拉去跪在地上陪斗。后来他就跟着人家去了香港……

卫零这段回忆有一个小小的误记:林伯渠于一九三七年二月二十四日,受命负责陕甘宁边区政府工作,同年七月二十七日作为中共代表团一个成员前往西安,跟国民政府谈判,这一段时间,有人说他是八路军驻西安办事处党代表。九月六日正式出任陕甘宁边区政府主席,以后一直从事这一工作。是在西安,不是重庆。不过,这不影响我们对这件事的认定。就是说,卫聚贤确曾想要到解放区工作,而且亲自跑到西安联系。

在抗战期间和抗战胜利以后重庆的媒体上,曾经多次出现“新中国”的字眼。最早,是山西籍的著名诗人、当年狂飙社盟主高长虹发表了《新中国是一个新天下》的诗歌。以后有多人“跟进”,谈到抗战以后的“中国”将会怎么样,会有哪些“新”的特色“新”的面貌。卫聚贤在他“说文社”时期的大量著作中,也谈到“新中国”,他的书名是《新中国史》。从“史”字看,他是写过去的“新中国”的,到台湾以后,他出版了《中华民国史》,也许就是《新中国史》的新版本。但写这本书的时候,“新中国”早已不“新”了,而是千疮百孔,破烂不堪。仍称为“新中国”者,意味着他不是歌颂正在逝去的那个中国,亦即不是对现实、对“当下”社会的肯定,而是在意识上,潜伏着对中国新生的一种期盼,一种愿望。联想到卫零所说“父亲为了上延安,亲自找到重庆八路军办事处主任林伯渠交涉”,似乎有理由说,卫聚贤对“解放区的天”是向往的。

中国共产党领导的第三次国内革命战争,即解放战争,如秋风扫落叶,发展很快。一九四九年一月三十一日,北平和平解放。四月二十三日,南京解放,次日太原解放。七月十日,人民解放军在华中分三路进军。西路在宜昌以东至岳阳之间突破长江国民党军防线渡江,二十九日先后解放宜昌、宜都、枝江等地,十一月三十日,在中华人民共和国成立两个月后,重庆解放。

凡是从那个时期生活过来的人都知道,新中国成立以后紧跟而来的,在农村,是暴风骤雨般的土地改革或减租减息运动,消灭地主阶级,在城市,是没收官僚资本和各种各样阶级敌人或反革命分子的财产,改为国有。概而言之,是激烈的阶级斗争。

学者不是一个阶级,考古家当然更不是阶级。在以阶级划分人群为头等大事和除战争以外把开展阶级斗争视作最主要"战斗任务"的日子里,卫聚贤很可能被当作"资本家"看待,因为他有不止一处的房产,他有一座拥有一百多名工人的大印刷厂,他有大量的古物。按照中国共产党的政策,"民族资本家" 是受到保护的, 但在疾风暴雨式的斗争形势下,在以"工农兵"为主体的工作队的领导下,要准确地区分"民族资本家"和非"民族资本家",并不很容易,尤其不会像看秃子的头顶一样能一眼看得分明,常常会有界限不清的时候。前引卫零回忆说卫聚贤是作为"房产主"被斗的,而且"被拉去跪在地上",具有极大的可信性。蓝文徵在《清华大学国学研究院始末》中说:"及大陆沦陷,只闻陆侃如、刘节、卫聚贤等被共匪斗争……"此文是作者在台湾写的,他用"共匪"一词,自由环境造成,可以理解。说卫聚贤挨"斗争",为卫零女士的上述说法提供了一个有力的证据。

卫聚贤是一位巨人型的学者,现在"被拉去跪在地上陪斗",真是斯文扫地!大学者的尊严就这样被严重玷污,被严重损害。

这样,卫聚贤"跟着人家去了香港",就成了他当时唯一的出路和在当时的选择。他多年追求的把自己辛辛苦苦收藏的古物在大众面前展览出来,让尽可能多的人参观,领略祖国文化的丰富、悠远和深厚,这一美好的愿望,只能付诸东流。这跟党的政策无关,而是由一些工作队员造成的,应该由那些工作队员负责。

出走,这一不应该出现的结果,在卫聚贤身上出现了。

卫聚贤走了,他把古物无偿地留在内地。卫月望说:

> 一九五〇年重庆解放不久,他就将"全部收藏装成四十七

大箱,九百二十九种,一万八千三百六十五件,另外还有未经整理的各种古钱约一万枚和纸币一大箱, 又有杂物十七捆十三包,以及清代和民国文献一大卷、九包、四捆”等都毫无任何代价捐献给国家,当时由西南军政委员会接收后,拨重庆博物馆保存(现有正式收据和当时的新闻报道)。

上海沦亡时, 卫聚贤所收藏的书籍和他所撰著而未印行的稿件,全部散失。在渝十年,他为了著作又购买了大量的书籍。一九五〇年初,“说文社”编辑部、门市部和印刷厂关闭时,他将参考资料和存书连同机器、厂房、原材料,全部作价转让给某部;在此同时,他还将历年用高价购买的善本书多种,无偿地送给西南图书馆保存,惜已不得详悉其目录和册数。卫氏家中所藏剩余之书,亦于一九五二年由其女苇华、苇鸾二人,全部无偿地捐献给重庆图书馆。共计一千三百九十一册,又二百三十四张图表;其他一捆又七十五册。在捐献之时,是由该馆派人挑选成套成册的,他们认为有用的都用箩筐抬走,而卫聚贤所撰写的大批未印的稿件和资料, 其中包括他下了多年心血,用了很大人力物力已编妥而未出版的《字源》一书和《古钱拓片》万余种等珍贵文献,均随捐献后腾房屋时全部散失……

有意思的是,卫聚贤走了,他无偿捐献给“公家”的古物,曾经在北京等地展览过,而他不一定知道。卫零回忆,“一九五一年春天,北京故宫博物院在午门上展出了父亲在重庆捐献的古物, 月望弟全家由四川去内蒙古时在北京看到了这个展览,可惜这时父亲已经在香港。”“另一次展览是在一九五〇年左右全国解放初期, 在南京以《卫聚贤考古展品》的名义做专题展出。”这些展览，当由文化人操持，他们把卫聚贤的心愿完成了一半。

近年有报道称，《中国三峡博物馆馆藏年画展》于新春期间展出，“这些珍贵的年画是由我国著名学者卫聚贤在解放初期捐赠的……”

第十二章　香港十五年

第一节　讲授汉字的结构和好处

一九五一年一月三十一日，在古都北平和平解放整两周年的那一天，卫聚贤“由重庆逃到香港”。这引号里的一句话，出自卫聚贤本人。他是怎么逃的，不知道。总之，不是一般的“出走”，而是有不得不为之的无奈。

到香港后，卫聚贤失去了田野考古的条件，便只能在“口头”和“纸面”上做文章了。“口头”便是教书。“初在珠海书院授课，继在光夏书院授课，又在香港大学东方文化研究院为研究员。后在光夏授课，现在联合书院授课。”这话是卫聚贤在一九六〇年说的，这可以看作卫聚贤五十年代在香港生活和主要职业的概括。所以“口头”上讲，“书面”上写，就成了卫聚贤后半生创造知识和把知识传授给年轻人的主要方式。

香港的大学，中国文学系在文字方面要讲三门课，即文字学、声韵学、训诂学。声韵和训诂是选修，文字学是必修。

卫聚贤在联合书院中国文学系担任主任多年。他开设了文字学的课程，讲中国文字，即汉字。

他把世界上的文字分为三大类，一是表形的象形文字，二是表音的拼音文字,三是表意的近乎符号的文字。在卫聚贤看来,“表形的文字容易认识,“但是在今天复杂的社会内,这种象形文字不够用”。“表音的文字容易学……但是形成方言化的文字,欧洲所以不能统一,就是因为文字不统一。而且在数百年前的文字，如未经过翻译，现在的人也看不懂。”而“表意的文字,既不是象形,又不是拼音,是世界上一种最难认识的”文字。中国文字就属于这一种。

“中国文字真难懂吗?”这个问题一直萦绕在卫聚贤的脑际。十几年前创办《说文月刊》时,他就在解决这个问题,为此,用了很大工夫编辑《字源》,在“逃离”内地时,那用“很大人力物力已编妥而未出版的《字源》一书”“均随捐献后腾房屋时全部遗失”。现在又提出这个问题。当年是为解决这个问题而编《字源》的,现在依然在解决这个问题。编辑《字源》太繁难,甚至被儿子卫月望批评为有些“主观主义、唯心主义”,他是“以个人的看法去编写的”,从文字的构成讲起,就要简便一些。所以他采取了这个办法。

他这个《文字学》的体系是怎么样的,开首讲了“中国文字的好处”,共五条，是“通行的广”,“流传的久”,“是方块形”,“中国人很少造新字”,“中国字相加而成为词”。卫聚贤这几句话的重大意义在于:“中国的方言也不少,中国人和中国人见了面,在语言不通时,就用笔把文字写出来作为‘笔谈’,彼此就知道。这就是中国人所以能成为一个统一的大国。”“中国的楷书已有一千七八百年历史”,过去的文字,“现在的中国人都读的通。”这几句话看似平常,却是对中国文字最深刻、最有见地的认识。他把汉字在中国历史上的作用跟中华民族这个文明古国一直延续下来联系起来,而不是像其他三个文明古国,在文明生成以后不久就衰亡了,崩溃了。那三个文明古国后来的居住者,跟创造出当年那个文明的民族早已断绝了关系,唯我们中华民族没有蹈袭那个覆辙。

当历史的车轮滚进到二十世纪初期，中国一些人提出了改革汉字的要求，用黎锦熙的话说，有三种主张，一是汉字改良，主张尽量采定“简体字”，四十年代国民政府公布了《简化汉字方案》；二是汉字改换，后来制定了注音字母；三是汉字改革，即用拼音文字代替汉字。这几种主张，一直到一九三〇年前后，依然叫得很响。前两种主张是以保存固有的汉字为前提，人们大都接受。第三种主张比较彻底，是把汉字废除，改用另一种文字系统。当时人们提出的代替办法，是“国语罗马字”。瞿秋白制定的“国语罗马字”方案影响最大，一些报刊根据瞿秋白的方案，刊登汉语的拼音文字。卫聚贤始终不为第三种主张所动，就在一些人使用“拼音文字”写信作文的时候，开始了他的《字源》写作。

跟卫聚贤站在同一立场的，有胡适。胡适曾经有过改革汉字的想法。用唐德刚《胡适杂忆》中的话，“为着领导新学派，抵抗旧势力，胡氏对新旧语言文字的研究也着实下过一番功夫。他认为中国文字甚为落伍，必须改革！至于何以落伍和如何改革，他在深思熟虑之后，也找到了他所认为颇有自信的答案”。这个“答案”就是胡适一九二三年一月十二日为钱玄同所编《国语月刊》“汉字改革号”所作《卷头语》，这个《卷头语》，把改革的希望寄托在“小百姓”身上，并没有明确的方法。对上述第三种主张，即废除汉字改用拼音文字，胡适在经过一段“深思熟虑”后，觉得需要慎重，最后放弃了。胡适真正捍卫汉字的原来形态、阐述汉字在中国历史上的伟大功绩，是在五十年代，也就是跟卫聚贤在香港联合书院讲授汉字的差不多同一时期。唐德刚在前引话后说：“时隔三十余年，到五十年代的中期，他老人家已年逾耳顺，他向我传授有关国语问题的理论……”

胡适把拼音文字和我们“既不是象形，又不是拼音”的文字做了比较：

拼音文字，形随音变；而声音之变化则随时而异，也随地而异。这样随音拼形，那"形"的变化也就大而且速。不同时代有不同的发音，不同的地区也有不同的方言。纵以同样的"字母"去拼音，在方言复杂的地区，也会搅得天下大乱的。君不见印欧语系中最具影响力的"拉丁语系"，大家所用的不皆是相同的二十六个"拉丁字母"吗？在半个欧洲就拼出十几种语言来。其他非拉丁语系系统之复杂就更无论矣。

既然半个欧洲所用的都是"拉丁字母"，为什么不干脆就使用"拉丁文"呢？如此则欧洲不是也可以来个"书同文"了吗？何白鬼子不惮烦，而要把现成的一个有极高度发展的文字肢解，再拼出数十种所谓拉丁语系的方言来呢？

……

再者文字既属拼音则"必然"要发生"语尾变化"；尾巴长而多变，则"音节"就"必然"复杂，一个单字音节太长，则不易制造复合词或"字组"。试举"羊"字为例：

在我们的单音节的字汇里，认识一个"羊"字，我们便可认出羊先生合族长幼和羊家有关的大小事务来。它贵族中的"公羊"、"母羊"、"仔羊"或"羔羊"、"山羊"、"绵羊"、"羊肉"、"羊毛"……我们一看字组，便知字意。

但是在拼音文字里，由于音节太长，单字不易组合，因而每一个字都要另造出一个特别的单字来说明……

这是说，拼音文字远不如我们汉字造字方便，而且有规律可循。其结果，"便是他们在大一统的必需的条件上'车可同轨，行亦同轮，而书不同文'！查理曼大帝国之内，各地区的人民，各言其所言，各书其所书。如此则帝国政令便无法推行，军令便无法统一。结果全国貌合神离，一旦大帝龙驭上宾，则帝国土崩瓦解。"

胡适做出结论："'方块字'是维系我中华民族两千年来大一统的最大功臣；是我们'分久必合'的最大能源！""所以两千年来，我国以夷变夏的传统一直未变的道理，就是因为我们有个一成不变的语言。欧洲蛮夷南侵，罗马文明一蹶不振的主要原因便是拉丁语文被那批蛮夷肢解了的结果！""要言之，我们有了方块字，教育愈普及，则民族愈团结；民族愈团结，则政治统一便愈容易推动。政治、文字、教育有其一致性，它也就限制了方言的过分发展。如今全世界，四个人之中，便有一个是'炎黄子孙'，岂偶然哉?！文艺复兴以后的欧洲便适得其反。他们教育愈发达，则方言愈流行；方言愈流行，则政治愈分裂。这就是今日白鬼种族繁多之所以然也。这也就是两种不同文字'偶然'的发展，在人类社会发展史上所发生不同的'必然'后果！"

这些内容，也正是卫聚贤所讲的。卫聚贤举"羊"为例，说只要识了"羊"字，凡是由"羊"组成的词，就都认识了。

总括以上所述，可以知道，卫聚贤和胡适两人都认为汉字在使中华民族这个文明古国能够一直延续下来而没有被异民族所打倒居功至伟上，观点完全一致。卫聚贤虽然没有像唐德刚转述的那么详尽，但主旨完全相同。从时间说，卫聚贤提出这个论点可能还早一些，至少他是自己创造出这个论点的，没有受到胡适的影响。卫聚贤是在香港讲课，胡适那一时期从未到过香港。胡适向唐德刚"传授"这些理论，是在美国，唐德刚写这本《胡适杂忆》则是在卫聚贤讲课二十年以后了。

卫聚贤的讲课当然不止这些，但就以上所述来说，他的这个讲课具有重要的意义，就是使这个讲课成了对学生进行爱国主义教育和热爱民族文化教育的最好课堂。

卫聚贤在讲这些内容时,要编讲义。编讲义,起自宋代;宋代编讲义的人不少。"讲义与著作不同。著作要拿出自己的主张,而且要百分之百是自己的;讲义要将各家学说条列起来,使学生有所选择,不至成为一面倒。但讲义又不宜照抄别人的只加入自己的按语而已,至少要有百分之三十以上是自己的见解。"以上所书跟胡适相同者,便是卫聚贤所创造的"自己的见解"。

他这本书就叫《文字学讲义》。

卫聚贤说:"我这部文字学讲义，是很平凡的，即叙述文字学的一切,这是为应付文凭考试之故。但也有一部分我的意见在内,这是要引起读者有研究的兴趣。我在联合书院授文字学课，年终考试有一题是'文字学一课应如何授？试详言之！'学生大多数的答案是:在未上文字学课以前,以为文字学是一门枯燥无味的课,恐不容易瞭解;及上课以后,对于文字学发生了兴趣……"

第二节　转向中外文化交流史

卫聚贤的《古史研究》共分三集,其第二集是写中外文化交流的。那时候,他有一个信念:每一个民族如果孤立起来,文化不可能发扬光大,必有外来文化的融入。对其他民族说,也是这样,不仅仅是中国文化需要外来文化的补充，外国文化也融合进了我中国文化的成分。因此在

《古史研究》第二集中，他着重论述了这个问题。虽然后来的考古发掘对卫聚贤的一些论点给予了否定的证明，如他说墨子是印度人就不正确，但这个问题，确实是值得研究的。到香港以后，他失去了搞田野考古的方便条件，而香港又恰处在英国所派总督的管理之下，眼睛所见，又都是以英国为主的西方文化和西方人。这样，他不用到田野奔波，仅依靠人类已有的知识和零星记载，就可以把他思考的结果凝成一部部著作。

卫聚贤先写了一本《中国古史中的上帝观》，包括他在南京发掘六朝墓时写的《十字架在中国》，交给香港基督教文艺出版社出版。他以为，中国古史中的"帝"字，系从巴比伦和埃及文翻译而来，在中国环境中是不可能产生这个字的。

卫聚贤是一位思想者，又是"处处留心皆学问"的一位坚守者。他想到，中国的战国时代在太行山北部出现袋鼠，那不是中国的土产，他当时觉得奇怪，经过研究，以为是燕昭王从澳洲运来的。又想到，《楚辞》上有"何所冬暖？何所夏寒？"，明显跟我们自己的气候不同。又从"外国图"上看到"其地草木，夏死而冬生"的说法。这些现象，是在南半球才有的，跟我们北半球人所见所闻明显不同。又想起《春秋》所记两次"日食"，据天文学家推算，在澳洲境内才能看到。据此种种现象，他先写了一篇《中国人发现澳洲考》的文章，在报上发表。又写了一部《中国人发现澳洲》的专著，想交给出版社，但因为引证古书太多，出版社担心销路不好，没有接受。澳洲有家书店打算翻译成英文出版，因找不到合适的译者而不能实行。最后他自费出版。

他又写了一本《如何认识中国文字》的中英文对照本，系给外国人认识中国文字而写，意在从文字入手，对中国文化有初步的理解。这本书绝大部分销售到美国和欧洲国家，有些是销给外国来香港旅游的人士的。在台湾，是销给"语言中心"教外国人识字用的。此书出版后，受到欢迎，很快印行三版。由于他曾经研究过如何使人容易掌握汉字的特点,这本书留给人们的印象是,中国文字并不难懂。

一天,卫聚贤的小孩在看"儿童乐园"的儿童图画书,那上边印了一页蜂鸟在扶桑花内吸花的蜜的图,旁边有两句介绍,说:"蜂鸟会退飞,只有美洲有。"记忆力极好的他立即想到,《春秋》上有"六鹢退飞过宋都"一句,他想,这六鹢是不是"蜂鸟"的另一个名字呢?他记下了这个词,着手考证。从此,在香港出版的杂志和报纸上,凡有关美洲的故事他都剪下来,然后在中国古书上找相类似的材料。那时,美国驻香港领事馆的图书馆有许多美国出版物陈列,特别是有关印第安人的书,陈列很多,他就常常到那个图书馆去,凡是自己觉得有用的东西,都复制下来。显然,他研究兴趣已不止澳洲了,而是把眼光投向了更远的美洲。他写了一篇论文,举了中国跟美洲之间早就有交往的一些事例,题为《中国人发现美洲考》,但无处发表。

《中国人发现美洲考》跟《中国人发现澳洲考》成为双璧。卫聚贤这方面的论著还有《中国古代与美洲交通考》等。

第三节 《说文社中兴丛书》

说文社是卫聚贤办的,既是一个学术团体,又是一个出版社。这个团体和出版社就像装在他口袋里的一件文具或玩具,走到哪里,就随时把它拿出来。到香港,他又把"说文社"的旗子打起来,编了一套《说文社中兴丛书》，当然都是他一个人写的，至少有十二本。不过，他没有了自己的印刷厂，只能找印刷厂承印。

卫月望说其父在香港出版的图书有《中国人发现美洲考》《中国人发现澳洲考》《文字学讲义》《论中国古代人的世界观》《中国古代与美洲交通考》《中国社会史》《中国历代钱币史》《北京人的下落》《封神榜故事探源》《数目字及干支起源考》《中国饰物》《么些文字典》《笔序字典目录》等数十种之多。这里列举的书名达十三种，大都不在《说文社中兴丛书》内。属于《说文社中兴丛书》的，有《智慧创造世界》《互助与斗争》《端午故事》《黎明的前夕》《中国预言注》《龙与舞龙》《么些文学典》《笔顺字典说明书》《中国人发现澳洲》等。现仅以《丛书》里的一本为例，做一解析。

这本书是《封神榜故事探源》上册，明确标为《说文社中兴丛书第十二种》。

《封神榜故事探源》上册《序》云：

> 中国的小说，如《水浒传》《西游记》《红楼梦》《封神榜》，在文学史上占很重要的地位。而且是中国人在童年时代，大部分人都看过的这几部小说。
>
> 《水浒》是描写北宋末年社会现象的书，但像这样的书，没有第二第三种出现，究竟北宋末年的社会，真如《水浒》所描写？还是作《水浒》的人所捏造？
>
> 《红楼梦》是描写曹雪芹家庭故事的书，但他家中的日记及往来书信等尚未发现，究竟清初的曹雪芹家真是如此？抑由《红楼梦》作者所捏造？
>
> 《西游记》是叙述唐僧玄奘到印度求经，现有《大唐西域

记》及《慈恩法师传》俱存，以与《西游记》作对比，可知《西游记》对玄奘求经无一事相符，完全是西游记作者所捏造！

《封神》一书，言周武王伐纣故事，当然我们用最近出土殷代甲骨文材料对比，其真相不是如此。但是不论历史部分，神仙妖怪部分，《封神》的作者，大部分都是有根据的，捏造的部分并不多。

小说的事实多是虚构，看小说的人只看热闹，对于事实多一笑置之。而《封神》这小说的作者曾下过一番大功夫，余因此作《封神榜故事探源》，以表其事。

《封神榜》所写，跟四十年代卫聚贤所考证过的《杨家将故事》《薛仁贵征东》等不完全相同。以前那些故事，无论主人公如何勇武有力，总还都是普通的人，《封神演义》却把人物神话化了。这是一部神话小说。不过，从基本的考证方法说，这一本跟以前那些考证又是基本相同的，就是考证小说所写跟历史上的记载有哪些区别。历史记载也并不都是生活中的真实，相反，倒是传说的成分很大。世界上任何一个民族，最早产生的文学艺术作品，基本上都是神话。这是那时人们科学文化水平不高的表现，他们对客观世界缺乏科学认识，对许多现象无法解释，便把其根源归诸“神意”上，先民的传说自然跟神话不能脱离关系，许多传说都带有神话的色彩。古籍中的记载同样如此。

这本《探源》跟“说文社”时期的考证有一个不同，就是把小说中所写跟历史记载比较之后两者是一种什么手法所造成，给予明确的定性，这无疑丰富和发展了小说创作的方法。

如第一节《成汤弛网》：

《封神演义》在叙述殷代祖先之时，先叙出成汤弛网，以现出成汤之仁：

“汤见人张网四面而祝之曰：‘从天坠者，从地出者，从四方来者皆罹吾网！’汤解其三面，止置一面，更祝曰：‘欲左者左，欲右者右，欲高者高，欲下者下；不用命者，乃入吾网！’汉南闻之曰：‘汤德至矣！’归之者四十余国。”（封神演义第一回）

“汤见祝网者置四面，其祝曰：‘从天坠者，从地出者，从四方来者，皆离吾网！’汤曰：‘嘻！尽之矣，非桀其孰为此也？’汤收其三面，置其一面，更教祝曰：‘昔蛛蝥作网罟，今之人学纾。欲左者左，欲右者右，欲高者高，欲下者下，吾取其犯命者！’汉南之国闻之，曰：‘汤之德及禽兽矣，四十国归之。人置四面，未必得鸟；汤去其三面，置其一面，以网其四十国，非徒网鸟也。”（《吕氏春秋》的《异用篇》）

“张网四面”是极权，网开“三面”是自由。这是一个自由集团（商汤）与极权集团（夏桀）的对照。

《封神》采用《吕氏春秋》，并非照抄原文，而是加以剪裁的。如《吕氏春秋》最后的“人置四面，未必得鸟，汤去其三面置其一面，以网其四十国，非徒网鸟也”，这几句是《吕氏春秋》的按语，《封神》自然用不着照抄。《吕氏春秋》在“更教祝曰”下有“昔蛛蝥作网罟，今之人学纾”这两句，但这两句似乎是多余的，是以《封神》未采。《吕氏春秋》的“皆离吾网”的“离”，古与“罹”通用。但《封神》恐人把“离”字作为“离开”的离，故改用“罹”字，作“皆罹吾网”。由此看来，《封神》采取古书，剪裁是很适当的。

这里说到“剪裁”。第三节《纣力甚大》曰：

《封神》说纣王所以能立为帝，由于纣力甚大：

“纣王乃帝乙之三子也。帝乙生三子。长曰微子启，次曰微子衍，三曰寿王。因帝乙游于御园，领众文武玩赏牡丹，因飞云阁塌了一梁，寿王托梁换柱，力大无比。因首相商容上大夫梅伯赵启等，上本立东宫，乃立季寿为太子。”（《封神》第一回）

《封神》前段以纣为季子，见于《吕氏春秋》的《当务篇》：

“纣之同母三人，其长子曰微子启，其次曰中衍，其次曰受德，受德乃纣也，甚少矣。纣母之生微子启与中衍也尚为妾，已而为妻生纣。纣之父纣之母欲置微子启以为太子，太史据法而争之曰：‘有妻之子，而不可置妾之子！’纣故为后。”

《吕氏春秋》言纣所立为帝的原因与《封神》不同。至《封神》所言纣“力大无比”，则有左列各古书的记载：

“纣长巨姣美，天下之杰也；劲力越劲，百人之敌也。”（《荀子》的《非相篇》）

“帝纣资辩捷疾，闻见甚敏；材力过人，手格猛兽。”（史记·殷本纪）“殷纣，手搏豺狼，足追四马，勇非微也；百战克胜，诸侯慑服，权非轻也。”（《史记·律书》）

“纣力能索铁伸钩，抚梁易柱。”（《论衡》的《语增篇》）

“纣倒曳九牛，抚梁易柱。”（帝王世纪——《史记·殷本纪》正义及《太平御览》八三引）

《封神》的“托梁换柱”，是采取“抚梁易柱”的。这“抚梁易柱”固见于两种书，但《封神》是采取《帝王世纪》的。《帝王世纪》一书已亡，而《封神》作者在看《史记·殷本纪》时，在其注文——《正义》——中看出来的。惟将“抚梁易柱”改成“托梁换柱”比较通俗，适合于小说。

这是考证材料来源的。第一节说的是对材料应如何处理，卫聚贤把这种方法称作“剪裁”。他是按小说的次序说的，因而先说如何处理材料，才说材料的来源。

以下，卫聚贤说了由史书记载到变为通俗小说在材料处理上的种种不同手法：

移花接木：《封神》第八回说纣王有两个儿子，名叫殷郊殷洪，纣命杀二子，二子逃出殿中，第九回、第六十一回、六十五回、九十八回都写到相同内容，实际上，“古书上言纣王的儿子，只有一个武庚，或者还有一位禄父”，《白虎通》的《姓名篇》则说“禄父原名武庚”，《风俗通义》说“纣子武庚字禄父，其后以字为氏”，即那是同一个人，小说中所写，“是《三教搜神大全》《武王伐纣平话》《神仙通鉴》三书而改编的”。

再进一步，是凭空捏造或无中生有。“《封神》以周文王为西伯，是采自《史记·殷本纪》的；以南伯侯鄂崇禹，是采取《史记·殷本纪》而改编的；以东伯侯姜桓楚，是采取《武王伐纣平话》的，不过把鬼侯的事改在姜桓楚身上；以崇侯虎为北伯侯，是《封神》捏造的。”“《封神》之梅伯炮烙，是捏造的。”“炮烙”之法，古代刑法上有，实际上是否施行过这种刑法，似未见记载，这里是循名以求实。卫聚贤发议论道：“选择统治者，不以道德智慧为标准，而以‘力大无比’为原因，无怪乎首相商容撞死，上大夫梅伯赵启均被炮烙！自种之因，自食其果，应当应当！《封神》作者捏造此故事，可谓费尽苦心了！”这一段富有感情色彩的论述，大大增加了读者的阅读兴味。

卫聚贤说，《封神》在运用传说材料时，还有把它扩大、缩小等种种手法。这既使读者明瞭这部小说之所由来，也对作家有所裨益。

与此同时，他也指出了小说的缺陷："《封神》在第六十八回中，封了一大批出征的将领，而在第一百回封建诸侯时，只有姜太公周公旦召公奭毕公高四人，其他的人何以不封呢？《封神》在第一百回中，共封了五十五人，除齐鲁燕毕外，何以尚有五十一人，不见于第八十六回随军出征呢？《封神》作者在六十八回只顾捏造，在第一百回中只顾将古书照抄，显得他学问渊博，而忘记了前后矛盾！"这里是批评家的眼光。如果说以前的小说考证，卫聚贤是历史家，现在他既是历史家，又是批评家，比以前多了一副面孔。

第四节　自制木船做横渡太平洋实验

这件事在卫聚贤一生之中，是大书特书的一件事。

卫月望在《卫聚贤传略》中说："在香港时，卫氏除在室内研究考古学术之外，同时坚持进行野外考察。一九七四年，他组织一批人员，乘坐仿照广州出土的汉代船舟形式复制的大型木船，不用任何现代化仪器和装备，携带仿汉代食品，从香港起锚试图横渡太平洋到达美洲，以验证中国人在古代是否能到达大洋彼岸。实验船途径南洋，沿着各群岛向东驰行，直到离南美洲西海岸几百公里处失事。被随行其后的现代化大船救起。失事的原因是因造船时涂料是现代的油漆而未用中国的土产桐油和生漆，致使船底附着物太多，大洋中无法停泊清除所造成。此次实验虽未成功,但不能凭此就断定中国人在古代就不能横渡太平洋。”

又说:“卫聚贤除在上述实地实验横渡大洋外，并多次发表研究成果,论证古代中国人曾经步行经过白令海峡,沿着北美沿岸到达中南美洲定居并传播文化，以证明中国人发现白令海峡的历史记载要比欧洲人早一百五十年之久。卫聚贤的论证在国外引起了人类、地理、考古、交通等各方面的学者专家争论与考证……”

第十三章　霞落台湾

第一节　来到台湾会亲友

一九七五年三月五日，卫聚贤离开香港，到台湾和家人团聚，担任辅仁大学教授。寓居于新竹市。

来到台湾，少不了跟友人相见，跟亲朋畅叙。三月，孔德成请吃饭。孔德成，一九二〇年生，文学史家。是孔子第七十七代裔孙，曾任至圣先师孔子奉祀官。抗战期间，在重庆曾跟卫聚贤学习考古。到台湾后，在台湾大学、台湾师范大学等校讲授《礼记》和《古器物学》等课程。学业相近，见面后无话不谈。席间，孔说："人都说你是'胡说巴道'。"卫说："我曾看过别人的文章，他在中间引了别人一段书，但是他把引的书放在后面。我看了他引的书中所说，是'胡说巴道'。看完这段后，才看到他所引的书是我著作的书。"说到这里，两人哈哈大笑。

陈立夫是卫聚贤的好朋友。过去所说"蒋宋孔陈"四大家族的"陈"，指陈果夫、陈立夫兄弟。陈果夫是蒋介石 CC 系的头子，又善于经商。陈立夫，政治家、哲学家，留学于美国匹茨堡大学，获采矿硕士学位。回国后，上黄埔军校。后来做过蒋介石的机要秘书，担任过国民党政府的多种职务，帮助兄长控制 CC 系。三十年代出版《唯生论》《生之原理》等书，建立起唯生论思想体系。他认为，唯生的宇宙观为民生史观的根源，提出有生命的元子即“生元”为构成宇宙万事万物的本原。他不顾物质和意识的区别，说整个宇宙的事物都是有生命的。他从“上天好生之德”出发，主张“仁爱”，把阶级斗争视为人的道德的一种堕落。其著作还有《四书通贯》《孟子之政治思想》等。蒋介石退居台湾后，陈不被重用。在哥哥陈果夫病逝以后，他也离开政坛，专心学问，潜心《易经》研究，热心推广中国传统文化。陈和卫年纪相仿（陈先生小一岁）。本来就相识的两个“国学”热心家，这次见面有了更多的话题。

当年清华研究院同学中在台湾的，有一位蓝文徵，他是后期的，卫聚贤可能对他不熟，但蓝对前几期的同学都很熟悉，他写的《清华大学国学研究院始末》一文，提供了许多翔实的资料。他在台湾东海大学教书，住在台中市。蓝为人沉静低调，但对同学、朋友热情。在台湾跟蓝来往较多的徐复观说：“蓝先生表面看，与人无争；但不仅立身严正，且在涉世中常流露有一股刚方之气，凡他认为应当作的，他便挺身去作，无所畏怖。我曾问他，为什么当起西北大学的训导长来？因为专心做学问的人，大都不愿意揽上这类的职务；而蓝先生是专心做学问，且有成就，有著作的人。他笑笑告诉我，因为看不惯当时受利用的‘左倾’学生的嚣张，及当局者的张皇失措，为了保持西北大学不致沉沦为政治斗争之场所，所以他便决然接受此一职务……”卫聚贤到台湾，报上曾密集报道过，蓝文徵得知后，专诚去看望了卫聚贤。不幸的是，过了十个月，一九七六年一月二十五日，蓝文徵因心脏病突发逝世。

还有黎东方。黎东方不是研究院的，是大学部，也算是清华同学。梁启超讲《历史研究法》，研究院和大学部学生都可去听，因而认识。他是一九〇七年生的，获得过巴黎大学博士学位。到台湾后，任中国文化学院史学研究所和史学系教授，主要讲古代史。他也来看望了卫聚贤。

有一个人跟卫聚贤的一生事业有关，这个人就是清华研究院位居四大导师之后的“特别讲师”李济。李济有留学的身份，有博士头衔，正是他在山西夏县西阴村的考古发掘，揭开了中国田野考古的帷幕，也是这次考古，他带回了一批古物，擦亮了一些人——包括卫聚贤的眼睛，跟着搞起了田野考古。后来他在殷墟发掘上下了大工夫。从一九二八年起，李就是南京中央研究院历史语言研究所的考古组主任。到台湾后，李依然在中研院史语所工作。一九二九年卫聚贤在南京焦尾巴洞发现石器，打电报请李济前来，他看了遗址后，以为太少，不足以证明。除了这次交往外，从卫聚贤一生考古经过说，再没有看到李的助力，卫也没有说到李。李大卫三岁，不像其他导师那样有较大的年龄差距。李创立的学派，人们叫它“人类学派”，卫却从来没有把自己跟这个学派联系起来。不过，卫聚贤到香港以后，曾写信给李济夫人（他称为“嫂夫人”），问有没有收藏的《说文月刊》，他说，一家出版社要把《说文月刊》全部翻印，而他手头缺少那些杂志。

卫聚贤这时在台湾的朋友还有苏雪林（为庆祝吴稚晖八十大寿准备出《纪念特刊》时，约请苏雪林写稿，苏写《屈原〈天问〉里的〈旧约·创世纪〉》，发表时署名苏梅，是其研究《楚辞》之始，自此，到一九七三年出版《屈赋新探》，历三十年，写作六七十篇文章，成为苏雪林《屈赋研究系列》。一九七四年从台湾成功大学退休）等人，和一些慕名卫聚贤的人，

晚年的卫聚贤渴盼祖国统一。他以其谱牒学的功力参加“寻根认祖”的活动，先后为移居台湾数百年的不少内地人士找到祖籍。

第二节　《中国人发现美洲》

卫聚贤的《中国人发现美洲》，是一部二百五十万字的巨著，花了他后半生的许多时间和精力。在香港时，曾由巨轮出版社出版过《中国人发现美洲提要》，时在一九六九年。来到台湾，全书已基本写完，一九七六年一月五日写《我的“胡说”》时，卫聚贤开始为这本书的出版着急了。以后是誊写和修改。一九八二年三月由他的个人团体“说文社”正式出版。

卫聚贤在《古史研究》第三集中就说到中国人在数千年前发现美洲，但他真正研究这个问题，是在到了香港以后。卫聚贤在香港先写了一篇论文，题为《中国人发现美洲考》，但无处发表，但这并不影响他对这个题目的关注。他抓住这个题目不放，注意搜集资料。他说：“我又是不甘堕落的人，乃找了这个大题目，明知不能出版，但是借此消磨我的岁月。”有几件事，都是有关文字来源的。

第一件，一九七〇年二月二十四日，卫聚贤应罗香林之约，前往珠海书院文史研究所图书室听美国纽约州州立大学教授刘敦励教授讲《中国文化对美洲古代文化发源之影响》的学术报告。这个演讲有三个内容：（一）求雨——美洲印第安人求雨，有龙有青蛙，跟中国民间求雨类似。（二）祖石崇拜——中国古人用玉雕刻成“且”字形状，作为祖先的牌位；美洲土人也是如此。（三）美洲发现有中国文字。刘教授在演讲时把在美洲发现的中国文字的四张图片交听讲者传阅，讲毕，他允许把这四张图片翻印一份给卫聚贤，这四张图片是“武当山”、“亚”、“天”和“禾”字。

另一件，山西在台人士达鉴三（台“国大代表”）在台湾出版《法显首先发现美洲考证》一书，其中列有“明门”、“雨”、“水”等字。

再有：政大何名忠教授出版《南美国家及华侨事业简介》，其中列有美洲发现中国文字照片。金荣华教授在香港华夏书院演讲时，把他在秘鲁购到《哥伦布以前的中国》（西班牙文出版）残本，交卫聚贤影印其中的图片。乌拉圭驻香港领事送卫聚贤在秘鲁高山石壁上刻的“木武本”三个字。

卫聚贤根据已有资料，写了《中国人发现美洲提要》，由香港巨轮出版社出版。这只是个《提要》，许多资料并没有用到书上去。

到了台湾以后，他为查清一些事实又做了大量工作。

卫聚贤到台北看故宫博物院。他看到故宫博物院于“民国五十九年出版的《中国文物图说》，这书的一一二图，记为‘明宣德窑青花人物扁壶’。”卫聚贤《中国人发现美洲》中已经写到在美洲发现有中国青花扁壶，跟此壶相仿。他就想：“‘青花瓷’在元代末年已有，北平市郊有出土。不论此壶为‘永乐’，为‘宣德’，‘宣德’的年号是西历一四二六——一四三五，而哥伦布到美洲是一四九二年，此扁水壶以‘宣德’末年计算，也在哥伦布到美洲前五十七年。”又在故宫博物院的刊物上，在明代初年的瓷壶上，看到蒙古人持长烟管舞蹈的图画，还有人从遥远的美洲寄来印第安人的器物图好多张。

卫聚贤又到中央图书馆。他在中央图书馆元代人的著作中找到了“落花生”一条记载。中央图书馆善本室所藏的《食物本草》有两种，一为三册本，一为十二册本。均云金末元初的“李杲”著。他想：这三册本是真的。惟十二册本，在标题有小字，有的有“李时珍曰”有的没有，就是大字也有“李时珍曰”字样在内，混淆不清。如果是元人李杲著，我可作为根据，如果是明人李时珍加入，因他在哥伦布到美洲以后，我是不可根据的。为了慎重起见，回到新竹市家里以后，他又找居住在附近的黄绍祖教授，请他在台中市立中医学院授课时，顺便询问这个问题。不久研究《本草》的专家那琦教授来信说：《食物本草》十二册本，系姚可成假托二李（李杲、李时珍）伪造的。那么，这个本子就更不可以作为根据了。此事，可见其研究学问之认真。

一九七五年，卫聚贤首先出版《中国人发现美洲初考——文字与花纹》，提出秘鲁土著人是南宋人后裔，力主中国人发现美洲。

他写《中国人发现美洲》，准备写十大类：

第一类，美洲发现中国文字；

第二类，美洲发现中国特有的花纹；

第三类，美洲发现中国特有的古物；

第四类，美洲特产的植物为中国人所知者；

第五类，美洲特产的动物为中国人所知者；

第六类，美洲特产的矿物为中国人所知者；

第七类，美洲特俗为中国古人所知者；

第八类，美洲地理为中国人所知者；

第九类，美洲土人系由中国迁移者；

第十类，中国人知道及到过美洲者。

因为一时凑不够出版经费，卫聚贤设想分三期出版。第一册为《中国人发现美洲》，第二册为《中国古代移民美洲》，第三册为《中国人知道及到过美洲》。

卫聚贤这本书的写法，跟以前相比较，有了改进，或说变化。他先说大题目，就是分十类，接着把各类的目录标示出来，接着写《提要》，就是把各节的主旨大意交代给读者。到此还没有进入文本，还有一个更细的目录。卫聚贤采取“递进”法，一层层向前推进。《提要》甚至有两个层次。仅早在一八六五年，秘鲁学者瓜基在秘鲁北部发现一座铜质女神像，梳中国式辫子，铜像旁并刻有“或南田井”四个汉字，据德国考古学家金奇考古结果，证明此系中国物品，且有数千年的历史。

一八六六年，秘鲁学者阿拉切在秘鲁南部发现中国四千年前“结绳记事”遗物，足见中国文化早在数千年前即已传至秘鲁。

一九〇八年，利马考古学会获得一座陶器花盆，高十二英寸，周围共有七个角，每一角上刻有一个“天”字，此即所谓“七星高照”之意。据考证，此古物至少有一千年历史。

……

再看第一类第三篇“亚”的《提要》：

墨西哥靠近太平洋岸，发现在一块陶片上，刻有二十三个“亚”字。

它原来拟刻五行，每行五个字，但因陶盆口大底部小，成为上宽下窄，因此使第五行放不下五个字，只刻了三个字，成为共二十三个“亚”字。

它们年代，其字体近甲骨文，而且把第一行放在左方，第二行在第一行右方，第三行在第二行右方，使最后的第五行放不下五个字。这种行列由左起，在甲骨文中有这例子，但在金文中就少有了。是以推断它是殷纣王失败后，由白令海峡到美洲的人所刻。

“亚”字原为“明堂”形，也就是“宗庙”。在这块陶器上原欲

> 刻二十五个“亚”字，这在中国书的《国语·晋语》中言“黄帝之子，二十五宗”，表示他们为“黄帝子孙”。
>
> 这在西元前三三八年不久，尸佼作的《尸子》这部书中，已经说到“四夷”中的“贯匈国”，而为“黄帝之德常致之”。这在《山海经》的《大荒东经》，以“东海”神“禺虢”所生的儿子“禺京”为“北海”神，而都为“黄帝”之后。
>
> 这是殷纣王伐山东省的“人方”后，率了少数人赶回首都过年被周武王先屯兵于洛阳，侦知此事后以六天六夜急行军赶到殷首都郊外“牧野”排成阵势。殷纣王率庆祝胜利及年节的醉汉应战，兵败自杀。
>
> 周公继武王为天子，出兵先征殷纣王留在山东省办理“人方”国善后的人，这些人以家破国亡，相率出海。
>
> 一部分逃往台湾及南洋外，一部分由白令海峡到美洲。这详我的《蝙蝠洞考古与台湾山胞》及《封神榜的故事探源》。
>
> 这批逃亡美洲的有“夏族”有“殷族”，合称为“黄帝子孙”。
>
> 他们在美洲墨西哥定居后，常派人回中国探访及贸易，派酋长一人住在白令海峡东岸，《山海经》叫他“东海”神“禺虢”；其子“禺京”住在白令海峡西岸，《山海经》把他叫“北海”神“禺京”。

卫聚贤在书中引用大量史料论证了东晋高僧法显和尚来到美洲的经过。法显为平阳郡武阳(在今山西省襄垣县或临汾市西南)人，晋成帝咸和元年(326)三岁，被父亲送到寺里出家，二十岁受大戒，六十五岁时，发愿西游，由陆路而往，从海道而返，途径三十六国。沿途寻圣迹，访名师，学习各国语言，宣传中国文化，历尽艰险，前后十五年。回国后将亲历所见写成《佛国记》。

这本书中有一些观点可能令人惊诧。如说:“李白在美洲吸烟有瘾,回到中国无烟草可供吸,他瘾发了,乃有‘相思如烟草’之句。清代已有人把烟草叫作‘相思草’。”

卫聚贤的《中国人发现美洲》并不是中国人发现美洲的第一篇专论和专著。在《说文月刊》第一卷上他的朋友陈志良,就曾发表过一篇《中国人最先移植美洲说》的文章。在《说文月刊》第五卷第三四期合刊,还发表一篇《十七世纪时在墨西哥的中国人》,作者是外国人,由成其原翻译成中文(落款标明该年五月二十四日译于华西博物馆)。原作者为 H. H. Dubst R. S.Smith。原文不长,包含的信息十分丰富,全文转录如下(所有注释略去):

一件很有趣的探讨,远在明朝末叶以前已经有一批中国人移入墨西哥,一六三五年六月二十二日,墨西哥城的市政府会议(加比多)上,检讨着一封由住居在首都的西班牙理发匠呈递于总督的请愿书,书中抗议由于采用中国理发匠而对国家所产生的“侈奢”和“不便”,总督依着原告的意思通过之后,并向市政府请示。

“加比多”袒护着这些“很谨慎地关怀着流行病症的”西班牙理发匠,因为在执行业务中已经有很多的西班牙理发匠死于这种病症,在这种情况下,“假定这些中国人是没有什么益处”的,市政府因此把中国人的理发店只限制到十二家;而且像在西班牙一样,都须建筑在城郊外,以避免中国人对于城市中心部分最好的地址作不公正的竞争,这些中国人因为不雇用西班牙学徒而受到批评,总督也受到禁止在理发店里采用中国仆役的劝告,但公家对于此事的处治,却没有记录。

这么,到一六三五年时,墨西哥城便有了中国人,在如此早而如此远的地方,究竟这些中国人是怎样移入的?西班牙人并没有直接和中国通商,但是,他们在一五七一年却曾经发现过马尼剌,离开当时仅仅是六十四年光景而已,中国人因通商而群集于马尼剌,到一六三五年时,巴瑞安地已经超过了二万人,而马尼剌郊外,他们也沿城居住着,西班牙人来到以后,靠着这些中国人得到食物,和个人方面的服役,在一六二八年总督德他瓦拉曾忏悔承认过:"无论是教徒或非教徒中除却借重华人以外,没有一个西班牙人是自己获得食品,衣服和鞋履的"。菲律宾和马尼剌间的商务非常活跃,而马尼剌的西班牙人却借此繁盛起来,"西班牙人必须输出口些东西,不然他们便无以生存,至于他们的其他输入……并不十分够用或丰富,而且很少完全满意。"

此种贸易的大量包含物,在输到墨西哥的是中国织物特别是绸缎和白银元宝,每年约合二百万比沙(Pesos)的额数,其中大多数都输入中国,每年有一队包括着三只轮船(一种载军队和货物的船)的舰队派遣到各方面大约消磨三个月或多于四个月的时间于旅程。西班牙人由菲律宾返家,有时取道于墨西哥,这些人自然带着他们的仆役或奴隶,那多半是中国人,很可能被留在墨西哥。一六二六年总督德他瓦拉因马尼剌市民的要求,更进行过一种通过太平洋贸易的革新,从前菲律宾的商人曾经把他们的货物付托给做代理人的墨西哥市民,现在则派送八个马尼剌商人的代表团至墨西哥进行营业,以阻止那些不是菲律宾代理人的墨西哥市民。在菲律宾有的是中国理发匠。很长的海程中西班牙人自然要像带其他的仆役一样地把他们的理发匠带去。

进一步说,中国船不像是经过远程而到达墨西哥的。一位久住马尼剌者曾断言华人在一六二七年时还不谙纬线和科学化的航海术,所以由中国直接航到菲律宾甚至都不可能,而逐岛横渡的结果,自然很可能地被荷兰人阻止于台湾。只有西班牙人可以驶行由远东至墨西哥的长途旅程。

上面所述诸证据,指明了华人之被带至墨西哥大概是在一五六二年西班牙人发现了从远东到墨西哥的艰难海路以后不久,到一六三五年时,墨西哥城里至少已经有一个初开端绪的华人殖民地,此问题将来仍须作更进一步的研究。

这里把华人来到墨西哥的最早时间定在“一五六二年西班牙人发现了从远东到墨西哥的艰难海路以后不久”。

卫聚贤曾说,在香港的时候,有人就做了《中国文化对美洲古代文化发源之影响》的学术报告,他去听了那个报告。他还说,另一个山西人,名叫达监三的,在台湾出版《法显首先发现美洲考》一书(该书二十世纪六十年代出版,作者达监三为山西阳城人),其中列有“明门”、“雨”、“水”等字,而被他在这本书中所采纳。这是一本集大成之作,他把前人有关这个问题的所见所闻综合到了一起,你拿到这本书,所有已经发现的资料,都可以看到。

第三节　《文字学》及其他

卫聚贤在台湾出版的最重要著作，是《文字学》。

他对中国文字——即汉字——的关注和思考，贯穿其一生，而对汉字的深入研究，则是从创办《说文月刊》开始的。那个时候，他编了《字源》。《字源》是一本大部头的著作，消耗了他好几年的心血。为编《字源》，他联络了十几位同道，写了大量的稿件，那些稿件，随着旧中国灭亡、新中国诞生，已经化为纸浆，灰飞烟灭。但既然那个领域已经被他敞开，而且夯实，他就不能放弃，也不忍心放弃。走出内地以后，卫聚贤失去了田野考古的客观需要和条件，在向中外文化交流上进行开拓以外，把精力用在汉字研究上，自是一个可以大有作为的方向。加之在大学开设这方面的课程，所以，从在香港讲授文字学开始，他就进入研究汉字的第二个阶段，其结果，便是这两本书的出版。

《文字学》是以中国文字——即汉字——为本位、综论世界主要文字发生和演变的一本系统性、科学性著作。在此之前，我国出版的同类著作有过几种，但卫聚贤这部书有它独具的特点，具有独特的价值。虽然他称这本书是一本讲义，而且“讲义与著作不同，著作要拿出自己的主张”，讲义却只要将各家学说条列起来就行。其实这是卫聚贤的谦词，书中属于他自己的观点还是不少。再说，这本书跟在香港时印发的《讲义》已有不同，再视为“讲义”，就名不副实了。还要注意到，这本书的体例有自己的特色，跟同类著作有明显的区别。卫聚贤像在《说文月刊》创办时期编《字源》一样，为读者查找字典怎么方便考虑的多，即有强烈的实用性。

这本书除《绪论》外，由《中国文字形体的演变》《构造文字的法则——六书》《文字学书》三大块组成，另有一个附录。这本书从《释名》起，卫聚贤分别把“文字学讲义”五个字，从形、音、义几个方面做了解释。其意在说明，无论汉字如何变迁，它的基本构造是一致的，它流行已有几千年，仅楷书就有“一千七八百年的历史”，不管方言如何不同，懂汉字的人，都可以读得懂，它也是我中华民族“能成为一个统一的大国”最主要最根本的原。

《绪论》说到了学会汉字的困难：“中国文字，形不成形，音不成音，每一个生字，它是如何写？它读什么音？它作如何讲？都要死记住，而笔画多的字更难记忆，每天把大部分时间用在认生字记生字上，就把算术等科，无暇学习了。在青年记忆力最强的时期，把宝贵的光阴用在不能学习科学之上，此中国科学所以不发达，中国很少有科学发明家，即是这个缘故。”这段话是过去人们的普遍认识，有正确的一面，也有不正确的一面。正确的一面是认识汉字难，不正确的一面把科学不发达归罪于汉字，是不符合事实的。近年来，我们的汉字并没有为拼音文字所取代，但是我国的科学发展迅速却是一个不争的事实。在许多国际性的数学、物理等科学性很强的比赛中，我国青年常常拿到大奖，说明我国的年轻人并不因为学汉字用了过多的时间而影响到对科学知识的吸收。过去科学不发达有多方面的原因，把它归罪于汉字，就太简单化了。在这点上，卫聚贤沿袭了别人的论点，未能表现出他个人独到的看法。不过要看到，他之所以这样说，是为他后边的话做铺垫的。他的本意在于，“我们是不是要使儿童减少认识生字的时间？当然我们不能一步走到拼音文字时期,或者不应走入拼音文字时期,我们为中国人,就不能不注意中国文字,以及研究中国文字!”这才是卫聚贤研究汉字的目的和写这本书的目的,乃至强调学汉字困难的用意所在。他又说:“如能找出一个条理,可举一反三——认少以知多。于是就需要《文字学》这一门课,先由认识过去(古文字),以知现在(文字构造即运用之原理),并研究将来(是否走入拼音文字这条路?)”研究《文字学》,就是“找出一个条理”。卫聚贤写这本书,和写其他有关文字的书,目的都在于此。他是从实际出发,把理论和实际结合起来,用理论指导实际研究中国文字的一位文字学家。

在这本书的第一部分,即《中国文字形体的演变》里,卫聚贤说的是中国文字,即汉字,其实说的是世界所有文字,因为各种文字的发源和发展史大体遵循相同的路径。比如,世界各种文字起初都是象形文字,象形文字系由图画教育而来。他在引用了法国、印度等国的洞穴图画(现在人们通称“岩画”)以后说:“中国虽未发现洞穴中壁画,但中国古人已提到这种壁画,如《太平广记》卷三十四引传奇‘洞中行可数十里……两壁时见绘画古丈夫,咸有冠带。’《太平御览》五十四引《南康记》,西南有通天穴,四壁石色似画丈六像。这些洞穴壁画,将来是不难发现的。”近年来,我国已在甘肃、新疆、宁夏、福建以及云贵等地发现了许多岩画。“《南洋猎头民族考察记》(商务民国二十六年版)一三四页上说‘仪式场之外的一些岩石上面,我们发见少数简单的象形文字。我们把它们的一些拍了照片,并绘成略图。有一群为两个墨利舞蹈所构成,而另一群则打着一面鼓。’”卫聚贤说:“我想这与‘泰山刻石’是相同的。”他把最初的文字分为“教育图画”“图画文字”“图象文字”“繁象文字”(云南么些人的文字就是这种繁象文字的代表)“简象文字”几个阶段。这以后才走上不同的发展道路。有的走了表音的道路,中国则是走了表意的道路，他称为“表意文字”。

在《构造文字的法则——六书》部分，卫聚贤首先罗列了古人说到六书的顺序，然后说出自己的见解，赞同张有、赵古则、吴元满三人所排的顺序——象形、指事、会意、谐声、假借、转注。以后便按这个顺序分析汉字和类似文字的构造原则。卫聚贤运用他的统计方法，做出许多科学结论，如说：“由上统计，可知中国文字，时间愈古，象形字愈多；时间愈晚，形声字愈多。”在说到象形字时，卫聚贤把汉字跟埃及文、么些文做了比较：“克雷特埃及文、么些文，均将兽画成平立形状，惟甲骨文除鹿外，均把它侧立起来，这是殷代造文字的人，恐人误会这些简象兽形代表原物，因把兽侧立起来，以兽不会侧立的，侧立的兽是表示文而非原物。鹿是以歧角为表示，故需要将角画的长一点，如么些文鹿歧角画的太短就不显著，甲骨文画的长就显著了。但因鹿角画的长，将鹿侧立起来，占的横位太多，甲骨文大部分是由上而下排列，在本行中字的长短大小不大计较，但横占别行则不适宜，故将‘鹿’字不侧立起来。又，么些文的犬、羊、象、虎、鼠等兽，都画成一长条，在横的方面一个字占了两个字的地位，如果也把这些文字侧立起来，不是与其他的字行子一样宽吗？”这段话深入到古人的心里去了，从心理学上做了解释。说到形声字，卫聚贤引用了他人的著述：

蒋善国《中国文字之原始及其构造》，他说到“右文”（据《梦溪笔谈》卷十四，宋代已有人作右文书），他举例如下：

戋，小也。丝缕之小者曰线，竹简之小者曰笺，木简之小者曰牋，农器及货币之小者曰钱，价值之小者曰贱，竹木散材之小者曰栈，车之小者亦曰栈，钟之小者曰盏，酒器之小者曰盏为琖为醆，水之小者曰浅，水所扬之细沫曰溅，小巧之言曰諓，物不坚密者曰俴，小饮曰饯，轻踏曰践，薄削曰刬，伤毁所余之小部曰残；凡此皆以戋为声，亦即以戋为义也。青字有指明之义，故日之无障蔽者为晴，水之无混浊者为清，目之能明见者为睛，米之去粗皮者为精；凡此皆以青为声，亦即以青为义也。命字隐含分析条理之义，起初只有命字，就言语而言，则加言而作论；就人事而言，则加人而作伦；就丝而言，则加丝而作纶；就车而言，则加车而作轮‘就水而言，则加水而作沦；凡此皆以命为声，亦即以命为义也。尧字隐含崇高延长之义，起初只有尧字，就举足而言，则加尧而作趬；就头额而言，则加页而作顤；就山而言，则加山而作峣；就石而言，则加石而作硗；就马而言，则加马而作骁；就犬而言，则加犬而作獟；就鸟而言，则加羽而作翘；凡以尧为声，亦即以尧为义也。

卫聚贤不厌其烦地引用他人言论，无非是要“找出一个条理，可举一反三——认少以知多”。这可见卫聚贤的苦心。

在讲完“六书”以后，他总结道：“古人在造文字时，并未先列出六条规律，根据这六条规律去制造文字。而是后人在研究文字时，归纳出来这六条规律。现在在我看起来，这六条规律不够，应再添三条规律方可完备……”他所“添”的三条规律是符号文字、递变和掺入。在说到符号文字时，卫聚贤说到世界上文字研究的最新成果：“现在四十三岁的贝塞肋特是艺术副教授兼研究古人使用粘土的专家。她从一九六九年起开始研究文字的起源。几十年来，从埃及到印度河谷的地面下掘出来的大量整齐而匀称的小粘土块（有些粘土块的年代有一万年），一直使考古学家们感到迷惑。一九六六年，法国‘罗浮宫博物馆’近东艺术馆长密亚特说，这些小粘土块是古代作记录用的东西，贝塞勒特也有同样的看法。她把这些小粘土块跟在美索不达美亚发现的符号文字比较,她的结论是,这些粘土块是后来进化为文字的记录用的物品。她说:‘这不是公元前八千年的文字,而是一种完全不同的通信方式。’”卫聚贤强调:“文字的逐渐进化并没有使小粘土块完全消失。文字只能帮助识字的人。今天在中东的某些地方，不识字的牧羊人仍在用小粘土块来记录羊的数量。”这就使符号文字具有了现代文字的意义。

所以这不是《汉字学》,这是一本《文字学》著作,卫聚贤把他的论述范围规定为世界文字。在某种程度上说,这又是一本比较文字学,它以汉字为本位,不时把其他文字拿来跟汉字比较。据这点说,这本书又是具有开创意义的。

《文字学》是就中国文字即汉字立论的。从《急就篇》说起,经《说文解字》《说文》功臣二徐及段桂王朱、《玉篇》《龙龛手鉴》到《字汇》《正字通》与《康熙字典》,一一做了自己的评述,这跟《十三经概论》中对每一经的传播和研究历史都做了详述一样，对研究者和初学者都是很有用的。

《附录一》是查字认字的方法,这是卫聚贤为贯彻他“找出一个条理,可举一反三——认少以知多”的写作目的而采取的一个重要措施,使我们想到创办《说文月刊》时编《字源》的苦心和所做出的努力。《附录二》说到“印刷上使用的‘宋体字’‘方头字’是什么时代产生的”,《附录三》说到印刷上使用的大小字体,这都涉及版本学,具有很大实用价值,是通常文字学不谈的,而卫聚贤谈到了。这可以视作他的创举。

这本书的《绪论》之后,有加框的一段文字,题为《中国新字》,是聚贤在校对《文字学》时写的,谈他对改革中国文字的想法。全文如下:

中国文字应加以改革,成为《中国新字》,这在认识文字方面，排字或打字方面，都较容易。

中国文字中“合体字”约占百分之九十，第一步应改成左右化，即将“部首”放在字的左方，“注声”的字放在字的右方，成为左形右声。把“铜模”制成长方形，两个长方形合成一个“方块字”。排字时左手检（拣）部首右手检（拣）注声，可省铜模百分之七十左右。成本减低，在县乡镇上可设小型印刷厂，使普及文化和教育，奏效较易。

第二步把部首简化。第三步把注声字不合于国音的，换成较简而且近于国音的字。这三个步骤，应分期实施。

——这是我的构想，校稿时补入。

这段话表明了两点。一方面，表明他对汉字的热爱不减。前边说到，民国初年的汉字改革运动，有三种方案，也可称为三派，即“改良”、“改换”和“改革”，第三派是废除汉字，用拼音文字代替。卫聚贤从来没有这样的想法。他看到了汉字构造上的缺点，就是不够规则化。比如有的部首在左，有的部首在右，他想把它规范起来，实现一律化。比起“改革派”来，卫聚贤守住了祖先创造的汉字这个宝贝。另一方面，这段话表明了他的天真。文字的产生固然有一定的规则，但它是一个长期形成的过程，它的规则不是预先设想好的，更不是一成不变的，而是在形成过程中产生，又在形成过程中不断改进，不断产生新规则。文字的形成跟语言的形成有相似性，即约定俗成。卫聚贤现在想统一制定新规则，然后用于所有的汉字，这会带来几个不便。第一个不便，是限制了汉字的发展，第二个不便，是无法学习和阅读过去的一切读物，等于斩断了跟过去汉字的联系。固然认识过去的汉字不像认识别种文字那样费劲，但总是不便的。第三，不便于把汉字用于科学技术发展以后的使用。他的这个想法，比起当年的“改良派”和“改换派”，动作要大得多，几乎跟“改革派”一样。十分遗憾的是，卫聚贤缺少了发展的眼光，他没有预见到科学技术的发展给汉字带来的机会和挑战。现在的汉字印刷，已不是当年由排字工人站在排字架前一个一个地拣字那样的手工操作了。

另有一本《咬文嚼字》，亦由黎明文化公司出版，时间相连。如果说《文字学》是就世界文字立论的，那么，《咬文嚼字》则主要是就汉字而写的一本学术随笔。

《咬文嚼字》是在香港动笔的，当时写了一些有关法制的小文章，探讨那些字（如宪法、刑罚、法律、规则、五刑、诉讼等字词）的来源，在一些有关法律的刊物上发表。到台湾后，继续写这方面的文章，碰到什么写什么，如“中山纪念堂”悬挂“大中至正”牌匾，他就写《大中至正解》；他者的孩子在建国中学读书，就写《建国中学》。以探讨字的来源为主，实际上是当年《字源》的意境翻新。文体活泼，文章有长有短。他在自序中说：

> 中国文字确实难认，我用了能引人入胜的方法，将在报纸和杂志上已经发表过的——与文字有关的论文，共计三十二篇，总其名曰《咬文嚼字》。
>
> 我就当时有关的事，拟了词句，把单字用古文还原成象形文字，并加以解释。在将这个词语有关的一切，详为说明，读者看了会产生深刻的印象。
>
> 我这本书，对一般人说，是可以引起兴趣的；对海外华侨子弟，国内小学教师，一样的能引起他们在认字上和教书上，有无限的趣味！

这可以说是这本书的宗旨。读这段话，我既为卫聚贤替大众着想、把历来视为知识分子专有物的文字交给大众的精神所感动，另一方面，也隐约看到了其在无古可考的情况下心灵的孤寂，和无事可干的无奈。他“逃出”在香港，心情是寂寞的，像这样一个负重的老牛一样的人，只能用这种办法，打发一个又一个匆匆而过的日子。

《数目字及干支的起源》是全书中最长的一篇，也是最具有学术色彩的一篇，同时也是就全世界文字立论的，不限于汉字。该文是在香港写的，也在香港出版过单行本。在收入本书时，他做了修改和补充。

以“数目字的起源”为例。卫聚贤把常用的数目字分组论述：“以‘一二三四’为一组，‘五’为一组，‘六七八九十’为一组，‘百千万’为一组，‘亿’为一组。”说到第一组的四个数目字，卫聚贤说：“落后地区的原始人，对于数目只知道‘一二三’，三以上的数目就弄不清楚。中国古人以‘一二三四’为一组，多出了一个‘四’，可知比别处人聪明——例如新时期时代的陶‘鼎’，是三个腿，这是腿少可以使火力占的面积大，柴也容易加进去。但三条腿的长短和距离，非有数学头脑的人不能胜任。三条腿的器物，只有中国有（美洲也有，是由中国传过去的——详我的《中国人发现美洲》第三类）。这是中国古人为最优秀民族之一证。”卫聚贤在不知不觉间把爱我们国家、爱我们民族的意识加了进去。

卫聚贤引用《说文解字》，但有些说法他不同意，于是用许多方言加以说明，如：“‘一二三’跟人称的‘我你他’有对应关系。‘一’字原义是代表‘我’，有‘唯我独尊’之意在内。故以‘一’为数目字的第一位，也把‘我’作为第一人称代名词。”“‘二’字，粤语读如‘尼’。‘二’字和‘儿’字声近，而‘儿’字古声亦读如‘尼’……”“‘三’字，闽南语读为‘ㄙㄚ’。‘蛇’字古读为‘ㄕㄚ’，这都与‘他’字靠近。匈奴居于中国的北方，《中庸》上称他们为‘北方之强，衽金革死而不厌’者（他们强悍，被俘不降）。

他们是以‘龙蛇’为图腾者。‘蛇’字古文作‘它’(像蛇形),有的于左旁加‘虫’为‘蛇’,有的于左旁加‘人’为‘佗’。‘佗’就是‘他’。这些以蛇为图腾的人,甲骨文上把他们叫‘土方’‘鬼方’‘吉方’(姞姓国)。他们常被殷人俘虏而不愿投降,乃被殷人作为祭神的牺牲品。尚有多数未被俘虏而仍以蛇为图腾,是以将‘他’作为第三人称代名词。”

至于“四”,他说:

> “四”字读声近“刺”。在阵上指挥的酋长,把大指缩在手心,将四指平伸向前(古文“四”字作“亖”),表示前进刺杀。
>
> 吃饭的器具,西方人用刀叉,中国人用筷子。但出土的古陶灶,有的在灶的平面上,印着凸起扁平形的刀叉,而“叉”为两个齿(西方叉为四个齿)。“叉”在贵族用金属造成,平民用竹削成一根尖棒当叉用。现在湖北省尚有些地方,在正月过年后,将熟猪肉切成两三寸宽的方块,客人用一根尖筷子插在中间,把肉竖起来吃。后人以一根有尖棒不如两根使用上方便,人在使用两根有尖的棒时,把前端放宽一些,就像两齿叉,久之就当作筷子用了!
>
> 古文的“四”字作“■”,像两根筷子用绳子拴住形(和后世的“银筷子”,有银链子套在一起相似)。因怕失掉一根,再配一根而长短粗细不一,不便使用。
>
> 金文的“邵钟”和“大梁鼎”以及篆书,在“八”字外加“□”,这是筷子已成为具体化。(因人口稠密,草地不多,猎不到野兽吃不到肉,有些将肉煮得太熟而烂,用不着刀叉,用筷子夹就可以夹破)。
>
> “八”是八根筷子。古代桌子小,像现在“茶几”一样,请客

> 时一桌只有四个人，客人上座，主人下座，陪客两位坐在两档。每人用两根筷子，四个人共用八根筷子。
>
> “四”字外加“□”，“□”是用绳子绑筷子的形状，因筷子一干一湿容易弯曲。不用时将绳子把八根筷子绑在一起，使筷子与筷子挤在一处，就不能弯曲的。
>
> “四”字的声，是借“匙”为声。调羹、勺子是使用横侧面，“匕”（匙）是使用前端，即向前伸取物的。久之将前端磨薄露出锋刃，可作兵器用（后人作为“镖”）。当“匕”向前伸与盘底磨擦而发出“嘶”的声，是以“匙”字以“匕”为义，注“是”为声。筷子最初是代替“匙”，故“四”字仍保存“匙”声。（四即古“■”）。

这段话出自卫聚贤的想象，虽然绕了些弯子，但却是有道理的。“四”字的声和形的起源，不可能有实物佐证，只能依靠想象。“五”的来源，卫聚贤不是从生活，而是从军事上考虑，认为“中国古人造不出一个‘五’字，乃将凳子侧面形而作‘五’字形，以一条凳子坐五个人，乃借作数目字的‘五’！”其他数目字和干支，也都是这样。

卫聚贤这本书的特点是学术性、趣味性、知识性并重。

在内地，九十年代以来，这种文体的文章发表不少，人们大都以“学术随笔”称之。在汉字方面，出版类似的著作很多。论起起源，恐怕还得从卫聚贤这本书说起。实际上，卫聚贤的这本书开启了汉字探源一类著作的写作。虽然没有人说到他这本书，但他的首创之功是抹杀不了的。

第四节　台湾考古

卫聚贤在香港和台湾做学问,有两大重点,一是中外文化交流,一是文字学研究。

在《文字学》和《咬文嚼字》两本书里,他说到埃及文、玛雅文和么些文很多,属于文字学方面的著作还有《尧舜禹出现于甲骨文考》(山西同乡会出版)《甘誓考数目字及干支起源考》(辅仁大学文学院季刊发表)等。

走到什么地方,就在什么地方考古,是卫聚贤的行事风格。在香港十五年,由于地方太小了,而且它跟内地的关系太过紧密,实际上是内地的一部分,没有施展开他的考古本领。到了台湾,土地毕竟大了许多。三十年代卫聚贤在研究吴越文化的时候,已经零星听到一些台湾的考古成果,知道发现过石器。在《古史研究》第三集《中国民族的来源》一文里,他已经认定,台湾民族跟吴越民族是一个系统。他是根据中央研究院林惠祥的《台湾番族之原始文化》一文的描述做出结论的。林惠祥文中说,台湾番族有“断发”“文身雕题”“黑齿”“鳀冠赢饰”等习俗,而这也是吴越民族的习俗。这是卫聚贤早已形成的认识,他对此没有怀疑。

卫聚贤既已把文字学当作晚年研究的重点,台湾的原住民是不是有文字,那是什么样的文字,就是他很关心的一个问题。对此,台湾学者大都持否定的态度。而他却亲自到新竹蝙蝠洞考察出土古物,又赴五峰乡深山考证矮人祭,到各大山为台湾山胞寻根,最后搜集到台湾原住民的近于符号记事及象形文字和蝌蚪文字多种。台湾符号纪事文字包括布农族的符号记事、排湾族象形文字、排湾族纹身近于象形及符号文字,台湾原住民的蝌蚪文有:台东蝌蚪文、日月潭蝌蚪文、基隆社寮岛太古文等。卫聚贤对这些古代文字或符号进行了综合分析,并与内地和世界范围内的古代文字进行比较研究,写出了《台湾山胞与越闽关系》《蝙蝠洞考古与台湾山胞》等书,提出了台湾古代原住民曾经留下了文字的观点。

台湾飞碟学会何显荣的一篇《台湾古代是否有文字》的文章,或许可以看到卫聚贤在台湾考古的一个侧面。该文说:《雅堂文集》在《台湾游记书后》云:"诸山名胜,皆蝌蚪碑文,莫可辨识?"蝌蚪为大篆以前之书,岂三代之时华人已至台?古代台湾的原住民是不是有文字?根据目前历史学家、考古学家及语言学家们的看法,几乎都抱持否定的论调。七十年代,著名的考古学家、文字学家卫聚贤教授,曾对台湾的古代文化多方蒐集研究,写出《台湾山胞与越闽关系》《蝙蝠洞考古与台湾山胞》等书。其书中就有搜集到台湾原住民的近于符号记事及象形文字和蝌蚪文字,共有三类:

(一)布农族的符号记事:

《台湾风土志》搜集有近似绘画的二种标本:一为布农族,加奈多文社(Kanetovan)的头目特劳姆·马克劳邦(Tarom Magulapan)曾根据其老父的记忆,刻画一种历板。板为桧木,长三尺,宽四寸,列有记事绘画,并在刻纹中填以锅墨……这种符号记事比远古结绳记事要高明多了。

(二)排湾族的象形文字

另外一个标本，是排湾族齐库湾部落(Tsyakvukvan)的大酋长家屋内的一块高五尺、幅四尺五寸的木板上，有五十余个刻画，大都是人与动物，多数是相同形状绘画的重复……这些图画，该部落人都视为圣物，似为赞美祖先历史的刻画，但已不能道其由来。从这种板画可以看出，它们虽已进入了写实画的阶段，惟其线条仍甚简单，所用的曲线部分仍旧很少，象征意义仍甚浓厚，对同一事物通常使用同样线条与图形。

(三)排湾族纹身近于象形及符号文字

台湾大学《考古人类学刊》所载《台湾土著诸族纹身习俗之研究》，列有《排湾族纹身之要素》的插图，下列这些象形和符号，因系在人的身体上纹身之用，是以个别的象形及符号图腾，不是连串起来用的文字，故无法知道其意义，但是每个图腾有象形文字的含义。

另在南美洲智利东方南太平洋中，波里尼西亚最东端的复活节岛，是南岛语系最东的疆界，和印度有半个地球的距离，其岛上有残存的象形文字“伦哥·伦哥(Lungo Lung)”(以E代表)，和印度古文字(以I代表)对照。由比较可以得知，伦哥·伦哥文字是接近于原意象形图形，而印度文字比较进化成为象形文字。虽然二者至今仍有些未能辨识，但是有许多相似之处。倘若两者为相同文字系统，则复活节岛的伦哥·伦哥文字要早于印度文字。印度是世界四大古文化之一，古文字至少有四千年以上，而复活节岛的伦哥·伦哥文字是在几百年前才消失的文字。这二种文字和台湾排湾族纹身的图腾有些相似。根据中国的文字学，前两者用字有许多相同者，就以上图来看，有四十八个文字，初步可以认定两者为相同文字系统，所

以也有学者认为，两地间曾靠海上航线进行文化交流。古代能
来往于世界各大洋的。

卫聚贤在考察中发现，“台湾山胞的妇女会织布，才有资格在脸上刺花。脸上有刺花的妇女，才为男子追求的对象”。

卫聚贤还在台湾出版了《古器物学》。是他自印的，由黎明书局代售。这是考古工作者必备的一本工具书，在台湾出版这本书，表明他把眼光投注在培养新一代考古工作者身上。

第十四章　暂告结束

一九八九年夏,卫聚贤的长女卫零赴台看望。卫零在《补遗卫聚贤先生生平史料》中说:"一九八九年我去台湾探亲,父亲一再关心故乡北吴村沟北的桥修宽了没有。他说他死后要回老家。不久,父亲病逝,月望弟把父亲的遗骨拾回几块埋在了北吴村。"

卫聚贤逝世的日子,是一九八九年十一月十六日,享寿九十周岁。

卫逝世后,陈立夫前来送行。卫零在《补遗卫聚贤先生生平史料》中说:"父亲生前与陈立夫交往甚密。父亲去世后,陈立夫出两千元台币作为丧礼,并亲临现场为挚友送行,赠自编挽联一副,以表哀悼。

在中国历史学、考古学上,二十世纪二十年代绝对是一个重要年代,而卫聚贤就是在这个年代走进这支队伍里的。这个年代兴起了"疑古学派",卫聚贤虽然不属于这个学派,但是"疑古"的思潮无疑使他的思想得到一定程度的解放,不再受传统思想的禁锢。二十年代后期出现了田野考古这一新事物,卫聚贤适逢其会,成为我国田野考古开创期的一员。前边说过,卫聚贤在传统历史学上始终有一种怀疑精神,而在考古学上则是"勇敢的吸收",这看似相反的两种态度反而使他成为一位有多种发现、多种"开拓"的人物,可真是相反相成。有两种历史学家,一种是"述而不作",一种是"作而不述",当然是就基本倾向而言,卫聚贤属于"作而不述"的一类。

具有广泛的兴趣,对一切知识采取来者不拒的态度,从实践中学习，是卫聚贤能够取得卓异成就的另一个原因。在故乡搞田野考古，到邻村参观旧戏台，写出了《旧戏生旦丑角色的来源》等两篇文章，被人视作中国戏剧文物考古的开端之作。他的写作题目很多。每写起来，总是左右逢源，手到擒来。在他的眼里，人世间一切都可以研究，都是写作的源泉。他是“专门家”，又不是把自己固定在“专”的小圈子里，而是努力向外冲。这反而使他成为一个又一个专门领域里的专家。这样就成了许多方面的专家，所以他有许多头衔。

卫聚贤常有自己独特的理解，而不拘泥于前人的说法。《鲁智深传》所说卫聚贤——《易》开首“元亨利贞”四字，有独特理解就是一个例子。

卫聚贤是一位观察细密、善于思考又能由此及彼、具有丰富想象力的人。在南京古物保存所工作期间，他住在明故宫内，后院有用石头凿成的池，他便在池中养鱼。下雨时节，后院的水流入池中，随水流入的是草木叶及茎上的纤维物，在雨过天晴后数日，常能看到池水泛起一层绿沫。这层绿沫遮住了阳光，水不易热而鱼不易长，若把它挑起，其沫常成丝状且有黏性。有一次，他差人将沫挑起，抛在池边石上，其沫干后变成白色，近前仔细观察，因为石头是光的，沫贴石的面也是光的，宛如所用纸张，用笔写字，跟纸没有不同。由此他便想到，“蔡伦发明造纸，本于此耳。”

再如以下事实：

南京栖霞山附近，及丹阳多梁代的陵墓，其陵墓上的华表，常刻有五寸见方大小的字，其字系反刻反读，可谓石刻中之别开生面者。

它为甚么是反书而又倒读呢？是它初发明拓碑时，不会用纸平铺在碑上，纸上垫布，用木椎轻在所垫的布上打击，使纸柔软而压入刻缝中,垫布取开,用细绸内包丝,绵成袍形,面沫以新墨汁,将此已抹墨汁的丝绵袍,轻打于碑的纸上,贴在碑平面的纸着为黑色,字画中压下的纸因低凹墨汁不着而为白色。在初发明拓碑,不知使用此法,乃于碑面抹墨汁后,将纸舖在已抹墨汁的碑面上,用笤帚扫纸,则黑白俱分,如印木刻版的书情形一样。此为扫拓法。故用反刻倒读文字,拓下来自然成了正书顺读了。若用正书顺读,拓下来反成了反书倒读。梁欲广博宣传其死的功德,或为答谢送仪,故发明拓碑,每人送一份。但以此法拓汉熹平时所立的《石经》,则不能用,于是进一步研究,而发明如现在的拓碑法拓熹平《石经》,故《隋书·经籍志》未言梁《石经》为反文倒读。

梁时初发明扫拓法(即拓反书倒读之字,其反书倒读之发明者,疑为贝义渊。因伊曾创有这种反书字体),于考古上无大补益,但影响于雕刻印刷的发明(《历代三宝记》谓宋代已有雕版,当系承梁的扫拓法而来),其功甚伟。及至研究出打拓法,在未发明照相机以前,其浮雕赖此而行,于考古上帮助不小。

我读卫聚贤的著作,总感到他的悟性非同寻常,每一件很小的事,都能给出明确的解释,把事情的来龙去脉说得清清楚楚,使你有“原来如此”甚至豁然开朗之感。如新石器时代人类住在地穴里,虽面前放着一个豆(即碗),但人一进地穴是看不见的,他说这是因为“豆是倒放,将柄向上,人在太阳光下把眼珠放大了,突入地穴眼珠收缩不及,就看不见”。再如说陶器是如何发明的:“中国西北人类,在新石器时代,因在树上采鸟蛋,那时人尚无衣服,自然没有口袋可装,只好把鸟巢下面的树枝折断,把鸟巢上面三条树枝收拢在一起,作为临时盛蛋的篮筐用。后用细树条编成篮筐，有时在篮筐外面粘到一片泥，偶然的把这个篮筐被火烧掉。篮筐化为灰烬，而篮筐以外粘的那一片泥，因篮筐为圆形物，自然使这片泥成为凹形。篮筐被烧掉，这片泥自然被烧成陶器，用以盛水远胜于兽的脑壳。”人类最初是用兽的脑壳盛水的。

对卫聚贤一生给予我中华民族的贡献，我想引用朱彦民在《巴蜀文化的倡导者》中的一段话：

> 卫聚贤先生是巴蜀文化的倡导者之一。总结卫聚贤先生的历史考古学成就，略有以下几项：一、长期从事大量的田野考古工作，发现了一些重要的考古学文化和遗址；二、作为吴越文化研究的倡导者、先驱者，积极推动吴越地区考古工作的开展；三、作为巴蜀文化的倡导者之一，积极深入开展四川地区考古学文化研究；四、编纂《中国考古学小史》、《中国考古学史》，回顾考古学史，总结考古学工作，陈发考古学理论，推广考古学经验；五、兴办“说文社”，创刊并主编《说文月刊》，刊发考古学、古文字研究论文，推动了历史考古研究的进步；六、对古代文物长期坚持不懈的收藏和研究，在金石学、器物学、特别是戏剧文物方面取得了一定成绩；七、利用考古材料和实地调查对货币史进行研究，尤其是对山西银行票号的搜集及对近代商业史、金融史的研究，成绩斐然；八、对陶器刻划文字、甲骨文、金文、么些文字乃至台湾古文字等材料的广泛搜集与整理，对于文字起源、古文字考释、古今中外文字比较等古文字学等文字学问题进行深入研究；九、综合利用文献记载、考古材料、古文字材料、民俗学知识、民族学调查资料，运用比较

> 进步的现代历史学方法，比如社会调查法、数理统计法等，对中国古代史进行研究，尤其是对中国古代社会史的研究，取得了不俗的成就；十、利用考古发掘和田野调查的资料，对中国南方民族史和民族学的深入研究，并对中国早期民族源流与迁徙、发展的研究多有贡献；十一、长期搜集相关资料，执着地致力于古代中国和美洲关系史的研究，认为中国人最早达到了美洲，美洲、澳洲文化来源于中国。

这段话，我基本同意。当然，有不够之处。不过，作为一个同乡后辈来说，我想，对卫聚贤的评价，还是留给历史学、考古学等方面的专家吧，我没有必要多说。一位名为老蔀发表于二〇一〇年十二月九日的《史学异端卫聚贤与中国人发现美洲之类》的文章，供读者参考：

> 一四九二年八月三日，哥伦布在西班牙女王伊莎贝拉一世的支持下，据说带着给印度君主和中国皇帝的国书，率领三艘百十来吨的帆船，从西班牙巴罗斯港扬帆出大西洋，直向正西航去。经七十昼夜的艰苦航行，一四九二年十月十二日凌晨终于发现了陆地。当时他以为到达的是印度，所以管那些土著人叫“Indians”。哥伦布发现新大陆开启了世界殖民史的全新时代，影响至巨。
>
> 近代以来却有很多人辩称第一个到达美洲的是中国人，而且到达美洲的中国人很多。此说的始作俑者盖章太炎氏（章作有《法显发现西半球说》）。今人卫聚贤（1899～1989）则更大倡其论。自兹以后代不乏人。著名考古学家张光直也持此说，提出“玛雅——中国文化连续体”之说（张著《考古学专题六

讲》,文物出版社1986)。而连云山《谁先到达美洲——纪念东晋法显大师到达美洲1580周年》(中国社会科学出版社1992)更专事考证法显的航向、航线,论证其曾到达美洲。

其中卫聚贤系考古学家、历史学家、古钱币学家,其人颇值一说。卫先生解放前曾任南京古物保存所所长、吴越史地研究会总干事等,主持发掘过南京明故宫遗址、汉汾阴后土祠遗址、嘉陵江北岸汉墓等。一九五一年到香港,后至台湾,曾任香港大学东方文化研究院研究员、台湾辅仁大学教授等。

卫聚贤一九六九年出版《中国人发现美洲》一书(香港),一九七五年出版《中国人发现美洲初考——文字与花纹》(提出秘鲁土著人是南宋人后裔),均主中国人发现美洲。卫先生不特撰文说中国人发现美洲,他还亲自带队实践。一九七四年,七十五岁的卫先生和一群爱好者乘坐仿照汉代的木船,带着仿照汉代的食物,船上也无现代化仪器设备,从香港起锚一直驶向浩瀚的太平洋,以模拟证明早期中国人到达美洲的航行。不幸的是,船儿走到快到彼岸百里处失事,以至于功亏一篑。幸得遇人搭救,方免于罹难!

卫聚贤不特撰文《中国人发现美洲》《中国古代与美洲交通考》,还撰有《中国人发现澳洲》。唯一值得遗憾的是他没有撰文讨论中国人发现南极洲。

终其一生,卫先生的惊人之论可谓旁门左道,蜂出泉涌。他提出"龙即鳄鱼";他怀疑屈原的存在,提出所谓"屈原"就是贾谊"冤屈"的改字颠倒;他一九二九年撰文说老子、墨子、扁鹊等都算是印度人(《墨子老子是印度人考证》《墨翟为印度人说》,其中《墨子小传》说"产生地究为印度或亚剌伯亦不易定”)。他认为《山海经》也出自印度人之手。卫先生看来是和印度人干上了!

除此以外,他的种种匪夷所思的看法还有,古代中国人曾经步行经过白令海峡;他不仅认为东晋高僧法显(约337-412)在哥伦布之前到达过美洲,而且还认为哥伦布之前早已有百余中国人到过美洲,这些人有:殷遗民,孔子,张衡,慧深等,甚至还有古惑仔李白、胖美人杨贵妃女士等等。

总体上可以看出该位先生研究理路的是大胆假设,惊世骇俗,语不惊人死不休。

从学术观念上看,卫先生和顾颉刚一样是疑古派的代表之一,是一个挑战传统的异端。他自己也反对传统,说“传统是懒惰的代名词”。但同时他又是一个不自觉为“传统”服务的人。他提出中国人发现美洲、发现澳洲,都为中国文化着力。

在学术成绩上,卫先生撰写的《中国考古学史》多次再版。《古史研究》也曾多次再版。他还撰写有《十三经概论》《古钱年号索引》。除此以外他还撰写了中国第一部《历史统计学》,用数学统计法计算《春秋》和《左传》的叙事频度,发现《春秋》记事最丰富的年代为孔子卒前的九十余年中。依此类推,他计算出《左传》记事最丰富的年代,并择其最高点,减九十年而得《左传》著者的年代,当在周威烈王初年,即公元前四二五年的稍后几年中。卫先生的文学、戏剧、民俗研究有《小说考证集》《雷峰塔》《杨家将考证》《薛仁贵征东考》《中国的帮会》《红帮汉留人物故事》《袍哥入门》等等。

卫先生的个人经历也足堪大书特书。他幼年历经不幸,三岁丧父,四岁母改嫁,时常受继父打骂。十九岁时借同学卫怀彬的毕业证才算考入山西省立高等商业学校（在今天就要算文凭造假）。后来去北京考取了清华国学研究院第二届研究生，导师王国维，毕业后从事考古、历史等研究。三十年代以后他曾涉猎商业界，得到孔祥熙的支持，出版过《中国财政史》《中国商业史》《山西票号史》等。后组织筹建吴越史地研究会，主编《说文月刊》等。他还首提“巴蜀文化”之称。

卫聚贤一生穷困，哪怕后来在香港和台湾也没有过过宽裕的日子。他因年轻时穷困，写字又瘦又小。他人大而字小，人胖而字瘦，给人写的信没有超过两页的。他自号卫大法师，化名有韦痴子、鲁智深等。他自认“我是一个喜欢用头脑幻想的人，不是写就是想，不能让它闲着‘自腐化’。”他说“猛发财是腐化的前奏，享清福为死亡的等待”。他既饱受苦难，又性格倔强。一生穷困潦倒，但不管他人评说。他的种种高论也不被学界承认，而时常受人嘲讽贬损。商承祚说他“治学同作文章，都不求甚解，写了就罢，说完就算，信不信由你，对不对在他”。然而他也确有真才实学，苏雪林说他读书之博，国内恐无第二人。张光直则说他“一生以出怪论为著，我一生所最钦佩的读书最多的人就是他”。

卫先生种种特立独行的学术成绩和私人活动还有很多，可惜其人湮灭无闻，殊难详述。

这位老蔀是用文学语言对人物做历史评价的，有些说法用了夸张的手法，可以理解。说到“卫聚贤和顾颉刚一样是疑古派的代表之一，是一个挑战传统的异端”，却让我想起胡适一段话：“科学之最精神的处所，是抱定怀疑的态度；对于一切事物，都敢于怀疑，凡无真凭确证的，都不相信。这种态度虽然是消极的,然而有很大的功劳,因为这态度可以使我们不为迷信与威权的奴隶。怀疑的态度是建设的,创造的,是寻求真理的唯一途径。怀疑的目的,是要胜过疑惑,而建立一个新的信仰。它不只是反对旧的信仰,而且引起了许多新的问题,促成了许多新的发明。许多大科学家的传记,如达尔文,赫胥黎,巴士特,科和(Koch)等,都贯注着这种'创造的怀疑'的精神,足以感悟后人。中古的圣徒基于信仰,现代的科学则基于怀疑。"不知他人如何,我是赞赏胡适这段话的。在我看来,卫聚贤的许多发现,其第一步工作便是怀疑。他的一些假设可能如老蔀说的,属于异端邪说,可是如果我们今天的人,为那个假设提供了真实可靠的证据,无论是证实还是证伪,不都是一件好事么?没有前人的假设,你后人还有什么可干的呢?除非你自己也会假设。科学的发展就是这样,曲线形向上。老蔀引用了卫聚贤"传统是懒惰的代名词"一句名言。卫聚贤还说:"提不出问题的人就不能叫学者。"能"提出问题",所以他是学者。没有敢于怀疑已有定论的人,科学很难发展,学问很难进展。

我读卫聚贤著作最感困惑的,是找不到他写自己和朋友的文章,除了《我的"胡说"》《鲁智深传》和《关于王国维的死,我知道一点》三篇以外。许多学者,在学术论著之外,往往写一些跟学术无关的文章,记人记事,都无不可。这些文章大都是那些学者在闲情逸致下偶然为之,后来的研究者想要捕捉那些学者的心灵,都很看重这类东西,因为它们常在不经意之中透露学者的一些内心秘密,至少有他跟朋友的交流情景。卫聚贤不写这类文章。这给人的印象是他从来没有闲情逸致的时候,他一直处在学术研究的高度紧张中。他的头脑始终在思考,似乎在吃饭的时候他也在想着学问上的事儿。这更是值得敬仰的。

写这本书，我的任务不是说我的评价。我只是写出卫聚贤所做的事和他的见解法。前边引用两个人的说法，也只是给读者提供参考。读者的评价应该由各自自己做出。公说好婆说不好，或者，婆说好公说不好，都无不可。关键在，像卫聚贤这样一个人，不应该从人们的记忆中消失。他为我们这个民族做的事太多了。

这本书究竟会起什么作用，是我所不计的。我的目的就是把卫聚贤的一生写出来。由于他后半生的事迹我知道的太少，所以就“暂告结束”。

2014 年 12 月 29 日　三闲居

附录

卫聚贤学术编年

一八九九年(光绪二十五年)　一岁

三月十一日(旧历正月三十日)申时,生于甘肃省庆阳县西峰镇西街安宅。初名双考。上有哥哥叫考娃,贤出生时亲戚有人中秀才,故名。母亲苏春梅,同县苏家嘴人,其父系幼时土民作乱被围困屠杀幸存者之一,为人牧马。

本年,父亲死去。《鲁智深传》:"鲁智深命甚不佳,生了不久,其父死去……"

本年或明年,"继遭饿年,饿死人甚多,其二叔父自杀,三叔父逃出,只留鲁智深的祖母、母亲及兄四人……"(《鲁智深传》)

一九〇一年(光绪二十七年)　三岁

后半年,其母苏春梅跟山西万泉北吴村人卫世隆结婚,贤改姓卫。《鲁智深传》:"适有山西万泉县北吴村卫某,以得到本族遗产,致遭村人引诱入赌,一夜将家产输完,乃逃至甘肃庆阳县西峰镇魁盛林杂货商号为伙友,因其勤俭过人,积了些钱加入股本,后兼经理。在西峰镇先娶一妻,生了一女孩后自杀,继娶又自杀。闻苏春梅寡居,央人议婚,苏姓亲友反对,因卫某性情不好,但她因年老的婆婆及幼子无以糊口,只得允婚,议定以次子作为卫氏后……"(系年,根据卫氏《我的"胡说"》,后半年,系估计,因卫说这一年大旱)

一九○二年（光绪二十八年） 四岁

约本年或稍后，“三叔父归，将婚钱用完，祖母饿死，其兄无依，亦归卫氏。”

一九○三年（光绪二十九年） 五岁

本年，随母回山西。贤《我的“胡说”》：“我五岁时回到山西居住……”卫月望说是四岁，当指周岁。

一九○四年（光绪三十年） 六岁

本年，父亲在村南沟边建一庙，依例在房梁上书“某年某月卫世隆建”。此系还愿。父亲逃走时，在村南沟边一小庙住过一夜，庙已破烂，卫许愿说：“我有一天能回家，将此庙改建为新庙。”后村人把房梁上的“卫世隆”三字刮掉，改为“北吴村建”。（据《我的“胡说”》）

一九○五年（光绪三十一年） 七岁

入私塾。卫月望《卫聚贤传略》：“七岁入私塾，经常为背诵不会经文，受到私塾先生的责打，八岁念完四书。”

一九一三年（民国二年） 十五岁

年初，到甘肃庆阳县，在魁盛林杂货店学商，并记账。

年初，入庆阳县立第二高等小学校附属小学校，白天读书，夜里过账。《我的“胡说”》：“他（指继父）为报村人刮他名字的恨，着我在西峰镇高级小学读书，由初小读到高小，回到山西再考入高小。”

本年，读《三字经》等。《鲁智深传》曰："……十五岁时，才读了《三字经》《弟子规》《百家姓》《论语》《大学》《中庸》《孟子》，《诗经》是读到第一册……"

一九一六年（民国五年）　十八岁

回到故乡，入万泉县第一高级小学校（按，校址在当时县城，今万泉村）。卫月望：《卫聚贤传略》："十八岁再返故里万泉北吴村，他本想留在家乡上学，但他的继父不仅不答应，而且以断绝经济接济相威胁。卫聚贤多次请求，并遭到打骂，时常被锁在西屋，不给饭吃。卫聚贤生母哀悯其子，常常背着继父偷偷送饭给他，他愤不受嗟来之食，竟破门而出，只身孤影逃出家门去求学。先到万泉县城里的高小读书，因自谋生活费临时在本县一村中当小学教员半年……"

冯沅君在《古史研究叙》中说："他生在个以农商为主要职业的家庭，十八岁时方离开商人的生活进高等小学，由是而师范，而专门学校，而研究院，十年的工夫，居然对于古代史有不少的贡献。"

本年，组村长联合会。自述："我常代表我村的村长出席县上的会议，散会后西北乡的村长在县上机关中吃饭，东南乡的村长都是自带馒头坐在街边吃饭。东南乡人自然不平，我就组织村长联合会……"（《我的"胡说"》）

自本年起，着手农村自治。《清华研究院同学录》："……十八入高级小学校，肄业时即着手下级自治……"

一九一七年（民国六年）　十九岁

年初，入太原警察教练所六个月。

初夏，一巡警在村西孤山柏林庙违规而被由北吴等八个村子组成的管理机构惩治，公安局长袒护巡警，抓捕村人，影响到村学前途。贤在警察教练所闻讯，急回县里，帮助村民和学董办理护校事宜。

夏，回到万泉第一高小，随原班上课。《鲁智深传》曰："次年入太原警察教练所，六个月后，以仍无出路，回到万泉在原班上课……"

后半年，"读书至卫灵公奚而不丧，有祝它、王孙贾等相扶，乃名聚贤，初号助臣，继改耀德"。

本年，任万泉学友会会长。按，万泉学友会系由万泉旅京同乡会、万泉旅省同乡会、万泉旅运（运城）、旅绛（绛州）学友会共同组成为总会。任学友会会长时，兼旅京同乡会会长。以学友会名义编辑出版《万学杂志》，自己出钱印发，共印一千册。

本年，发生一件重大讼案。《鲁智深传》曰："民国六年时陕匪扰晋攻破万泉县城，财务机关人员将公款侵占，其中有公债票于事后出售被人查出，捕获一人，供出保管人刘寅甫等。县署对此事不大追究，由万泉学友会控告，县署乃判决着赔偿公款四千余元。彼等不服，上诉山西高等法院第二分院，推事受贿，判决无罪，学友会乃在北京司法部将该推事告的撤换了，但不能不上诉三审。而上诉的讼费等因绅士从中捣乱，县上不给公款。时保晋公司的万泉公股的股票失遗多年，利息无人去领，由学友会补票领利款四百八十余元，作上诉费用等。当判决时革命军北伐，北平的判决作为无效，后南京的最高法院亦宣判被告无罪，而县绅反向县署控讨保晋公司利息四百八十余元，不得已由鲁智深私人垫还此款。"所说"陕匪扰晋"，指郭坚滋扰山西。郭坚，陕西蒲城县人，一九一六年任西安警备司令。陕西军阀陈树藩为了排除异己，鼓动郭坚攻打山西，想借阎锡山之手将郭除掉。本年五月间，郭率三个团约二千余人，从临晋（今临猗西部）和荣河（今万荣西部）渡河入晋，控制今运城十数县。本讼案始于此时，经过较长时间。说"当判决时革命军北伐"，就到数年以后了。现一并记此。

一九一八年(民国七年)　二十岁

春,高小毕业,在西解村小学校教书数月。

春末,考入山西省立第二师范学校(地址在运城)。因每月可得二元津贴也。

冬,发动村人修池。《鲁智深传》云:"万泉县居于高土岭上,以'凿地万尺而不及泉'的水深出名,故村中多凿池凿井储水,井是私人的,池是村中公有的。池是用红卢土订的,年久树根将顶的土顶破,池中水就排漏了。北吴村的池已修了八十余年了,池水早储不住,但工程甚大,村人无敢动工,鲁智深在二十岁时,即动工修理……"

一九一九年(民国八年)　二十一岁

年初,修理池塘完竣。《鲁智深传》云:"……北吴村的池已修了八十余年了,池水早储不住,但工程甚大,村人无敢动工。鲁智深在二十岁时,即动工修理,经了三四月之久,方修理完竣……"

五月,在"五四运动"影响下,到各县做抵制日货工作。自述:"五四运动起,我是班代表。在开会时我知道商人的艰苦,主张和缓,但其中十位主张积极烧毁日货。于是派我到各县与商会订约,以不准再买进日货。"(《我的"胡说"》)

约八九月间,赴太原。

九十月间,"以挽回五四运动被开除的学生,亦被开除。"(《鲁智深传》)《我的"胡说"》云:"在下半年开学时,校长奉督军兼省长阎锡山的命令,把十位同学开除。同学乃推举我到太原请求收回成命,事未达到目的,学校以'久假不归,理应开除'了事。"

后半年，在万泉第二高级小学校教书。

在村期间，经常发表演讲。“在村中讲演大半是批评村长不好，到村长开联合会时大半讲的是绅士不好，绅士聚会时讲县长及公务人员不好。因此全县闻名……”一次在周家庄讲演，有绅士以劝民抗税诬告，与公安局长说通，欲逮捕，但县署主张慎重，因得以从容筹得路费，离县赴省。（《鲁智深传》。引者按，在周家庄演讲事，作者系在民国十六年，当误，暂系于此）

一九二〇年（民国九年） 二十二岁

在本县第三高级小学教书。卫月望：“他在万泉第三高小当临时教员半年准备好路费，虽冒名顶替……”

继续从事下级自治。

一九二一年（民国十年） 二十三岁

年初，考入山西省立商业专门学校。贤“性近工业”，先考工专，以当过学生代表而不收，改考商专。“其时不论考入何校，非有中学毕业文凭不可，乃借了安邑县卫怀彬的中学文凭”，才得考入。遂改号为怀彬。

按，清末山西建实业学堂，一九一二年夏改为公立商业专门学校，另设工业学校。

在商专读书，卫生活困顿，省吃俭用，“蓬头垢面而读诗书”。每赴食堂就餐，必拣最便宜饭菜，写作不敢多用纸张，因而写的字极小，人称“人大而字小”。又称“卫道法师”，本人以“卫大法师”自况。

一九二二年(民国十一年)　二十四岁

本年,父亲病故,兄考娃也不愿负担学费。每年七八十元的学费,主要靠借贷而来。亦为人帮工。

三十年代作《尧舜禅让与禹治洪水的探讨》说:“余在山西商业专门学校读书时,由太原至河东的汽车路方修成,余骑脚踏车回家,在灵石县南四十余里,汾水由东向西处,适有自北而南的一条大水,与汾水成丁字形,在此交流处,汾水北岸有一小村,其村建筑于石壁上……”引起考证兴趣,遂作《汾水西流南流问题》,以解释太原盆地昭余祁,灵石南关与汾阳西的山道开凿……”

一九二三年(民国十二年),二十五岁

本年,用文言作《介子推隐地考》,后在《说文月刊》第二卷第二期发表。附记云:“此文系民国十二年作,发表于十五年《一得录》中……”《鲁智深传》说:“鲁智深幼好史地的课程,在商校对于商业史一门听得有趣,在图书馆中就看关于这一类的书。看了《史记·齐世家》有齐桓公伐大夏的记载,看《大宛传》有张骞通西域至大夏,但不知这两个大夏是否一个,于是作了一篇《齐桓公西伐大夏考》,证明为一。又作了一篇《介子推隐地考》,证明介子推隐地即汉汾阴后土祠……

一九二四年(民国十三年)　二十六岁

本年作《春秋图考》。《鲁智深传》接前引:“因作《齐桓西伐大夏》,对于中国古代的边界发生疑问,而作《春秋图考》,有石印地图二十一张,铅印考释四五万字。”

本年,跟友人在太原成立兴贤大学。(此据《太原文史资料》第五辑李丕常、郭存恒《解放前太原教育发展概述》。该文说:“一九二二年私立

山右大学成立，一九二四年又有私立兴贤大学成立。一九二九年两校合并为并州大学”。）

一九二五年（民国十四年） 二十七岁

年初，于山西省立商业专门学校毕业。《鲁智深传》：“……商专读书四年，每年约用八十元，前几年往来八百余里路程，是负者衣服包裹步行，后来买了一辆脚踏车，行走较便。”

赴北京，拟入北京师范大学研究所，以该校不收外校学生而不获入，一面在师大旁听，一面入私立新闻大学。

一九二六年（民国十五年） 二十八岁

以《春秋战国时代之经济》为论文题目，考入清华学校（一九二八年南京国民政府成立后改为清华大学）国学研究院，为第二届。卫将论文寄给梁启超，意在请教高明。梁读后，大为赞赏，挥笔评曰：“颇有新见。”遂破格录取。

研究院为校长曹云祥于头年设立，聘梁任公、王国维、章太炎、赵元任四人为导师，李济为特别讲师，章太炎未允。吴宓为办公厅主任。自成立至结束，历时四年。贤“入校后向王静安（按，即王国维）先生请示，王先生云：‘你根据何项材料’，鲁智深以《左传》《国语》等为对，王先生以这书在时代上是有问题的，于是乃作《左传》研究，但从何处研究起？因鲁智深学过统计，每日用算盘在打数目字，同学看了就问‘甚么大学毕业，随那一位先生读书’，鲁智深均不能对，同学暗笑着说‘今年招生招了个商人，每日在打算盘’。迨《左传研究》作成一部分，适王静安先生因事到上海，请梁任公先生看过，梁先生赞美过几次，同学始以另眼看待。”（《鲁智深传》）

本年,对瑞典汉学家高本汉《左传真伪考》深为称赞,并跟高本汉通信讨论。由于本身英语差,“和同学陆侃如合译”,主要由陆侃如译。据胡适《〈左传真伪考〉的提要和批评》(为该书序文),著者先将此书寄给胡适,胡适于回国途中读过,“把书中大意节译出来”,没有出版,陆侃如带来自己的译稿,“新月书店同人要我做一篇序”,他便写了。文中说到卫氏“给此书做了一篇跋”,跋中对高本汉所论“於”、“于”的分别提出批评,胡适表示了他自己的意见。

本年,将《齐桓公西伐大夏考》《介子推隐地考》《汾河西流南流问题》和《中国人种的由来》四篇编为《一得录》,合计四万余字,自费出版,为其最初著作。《中国人种的由来》的作期不明,或在本年。

一九二七年(民国十六年)　二十九岁

四五月间,北伐战争胜利向北推进。北京许多知识分子人心惶怕。五月十一日,梁启超《与顺儿书》谈及时局时提到了对时势的恐惧:“北京局面现在当可苟安,但隐忧四伏,最多也不过保持年把命运罢了。将来破绽的导火线,发自何方,现在尚看不出。大概内边是金融最危险,外边是内蒙古边境最危险。此时,卫聚贤拟回山西省亲,王国维问:何处可以避难? 卫答:山西省可以,阎锡山又善变,国内几次大变动,他都避免过了! 先生问:我去了生活费如何维持? 卫答:我们几位朋友,办了一间兴贤大学,王先生在那里教书,月薪只能给一百元,居住在山西省风景区晋祠,距学校三十里,洋车两点钟可拉得到,那里,学校的校长有洋房可住,每月来校上课一次。先生说:我的书不够。卫说:山西省图书馆有书,私人也有藏书,都可以借。(据《王先生的死因,我知道一些》)

六月一日中午,师生告别会在工字厅举行,共四桌,贤跟王国维等同桌。宴会将要结束时,梁启超起身致辞,历述国学研究院诸位同学所取得的优异成绩，满意地说："吾院苟继续努力，必成国学重镇无疑。"梁启超又说："党军已到郑州，我要赶到天津去，以后我们几时见面，就很难说了！"另据刘大希《一代畸人王静安》记梁启超的讲话是："刚才接到电话，张子良兵败，北京快有变化，我马上要到天津去。"梁启超说完，大家都相惊失色。王国维想起了前几天的话题，于是问卫聚贤："山西怎样？"卫答："山西很好。"

六月二日（旧历五月初三），上午十一点多，陆侃如找贤一同去看王国维，请先生为他题签。他们一同到办公室，后得知先生坐车往西走了。"数人一同赶去。到了颐和园门口，颐和园的门房说："一位老人跳湖自杀。"赵、卫二人进去，见到先生的尸体已经放在湖边的亭子下。一位扫亭子的人说："这位老人，在石船上坐了许久，吸纸烟不停，到湖边，走来走去，我扫地没有留意，听见扑通一声，不见了人。我跑到湖边，见他跳下水去，我也跳下去，抱他上来，已经死了。"

六月三日，跟研究院同学和老师一起，到颐和园鱼藻轩亭中看望王国维遗体。下午四时，监察厅人始来验尸，从口袋发现王先生遗书。验尸毕，舁尸至颐和园西北角园门外之三间空屋中入殓。晚九时，运柩至清华园南之刚果寺中停放。"校中员生来者，均执灯步行送殡。诸子麻衣执绋，入寺设祭。众行礼毕，始散。已六月三日夜十一时矣。"

六月，在清华大学研究院作《春秋的研究》和《左传之研究》完，以此两篇论文毕业。

六月，《左传之研究》刊于《国学论丛》第一期。按，《国学论丛》，社会科学杂志，清华大学研究院主办，本月创刊。季刊。第二期续载。

回故乡。《鲁智深传》："清华大学研究院毕业论文作完，接家中电报，以母病重速归。至家不久，母病故了……"

九月，在故乡附近考察。头年夏，著名人类学家、考古学家、研究院导师李济在山西夏县西阴村考古发掘，十月归来，带回一大批石器遗址的古物。贤看了那些陶片，觉得眼熟，似在什么地方见过。本次回到故乡，才知道，原来故乡就建在石器时代的遗址上。此事引起了考古发掘的兴趣。后作《新石器时代遗址发现的经过和见解》，记在故乡考察经过，在《东方杂志》第二十六卷第四号发表。

九十月间，在太原小住数月。《鲁智深传》曰："……母病故了，葬后鲁智深到太原欲仍到北平继续读书，时阎锡山与张学良战，路被隔断，乃在与友人合办的兴贤大学中为副学监，月薪二十元，住了半年，绕道南京赴北平……"

十月，《论〈左传〉之真伪及其性质》在北京大学《国学月刊》第一卷第七期发表。

十一月，在清华大学研究院作《左传的研究》。

冬，由薛笃弼介绍，"在大学院任科员"。

一九二八年（民国十七年） 三十岁

二月二十二日，在太原兴贤大学作《国语的研究》。以后赴上海。五月上、中旬，到沪。曾拜访胡适，由胡适介绍《古史研究》给新月书店出版。

五月二十九日，在大学院内作《古史研究》的《自序》。

六月四日，致信胡适，告以他向有关人士建议胡长清华大学事。信云，昨天见到"外交部某友人"，今天见到钱端升。又说："侃如函云：《国语的研究》已呈先生阅过，交付印刷了。但至今该印刷所尚未寄来校对之稿件……"

六月十九日，在上海寓所修改《春秋的研究》，后发表于《国学月报》第六期，北京朴社出版。按，《国学月报》，学术刊物，一九二四年五月在北京创刊，北京述学社编辑发行，陆侃如主编，主张以研究与考证为主的方法研究国学，发掘中国传统文化的精华，光大东方文明。梁启超、胡适等曾为之撰稿。述学社，清华研究院陆侃如、谢国桢、姚名达、储皖峰等人创办的学术团体。

七月初，赴北平。《鲁智深传》："北伐到北平，大学院派往接收学术文化机关，大学院改为教育部后，兼教育部编审……"杜任之在《我的回顾》中说："……我正在黄埔江畔乱想，突然听到行人中有说家乡话的，抬头一看，认出那中年人是万泉县的卫聚贤，他说他在南京大学院（相当于教育部）工作，绕道上海办些事，然后去天津转赴北平。我一听'天津'二字，心头亮了。他告诉我：'阎锡山占领北平一个多月了，我们代表蔡元培领导下的大学院前往北平，接收北洋政府的教育部。'我请求他把我带往天津，他答应了。把我带到轮船上后，他说：'晚上九点钟开船以后，我给你补个票。'"杜说他是九月中旬"随同乡卫聚贤回到天津，见到了分别两年的父亲"的。这个时间恐不确。杜引卫聚贤话"阎锡山占领北平一个多月"，经查，国民政府任命阎为京津（后称平津）卫戍总司令是六月四日，阎锡山于八日分别委派了北京和天津的警备司令，同日商震率山西军进入北京，"北伐到北平"的时间应定为六月初。因系于此。卫月望在《卫聚贤传略》中说："北伐战争结束后，于一九二八年八月，被派带领一个小组途经上海，前往北平去接收北洋军阀政府的教育部。嗣后大学院改为教育部，卫任该部编审，兼南京古物保存所所长之职。"说八月，亦不确。

七月十四日，在北平大学院特派员办公室修改《国语的研究》。

七月，路过洛阳。《中国考古学史·余论》中说："余于民国十七年大学院派余接受北平文化学术机关，事毕返晋，路过洛阳，目睹其事，返京始设法禁止其事。"其事，指有组织的发掘古墓盗掘古物的活动。正是这次路过洛阳，贤看到了盗掘古墓使用的“洛阳铲”。中说：“……用铁铲曲为多半圆洞形，置长木柄，在地上隔五尺凿一洞，因持铲凿地，土钻入铲中，用手将土取出，看土为活土死土，所谓死土即天然的地层，活土是地层混乱，地层混乱由于曾掘地埋人，将土翻过所致。遇见活土，凿能容身的大洞而下，十九必得古物。地主亦为股份之一，故各地不种农产物，专为从事发掘。每一处发掘，有数十百人，卖小食的亦随之而至，俨然如边地的集会。”

暑假，回太原，在兴贤大学继续作《国语的研究》。

九月，《古史研究》（第一集）由新月书店出版。书名为蔡元培题签。前有冯沅君于民国十七年八月二十六日作《叙》。《自序》署名前加“万泉”二字。《自序》说：“……现合并发刊，名为《古史研究第一集》。将来拟再作《诗经》《尚书》等的研究，作第二三集。在清华时承王静安梁任公李济之赵元任陈寅恪诸先生指示很多。友人陆侃如刘节温子模三君均很帮忙。日前到沪，谒胡适之先生，承为介绍出版，并允作序。今来大学院，又承院长蔡孑民先生书签。这是我一并感谢的。”目录前有《左传真伪考》广告，瑞典珂罗倔伦原著，陆侃如译，有胡适之先生一万五十字的长序，有卫聚贤的一篇跋文。三篇题目均加“的”，如《春秋的研究》等

十月，在太原兴贤大学学监室修改《左传的研究》和《春秋的研究》。

本年，或前后，在《国学月报》发表《金縢的研究》。《豳风是战国中年西周武公时的诗》开头说：“《尚书·金縢‘周公居东二年，则罪人斯得，于后，公乃为诗以贻王，名之曰鸱鸮’……”“我有一篇《金縢的研究》，发表于《国学月报》上……”

一九二九年(民国十八年) 三十一岁

一月,在《认识周报》第二期发表《墨子、老子是印度人的考证》。

五月十七日,在中华民国大学院为《古史研究》第一集作《自序》。

五月后半月,调到南京古物保存所工作。

六月十二日,在南京古物保存所作《汉汾阴后土祠遗址的发现》并附《发掘计划》。按,此处说"后土祠"有误。史籍上多有"汾阴后土祠"的记载。汾阴是古地名,含万泉和荣河两县,一九五四年重新合并,称万荣县。后土祠在荣河县西陲、汾河跟黄河交汇处脽上,汉武帝时建秋风楼于此,以后多次在此祭祀后土,并作有"秋风起兮白云飞"的《秋风辞》,脍炙人口。贤发现"长乐未央"的瓦当后,以为后土祠就在发现瓦当的地方,即故乡以西,孤山东麓柏林庙附近,故有此文。

六月,在教育部古物保存所为胡怀琛的《墨子学辨》作序。认为胡怀琛论墨子为印度人"很有理由",对中国人"既不能发明,又不愿仿造"的习惯思维提出批评,说胡怀琛的学说是有创造性的。太虚和尚七月为胡怀琛的书作序。同载卫聚贤新版《古史研究》第二集。

夏,在山西万泉县杨李村黄土层下一丈余掘鸵鸟蛋一枚,大于今鸵鸟蛋二倍(在南京古物保存所)。(见《虞夏》,《古史研究》第三集)

九月,在《中山大学语言历史研究所周刊》第九卷第九十七期发表《〈墨子辨〉序》。《墨子辨》,胡寄尘(胡怀琛)著。

十月,以南京古物保存所名义,在南京明故宫外五龙桥东南侯家塘做考古发掘,在地面一丈五尺深处发现木板(楠木),木板上有砖台,成十字形。遗物有铜器、铁器等。

秋冬之间,应上海中国公学大学部文学系之约,讲《应用统计学整理国学》,其讲词在本年《东方杂志》第二十六卷第二十四号发表。

本年《古史研究》第一集由中华书局出版。大体跟新月版相同,唯缺

《左传真伪考》出版广告。笔者所藏,无版权页。封底居中有中华书局红色白文(中华)图案。缺封面,里封面署名为蔡元培题签。五台马志远(马大哲父)“十九年夏五(月)十一日购于故京”。略残破。

本年,作《禹贡的研究》。《禹贡》的《绪言》说:“我在民国十八年时曾作了一篇《禹贡的研究》,发表于《中山大学语言历史周刊》上,十九年加以修改,列入我的《古史研究》第二集中……”

一九三〇年(民国十九年) 三十二岁

年初,短期任云南昭通省立中学教员,详明年“年初”条。

二月三日,作《古史研究》第二集自序。《序》中说:为修改《古史研究》第二集,他“在桌子上写的多了,身体觉得不受用,想作些考古的工作,把身体活动活动”。

三月,以南京古物保存所名义,在南京栖霞山车站西北五里甘夏镇等处发掘六朝墓,参加者有张凤、王庸、刘福泰。无意中发现了陶器,前后共三个月。“早从南京往,晚归南京城,日以为常,有时住在栖霞山的栖霞寺内……”

约三月,打电报给李济,报告在甘家镇的发现。《吴越考古汇志》说:“我将这石器遗址封闭,报告中央研究院院长蔡孑民,他请地质学家李四光到遗址处考察,李四光也以江南不应有石器为词,这个问题没有解决。打电报到北平请中央研究院考古组主任李济之到来,他看了遗址后,以为太少,不足以证明……”

四月,中国统计联合会成立,由首都各机关派遣一人组织,每月假立法院统计处开会一次。(见《中国统计学史》)

六月十五日,在国民政府教育部编审处重新为《古史研究》第一集作序。

八月二十日，在北平首善公寓作《吴越民族》，后发表于北平《进展月刊》。

九、十月间，在万泉县柏林庙做考古发掘。董光忠在《山西万泉县燕子疙瘩(即汉汾阴后土祠遗址)之发掘》说："民国十九年秋，卫聚贤由南京来平与美国福利尔艺术陈列馆主任毕士博同忠计议与山西公立图书馆订立合作条件专作山西考古发掘工作……合约订妥，即首先至万泉县发掘汾阴后土祠遗址并由省政府电令万泉县长届时保护工作后，忠即电邀前在中央研究院历史语言研究所考古组供职之张蔚然到晋连同图书馆图书部主任聂光甫与卫君等四人，前赴万泉县汉汾阴后土祠遗址实行挖掘工作。发掘期间，诸承万泉县长魏日靖、西杜村村长吴克明、荆村村长王尚禄鼎力协助，致使吾等工作进行非常顺利。"(本文据吴国荣编《光韵璀璨》)引者按，此事记载很不一致。《中国考古小史》说"十九年十月发掘汉汾阴后土祠停工后，在荆村瓦渣斜试掘了九天……"详下。此处也说有"荆村村长王尚禄鼎力协助"。故分为两条。

九、十月间，到万泉县四望村后土庙调查戏台。当地有歌谣："张瓮庙，解店楼，四望村台子拔了头。"是说这三座建筑物在本县最好。解店楼，即今万荣县飞云楼。又到西景村岱岳庙考察戏台。

十月三十日—十一月八日，在万泉县荆村瓦渣斜试掘九天，知其为遗址集中地点。(见《中国考古小史》，日期据前董光忠文)

本年，"我的报告尚未及作，我就离开了南京古物保存所……作了一篇《吴越民族》，约二万字……民国二十年在北平市党部所办的《进展月刊》第一卷第二三期合刊中发表。"(《吴越考古汇志》)《吴越文化论丛》在收入此文时，加有引语，说："《进展月刊》的编者在编后有左列一段介绍：'卫聚贤先生是国内古史学家中最大胆而同时能善用科学方法的一人，在他很多有价值的贡献，如《古史研究》与其他著作，独以《吴越民族》给本刊发表,我们感佩之余,尤深荣幸。虽在卫聚贤自己,虚心地祇认为提供学术界从没有人提过的一个假定;但编者以为他的指示,如果不是怀着民族自大的偏见,专家们应加以进一步的探讨的。’”

一九三一年(民国二十年)　三十三岁

年初,回故乡之际,路过云南昭通,在当地短期任职,并作考古发掘。一九三六年六月二十三日《朝报》载访问记,卫说:“十九年春季,任昭通省立中学教席,于是利用这个机会,进行考古的工作。次年昭通奉教育厅命筹备省立民众教育馆,我负图书股的责任,就将梁堆有发掘的价值,在筹备会中提出,幸运通过。同年春夏之交……”

四月,代表北平女子师范学院研究所,跟代表美国福利尔艺术陈列馆的董光忠,来到万泉县城东南的荆村进行正式考古试掘。《鲁智深传》说:“……又试掘了新石器时代遗址,将古物一部分带到北平,师大研究院欲大事发掘,恐山西不准将古物运出,乃聘鲁智深为研究员,与山西省立图书馆订立合同,以在山西发掘得(的)古物,运到北平整理,一年以内运回山西陈列。山西恐师大不能践约,由鲁智深担保。鲁智深乃到万泉县荆村瓦渣斜发掘新石器时代遗址毕,运古物到了北平,师大将鲁智深解约,而古物未发还山西,报告书亦未出版。”《中国考古学史·余论》说“北平师范大学研究院与山西图书馆合作,于民国二十年四月发掘,余为师大代表。得有石斧、石刀、石钁、石锛、石凿、石铲、石镞、石环、石球,骨锥、骨针、骨簪、骨镞、贝镞,彩陶有黑白红三种,粗陶有鼎、鬲、甑、尊、灯、盃、洗、甕、纺织轮等。”

五月,再次到柏林庙考察戏台,又赴万泉县城西二里的桥上村后土庙考察戏台。

春夏之交,第三次到云南昭通。接本年“年初”条:“……在筹备会中提出，幸运通过。同年春夏之交，前去指导工人实行。经过两个星期，先后发见人马花鸟的浮雕石刻共有三件，有文字的石刻两件，余外，还有陶片花砖和无字的方石等百余件……”

八月四日，在北平师大研究院作《元代演戏的舞台》，并按照万泉县西景村舞台做一模型陈列。稿于一九三三年在《中国语文学丛刊》创刊号发表。在《语文月刊》第一卷发表《戏剧中角色——净丑生旦——的起源》时作为附录再次发表，并加前言，述以上经过。《戏剧中角色——净丑生旦——的起源》作于何时，不详。

八月，清华大学《文学月刊》的扉页刊登了山西省万泉县西景村岱岳庙舞厅，及舞厅基石拓本照片，照片下的说明为：“此影及下三影系中央研究院卫聚贤今年在山西万泉县工作时间所摄，兹从赵万里处借印。此石刻于元至正十四年。所谓舞厅，即戏台也。赵先生见告，卫先生谓万泉气候干燥，下影中的舞厅，当仍为元代建筑物。果尔，真今之鲁灵光矣。”作者把元末至正十四年(1354)创建的戏台，比作东汉时仍然岿然独存的西汉鲁恭王的灵光殿，亦可见其珍视之至了。

夏秋，在北平失业。卫月望在《卫聚贤传略》中说：“后师大却无故将其解聘，古物亦未发还山西，发掘报告书也未能发表(注：此批古物，据传当时路经太原时，即被山西当局扣留，现在的山西省博物馆尚陈列的有许多件，在其下标签上均写‘万泉荆村瓦渣斜出土’)。由于发掘报告未能发表，以致这一重要遗址的情况未能正式披露于世。”

九月下旬至十月，祖母逝世，回家奔丧。卫零女士(卫聚贤长女，原名灵芝，1918 年生，后参加革命)在《补遗卫聚贤先生生平史料》中说：“‘九一八事变’爆发，日军侵占东三省时，我父亲正回家埋葬祖母。那时我在万泉县城上小学，正当县上唱戏，父亲上台压住戏，大呼中国人要起来赶走日本鬼子。他愤怒批判日军的罪恶及蒋介石、张学良的不抵抗

主义,使乡亲们心情为之振奋。”(卫茂轩编《明星从孤峰山下升起》)

秋,住北平山西蒲州会馆,跟朋友讨论学术问题。

十一月,《古史研究》第一集由商务印书馆出版。无冯沅君序。《自序》为一九三〇年六月十五日新写,说:“初版承胡适之先生介绍在新月出版,又承蔡孑民先生书签,这次承何柏丞先生介绍在商务出版……”又说:“《古史研究》第二集由商务承印,兹欲将第一二集在一处出售,便于读者购买起见,从新月将版权收回交商务付印。其中又略加改正。”

冬,应暨南大学聘。《中国统计学史》中写道:“……若史学系之有统计课程,则自国立暨南大学始。二十年度暨南大学史学系开“历史统计学”一学程,约我来授,因一二八我未到沪……”

冬,为应讲课之需,用二三个月,作《历史统计学讲义》成,寄至暨大。后毁于“一·二八”战火。

十二月二十九日,在北平后百户庙住宅为《中国考古小史》脱稿作《自序》。内云:“此书之作,关于发掘所得古物,除已陈列者外,尚在整理中的,承特别允其参观;并承将未发表过的照片借印。西阴村、殷墟、城子崖的李济之、梁思永、董彦堂,西北科学考察团的黄文弼,周口店的裴文中,燕都的马叔平、庄尚严,晋塚的胡肇椿,与安特生同行的白万玉,这几位先生,均曾将他们考古工作情形见告,并承陆懋德、刘子植、王静如、高远公、姚达人、丁迪豪、袁允中、黄毓甲、王韬、温应楷诸先生指正讨论帮忙,这是我一并感谢的。”

十二月,发表论文,详细介绍万泉西景村岱岳庙舞厅,收录该庙舞厅石刻,并分析万泉桥上村后土庙北宋天僖四年(1020)五月十五日碑阴“修舞亭都维那头李庭训”等内容,万泉孤山风伯雨师庙南轩东石柱“移那舞亭”等元大德五年(1301)的铭文,以及本县袁家庄乾隆五十一年(1786)《关帝庙前戏楼碑记》,除那通宋碑外均录了全文。后来还撰写发表了《傩》等有关戏剧史的论文。

一九三二年(民国二十一年)　三十四岁

二月,因"一·二八"事起,不得已回到山西,在山西十年建设委员会任委员,共得车马费一百元;又在山西国民师范学校授课,月薪二十余元。欲在山西大学和教育学院任课,都被拒绝。

四月,和山西国民师范学生赴晋祠旅行,顺便探访战国时的晋阳城,至王郭村初级小学校,与其地人谈及智伯以晋水灌晋阳事……

六月十六日,复罗策群书。

暑期,回上海,始到暨南大学授课,住真如。《中国统计学史》中写道:"……至二十一年暑假后至暨南大学,而暨南大学的史学系与社会学系合并,改授为'史社统计学'……"(见《历史统计学》第184页)

十月十日,在暨南大学为李济所作《卫聚贤〈中国考古小史〉序》作《附白》,说"本书系去年脱稿,商务印书馆已定约付印,嗣因增加材料,乃将原稿取回。这时我要到上海国立暨南大学授课,拟到后将稿交去,未即付邮。但不久沪上发生战事……"

十月十四日,在暨南大学为《山海经的研究》作《自序》,认定《山海经》为战国中期"印度婆罗门教徒到中国游历的记录"。

十一月一日,胡愈之主编之《东方杂志》,向全国各界知名人士遍发《通启》四百份,征集《中国梦》,十二月五日为截止期。要求回答两个问题:"先生梦想中的未来中国是怎样?先生个人生活中有什么梦想?"

收到《通启》,当即作答:"(一)教育学自然科学的占百分之七十,学社会科学的占百分之二十九,学国学的占百分之一。(二)军事内战发生,掘战壕时,小心古物。国家应如建筑塔的形势,一县人民好了,县政府就不敢为恶;各县的人民好了,省政府就不敢为恶;各省人民好了,中央政府就不敢为恶；从下层一层一层的建筑上去，如最上一层的中央政府最小，最下一层的人民权最大。不要成了倒塌式，如根基太小，自然会倒，若遇着大风，当然是立不稳的，在那里动摇。”

一九三三年（民国二十二年） 三十五岁

本年，为持志学院讲《历史研究法》，包含统计学方法。

三月，在太原举行万泉县柏林庙和荆村瓦渣斜考古成果展览，贤亲到会场解说。

五月二十五日，在暨南大学作《中国初次征服安南考序》，在《新亚西亚》第六卷

第一期发表。同学王庸云：“法人阿卢梭于一九二三年著有《中国初次征服安南考》，后附《安南民族之由来》……阿卢梭在其文内引有王静安关于三十六郡考订的文字，故赠送王静安一册，其书流落于外，被王庸在书摊上看见书皮有‘王国维先生’字样，乃为购得，转借于余，其文为法文，能译者不多，去年至暨大，乃请江应梁马骏两先生合译，以应新亚细亚的篇幅。”七月一日发表于《新亚细亚》六卷一期。按，《新亚细亚》，为一政治性杂志，一九三〇年十月在南京创刊。月刊。后迁往上海。一九三七年曾停刊。又，在卫聚贤作序之前，张宗芳作《越南臣服中国考》，在《河北第一博物馆半月刊》第九至二十八期连载。

六月，所作《尧舜禅让与禹治洪水的探讨》在暨南大学《文史丛刊》第一集发表，收入《古史研究》第三集。内云：“……我作了一篇《尧典的研究》，证明《尧典》作于战国初年，至秦汉间被人另行改造，发表于《史学年报》第二期（燕京大学历史学会）。《皋陶谟的真伪考》，证明《皋陶谟》系秦汉间人作，发表于《国师月刊》三卷三期。《禹贡的研究》，证明禹

贡系战国末年秦国人作品，发表于《古史研究第二集》。《甘誓的真伪考》,证明《甘誓》是抄袭《墨子》中伪造的《禹誓》,已发表于《国师月刊》……”

七月二十五日,在暨南大学作《墨子引书考》,收入新版《古史研究》第二集。

八月十八日,在上海真如四才阁作《虞夏》中《中国的母系时代》一节,在暨南大学学生刊物《明日》一卷一期二期发表。(董按,系日据文末落款。经查,《明日》第二期于本年七月五日出版,在写作之前。亦有可能刊物延期出版)文收《古史研究》第三集。

八月二十六日,在上海真如四才阁作《古代中西的交通》,后收入新版《古史研究》第二集。

十月二十三日,在上海真如李家阁作《扁鹊的医术来自印度》,后收入新版《古史研究》第二集。

十一月十二日，在上海真如李家阁作《天地开辟与盘古传说的探源》,后收入新版《古史研究》第二集。

同日,在李家阁作《荒古与盘古》。后收入《古史研究》第三集。

十二月八日,在上海真如李家阁为《历史统计学》(含《中国统计学史》)的出版作《自序》,说:“……至国民政府教育部工作时,上海中国公学大学部文学系,曾约我讲演,我即以《应用统计学整理国学》为讲题,后发表其讲演词於《东方杂志》第二十六卷第二十四号。二十年度第二学期。暨南大学约我讲授《历史统计学》,我费了二三个月时间,将《历史统计学讲义》作成,寄至暨大,因图表甚多,先行印刷,以免授课时没有讲义;不料日人侵沪,其稿毁于火,诚令人痛心！本年为持志学院教授《历史研究法》,而研究历史的方法很多,用统计学研究,也是其方法之一;除已将其他研究历史的方法讲授外,兹从新再编《历史统计学》,以为历史研究法之一。”书中写道：“今年在持志学院授‘历史研究法’，将此草出，作为‘历史研究法’之一。”

十二月，所著《中国考古小史》，作为《新中学文库》之一，由商务印书馆初版。小开本。首为李济之序，作于二十年十一月二十日。后有张凤作于二十一年九月十九日的《校语》和胡肇椿作于二十一年九月二十三日的《跋》。

本年，《读殷商民族发源地质疑后》在《学术月刊》，第一卷第二、三期发表。

本年，作《墨子各篇的作期及其派别》《墨子小传》《老子是云南的苗民》等文，皆收入新版《古史研究》第二集。

一九三四年（民国二十三年） 三十六岁

一月一日，于上海真如李家阁作《历史统计学》完。

二月二日，在上海真如李家阁作《中国的氏族社会·导言》。内云：“……奴隶社会封建社会有书可据，故能详述其事。是以母系时代约二万余字，氏族社会约三万余字，奴隶社会约四万余字，将来作原始社会至多不过万余字，而封建社会或可有七八万字，将来合成中国的社会史，约二十万字左右。”该文发表于《新中国》及《行素杂志》，收入《古史研究》第三集。

二月二十三日，在暨南大学作《古史研究》第二集《总序》。中说：“《古史研究》第二集曾在商务出版，而毁于火；原为《山海经》、《穆天子传》、《禹贡》三篇，现除将《穆天子传》放在第一集、《禹贡》放在第三集外，兹另加入十五篇，其中有五篇系译自外人的。本集虽然讨论《山海经》、《墨子》、《扁鹊》以及神话等问题，要皆归于《先秦时代中印文化沟通的探讨》，故以此为《古史研究》第二集的另目。”

三月一日，《商周》于《新中国杂志》第一卷第四期载完。后收入《古史研究》第三集。

八月五日，于真茹杨家桥福庄在《历史统计学·自序》后补：“本书自在持志学院印为讲义后，承金国宝及刘大钧指正，盛俊及胡朴安作序，蔡正雅介绍出版，这是我一并感谢的。”

夏，中国统计学社在沪举行年会，贤将所著《历史统计学》及《中国统计学史》的合订本，分赠社中同人，并嘱盛俊为之作序。盛于八月十五日作序成。

夏，离开暨南大学，任上海中国公学商学系主任，同时在持志学院、正始中学授课。主要讲授《中国财政史》《中国商业史》。

九月起，至明年五月，由南京中央大学教授朱希祖发起，以卫聚贤为主，滕固、罗香林、黄文弼、侯绍文、朱翾和裘善文等学者参加，对南京附近与丹阳六朝陵墓二十八处陆续十四次调查，并简单测绘。调查结束，中央古物管理委员会专辑正式出版《六朝陵墓调查报告》，包括报告与考订文章合计七篇。（据朱彦民文章）

夏秋之间，《历史统计学》由商务印书馆出版发行。内含《中国统计学史》，篇幅更长，作于何时，尚需查证。

十月十日，为《十三经概论》即将出版作《序》。中说：“……近有人提倡读经，各大学间有开经学概论一课的，但多聘老先生依旧法讲授，使青年听了莫名其妙，于是我将在持志学院所授的《中国经学史》修改为《十三经概论》问世。”

十月，《古史研究》第二集新版由商务印书馆出版。共收文十六篇，有胡怀琛《墨子学辨》，金祖同《墨子为回教徒考》，陈良盛《墨子文法研究》，五篇译文，余为卫作，其总主题“要皆归于《先秦时代中印文化沟通的探讨》，故以此为《古史研究》第二集的另目”。

本年,《殷人自江浙迁徙于河南》在《江苏研究》,第三卷第五、六期发表。

一九三五年(民国二十四年)　三十七岁

约于年初,到审计部任科长,兼驻外稽察。

三月二十九日,《中国民族的来源》最后一篇《匈奴与匈牙利》,“因欲成立中匈文化协会”,以小册子形式发表。“原系与何震亚共编,匈牙利材料由何供给,发表时何改为文言,故仍因之。”(见《古史研究》第三集文后《附言》)

三月,《十三经概论》由开明书店初版发行。

五月二十六日,第一次探访奄城,陪同者有金祖同、妻子黄中英。有名叫张天方者,对卫在栖霞山的发现不以为意,于五月十二日到奄城游历,看到跟栖霞山相同的几何形陶片甚多,告以卫,卫乃去。

九月二十九日,和张天方、金祖同、妻子黄中英前往金山戚家墩探访。“奄城古物发现后,张天方撰文发表于上海《时报》,并将几何形花纹陶器的拓片,亦为披露。《时报》主笔黄伯惠到金山戚家墩勘查他的田地,在田中见陶片甚多,尽为几何形花纹,与《时报》披露的相同,携数片归,赠给张天方。张天方黄伯惠又去探访过一次,带回陶片一麻袋,藏于真如住宅的楼上,久之为余探出,得与古物相睹,要求与张先生等再探访一次。”

十月三日,《申报》报道,“考古家卫聚贤等,顷于江苏省金山,发现有一楚康王之故城。昨据参与考据之卫聚贤氏语记者,根据前次往金山之勘察,对斯古城微有发现,前次曾在斯处拾得瓦片,识其花纹,与栖霞山所得相同,是则此古城当为秦以上物。其西有秦皇驰道,北为金山,渡江即至金山,古城址会于北。本人及张凤、金祖同、陈志良诸君,定今日由沪乘汽车再度前往踏勘，并准备发掘之计划云。”

十月二十日，和金祖同再探戚家墩。（十月六日、十月十日，陈志良一个人曾去两次）

十月二十六日，再访奄城，增加陈志良等人。“两次所探，除得大批陶器外，没有石器发现。”

冬，到中央银行经济研究处工作，任专员和协纂。《鲁智深传》：“未几到中央银行经济研究处工作。公余做吴越史地研究会事，在江南发现了多处新石器时代古物。”

本年，作《薛仁贵征东考》。《杨家将考证》开头说：“民国二十四年，余曾作《薛仁贵征东考》，自印了三千份，抗战后，为敌人所忌，禁止发售，租界上的巡捕，也奉令取缔，于是改换封面。带来一本，友人借去被炸掉，于是无法在大后方翻印……”

本年，有作《杨家将考证》之意。在上条所引话后，接着说：“在《薛仁贵征东考》中，曾说到不久有杨家将、说岳的考证，因为不久就离开上海，此地书也不多，就停下来了。”

本年，由上海商务印书馆出版《墨子小传》，内云，墨子“产生地为印度或亚剌伯亦不易定”。

一九三六年（民国二十五年）　三十八岁

二月十五日、十六日，在上海南市民众教育馆，假文庙大成殿举办金山奄城出土文物展览，共展出千余件，有五千余人参观。上海市长吴铁城亦往参观。

二月十五日，接受《东南日报》记者采访，称：“南方各地发现古物，足以证明古代吴越，已文化灿然；且从此种古物与北方发现者比较，则迥然不同，盖各有系统。”又说：“年来上虞、苏州、海盐、嘉兴及上海昆山等处，陆续发现者，花纹形式，均极相同，足以证实古代吴越，有其本位文化。”

二月二十三日，中国古泉学会假上海功德林举行成立大会。卫聚贤与会。会上，丁福保被选为会长。后两人联名出版《古钱》。

同日，由吴稚晖、卫聚贤、丁仲祐、叶誉虎（《吴越文化论丛》附录《吴越史地研究会之经过》作叶玉甫）发起成立吴越史地研究会。

二月二十九日，“应苏州东吴大学演讲，乘暇至苏州石湖旁游览，於磨盘山发现吴城，黄壁山发现越城。这是在西元前四八二年六月时，吴王夫差北伐齐，越王勾践乘机由太湖出北向攻吴，时吴王子地居守，吴越乃在越来溪东西两面各筑城相持。这些城的遗址尚在，在城墙的遗址上露出了很多几何形花纹陶器。”（《吴越考古汇志》）

三月一日，应苏州东吴大学邀请，作《古代文化起于东吴》的讲演。

同日，应苏州国学会邀请，作《研究国学应注重古物》的讲演。

三月四日，《时事新报》报道：“卫聚贤氏日昨应苏州的国学会及东吴大学讲演之余，往苏州西南十五里之石湖处游览。石湖北有大河名越来溪，河西有小山名磨盘山，高十余丈，城迹尚有，其中有很多如金山奄城所见的陶片。山下有海潮寺，寺周有六朝瓦当及瓦发现。越来溪之东有土阜名黄壁山，高起约二丈，其中亦有陶片。卫氏携至苏州，阅《志书》，始知磨盘山即吴城，黄壁山即越城，吴越战争时，夹河而设之营垒，海潮寺附近为梁天监时的秀峰寺。卫氏又与王佩诤氏游苏州公园，在公园土山上得到很多古瓦片，因土系从一丈以下掘出翻上来的，阅《志书》，知公园为吴王夫差之宫。其陶片除捐赠东吴大学及苏州中学外，带了一批返沪，其花纹有较金山奄城为精致，不久将有论文发表云。”

三月七日，《朝报》报道，为引起江浙二省各地民众注意和加强保护，“吴越史地研究会”卫聚贤等人，把去年从奄城、金山两处访古时搜集的古陶片,广为分送。他们将那些陶片分类包装,托江浙两省教育厅分送所属各县,每县可得五包,要求小学生和民众都要看到。

三月十二日,因建故宫博物院仓库,在南京朝天宫(即古冶城遗址)进行发掘,现古墓一座,古井一口。贤和顾蔗园适在场,认定墓系三国时代,井为吴越春秋时代之物。《朝报》次日做了报道。

三月十五日,“我与张乃骥、金祖同乘张氏自备汽车,先到金山戚家墩,再至澉浦,中途在乍浦午餐,在海滩上发现了几何纹陶片甚多,闻澉浦镇海滩有秦始皇欲渡江至绍兴所立的石柱,至则并无所获,不过找到了些几何花纹陶片,一个残石器,在吴侠夫家看见了一个完整花纹很好的六朝古砖”。

三月二十一日,接二月二十九日条说:“余与张乃骥、金祖同等再至石湖,除发现七子山为姑苏山外,在黄壁山得到鹿角一只,石斧一个,不过这个石斧的锋刃是用秃了,本来他们不信江南有石器,这个没有锋刃的石器,而且是一个,故未拿出来作证,保存在张乃骥家中。哪里知道在九百年以前,苏轼已在那里发现过。此外又在苏州木渎的灵巚山下,亦找到了几何形花纹陶器, 不过不大多……无奈我只得每于星期六下午出去,星期一早上赶回来办公……”

春,曾游成都。据本年六月二十八日《东南日报》:“今年春季,我游成都时,见着少城公园陈列彭县出土汉延平年的花砖,恰好与昭通的一样,不过昭通尚未发见有文字的……”

约春末夏初“……于假期到南京一行,顺便到中央研究院看看。时立法院委员何遂在杭州古玩铺买到三个石箭头及有几何形花纹的完整陶器三件送与中央研究院陈列。中央研究院的友人拿出着我看了,并说‘这石箭头,南方不会有的,恐古玩商人从北方带来,假充是南方出土的’。我当时以《左传》《国语》有明文说晋国的巫臣到吴国,始教他们射御的,是在巫臣未到吴以前,吴国是没有箭的,故以友人之话为然,未加注意。”

四月十八日,《时事新报》报道,“考古家卫聚贤,张叔训,金祖同等,顷在浙江平湖乍浦南关海岸上,发现越国古迹,其遗址所占面积甚广,以故陶片为多。此项陶片花纹,除有与金山、常州、奄城古县之吴城、越城发现者相同者外,中有多种花纹特异,为国内尚未发现者,实有重大之价值。卫君已请蔡孑民氏致函浙省府保护其古迹,以便日后作大规模之发掘云。”

五月十二日,《朝报》报道,贤对三月十二日朝天宫所见墓中出土物做了考证,“爰为披露”,并引“原文”。贤所做考证,未知题目,亦不明载于何处,姑引《朝报》所载:“朝天宫发现的古墓,为十字形,与在我山西万泉县荆村发掘的新石器时代遗址, 距其地不远处, 本地人掘得之汉墓,同为十字形……当日看到的,有三个时代的,吴砖,晋砖,六朝砖,是杂用各砖筑成的,考其年代,当为六朝的末期。至于墓旁之井,与金山卫戚家墩,河北易县燕下都的井相同,当系吴越古井,与十字形古墓无关。鄙意推测如此,不知京方考古诸君,以为如何?”

五月二十四日,赴杭,到古玩商店去看,果有石箭头一石铲一陈列,店主明确说是杭州古荡墓中出土的。遂跟友人周泳先找到古荡公墓建筑工地,得到石器三十余件。据《中央日报》记者报道,卫氏一行,“乃特于本月二十四日赴杭。复在古玩商场见有石镞及石铲各一, 仅讨价三元,遂即购之。旋再从各方探询石器之来源,始知在距杭市十里之古荡出土,卫氏乃与友周泳先前往古荡考察。其地在老山之麓,为余杭公路必经之地,现正在进行建筑第一公墓,已将其山坡铲平,遥望为一片黄土。既近,乃沿麓而行,并绕公墓一周,无意中捡得与前在平湖、乍浦及江苏之奄城、金山、越城出土之吴越时代陶器上花纹相同之陶片多件。

询之挖土之工人有无石器发现，据答在墓南挖土时常有所得，现在墓西极少发现，并谓有工人某，方拾得石器一件。嗣卫氏又在地上捡得残缺之陶片，并闻另一工人在土内掘得完整之石镞一，石戈一，及破残之石铲一，又有工人得石箭头一，遂共以法币三角之代价购得之。嗣另一工人携一粪箕至，满盛残整之石器共三十余件，卫复以法币一元易得。遂返寓所。卫氏因以职务所系，未及加以详尽之调查，当日夜车返沪”。据朱彦民文章，参加者有乐嗣炳、金祖同、董聿茂、胡行之、施晞更等人，发掘探方三个，共出土石器六件，连同采集品共十六件。该文将此事系在五月三十一日，跟报道不同。

五月三十日，应杭州青年会之约，在青年会四楼作《古荡出土之新石器与吴越文化》的讲演，并将所携石器、陶器等古物陈列展览。讲演全文收《古史研究》第三集，为《中国民族的来源·吴越民族》的附录。

同日，与金祖同、乐嗣炳跟西湖博物馆合作，和馆长董聿茂、文化部主任胡行之以及职员施昕更、刘清香等人，在公墓内试掘，又得石器六件，陶片三块。双方商定先发消息，遂作《杭州古荡新石器时代遗址之试掘报告》。

六月二十七日下午二时，再次莅临杭州，假西湖博物馆召开茶话会，到者有陈万里、孙象枢、卢炳晟、李冰若、陈捍人、周洁人、周泳先、董聿茂、胡行之等多人。讲吴越史地研究会成立之经过及近日所发现之吴越古物。

七月二日，应江苏研究社之约，在镇江江苏省省党部作《江苏古文化时期之重新估定》的讲演，并将所携石器、陶器等古物陈列展览。

七月十三日，在上海中央银行经济研究处为《古史研究》第三集作《序》。

八月三十日，吴越史地研究会在上海八仙桥青年会正式成立，选举理事六十二人,评议四十四人,常务理事十一人,蔡元培为会长,吴稚晖、纽永建为副会长,贤为总干事。到发起人蔡元培、叶恭绰、贤及京、杭、镇、锡、嘉兴各地会员胡朴安、丁福保、谢瑞龄、郑洪年、杨恺龄、简又文、张乃骥等六十余人。蔡元培致辞云:"今日为吴越史地研究会举行成立会,同人等发起斯会宗旨,实缘自古荡、钱山漾、绍兴、金山等处,先后发现古代石器、陶器后,颇足供历史上参考价值,证明江浙两省在五六千年以前,已有极高文化,当非如传说所云,江浙尚为野蛮之区。现该项古物,遗留在江浙各地者,当必甚多,深望本会成立后,各地会员能继续多所发现,以供研究,借以明瞭历史演化及先民生活之情况云。"

同日,在八仙桥青年会雪赓堂举办古文物展览。"陈列的古物,属于石器者,有石斧石锛石戈石铲石钺石箭头等,属于陶器者,有陶瓿陶尊陶罐,及不同形的几何形花纹陶片五十余种,属于瓷器的,有山西出土的汉代带釉陶壶一块,南京出土的三国六朝磁,浙江出土的唐宋元明磁等。"

九月十一日,在上海中央银行经济研究处为《中国考古学史》作《序》,云:"余前有《中国考古小史》之作,但略古而详今。今已出版五年,新事实发生不得不增补,而五年之中考古上并未突飞猛进,材料也增加不了许多。因而另有此《中国考古学史》之作。本书共计六章,附录二篇,各方叙述均有,目为考古学可,目为考古史可,目为考古评论亦可,目为考古成绩的总叙述,更无不可。"

本年,回故乡一次,"在县上请了八九桌客,将老绅与友人都请了,把过去为县上公益结下的仇怨,一笔勾销。"

本年,"修正"《薛仁贵征东考》于"上海中央银行"。继由商务印书馆出版。扉页标"卫氏考订历史爱国小说第一种"。

一九三七年(民国二十六年)　三十九岁

一月十七日,参与筹备的上海博物馆正式成立。筹备时,叶恭绰任董事长,卫为购选委员。这是当时上海一处最重要的文化设施。

二月,所著《中国考古学史》,作为《中国文化史丛书》第一辑之一,王云五、傅纬平主编,由商务印书馆初版。红色,硬精装。有两个附录。附录一为近年考古实录,篇幅跟文本相当,极具史料价值。附录二为有关法令。

三月,《中国考古学史》二版发行。

四月,由国立清华大学校长办公处编辑的《清华学校研究院同学录》出版,对卫聚贤的介绍是:国立暨南大学教授,住上海真茹暨南大学或环龙路四号。

五月一日,作《补遗三则》。收《古史研究》第三集。第三集标明本年四月由商务印书馆初版。《补遗》为最后校对时"追记",出版时间可能延误。

六月十二日,"假上海八仙桥青年会大礼堂作学术讲演,并有古物陈列,陈列有杭州古荡的,杭县良渚的,湖州钱山漾的……数百件……"讲题为《江南出土古物的经过及感想》。同日讲者还有吕思勉、胡朴安、慎微之、张天方,共五人。

同日,《江苏研究》第三卷第五六期合刊为吴越史地研究会编辑的《吴越文化专号》出版。

六月十八日,出席在嘉兴举行的吴越史地研究会嘉区分会成立大会,并作《吴越史地与现代文化和民族关系的重要性》的讲演。同时,假嘉兴中山堂举办古物展览,含张天方从嘉兴双桥收买的石器数十件。"除嘉兴一处正式成立外,无锡的分会筹备委员已推出,其余杭州镇江南京苏州常州徐州已开过茶话会,淞江绍兴温州等处正在接洽中,而八一三事起，遂告停止。”

六月十九日，前往嘉兴西北的新塍镇，访问许明农。在许家看到所藏石鱼。许作《石鱼考》，在《古代文化》第十五期发表。后贤将石鱼图案作为《吴越文化论丛》的封面画。旋到双桥，有陈志良同行，在汽车站北试掘，发现一些石器、黑陶及几何纹陶器，陈作《双桥访古记》，在《古代文化》第十六期发表。

约前半年，编辑文件介绍良渚发现。杭县有地质学家名施昕更者，于上年十一月、十二月在杭县城子崖发现陶器百余件，还有较完整的陶尊陶鼎，并有刻纹及符号文字，乃作《杭县第二区远古文化遗址试掘简录》，交贤，发表于《古代文化》与《吴越文化论丛》中。“他的详细报告作成付印，在校样时，不意杭州失守，他的印刷中止。去年八月浙江省政府令西湖博物馆将未了的事从速结束，故由浙江教育厅出名将此书在上海另印，稿子由我校对过，已印好了，送到浙江去装订，大约不久可以问世。”另一杭县人何天行在浙江财政厅工作，他听说施昕更的发现后，亦去搜寻，发现石钺及有文字的黑陶，乃作《杭县良渚镇之石器与黑陶》，亦收入《吴越文化论丛》。

七月十二日，撰文介绍福建梁惠溥的发现，在《古代文化》第十八期发表。梁为武平县县立中学教导主任，他在城南小山上发现几何形陶器破片甚多，还有石器，以石箭头为多，石器中有跟台湾的石器相同的，亦有石钺。厦门《星光报》曾有报道。

七月，《吴越文化论丛》由江苏研究社出版，署卫聚贤撰，吴越史地研究会编辑。共收文二十四篇，其中贤作者有《吴越释名》《太白之封在西吴》《殷民族由江浙迁于河南》《中原民族之开发东北》《中国古文化由东南传播於黄河流域》《纪念考古家袁康》《浙江石器年代的讨论》《吴越民族》八篇。

八月中旬，因“八·一三”淞沪战争爆发，上海沦陷，而离沪返晋，开始做山西票号调查。《吴越考古汇志》中说：“在吴越史地研究会成立后，余奉中央银行命赴晋调查山西票号，年终返沪……”《鲁智深传》说：“八一三后未离开上海，编了一部《字源》，并出了一种《说文月刊》……”

本年，从浙江余姚县上林湖出土的越窑瓷器碎片中选出一部分，编为《越器图录》，由中华书局出版。

一九三八年（民国二十七年） 四十岁

本年，有人（杨宽）寄一粒手枪子弹，附一便条，限三天离开上海。贤乃向法租界巡捕房报告，巡捕房经调查属实，认为事态严重，派三人保护，每天要十元小账。贤乃给重庆总行发电报，要求调渝工作。遂离沪。后，乘船绕香港、越南，到云南，跟西南联大几位朋友相见。

一九三九年（民国二十八年） 四十一岁

一月八日，在上海作《五霸考》。在《说文月刊》第一卷发表。

一月，疑曾到重庆。《说文月刊》第一卷常任侠《沙坪壩出土之石棺画像研究》文末有一段附记，落款是：“中华民国二十八年一月二十四日卫聚贤记于重庆。”

一月，创办《说文月刊》于上海，为主编。设有文字、训诂、语言、历史、考古、古钱、文艺等栏目。

在此前后，开始编《字源》，作《字源的编纂计划》，在《说文月刊》第一至八期连载。

约二月，作《吴越考古汇志》。其《工作的计划》节说：“在这抗战期间，内地需要人，故多离开了上海，有的为其他的原因，离不开孤岛，而又无相当工作，乘这机会，应当作些有计划而且较大的工作。我个人除作《山西票号史》及编《字源》外，并作了些《吴越史料汇编》，将先秦魏晋六朝各书，凡关于吴越的事，都摘录下来，有四稿本，将来拟先作《吴世家》《越世家》注补；再作《吴越史地辨疑》。”

春天，给长女卫零写信。卫零在《补遗卫聚贤先生生平史料》中说：“我到延安后，父亲于一九三九年春从西安托人给我带来《资本论》一套三册(那时延安尚未出版此书)，还有‘派克’钢笔、能坐在桌上的怀表和鱼干等食品。在此之前，父亲曾在上海自办的《说文学刊》上透露：‘我的女儿在延安，我的儿子在民族大学’。此信息被我们家惟一的一位房客获悉，这个房客是山东人，名叫黄素封，后投降日本，当了汉奸，他就给我父亲接连写了两封恐吓信，信中装着两颗子弹。父亲急忙一面将情况告诉我，一面向当时他所在的中央银行申请，不久他就从上海去了重庆。”

约四—五月，致信瑞典汉学家高本汉，附寄《字源》稿本，征求意见，又附《说文月刊》第一至第三期。高本汉于五月二十九日回信，说“赐函及赠书均已奉到，前以事出外，最近方返馆中，百务麕集，均待处理，致未得从早作复……”说《字源》已读过，“随处可见所搜集之材料极为丰富，排列上不仅极有系统，而且极有学者作风，是以此书用处极大。”回信将书稿退还。所说“馆”，指位于瑞典首都的东方博物馆，高本汉任职于此。

六月二十四日，再次致信瑞典汉学家高本汉，说“《字源》初稿已完成，请高本汉作篇序文以作介绍”。又说：“《字音》篇用复写纸写了四份，拟保存上海一份，香港一份，重庆一份”，又寄先生一份，说“如将来出不了版，而且在中国的稿子都毁了，尚有先生的一份存在，可以付印的。”

前半年，作《中国古史的年代》《三正考》《禹贡》等文，在《说文月刊》第一卷发表。《中国古史的年代》认为：“尧在距今五万年，舜在距今三万年，禹在距今一万三千年，故旧日排列为尧舜禹。因那时尚是氏族社会，故有尧传舜，舜传禹之说。禹时已为封建社会，故有禹家天下之说。”最后说：“我并不是以我是中国人而有封建思想，有意将中国史的年代拉长，以便与世界各古文明国的年代相比。实因中国史的年代不拉长，一切演变的阶段是讲不通的。如研究社会史的人，以周初至现在为封建社会，殷为氏族社会，殷以前为原始共产社会。但以年代计，周初至现在为三千年，殷为五百年，何以封建社会为三千年，氏族社会总要比封建社会时期长，反而短了六倍？中国人类史有四十万年，原始共产社会就占了三十九万六千年又未免太长。”《禹贡》认为它的作者是张仪，“就张仪到过的地方，即是《禹贡》上正确的记载”，“就张仪没有到过的地方，即是《禹贡》上不正确的记载”，“张仪为秦宣传统一而作《禹贡》。”

七月十二日，校以前所作《戏剧中角色——净丑生旦——的起源》及所附《元代演戏的舞台》，作《补记》，在《说文月刊》发表。

八月十三日，作《鲁智深传》。鲁智深，作者之名也。以“韦大发痴”（谐“卫大法师”）之名在《说文月刊》发表。写作者一生故事及研究方法、体会。说他“到了清华研究院后，由信古而变为疑古，不过是不作笼统的疑，而是将每一书的作期、作地、作者辩伪……”又说他在学术上有三提案，一是把历史年代拉长，二是认为中国文化起源于东南沿海，三是春秋战国时代的文化受有外来的影响。卫将考古学家分为四派，即博学派、谨严派、疑古派和建设派，“鲁智深同情于谨严、疑古、建设这三派，因而鲁智深的文章，有谨严的，有疑古的，也有理想建设的……”

约八月底，奉调前往重庆，刊物亦迁往重庆。第一卷合订本《序》说：“……但是到了第八期已出版，第九期已排好时，中央银行调我到渝工作，同时沪上纸张及排工印工等都大涨，《说文月刊》有继续不下去之势。于是呈请中央银行总裁，将此刊物作为中央银行经济研究处特种刊物之一，才得继续出下去。但是中间隔了几个月未出，因而脱期很多。"

九月初，赴渝途中经越南。其在《华西大学博物馆参观记》一文中说："余去年由沪来渝，路过安南，在河内博物馆也参观过数次，购了些照片，并作成一篇《安南河内博物馆参观记》。其稿件随身带至贵阳，因汽车站被焚，我的三件行李，俱为灰烬，使《安南河内博物馆参观记》不能发表……"同时被焚的还有四大本的《吴越史料汇编》等。

十月十九日，作《史记·越世家注》，在《说文月刊》第二卷第二期发表。

冬，在湘西进行调查。《二郎》中说："二十八年冬季余到湘西麻阳县，在其城外东北二里有三王庙（麻阳县□□有竹王庙），有泥塑的三位神像，自右至左，一为白脸，一为红脸，一为黑脸……"上条"赴渝途中经越南"，有"其稿件随身带至贵阳"，在湘西考察，当在此时，并作《婚礼存古》和《红苗见闻录》二文，在《说文月刊》发表。《红苗见闻录》亦写及三王庙、竹王庙等。文中把凤凰县的红苗跟"黔东黄平的青苗"做了比较，着重写红苗。

本年，作《豳风是战国中年西周武公时的诗》《秦汉时发现甲骨文说》《范蠡事迹考》《傩》等文。

一九四〇年（民国二十九年）　四十二岁

二三月间，可能赴川西调查。《汉代的重庆》说："余本年赴川北川西考察，闻雅安于修公路时发见人猿化石，工人以为鬼物而击碎，《洛书》言人皇出于巴蜀，即是说中国人种发源于四川的。"

三月二十八日，作《汉代的重庆》，载《说文月刊》第三卷第四期。文中写到，贤跟中央大学教授常任侠、程仰之等人在重庆北碚的温泉中洗澡时，"五人泳至一处，有人提议，成立一'中国西部史地学会'，有人说西部二字包括太大，仿吴越史地研究会成立一巴蜀史地研究会，都赞成，推我起草，又谈起应请某某作发起人，某某作赞助人，分为几种门类，应用几个步骤，讨论的详而且尽……”此事当即发生在写此文之前数天。

四月七日，赴郭沫若寓，同出散步（郭沫若夫人于立群同行），在重庆江北培善桥附近人家发现多块汉砖，砖上有各种花纹，分别刻着“昌利”“富贵”和“任文”等字，兴奋异常，当晚告于右任、张溥泉、吴稚晖、故宫博物院院长马衡、中央大学教授金静庵、常任侠等。次日，重庆多家报纸发表了这一消息。

四月八日，重庆多家报纸发表了《巴蜀史地研究会草章》，其发起人为郭沫若、卫聚贤、沈尹默、马衡、金静庵、胡光炜、程憬、谬凤林、常任侠、杨家骆、邓少琴、商锡永、姜亮夫、杜纲百、蒙文通、卢作孚、陈青石等。

四月十日，和郭沫若、马衡、常任侠等人过江，到生生花园居民家发现一块墓地，发现许多砖块，商定十四日（星期日）试掘。

四月十四日、十五日，和郭沫若、马衡、杨仲子、胡小石等人发掘。十八日在清代墓葬下发现五铢钱无数，长三英尺的铁剑一口，土佣大小七个，陶猪陶鸡各一，陶罐陶盂若干。二十日郭沫若被叫去看“重要的发现”，郭说“果然值得惊异”。

四月二十一日，在一座墓中发现汉砖，上有“延光四年七月造作牢坚谨”数字，确证为汉墓，惊喜不已。

同日，贤把连日发掘成果“在公司的客厅里开了一个小规模的展览会。这几天天气也很晴朗，参观的人真不少（据说有两千人以上）。我还对朋友说过，像这样的办法多来几次，对于国民的保健上都是很有利的。”

四月二十三日，致信《泉币》主编，述在江北发掘汉墓所获五铢钱币事，信载《钱币》创刊号。

四月二十三日，就江北汉墓试掘之经过，卫聚贤函报教育部。

四月二十五日，卫聚贤再次向教育部函报。本日函报内容有：“自抗战以来，筑路建厂，古物时有出土，但以与抗战无关，是以少有人注意。目前卫聚贤、郭沫若，偶游江北，发现汉墓，又与故宫博物院院长马衡及中央大学教授常任侠，复往考察，以究竟是否汉墓，有试掘必要，爰乃组织临时团体，从事试掘，计共掘四墓……”

四月二十七日，郭沫若作《关于发现汉墓的经过》，记其事。

同日，《新蜀报》等报道，中央古物保管委员会就郭沫若、卫聚贤在江北发掘汉墓一事，发表负责人谈话，认此次发掘与规定手续不合。负责人称，“按照古物保存法第八条规定‘采掘古物，应由中央或地方政府直隶之学术机关为之，前项学术机关采掘古物，应呈请中央古物保管委员会审核，转请教育内政两部会同发给采掘执照，无前项执照而采掘古物者，以窃盗论”云云。

五月五日，跟郭沫若一起，受邀到中央大学历史学会发表讲演，对古物保管委员会负责人谈话表示了不满。其中说：“古物保管委员会以官加兄弟为‘盗’，兄弟是不敢反抗的，但将来考古的前途应如何办？……”

五月十一日，送《复古物保管委员会函》，其中有：“再发现古物时，附近居人都来参观，拥挤不堪，已允此项古物取出，并不搬走，在桐油公司一次展览会，请大家看看。故于二十日掘毕，二十一日（星期日）开展览会，二十二日避警报，二十三日致函教育部及内政部；至于先函教育部之理由，乃因陈部长有函询问其他事件，欲急复，故顺便先写，及写内政部函时，适逢警报，遂暂缓；二十四日避警报，直至二十五日始将报告内政部函续完发出。想贵会业已见及,然贵会二十六日送中央社稿将聚聚(贤)三函一字未提,诚百思莫得其解……"

五月二十六日,在国立中央大学经济系作《中国货币演变述略》的报告,后在《说文月刊》第二卷第一期发表,又收入《古钱》一书。

六月九日,在中央大学作《史记·伍子胥传注》和《史记·孙武传注》等,刊在《说文月刊》第二卷。

同日,作《函皇父诸器考释》,在《说文月刊》第二卷发表。

七月,在重庆作《说文月刊》第一卷合订本序。述其出合订本缘由:"第一卷的第一期已再版三版,二期已再版过,其他各期也有再版之势,欲其每期再版,不如整个的出一个合订本……"

八月十五日,自重庆动身赴川北。同行者为于右任和其子、副官。原因:"就四川为禹的生地言,其地为石纽乡或石纽山的刳儿坪,固然这石纽有说在汶川的,有说在北川的,要之禹与羌民发生了关系。此事向不为人所注意,庄学本曾至汶川一带调查,将传说与志书上所载的材料汇集,陈志良据此而作《禹生石纽考》,接着孔令榖,作一篇《禹生石纽与禹为上帝辩》。这些文章分别发表在本刊第一卷第十二期及第二卷第二期上,于右任看了,根据这些材料,故有往汶川探访之行……"当日宿内江。

八月十六日,在成都,参观华西大学博物馆,作《华西大学博物馆参观记》,在《说文月刊》第二卷某期发表。作此文之第二日,赴雅安。写"余参观华西大学博物馆"之感想曰:"其旧石器在四川出土甚多,虽有人以旧石器为有疑问,但有的其打制之迹显然。新石器各地均有,是四川文化之早可知。而以器物与苗民刺绣上所留的几何形花纹而观,则与吴越(东南沿海)民族为一家,即均为苗民。又以石器与彩陶观之,则亦与黄河流域的新石器时代时的民族亦有接触。"这段话实际已开了研究巴蜀文化的先河。

八月十七日,到灌县。

八月十九日,从灌县动身,向北行三十里,宿龙溪镇。坐滑竿。

八月二十日,宿兴文坪。

八月二十一日,在汶川。

八月二十三日,返,宿银兴坪。

八月二十四日,宿龙溪镇。

八月二十五日,抵灌县。在此跟于右任分手,于回重庆,贤则往川西川北继续考察。在成都时已加入了林少和、严谷声,到灌县又加入了陈之宜和摄影家盛学明。

八月二十六日,在灌县中央银行作《石纽探访记》,在《说文月刊》第二卷某期发表。

八月二十八日前后,在华西大学博物馆林名均带领下参观该馆。后作《华西大学博物馆参观记》,深感"新石器各地均有,是四川文化之早可知"。文载《说文月刊》第二卷。

九月十六日,到新都县桂湖游览。在新都县看见二吞口上为狗头。

九月后半月,想起常任侠在《时事新报·学灯》上发表之《饕餮终葵神荼郁垒石敢当考》一文,写信给常索,说到在新都县所见狗头。(据《泰山石敢当》)

约十月,作《泰山石敢当》,载《说文月刊》第二卷。

一九四一年(民国三十年)　四十三岁

三月二十日前后,庄学本在重庆举办有关青海和西康的风情摄影展览会,应约为其题字"古史在西康"。

三月二十四日,在中央银行作《古史在西康》,在《说文月刊》第二卷第二期发表。文章开头谈看了庄学本摄影展览后的感想:“西康现在的民俗,恰与中原上古的风俗一样。”

四月,赴成都考察。

六月,再访成都。在罗希成、唐少波等人家中参观古物。

八月十五日,《史记·吴世家注》在《说文月刊》第三卷第一期开始连载。该刊实际由金祖同编辑,由上海秀州书社印行。本卷以下各期同。

八月二十五日,在成都中央银行作《巴蜀文化》完,在《说文月刊》第三卷第四期《巴蜀文化专号》发表。文末说:“余不日有西北之行,故先将此文草成,在《说文月刊》上发表,待余自西北归,路过成都时,此文或已发表了……”原题《蜀国文化》,将写完时见林名均,得知古巴国出土的一些古物,花纹跟古蜀国出土者相似,故改为《巴蜀文化》。

八月,再次赴成都。

九月十八日,和于右任等结伴,赴西北考察。本日乘飞机到兰州,改乘汽车,经武威、张掖、酒泉,出嘉峪关赴敦煌。《说文月刊》第三卷第二、三期合刊《编后语》:“本刊主编卫聚贤最近去甘肃敦煌考古,归来定有佳文揭此。”

九月下旬,在敦煌石室住三日后,返西安。

十月初,到榆林窟。

十月上旬,到兰州。任国立西北大学教授兼文学院院长。又赴西宁。

十月十五日,《说文月刊》第三卷第四期《巴蜀文化专号》出版。主要刊有卫聚贤《巴蜀文化》,郭沫若《关于发现汉墓的经过》,常任侠《整理重庆江北汉墓遗物纪略》,孙宗文《汉墓漫谭》,严敦杰《汉规矩砖考》,方欣安《谈葬制》,常任侠《重庆附近之汉代三种墓葬》,卫聚贤《汉代的重庆》等文以及负责这期刊物编辑的金祖同的《冠词》。

十月二十九日,自西宁返兰州,夜宿享堂。据《李克用后裔的族谱》:

“亨堂系青海民和县西北六七里的汽车站，其北渡大通河为甘肃界。亨堂系五代时李克用后裔李赏哥墓前祭祀的亨堂。”在此作《李克用后裔的族谱》。载《说文月刊》之《西北文化》专号。

十一月，在甘肃省兰州曹家嘴遗址进行试掘。曹家嘴遗址位于兰州市西果园乡沙滩磨村，遗址东西250米，南北约300米。一九四四年，夏鼐在卫聚贤试掘的基础上又做考古发掘。一九六三和一九七一年甘肃省博物馆又分别两次进行发掘，发现有灰坑、灶坑、窑址，出土文物有陶盆、钵、碗、壶、罐等的肩、腹、颈、口的残片。彩陶均为黑彩。生产工具有石凿、石斧、石刀、骨锥和陶弹丸等。出土陶片均为马家窑类型遗物，是一处单纯的马家窑类型文化遗址。

十一月，自兰州经平凉到西安。

十二月上旬，由西安经汉中、广元到成都。沿途在兰州甘肃学院、西安教育厅、城固西北大学及师范学院、成都华西大学，都就敦煌石室做了讲演。

十二月十五日，回到重庆。

十二月二十日前后，在政治部文化工作委员会和中央大学历史系讲敦煌石室三次。

十二月，珍珠港事变发生后，日军侵入上海租界，《说文月刊》无法正常刊行。

本年，长女卫零想请贤赴延安而未成。卫零在《补遗卫聚贤先生生平史料》中说：“我在延安杨家岭新华报社实习时，给毛主席写过一封信，请求准许我父亲来延安。毛主席见信后说：‘欢迎他来延安，决不让他吃小米饭。’这话是时任中央统战部副部长的柯庆施在新华报社转告我的。当时中央还发了一份统计表，让填报所有在国统区县长以上亲属的详情，我又写了一份。父亲为了上延安，亲自找到重庆八路军办事处主任林伯渠交涉，林以目前延安不具备考古条件予以回绝。其实，这都是因为当时我在延安犯了一点小错误，中央统战部副部长柯庆施便借故做出了不让父亲来延安的决定。父亲的一生都因为我一时不注意，未能走到解放区，遗憾万分！”

一九四二年(民国三十一年)　四十四岁

年初，致信云南昭通县昭通中学教师张希鲁，要求收信人将有关石器与汉墓的文章寄来，以便在《说文月刊》发表。又希望后者将汉砖上的花纹做拓片，将石器形状描写下来，以便跟已有的器物做比较。后张希鲁寄来了稿子，随即发表。

夏，和于右任等赴成都西北郊白马寺一带探访，知民国十年左右始有大批古物出土，亲见绳纹瓦片甚多，显系古文化遗址。

夏，作另一题目同为《巴蜀文化》的长文。

八月十五日，《说文月刊》停刊数月后，在重庆出“渝版”第一号——第三卷第七期《巴蜀文化专号》。除卫聚贤新作《巴蜀文化》外，还刊有于右任、张继、吴稚晖、王献唐、商承祚、董作宾、郭沫若、朱希祖等人的文章，共十四篇。

十二月，《说文月刊》第二卷合订本再版。陈志良在《校后语》中说：“自太平洋战争爆发而后，上海租界，沦陷敌手，本刊亦至三卷六期而止。本刊在沪刊行，因交通阻隔，邮递不便，内地读者，无由购阅。幸本刊第一卷全副纸型，带至重庆，乃在渝再版合订本一千册，不久即告售罄。而第二卷各期纸型，已无法内运！本行经济研究处为宣扬我国学术文化起见，再行斥资再版本刊第二卷各期，由志良总其事。”

本年，开始为庆祝好友吴稚晖八十大寿出《纪念专号》进行筹备。按，吴稚晖于清同治四年二月二十八日(1865 年 3 月 25 日)生于江苏阳湖县雪堰桥镇。六岁丧母,家贫几至无以为殓。外祖母将他兄妹二人接到无锡北门江尖嘴抚养成人。

本年,《古钱》由中央银行经济研究处出版,署名卫聚贤和丁福保编著。该书由三部分构成。属于卫聚贤的,有《中国货币演变述略》和《古钱年号索引》两篇;《古泉学纲要》则是丁福保所作。《中国货币演变述略》由陶大镛记录。全文分十节,概括性很强,是《中国货币史》的雏形。《古钱年号索引》后来由桂林中央银行经济研究处出版过单行本。

一九四三年(民国三十二年)　四十五岁

约二月,以"说文社发起人"名义给国民政府社会部打报告,申请成立说文社。随即获批。

三月二十四日,出席教育部史地教育委员会第三次全体大会。同时出席中国史学会成立大会(在中央图书馆举行)。出席成立大会的还有顾颉刚、傅斯年、方豪、雷海宗、缪凤林、陈训慈、张其昀、郑核声、吴其昌等一百二十余人。后顾颉刚当选为会长。

四月十八日,说文社发起人座谈会在重庆陕西路十九号举行。有吴稚晖、张继、梁平、金国宝、金毓黻、程仰之、吴其昌、王钟、许大纯、丁山、罗香林、王敬礼、马衡、沈尹默、缪凤林、胡小石、傅斯年、傅振伦、黄芝冈、商承祚、潘伯鹰等三十余人出席。会上推举贤和商承祚、罗香林、傅振伦、黄芝冈五人为筹备委员,贤为筹备委员会主席。

五月初,拜访吴稚晖,未见,留字。后得吴稚晖五月六日函,云:"卫聚贤道右,连日繁忙,故先生枉存,有失迎候,死罪死罪。见赐件,有《说文月刊》社《启事》一则,明年八十大庆,出纪念号云云,万万不可登。先生爱我,感激涕零。然此事一成,性命交关,请详陈,求先生爱鉴。"然后说了原因,是生前外祖母做梦,"吾系曾祖母与祖父瞒了阎王买来者",

祝寿“必要堂前点蜡烛，以敬天地，有闲神去报告阎王，难免拘回阴间”。故以前从未做过寿庆。

五月十六日下午，在中央图书馆举行说文社成立大会，被选为理事长。理事共二十七人。常务理事为卫聚贤、金毓黻、商承祚、罗香林、康心如五人，常务监事为吴稚晖、于右任、孔祥熙三人。

六月十一日，社会部发给说文社立案证书。部长为谷正纲。

七月二十日，《为太平海命名质中国地理学会》文在重庆《国民公报》发表。

七月二十七日，重庆市社会局发给说文社备案指令。

冬，在重庆市陕西路十九号立“聚贤楼”，为朋友相聚之处。

一九四四年(民国三十三年)　四十六岁

一月，所著《山西票号史》由中央银行经济研究处出版。《序》中说：“二十五年奉命赴山西调查票号，所得材料甚多，略加整理，分期在中央银行经济研究处出版之《经济月报》中发表，目的是印成单行本若干，寄回山西太谷祁县平遥赠送曾在票号中工作过的人，以求校正其错误，补充其材料。结果因全面抗战，所得补充的材料甚少，于是编成《山西票号史》，分订为上下两册。”

二月，组织古物出国展览。

四月初，为吴稚晖八十大庆编《纪念特刊》成。《说文月刊》第三卷第十二期《编后语》说：“吴稚晖先生八十大庆纪念号，拟收文章八十篇，现已收到约六十篇，约近一百万字了，正在排印中。已收到的赶二月底排完，八十篇拟在三月底排完，四月初出版。就以此当作第四卷合订本了。”本集中收有贤《杨家将考证》一文。

五月，收到福建叶国庆《杨文广平闽考》的长篇论文，有不同看法，乃作

《杨文广平闽十八洞》，论证此杨文广非杨六郎的儿子，而是杨延昭的玄孙，“平闽”之“闽”不是福建之闽，而是“贵州南部以至云南之地”。随即编《小说考证集》，收文章七篇，又编《杨文广平闽十八洞及其考证》，收叶先生和卫聚贤两篇论文，专门发行到福建各地。两书于七月由说文社出版。

八月二十日，作《五月渡泸深入不毛考》，载《说文月刊》第五卷第一二期合刊。

同期，就《诸葛武侯征八莫》答记者问，在《新民晚报》发表。同载《说文月刊》第五卷第一二期合刊。

八九月间，卫聚贤所著《小说考证集》（含他人论文）《诸葛亮征八莫》和剧本《雷峰塔》由说文社出版。其他著作也由说文社出版。

九月五日，卫聚贤以“说文社”名义刊发《启事》，说：“本社常务监事吴稚晖先生八十大寿，本社为其出纪念特刊”，凡有作文者，“除将稿费另行寄送外，岁已秋矣，将为备衣，兹送上蓝布三丈（由本社设法寄出），即请查收为荷！”

九月十八日，在“说文社之聚贤楼”作第二次作《薛仁贵征东考》完。其结尾云：“朝鲜将为复国，此时似不应以薛仁贵所征的朝鲜之书问世！但是：一、高丽当日所以敢反唐者，以有倭人为助。今朝鲜已饱尝亡国于倭的滋味，行将复国，当必永与中华携手，故将征东披露，以明倭人之阴谋。二、余前次作的《薛仁贵征东考》，上海巡捕房以有‘征东’二字，禁止出售，同时上海报纸载苏州说书者接到伪组织布告以‘征东有关不便，改说他书。’倭寇既讳言‘征东’，当此将打到倭寇本土之际，以征东考证出版，亦可谓鼓励将士之一助！”书后附小说原稿。

一九四五年(民国三十四年) 四十七岁

前半年,《唐代征东与青年军》由说文社出版。

八月,《说文月刊》第三四期合刊出版。本期载卫聚贤《周易研究》和《包公案及其考证》。《周易研究》对该书的作期、作者等,提出了个人的见解。认定《周易》系鲁定公八年,晋国中行文子荀寅之弟荀辰奉晋定公之命,“往鲜虞和邻,被虞国囚之,中行辰利用鲜虞国大祭于西山占卜,乃应用其卜筮之技术,在鲜虞国作《周易》一书。其目的以书传至晋国,向晋求救,并向晋国报告鲜虞人的举动……”该刊迟迟不能出版,是因为纸贵。本期载有贤《周易研究》和《包公案及其考证》两文。《编后语》中说:“……说文月刊不能出版,正是为此。一本说文月刊,排印纸张稿费,总要在百万元左右,印二千本,每本定价五六百元,谁要?……”

约九十月间,卫聚贤根据《宣祖实录》等史料所著《征倭援韩》四幕剧,由说文社出版。

一九四六年(民国三十五年) 四十八岁

四月,序《中国各党各派现状》于重庆说文社聚贤楼,题《中国的党》。

六月,《中国各党各派现状》出版,标“沪版”,编辑者“卫大法师”,发行人卫聚贤,出版者重庆中山一路九十六号说文社出版部。

本年,卫聚贤的《党》《帮》和《江湖话》《红帮汉留人物故事》等著作由说文社出版。

一九四七年(民国三十六年) 四十九岁

一月,《说文月刊》第五卷第五六期合刊出版后停刊。《编后语》说:“说文月刊是二十八年一月出版的,至今已经整八年了,每月出一册,应共出九十六册。今出至五卷六期,已共出了六十六册,尚短了三十册。这并不是稿子不够,实因经济不足,这个纯粹国学刊物,定价连纸价也不够,而况又不容易销。是以不能按期出版,而脱了整整的三十期。”本期刊有贤《春秋时代贵族间之称呼》。

一九四九年　五十一岁

本年,跟长女卫零写信联系。卫零在《补遗卫聚贤先生生平史料》中说:“全国解放前夕,父亲给老乡杜上卿(万泉县七庄村人)去信叫找我,因为战争没有联系上。”

一九五〇年　五十二岁

年初,长女卫零联系赴京工作未成。卫零在《补遗卫聚贤先生生平史料》中说:“一九五〇年初我被绥远省财政厅派到北京学习,见到给我们讲课的戎伍胜(戎子和)部长,谈及让我父亲来北京之事,他介绍我去找重庆市长陈锡联。陈答应回去就叫我父亲来京。可是陈回重庆后给我来了一个电报,说要留父亲在西南工作。”

春,重庆解放不久,卫将“全部收藏装成四十七大箱,九百二十九种,一万八千三百六十五件,另外还有未经整理的各种古钱约一万枚和纸币一大箱,又有杂项文物十七捆十三包,以及清代和民国文献一大卷、九包、四捆”全部无偿献给西南军政委与会文教部。在渝期间,他还收藏了大量的善本书籍,也都无偿捐出。

后半年,因为房产事曾经被斗。卫零在《补遗卫聚贤先生生平史料》中说:“父亲在重庆捐献了他收藏多年的所有的古物,重庆当时还不平静,还不能展出古物,致使他心中非常苦闷;更加之斗房产主时,他说了些话,就把他拉去跪在地上陪斗。后来他就跟着人家去了香港。”

一九五一年　五十三岁

一月三十一日,“由重庆逃到香港”,在香港东方文化研究院任研究员,并在联合书院(即香港联大)任中文系主任。

二月下旬,到珠海书院授课。当年正月初一为二月六日,开学应在正月十五以后,故推测在二月下旬。

春,其收藏品两次展览。卫零在《补遗卫聚贤先生生平史料》中说:“一九五一年春天,北京故宫博物院在午门上展出了父亲在重庆捐献的古物,月望弟全家由四川去内蒙古时在北京看到了这个展览,可是父亲这时已远在香港。”“另一次展览是在一九五〇年左右全国解放初期,在南京以《卫聚贤考古展品》的名义作专场展出。”

暑期后,相继在光夏书院、联合书院、华夏书院等大学任教,并担任联合大学书院中文系主任、香港大学东方文化研究院研究员,讲授考古学课程。自此多年。

本年,西南军政委员会文教部将卫氏捐献的各种文物、古籍拨归重庆博物馆保存收藏。

一九五二年　五十四岁

二月,由其子女韦华、苇鸾二人,将贤所藏图书“共计一千三百九十一册,又二百三十四张,又一捆,又七十五册”“全部无偿地捐献给重庆图书馆”。“在捐献之时,是由馆方派人挑选成套、成册的,他们认为有用的都用箩筐抬走,而他所写的大批未印的稿件和资料……用了很大人力物力已编妥而未出版的《字源》一书,以及《古钱拓片》万余种珍贵之物,均随捐献后剩余之物因要腾房屋而全部散佚。”

三月十五日,在香港用“说文社”名义出版《北京人的下落》,署“卫聚贤督印”,标为《说文社中兴丛书》,为之一。是该丛书出版之始。

一九五三年　五十五岁

本年,在香港出版《么些文字典》。《文字学》说:“么些文是么些人现在使用的象形文字。么些人在中国云南的西部大理一带,他们现在尚使用着繁象文字。抗战期间,中央研究院曾用土纸石印共印了三百本,流传在海外的很少,我于一九五三年在香港用道林纸照相石印翻印了五百本。”

本年,在香港说文社出版《智慧创造世界》。

一九五六年　五十八岁

春,在香港《自由学人》第一卷第二期发表《甲骨文在古代曾经发现的推测》。此文是以一九三九年发表在《说文月刊》第一卷第四期的《秦汉时发现甲骨文说》为基础,增补新材料而另写的,论述:“卜龟非独河南安阳有,而河北的独流,河南的钧台及洛水流域,陕西的岐山,山西的离石,均有出土。”(据《文字学·绪论》)

一九六〇年　六十二岁

六月一日,在香港“半憨道人室”为《封神榜故事探源》上册作序。

六月,《封神榜故事探源》上册,作为《说文社中兴丛书》第十二种,在香港出版。至此,该丛书十二种书都已出版。书目有:《智慧创造世界》《互助与斗争》《端节故事》《黎明的前夕》《中国预言注》《龙与舞龙》《么些文字典》《笔顺字母说明书》《中国人发现澳洲》。《封神榜故事探源》下册是否出版,何时出版,不详。

一九六五年　六十七岁

十一月,《中国考古学史》编入《中国文化史丛书》(王云五主编),由台湾商务印书馆出版。

一九六六年　六十八岁

跟英国人斗。卫零在《补遗卫聚贤先生生平史料》中说:‘十年动乱’期间,父亲在香港因和英国人斗而失败(详情我不得而知,我已写信向在台湾的小弟了解)。后来我给父亲写去一信,中山大学的商承祚教授看到后给我回了一信。我请求外交部能批准父亲回内地,但当时正是‘动乱’时期,非要他本人写申请不行,最后父亲也未能回来。”此事发生时间没法肯定,只能系于此。

一九六九年　七十一岁

本年,由巨轮出版社出版《中国人发现美洲提要》。

一九七〇年　七十二岁

一月十一日下午,在香港大会堂演讲《中国人发现美洲》,演讲中说:“如要把这个问题证实,需要在考古上找材料。如能在美洲找到出土的中国文字,才能证实我这个假设。”这个演讲于二月二日在《华侨日报》发表。

二月二十四日,应罗香林之约,前往珠海书院文史研究所图书室听美国印第安大学哲学博士、美国纽约州州立大学教授刘敦励讲《中国文化对美洲古代文化发源之影响》。

一九七三年　七十五岁

约本年六月十四日，将《笔序字典序》《笔画》《笔序法则》三篇文字抄录在一起，并作补记，在《香港联合书院院刊》发表。后收入《咬文嚼字》。

约本年（或明年），作《君子和小人》，在香港《时代批评》第三十卷第十一、十二期发表。后收入《咬文嚼字》。

一九七四年　七十六岁

本年前后，由香港启程，乘自制木船，做横渡太平洋的试验，以验证"中国人发现美洲"的论据。

卫月望在《卫聚贤传略》中说："……于一九七四年组织一批人员，乘坐仿照广州出土的汉代船型所制造的太极号木船，不借任何现代化仪器和装备，携带仿汉代食品（不是奶油、面包、糖果之类），从香港起锚要横渡太平洋到达美洲。途径南洋，沿着各岛群，继续向东航行，一直行驶到离南美洲西海岸几百公里处失事。小船后面有现代化大船伴行以随时救援。出事是因船上用的是现代油漆而未用中国的土产桐油和生漆，以致船底附着物太多，大洋中无法停泊清除而造成。此次验证虽未成功，但不能凭此就断定中国人在古代不能横渡太平洋。"

约本年，作《学问、道德、恩惠》，在香港《时代批评》第三十一卷第三、四期合刊发表，署名"班汉道"。后收入《咬文嚼字》。文末注："上文有'老班'处，因我居住在香港'班含道'，用'卫大法师'或'卫聚贤'写文章，无地方发表，只好改用'班汉道'。"

约本年，作《公共关系、社会福利古文古义》在香港《时代批评》第三十一卷第五六期发表。后收入《咬文嚼字》。

在香港撰写出版的著作还有：《中国人发现美洲考》《中国人发现澳

洲考》《文字学讲义》《论中国古代人的世界观》《中国古代与美洲交通考》《中国社会史》《中国历代钱币史》《北京人的下落》《封神榜故事探源》《数目字及干支起源考》《中国饰物》《笔序字典目录》等数十种之多。

一九七五年　七十七岁

三月五日，由香港到台湾和家人团聚，任教于台湾辅仁大学，教《古文字源》和《古器物学》。住新竹市东大路三九六巷六十七号。

三月，孔德成请吃饭。席间，孔说："人都说你是'胡说巴道'。"卫说："我曾看过别人的文章，他在中间引了别人一段书，但是他把引的书放在后面。我看了他引的书中所说，是'胡说巴道'。看完这段后，才看到他所引的书是我著作的书。"

六月，《道德、法律、宗教》在《法律世界》第十八期发表。后收入《咬文嚼字》。

本年，由"石室"出版《中国人发现美洲初考——文字与花纹》，提出秘鲁土著人是南宋人后裔，主中国人发现美洲。

本年，由"石室"出版《中国社会史》。

另外，出版有《文字学》、《十字架在中国》《七国年号索引》《古器物学》《尧舜禹出现于甲骨文考》《哥伦布以前中国与美洲的交通考》《台湾山胞由华西迁来》《台湾山胞与闽越关系》《钱的故事》等数十种之多。

约本年（或明年），作《法律解》，在《法律世界》发表。后收入《咬文嚼字》。

约本年（或明年），作《规则解》，在《法律世界》第八期发表。后收入《咬文嚼字》。

约本年（或明年），作《条款解》，在《法律世界》第十一期发表。后收入《咬文嚼字》。

约本年(或明年),作《刑罚解》,在《法律世界》第十二期发表。后收入《咬文嚼字》。

约本年(或明年),作《五刑解》,在《法律世界》第十四期发表。后收入《咬文嚼字》。

一九七六年　七十八岁

一月五日,在新竹作《我的"胡说"》,在《传记文学》本年第二期发表。

二月,作《数目字及干支的起源》,在《辅仁大学人文学报》第五期发表。后收入《咬文嚼字》。

三月,《宪法解》在《法论月刊》第十五期发表,后收入《咬文嚼字》。

四月,《诉讼解》在《法律世界》第十六期发表。后收入《咬文嚼字》。(按,《法律世界》跟《法论世界》或为同一刊物)

五月,《假释解》在《法律世界》第十七期发表。后收入《咬文嚼字》。

本年,出版《龙年谈龙》,自印。

一九七七年　七十九岁

年初,《极权的形成》在《法论月刊》第六期发表。(按,此文落款未说年干和月份,而《法论月刊》的期数又无规律可循,暂记于此)

六月二十一日,作《人权》,在《法论月刊》第十期发表。后收入《咬文嚼字》。

八月,《图画与象形文字》在《国教世纪》第十三卷第一、二期发表。后收入《咬文嚼字》。

约本年,《罪犯解》在《法律月刊》发表。后收入《咬文嚼字》。(按,文末落款只有"法律月刊"四字,既没有日期,也没有期数,暂记于此)

约本年，作《监狱解》在《法律月刊》第九期发表。后收入《咬文嚼字》。

一九七八年　八十岁

六月，《蒋经国总统就职典礼》在《法论月刊》第十四期发表。后收入《咬文嚼字》。

冬，写《中国新字》短文，谈作者对中国文字改革的设想，分三步走。约二百字。于校对《文字学》时“补入”《绪论》之后的空页。

八月，《揠苗助长的理论》在《法律月刊》第十六期发表。后收入《咬文嚼字》。

十月，《片言可以折狱》在《法论月刊》第十八期发表。后收入《咬文嚼字》。

十一月，《中国在商代把外国人视同罪犯论》在《法律月刊》第十九期发表。后收入《咬文嚼字》。

十二月，《庆祝圣诞、恭贺新禧》在《法论月刊》第二十期发表。后收入《咬文嚼字》。

一九七九年　八十一岁

二月，《文字学》在台湾由黎明文化有限公司出版。

二月，《羊年大吉》在《法论月刊》第二十二期发表。后收入《咬文嚼字》。按，本年为羊年。

七月十八日，誊抄《中国人发现美洲》第一部分完，并作附言，指出一些人说“木武本”三个字“是八国联军时美国人抢走的”，不对，因为“这些古物出土的年代在八国联军之前”。

约本年，作《货币解》，在《华银月刊》第三二三期发表。后收入《咬文嚼字》。

一九八〇年　八十三岁

一月十日，誊清《中国人发现美洲》有关烟草的一章后写《附记》，说到文人在写作思索时，需要吸烟刺激脑细胞，咖啡亦有这种作用，但“我不吸烟，我是在疲倦时食糖，吃一粒小糖效力小，吃一粒椰子糖效力大，因为糖能产生热力，补充血液，他在脑中流动得快，就把思索冲动了”。

十月二十二日，所作《大中至正解》在《台湾日报》发表。后收入《咬文嚼字》，为首篇。贤把剪报寄蒋彦士，请出版，送或售给游园者。蒋彦士将此文送中正纪念馆，“顷接蒋彦士函：中正纪念堂将此文请专家评审，说‘未介绍建筑物，不宜出版’。”贤发议论：“我是研究‘文字学’的，只能就‘文字学’解释‘大中至正’四字。我不是学建筑的，不宜说外行话来介绍建筑物。我如介绍了‘建筑’，又说我没有介绍花木，我还得再读‘植物学’‘园艺学’。”

一九八〇年　八十二岁

六月，《文字漫谈》在《辅仁大学人文学报》六月号发表。后收入《咬文嚼字》。

六月，《墨子为回教徒考(一)》在《天然》第一卷第六期发表。

七月，《墨子为回教徒考(二)》在《天然》第一卷第七期发表。

八月，《墨子为回教徒考(三)》在《天然》第一卷第八期发表。

八月，《中秋与端午》在《国魂》第四一七号发表。后收入《咬文嚼字》。

九月，《天然》在《天然》第一卷第九期发表。后收入《咬文嚼字》。

十月，《节外生枝》在《天然》第一卷第十期发表。后收入《咬文嚼字》。

十一月,《墨子与犹太教》在《天然》第一卷第十一期发表。

十二月三十日,作《中文电脑》后收入《咬文嚼字》,为该书最后一篇。

约本年,《建国中学》在《建国中学》第六十二期发表。后收入《咬文嚼字》。(按,文末落款没有年干,暂记于此)

一九八二年　八十四岁

二月十九日,在新竹市写下他《中国人发现美洲》第一册的《校后记》,沉痛地记下他这本书出版中碰到的困难,主要是出版费用大大高于销售可得。《校后记》最后说:"《中国人发现美洲》既与台湾有关,我希望台湾有钱的人,捐出我这本书的出版费,快将第二册第三册出版,以安慰美洲的华侨。"前边说:"华侨在美洲,以为美洲是欧洲人发现的,我们只是借居而已;现在知道是'中国人发现美洲',就心安意得的居住下去了。"故有此说。

三月,《中国人发现美洲》第一册在台湾由说文书店出版。全书一千余页。

七月三十日,为《咬文嚼字》作序。

夏,着手为侨务委员会出版的《华侨常用字字典》做解释,《华侨常用字字典》收两千五百字,贤把其单字和词语一一作解。

十二月,《咬文嚼字》由台湾黎明文化公司出版。全书二百九十一页。

本年,《中国历代钱币史(附香港钱币史)》由台湾中华文化出版事业委员会出版,标"卫聚贤教授著"。

本年《世界史研究动态》第四期以《台湾的美国史研究》为题,详细介绍了贤《中国人发现美洲》一书的内容。随即内地《文摘报》第三十八期报道,题《〈中国人发现美洲〉的离奇见解》。

一九八五年　八十七岁

前半年,曾到美国讲学。

一九八八年　九十岁

《尧舜禹出现于甲骨文考》,由中国台北山西文献出版社出版。

一九八九年　九十一岁

约夏,长女卫零来台看望。卫零在《补遗卫聚贤先生生平史料》中说:“一九八九年我去台湾探亲, 父亲一再关心故乡北吴村沟北的桥修宽了没有。他说他死后要回老家。不久,父亲病逝,月望弟把父亲的遗骨拾回几块埋在了北吴村。”

十一月十六日,逝世于台湾新竹家中,享年九十周岁。陈立夫曾来送行。卫零在《补遗卫聚贤先生生平史料》中说:“父亲生前与陈立夫交往甚密。父亲去世后,陈立夫出两千元台币作为丧礼,并亲临现场为挚友送行,赠自编挽联一副,以表哀悼。”

本年或本年以前,《火与火药》《蝙蝠洞考古报告》《台湾山胞与越闽关系》《蝙蝠洞考古与台湾山胞》等著作在台湾出版。

后 记

想来，读者已经从书中得知，我跟卫先生是同乡。事实上，在日本投降后不久，一九四六年春天，我刚刚进入十一岁的时候，我就听说了这个人。一天，有人说，南吴村外竖起一通碑，是给卫聚贤立的。出于好奇，我跟几个小朋友去看。地址在南吴村南门外的一条大路边，只有五里地，走一阵儿就到。是像郭沫若五十岁时人们送给他的大礼物——一支毛笔——那种新形式的碑，有三丈多高，直插云天。在当地，人们不叫碑，叫“将台”。去年（2014年）四月，我跟几位年轻朋友考察卫先生故居时，这是我第二次考察，来到原碑所在地，当地人就把它叫做将台（在过去，我们那一带有许多用土筑成的像古代烽火台一样的建筑物，人们都叫将台）。卫先生的碑虽然是用砖砌的，但形状相似，因此人们就以“将台”相称了。不过，卫先生的“将台”，已在“文革”中拆除。

从此，记下了这个名字。八十年代后期以来，我注意搜求这个人的著作，但比较困难，一则因为多，二则多年来卫先生的著作除去《中国考古学史》外没有出过新版。从网上购，我又不会，只能托人。通过二十多年的努力，总算找到一些。今年四月，有关人类系列的几个题目写完，想重新回到胡适的写作上，正在重读资料，有朋友来商量出版《卫聚贤文集》的事，心里就想，还是先写这一本要紧。多年来，我想着为故乡做三件事：第一件是论述董永确为我地人，已经完成，并且我故乡成了第一批全国非物质文化遗产董永传说的保护单位，原来还想建立一座博物馆，保存所有有关的资料，只能留给年轻人了。第二件便是为卫先生编一部文集，写一本传记。第三件是论证介子推的隐地不在某地，而是在我故乡附近的介山，这也是我小时候就知道的。于是转而写这本书。

在我故乡，为卫先生做点事的人还有几位，他们走在我的前边。一位是卫茂轩。他是卫聚贤先生的本家，也是我高小和中学的同学，可能小一两岁，上中学也低一二班。两年前，我前往北吴村寻访卫先生的故里遗址，是第一次寻访，先到了我侄儿的丈人家，他也是卫先生本家，教书出身，他给我一本书，是卫茂轩先生编的，书名叫《明星从孤峰山下升起》，副题是《著名考古学家卫聚贤先生生平史料荟萃》，收入他自己写的几篇文章和卫先生的《鲁智深传》等，还有卫先生的儿子卫月望的《卫聚贤传略》。这本书中最重要的一个资料，是卫茂轩整理的卫先生长女卫零女士对父亲的回忆。卫零，原名卫灵芝，一九一八年生，早年奔赴延安，参加抗日军政大学。解放后，历任中央科协电影审批组组长、中国科学院老干部局副局长。卫茂轩在卫零女士回忆前写了一段《附记》，云："二〇〇三年初，因筹划'卫聚贤纪念馆'的建立，梁天海同志曾就有关事宜与在京的卫聚贤先生长女卫零进行书面沟通。卫零女士于元月十九日回函中附来自撰的《补遗卫聚贤先生二三事》一稿。天海同志阅后转寄西安我处。拜读此稿，豁然开朗，诸多史料，闻所未闻，尤其是关于卫聚贤先生当年北上延安未遂、解放后断然远去香港、晚年思念大陆却未能如愿以偿等等情由，更是鲜为人知，弥足珍贵。有鉴于卫零女士已届耄耋之年，身体欠安，行文难免存在纰漏和雾里看花之感，又由梁天海同志写信专事咨询，卫零女士于三月二日回函做了补正和说明。为着抢救史料，珍存史料，经与有关同志审慎商议，决定在忠实于原文内容的基础上，特将卫零女士前稿后函一并综合如下，以期对卫聚贤研究能有所裨益。”在这本书中，卫茂轩写作的，有《序言》《卫聚贤先生抱恨终天的王国维之死》《给卫聚贤先生的一封信（对台书简）》《回忆我与卫月望先生的一段神交》等文。

另一位是吴国荣先生。吴国荣是一位作家，文史学者，长期担任太原市市委宣传部副部长。他是同乡西杜村人，跟北吴村相邻。他编著的书名为《光韵璀璨》，是西杜村村史简编。书中附录了《汉汾阴后土祠遗址的发现》《汉汾阴后土祠》《山西万泉县阎子疙瘩（即汉汾阴后土祠遗址）之发掘》《遗址附近之地形及地质》《汉汾阴后土祠出土文物展》等珍贵史料，而这些东西，有些是我未能找到的，对我的研究是个难得的补充。

还应该说说廖久明先生。廖先生是陈子善先生的博士，现在在四川乐山师范学院教书。这个年轻人像卫聚贤先生一样，把整个身心投入在学术研究上。他是四川郭沫若研究中心的负责人，却在读了笔者的《鲁迅与高长虹》以后，把高长虹也作为研究对象，而且在短时间内做出了惊人的成就，先后写了几本书。他现在在搞向培良研究。在高长虹和狂飙社研究中，我俩成了契友，通信很多，无话不谈，在对一个问题有不同认识时，我们会激烈地辩论，直至辩清为止。由于廖先生对四川几个图书馆的藏书情况比较熟悉，一次，我问能不能找到卫聚贤先生的《薛仁贵征东考》，他马上托付给朋友，很快复印了两个版本。这是难得的友谊，对他的慷慨帮助，我很感激。他还认为，卫聚贤先生确实是值得研究的一位前辈学者，并跟一些同道也搞起了卫聚贤研究。

为乡先贤收集整理学术成果，是后辈义不容辞的职责。现在我以这本小书，作为献在卫聚贤先生祭坛上的一瓣心香。

2015 年 4 月 21 日

图书在版编目（CIP）数据

卫聚贤传 / 董大中著 .--太原：三晋出版社，2017.8

ISBN 978-7-5457-1561-3

Ⅰ.①卫… Ⅱ.①董… Ⅲ.①卫聚贤（1899-1989）—传记 Ⅳ.①K825.81

中国版本图书馆CIP数据核字（2017）第197800号

卫聚贤传

著　　者：董大中

责任编辑：董润泽

责任印制：李佳音

出 版 者：山西出版传媒集团·三晋出版社（原山西古籍出版社）

地　　址：太原市建设南路21号

邮　　编：030012

电　　话：0351-4922268（发行中心）

0351-4956036（总编室）

0351-4922203（印制部）

网　　址：http://www.sjcbs.cn

经 销 者：新华书店

承 印 者：山西臣功印刷包装有限公司

开　　本：720mm×1000mm　1/16

印　　张：28

字　　数：360千字

版　　次：2017年8月 第1版

印　　次：2017年8月 第1次印刷

书　　号：ISBN　978-7-5457-1561-3

定　　价：68.00元